THE THOMAS BROS. MAP SYSTEM SAVES TRAVEL TIME AND MILEAGE

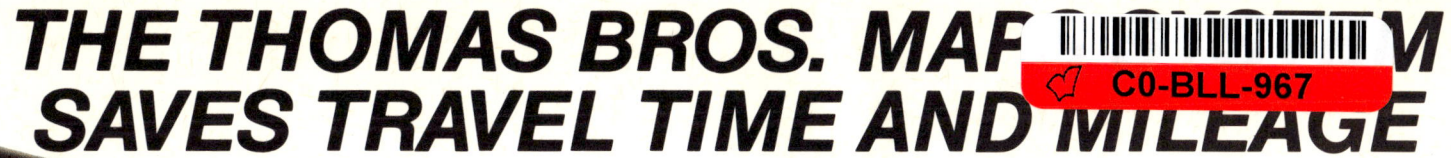

The Thomas Bros. Maps System utilizes detailed wall maps and take-along street atlases. (The Thomas Guide)

The large wall maps are divided into sections with numbers that cross reference the street atlas page numbers.

The street atlases feature a key map that is a reduced version of the wall map and also refers to the street atlas page numbers.

The street atlas includes a detailed index of street names that cross references page numbers and grid squares on each page.

These two types of maps work together with the index to maximize business efficiency both in the office and on the road.

Remember, if you want to find it fast, refer to Thomas Bros. Maps!

For your nearest Thomas Bros. dealer, call toll-free in California 1-800-432-8430. Outside California call 1-714-863-1984.

THOMAS BROS. WALL MAPS

Thomas Bros. Wall Maps help give all types of businesses and individuals the "big picture" to aid in:

- Sales and marketing
- Routing
- Deliveries
- Pick-ups
- Political canvassing
- Account prospecting
- Territory establishment

Thomas Bros. Wall Maps are an attractive and practical addition to any office or retail location.

A heavy duty lamination affords protection of the map while allowing the use of non-permanent markers on the surface.

Wood strips at the top and bottom edges of the map make them easy to handle and ready to hang.

For your nearest Thomas Bros. dealer, call toll-free in California 1-800-432-8430. Outside California call 1-714-863-1984.

SACRAMENTO COUNTY
INCLUDING PLACER COUNTY
1988 Thomas Guide
TABLE OF CONTENTS

Section	Description	PAGE
HOW TO USE THIS GUIDE	Includes information on the use of this guide, along with a list of abbreviations.	B
LEGEND OF MAP SYMBOLS	Includes map scales and explanation of symbols.	C
CITIES & COMMUNITIES INDEX	Alphabetical listing of all cities and communities.	D
DOWNTOWN PAGE & KEY MAP	Downtown Sacramento with points of interest. Key Map shows relationship of detail maps.	E-F
ARTERIAL, ZIP CODE, AND STATE PLANE ZONE MAPS	Arterial maps show area not covered by detail pages. Zip code and Calif. State Plane Coordinate Zone Maps are on pages S-T.	G-T
DETAIL MAPS	Highly detailed pages of urban areas	1-183
FREEWAY ACCESS MAP	Shows all freeway interchanges and ramps within this atlas.	184
STREET INDEX	Alphabetical listing of all streets. Also includes points of interest index.	185-228

Copyright, © 1987 by THOMAS BROS. MAPS
Design, maps, index and text of this publication are copyrighted. It is unlawful to copy or reproduce any part thereof for personal use or resale.

Corporate Office & Showroom
17731 Cowan, Irvine, CA 92714 (714) 863-1984

Retail Stores
603 W. 7th St., Los Angeles, CA 90017 (213) 627-4018
550 Jackson St., San Francisco, CA 94133 (415) 981-7520

SACRAMENTO - SOLANO COMBINATION TBM 4024 **$18.95**

SACRAMENTO TBM 3023 **$11.95**

HOW TO USE THIS GUIDE

Planning Your Route

- Use the Key Map in front of the Guide or the Fold-out Map to get an overall picture of the area and to determine the most direct route from one community to another.

- Turn to the individual map pages which correspond to the numbered areas shown on the Key Map.

- Follow a street from one page to another by turning to the "See Map" number shown in each margin which indicates continuation of the map.

Finding a Street

- When you know the street name use the Street Index to find its page and grid.

Other Features in Your Guide

- Use the Cities & Communities Index to find the location of a city or community.

- Use the Points of Interest Index when you know the name of a prominent feature you want to locate. This index is divided into many categories such as hospitals, chambers of commerce, colleges and universities, shopping centers, parks, and many other points of interest.

LIST OF ABBREVIATIONS

AL	ALLEY	CR	CRESCENT	KPN	KEY PENINSULA NORTH	RDG	RIDGE
AR	ARROYO	CRES	CRESCENT	KPS	KEY PENINSULA SOUTH	RES	RESERVOIR
ARR	ARROYO	CSWY	CAUSEWAY	L	LA	RIV	RIVER
AV	AVENUE	CT	COURT	LN	LANE	RV	RIVER
AVD	AVENIDA	CTE	CORTE	LP	LOOP	RO	RANCHO
AVD D LS	AVENIDA DE LOS	CTO	CUT OFF	LS	LAS, LOS	S	SOUTH
BCH	BEACH	CTR	CENTER	MDW	MEADOW	SN	SAN
BL	BOULEVARD	CV	COVE	MHP	MOBILE HOME PARK	SPG	SPRING
BLVD	BOULEVARD	CY	CANYON	MNR	MANOR	SPGS	SPRINGS
CEM	CEMETERY	CYN	CANYON	MT	MOUNT	SQ	SQUARE
CIR	CIRCLE	D	DE	MTN	MOUNTAIN	SRA	SIERRA
CK	CREEK	DL	DEL	MTWY	MOTORWAY	ST	SAINT
CL	CALLE	DR	DRIVE	MTY	MOTORWAY	ST	STREET
CL DL	CALLE DEL	DS	DOS	N	NORTH	STA	SANTA
CL D LS	CALLE DE LAS CALLE DE LOS	E	EAST	PAS	PASEO	STA	STATION
		EST	ESTATE	PAS DE	PASEO DE	TER	TERRACE
CL EL	CALLE EL	EXPWY	EXPRESSWAY	PAS DL	PASEO DEL	THTR	THEATER
CLJ	CALLEJON	EXT	EXTENSION	PAS D LS	PASEO DE LAS PASEO DE LOS	TK TR	TRUCK TRAIL
CL LA	CALLE LA	FRWY	FREEWAY			TR	TRAIL
CL LS	CALLE LAS CALLE LOS	FRW	FREEWAY	PGD	PLAYGROUND	VIA D	VIA DE
		FY	FREEWAY	PK	PARK	VIA D LS	VIA DE LAS VIA DE LOS
CM	CAMINO	GN	GLEN	PK	PEAK		
CM D	CAMINO DE	GRDS	GROUNDS	PKWY	PARKWAY	VIA DL	VIA DEL
CM D LA	CAMINO DE LA	GRN	GREEN	PL	PLACE	VIS	VISTA
CM D LS	CAMINO DE LAS CAMINO DE LOS	GRV	GROVE	PT	POINT	VLG	VILLAGE
		HTS	HEIGHTS	PY	PARKWAY	VLY	VALLEY
CMTO	CAMINITO	HWY	HIGHWAY	PZ	PLAZA	VW	VIEW
CN	CANAL	HY	HIGHWAY	RCH	RANCH	W	WEST
COM	COMMON	JCT	JUNCTION	RCHO	RANCHO	WK	WALK
				RD	ROAD	WY	WAY

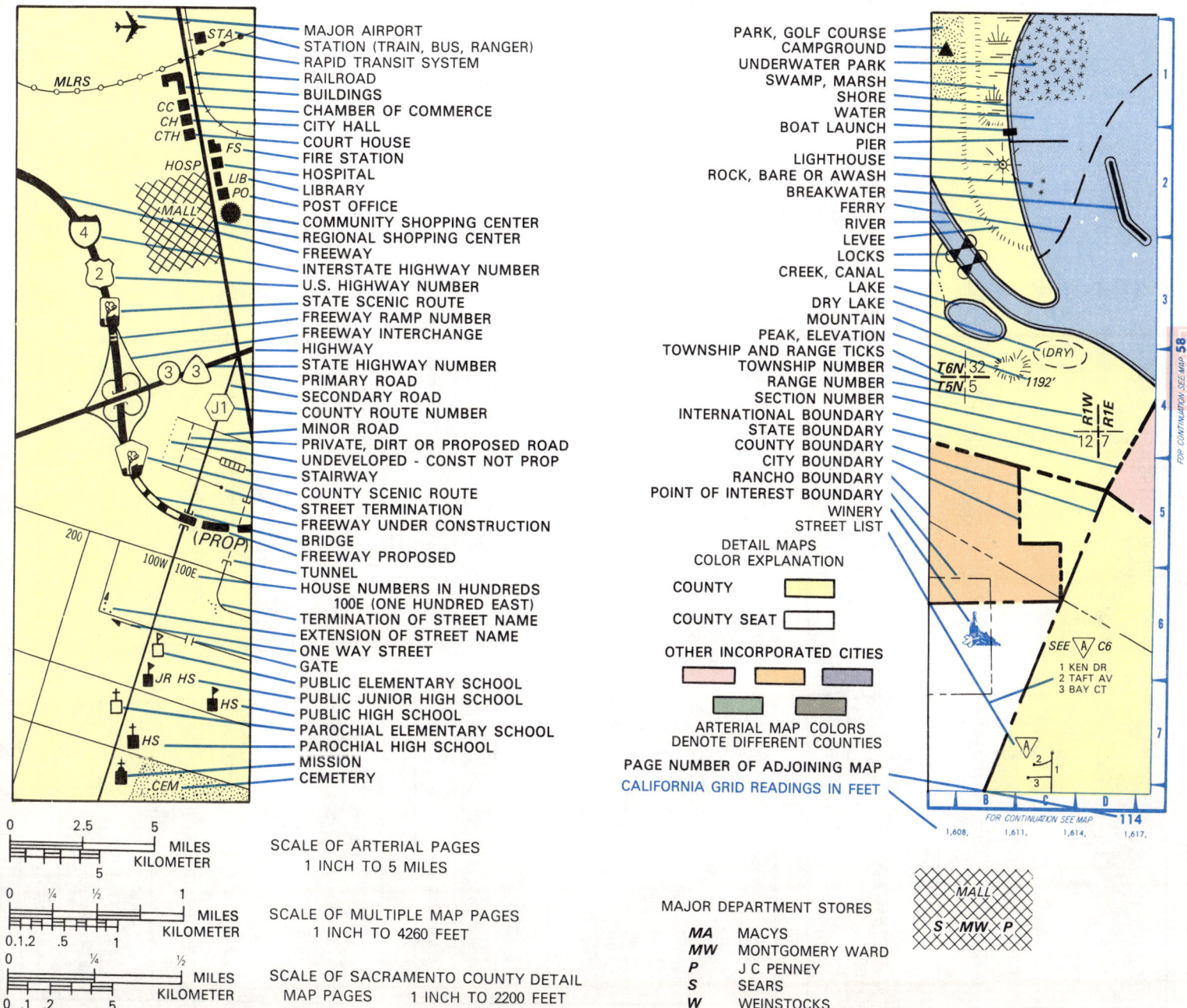

1988 SACRAMENTO AREA CITIES & COMMUNITIES INDEX

SACRAMENTO COUNTY INCORPORATED POPULATION 354,600
SACRAMENTO COUNTY UNINCORPORATED POPULATION 574,100
SACRAMENTO COUNTY ESTIMATED TOTAL POPULATION 928,700

COMMUNITY NAME	ABBR	CO.	EST. POP	ZIP CODE	PAGE NO.
ACAMPO		SJ		95220	R
AGATE BAY		PLCO		95711	J
ALDER CREEK		SAC		95670	43
--ALPINE COUNTY	ALP	ALP	1,200		P
ALPINE MEADOWS		PLCO		95730	J
ALPINE PEAKS		PLCO		95730	J
ALTA		PLCO		95701	H
*AMADOR		AMA	150	95601	M
--AMADOR COUNTY	ACO	AMA	24,150	95601	N
ANTELOPE		SAC		95842	17
APPLEGATE		PLCO		95703	H
ARDEN		SAC		95864	56
ARDEN OAKS		SAC		95864	38
ARDEN PARK		SAC		95864	56
*AUBURN	AUB	PLCO	8,525	95603	13D
BARTON		AMA		92309	N
BAXTER		PLCO		95704	H
BEAR VALLEY		ALP		95223	N
BELLOTA		SJ		95236	R
BIG BAR		AMA		95704	N
BIG MEADOWS		CAL		95223	N
BOWMAN		PLCO		95707	13B
BRIDGE HOUSE		SAC		95683	88
BRIDGEPORT		NEV		95975	H
BRODERICK		YOL		95605	51
BROWNS VALLEY		YUB		95918	G
DRUCEVILLE		SAC		95683	122
BRYTE		YOL		95605	33
BUCKHORN LODGE		AMA		95666	N
BUENA VISTA		AMA		95640	R
BURSON		CAL		95225	R
CABBAGE PATCH		CAL		95223	R
--CALAVERAS COUNTY	CAL	CAL	28,800		R
CAMERON PARK		ED		95682	26A
CAMPO SECO		CAL		95226	R
CARBONDALE		AMA		95640	M
CARMICHAEL		SAC		95608	39
CARNELIAN BAY		PLCO		95711	J
CEDAR FLAT		PLCO		95711	J
CEDAR GROVE		ED		95709	N
CHAMBERS LODGE		PLCO		95718	J
CHICAGO PARK		NEV		95712	H
CHIQUITA LAKE		ED		95634	H
CISCO		PLCO		95728	J
CITRUS HEIGHTS		SAC		95610	17
CLARKSVILLE		ED		95682	M
CLAY		SAC		95638	129
CLEMENTS		SJ		95227	R
CLINTON		AMA		95232	N
CLIPPER GAP		PLCO		95703	H
*COLFAX		PLCO	990	95713	H
COLLIERVILLE		SJ		95220	151
COLOMA		ED		95613	M
COOKS STATION		AMA		95666	N
COSUMNES		SAC		95683	104
COURTLAND		SAC		95615	115
CRANMORE		SUT		95645	G
*DAVIS	DVS	YOL	41,300	95616	L
DEL PASO HEIGHTS		SAC		95838	35
DIAMOND SPRINGS		ED		95619	M
DRYTOWN		AMA		95699	H
DUTCH FLAT		PLCO		95714	H
EAST NICOLAUS		SUT		95622	H
ECHO LAKE		ED		95721	N
EDGEWOOD		PLCO		95707	13B
ELDERS CORNERS		PLCO		95603	H
EL DORADO		ED		95623	M
--EL DORADO COUNTY	EDCO	ED	110,000	95625	M
EL DORADO HILLS		ED		95630	26
ELECTRA		AMA		95642	R
ELK GROVE		SAC		95624	97
ELVERTA		SAC		95626	6
EMIGRANT GAP		PLCO		95715	J
EMMATON		SAC			170
FAIR OAKS		SAC		95628	40
FAIR PLAY		ED		95684	M
FALLEN LEAF		ED		95716	J
FIDDLETOWN		AMA		95629	N
FLORIN		SAC		95828	76
*FOLSOM	FOL	SAC	19,250	95630	22
FOOTHILL FARMS		SAC		95841	12
FORESTHILL		PLCO		95631	H
FRANKLIN		SAC		95639	95
FREDERICKSBURG		ALP		96120	P
FREDS PLACE		ED		95720	N
FREEPORT		SAC		95832	74
FRENCH CORRAL		NEV		95975	H
FRESH POND		ED		95725	N
FRUITRIDGE		SAC		95820	54
*GALT	GALT	SAC	7,250	95632	148
GANNS		CAL		95223	N

COMMUNITY NAME	ABBR	CO.	EST. POP	ZIP CODE	PAGE NO.
GARDENLAND		SAC		95815	34
GARDEN VALLEY		ED		95633	M
GEORGETOWN		ED		95634	H
GLANNVALE		SAC		95624	119
GOLD HILL		ED		95651	M
GOLD RUN		PLCO		95717	H
*GRASS VALLEY		NEV	8,750	95945	H
GREENHAVEN		SAC		95831	72
GREENWOOD		ED		95635	H
GRIZZLY FLAT		ED		95636	N
GROVER HOT SPRINGS		ALP		96120	P
HAGGINWOOD		SAC		95838	37
HAMMONTON		YUB		95901	G
HAM'S STATION		AMA		95666	N
HENDERSON VILLAGE		SJ		95240	Q
HERALD		SAC		95638	130
HIGGINS CORNER		NEV		95603	H
HOLT		SJ		95234	Q
HOOD		SAC		95639	94
HOPE VLY FOREST CAMP		ALP		96120	P
*IONE		AMA	2,750	95640	R
IOWA HILL		PLCO		95713	H
*ISLETON	ISLE	SAC	900	95641	162
*JACKSON		AMA	3,280	95642	R
JENNY LIND		CAL		95252	R
KINGS BEACH		PLCO		95719	J
KIRKVILLE		SUT		95645	G
KIRKWOOD		ALP		95646	N
KIT CARSON		AMA		95644	N
KYBURZ		ED		95720	N
LAKE ALPINE		ALP		95235	P
LAKE FOREST		PLCO		95730	J
LAKE HILLS ESTATES		ED		95630	23
LATROBE		ED		95682	M
*LINCOLN		PLCO	5,975	95648	H
LINCOLN VILLAGE		SJ		95207	Q
LINDA		YUB		95961	G
LINDEN		SJ		95236	R
LIVE OAK		SAC		95683	88
*LIVE OAK		SUT	3,800	95953	G
LOCKE		SAC		95649	140
LOCKEFORD		SJ		95237	R
*LODI		SJ	45,800	95240	R
LOMA RICA		YUB		95901	G
*LOOMIS	LMS	PLCO	5,725	95650	14A
LOTUS		ED		95651	M
MARKLEEVILLE		ALP		96120	P
MARTELL		AMA		95654	R
*MARYSVILLE		YUB	11,250	95901	G
MEADOW VISTA		PLCO		95722	H
MEEKS BAY		ED		95725	J
MERIDIAN		SUT		95957	G
MEYERS		ED		95731	K
MICHIGAN BAR		SAC		95683	89
MICHIGAN BLUFF		PLCO		95631	H
MIDDLE RIVER		SJ		95234	Q
MILLS		SAC		95670	59
MILTON		CAL		95230	R
MOKEL CITY		SJ		95240	146
MOKELUMNE HILL		CAL		95245	R
MOUNT AUKUM		ED		95656	M
NASHVILLE		ED		95675	M
NATOMA		SAC		95630	43
*NEVADA CITY		NEV	2,840	95959	H
--NEVADA COUNTY	NEV	NEV	72,400		H
NEWCASTLE		PLCO		95658	13C
NICOLAUS		SUT		95659	G
NIMBUS		SAC		95670	45
NORTH HIGHLANDS		SAC		95660	12
NORTH SACRAMENTO		SAC		95815	32
OLIVEHURST		YUB		95961	G
OMO RANCH		ED		95661	N
OPHIR		PLCO		95603	13C
ORANGEVALE		SAC		95662	18
OUTINGDALE		ED		95684	M
PACIFIC HOUSE		ED		95725	N
PAINTERSVILLE		SAC		95615	115
PALOMA		CAL		95252	R
PAYNESVILLE		ALP		96120	P
PEARDALE		NEV		95945	H
PENNINGTON		SUT		95953	G
PENRYN		PLCO		95663	14B
PERKINS		SAC		95826	57
PETERS		SJ		95236	R
PHILLIPS		ED		95735	N
PILOT HILL		ED		95664	M
PINE GROVE		AMA		95665	N
PINELAND		PLCO		95718	J
PINO GRANDE		ED		95634	J
PIONEER STATION		AMA		95666	N
--PLACER COUNTY	PLCO	PLCO	144,900		J

COMMUNITY NAME	ABBR	CO.	EST. POP	ZIP CODE	PAGE NO.
*PLACERVILLE		ED	7,375	95667	M
PLANEHAVEN		SAC		95842	36
PLASSE		AMA		95666	N
PLEASANT GROVE		SUT		95668	L
PLEASANT VALLEY		ED		95709	M
*PLYMOUTH		AMA	790	95669	M
POINT PLEASANT		SAC		95733	117
POLLOCK PINES		ED		95726	N
POMINS		ED		95733	J
RANCHO CORDOVA		SAC		95670	41
RANCHO MURIETA		SAC		95683	83
REPRESA		SAC		95671	22
RESCUE		ED		95672	M
RIO LINDA		SAC		95673	8
RIVER PINES		AMA		95675	M
RIVERTON		ED		95806	N
ROBBINS		SUT		95676	G
ROBLA		SAC		95673	32
*ROCKLIN	ROCK	PLCO	12,250	95677	15B
ROSEMONT		SAC		95826	56
*ROSEVILLE	ROS	PLCO	31,600	95678	16B
ROUGH AND READY		NEV		95975	H
RYDE		SAC		95680	139
*SACRAMENTO	SAC	SAC	327,200	95801	52
--SACRAMENTO COUNTY	CO	SCO	928,700		
--SAN JOAQUIN COUNTY	SJCO	SJ	435,700		R
SERENE LAKES		PLCO		95728	J
SHELDON		SAC		95624	100
SHERIDAN		PLCO		95681	G
SHINGLE SPRINGS		ED		95682	M
SILVER FORK		ED		95728	N
SLOUGHHOUSE		SAC		95683	85
SMARTVILLE		YUB		95977	H
SMITHFLAT		ED		95727	M
SOMERSET		ED		95684	M
SONORA JUNCTION		MNO		95317	P
*SOUTH LAKE TAHOE		ED	21,850	95705	K
SOUTHPORT		YOL		95691	53
SQUAW VALLEY		PLCO		95730	J
STANFIELD HILL		YUB		95918	G
STATELINE		ED		95729	K
*STOCKTON		SJ	185,000	95201	R
STRAWBERRY		ED		95735	N
SUNSET ESTATES		PLCO			R
SUTTER		SUT		95982	G
--SUTTER COUNTY	SUT	SUT	59,500		G
*SUTTER CREEK		AMA	2,000	95685	R
TAHOE CITY		PLCO		95730	J
TAHOE PINES		PLCO		95718	J
TAHOE VISTA		PLCO		95732	J
TAHOMA		PLCO		95733	J
TAMARACK		CAL		95223	N
TERMINOUS		SJ		95240	Q
THERMALANDS		PLCO		95648	H
THORNTON		SJ		95686	146
TOPAZ		MNO		96133	P
TOWN & COUNTRY VILLAGE		SAC		95821	37
TROWBRIDGE		SUT		95687	G
TUDOR		SUT		95991	G
TWIN BRIDGES		ED		95735	N
TWIN CITIES		SAC		95632	148
VALLEY SPRINGS		CAL		95252	R
VERONA		SUT		95659	L
VICTOR		SJ		95253	R
VOLCANO		AMA		95689	N
VORDEN		SAC		95690	140
WALKER		MNO		96107	P
WALLACE		ED		95254	R
WALLTOWN		SAC		95670	67
WALNUT GROVE		SAC		95690	142
WALSH STATION		SAC		95827	61
WATERLOO		SJ		95201	R
WEIMAR		PLCO		95736	H
WENTWORTH SPRINGS		ED		95725	J
WEST BUTTE		SUT		95953	G
WESTGATE		YOL		95691	51
WEST POINT		CAL		95255	N
*WEST SACRAMENTO	WSAC	YOL	27,000	95691	51A
WESTVILLE		PLCO		95631	H
*WHEATLAND		YUB	1,780	95692	G
WHITE HALL		ED		95725	N
WILSEYVILLE		CAL		95257	N
WILTON		SAC		95693	101
WOODFORDS		ALP		96120	P
*WOODLAND	WD	YOL	34,700	95695	L
WRIGHTS LAKE		ED		95720	J
YANKEE JIMS		PLCO		95631	H
--YOLO COUNTY	YOL	YOL	126,500		L
YOUNGSTOWN		SJ		95220	L
*YUBA CITY		SUT	22,300	95991	G
--YUBA COUNTY	YUB	YUB	54,900		G

*INDICATES INCORPORATED CITIES

Thomas Bros. Maps
DOWNTOWN SACRAMENTO

FOR CONTINUATION SEE MAP 51
FOR CONTINUATION SEE MAP 52

POINTS OF INTEREST

#	Name	Grid
1	AMTRAK PASSENGER STATION	A3
2	CHAMBER OF COMMERCE	A3
3	CITY HALL	B3
4	COMMUNITY CONVENTION CENTER	C4
5	COUNTY ADMINISTRATION CENTER	B3
6	COUNTY COURT HOUSE	B3
7	CROCKER ART MUSEUM	A5
8	DEPARTMENT OF AGRICULTURE	B5
9	DEPARTMENT OF FINANCE	B5
10	DEPARTMENT OF PUBLIC WORKS	B5
11	DOWNTOWN SHOPPING PLAZA	A4
12	ELEANOR McCLATCHY PERFORM ARTS CTR	C3
13	FEDERAL & COURT HOUSE BUILDING	A4
14	FEDERAL BUILDING & POST OFFICE	B3
15	GOVERNOR'S MANSION (OLD)	C3
16	GREYHOUND BUS DEPOT	B4
17	HALL OF JUSTICE	A3
18	HISTORICAL RAILROAD MUSEUM	A3
19	STATE INDIAN MUSEUM	E4
20	LIBRARY	B4
21	MEMORIAL AUDITORIUM	C3
22	OLD SACRAMENTO STATE HISTORIC PARK	A4
23	PACIFIC BELL	B3
24	SACTO CONVENTION & VISITORS BUREAU	C4
25	SACRAMENTO HISTORY CENTER	A3
26	STANFORD HOME	B5
27	STATE ARCHIVES	B4
28	STATE CAPITOL	B4
29	STATE CHAMBER OF COMMERCE	B4
30	STATE DEPARTMENT OF EMPLOYMENT	B4
31	STATE EDUCATION DEPARTMENT	B4
32	STATE GARAGE	B5
33	STATE LIBRARY	B4
34	STATE OFFICE BUILDING No. 1	B4
35	STATE OFFICE BUILDING No. 2	B4
36	STATE OFFICE BLDS, Nos. 8 & 9	B5
37	STATE PERSONNEL DEPARTMENT	B4
38	STATE RESOURCE BUILDING	B5
39	SUTTER CLUB	B4
40	SUTTER GENERAL HOSPITAL	E4
41	SUTTER'S FORT STATE HISTORIC PARK	E4
42	TOWE FORD MUSEUM	A7
43	TRAILWAYS BUS DEPOT	B3

SACRAMENTO CO.

KEY

FEET: 0 500 1000 2000
METERS: 0 100 500

COPYRIGHT © 1987 BY Thomas Bros. Maps

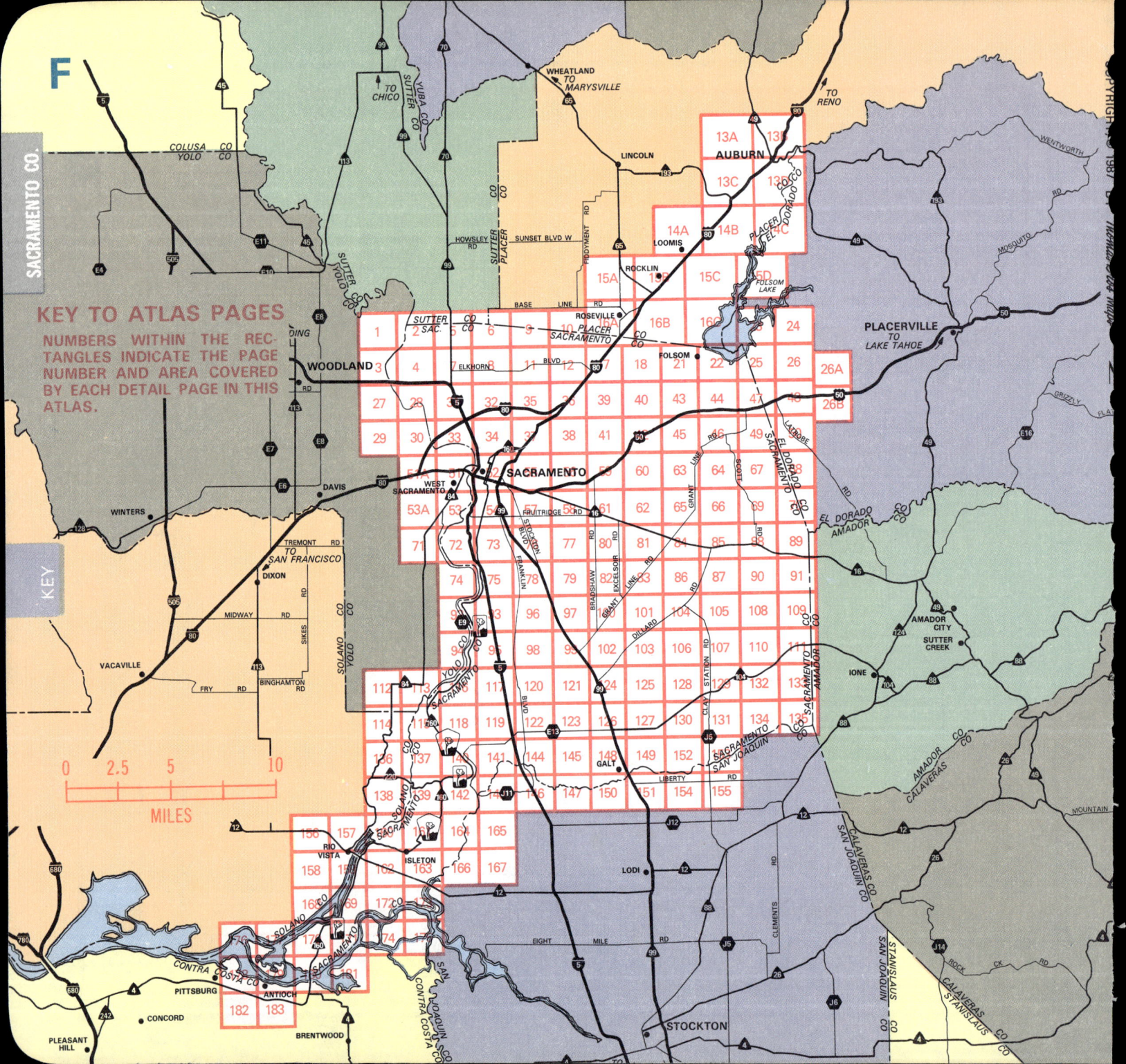

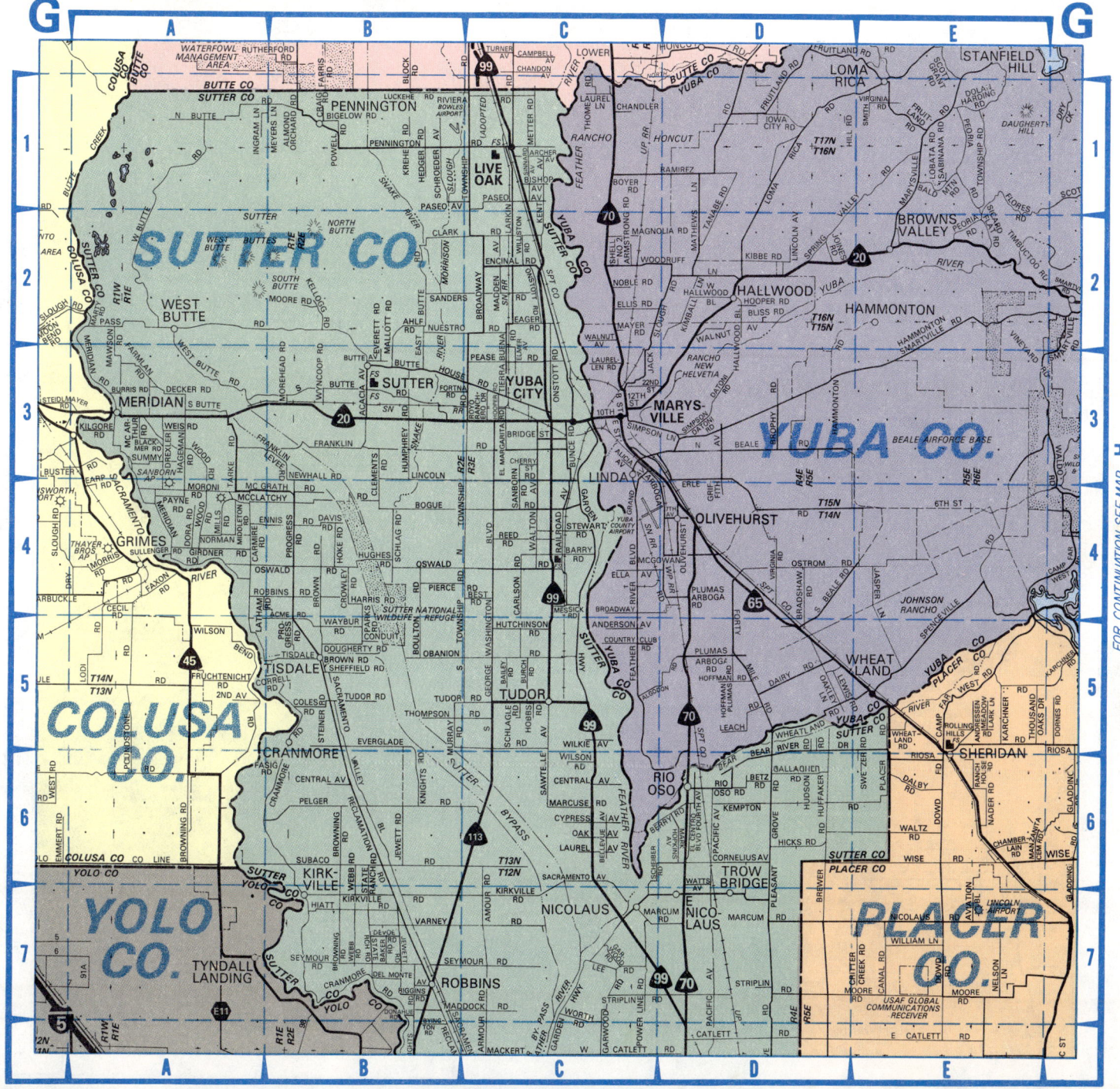

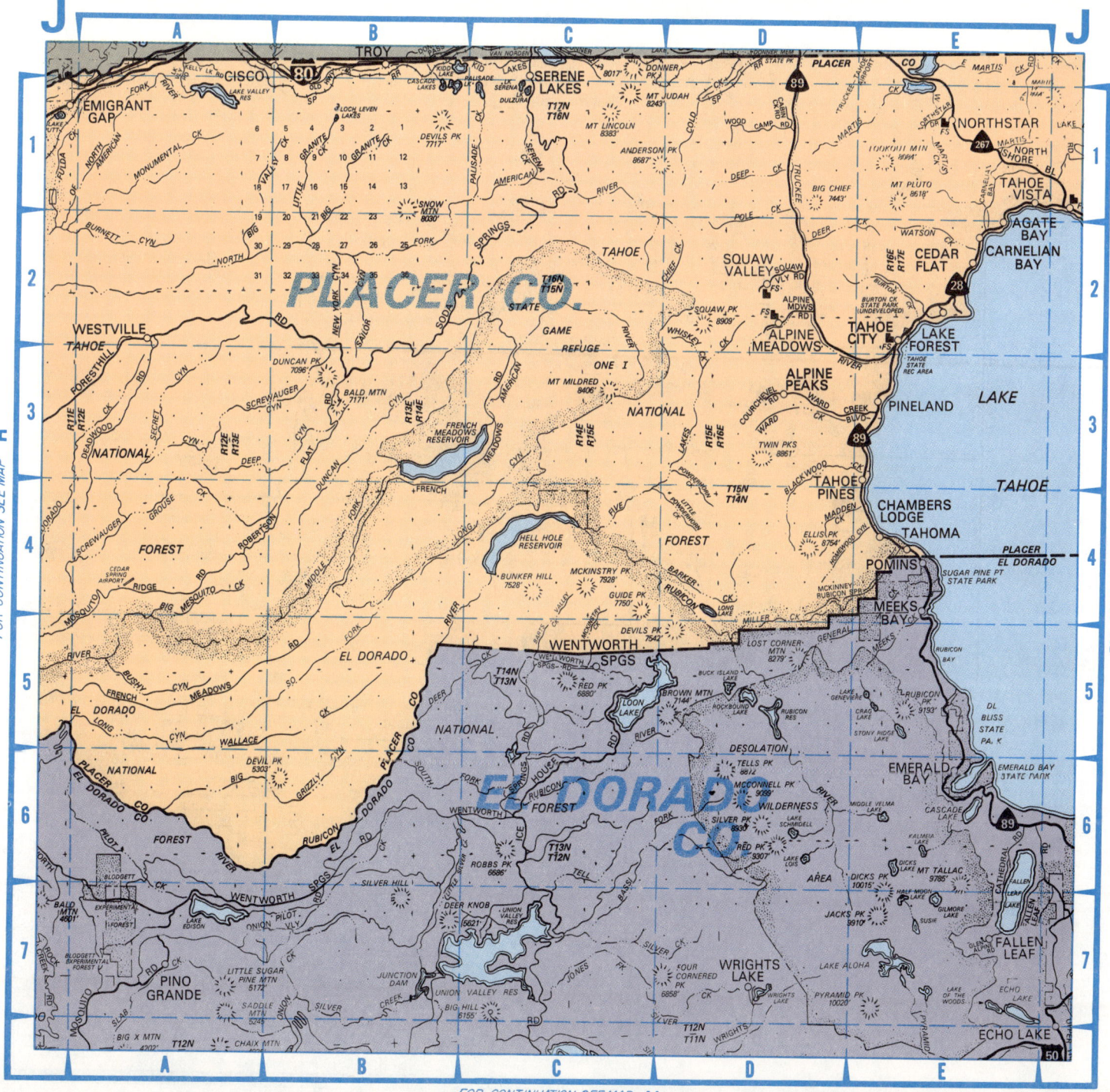

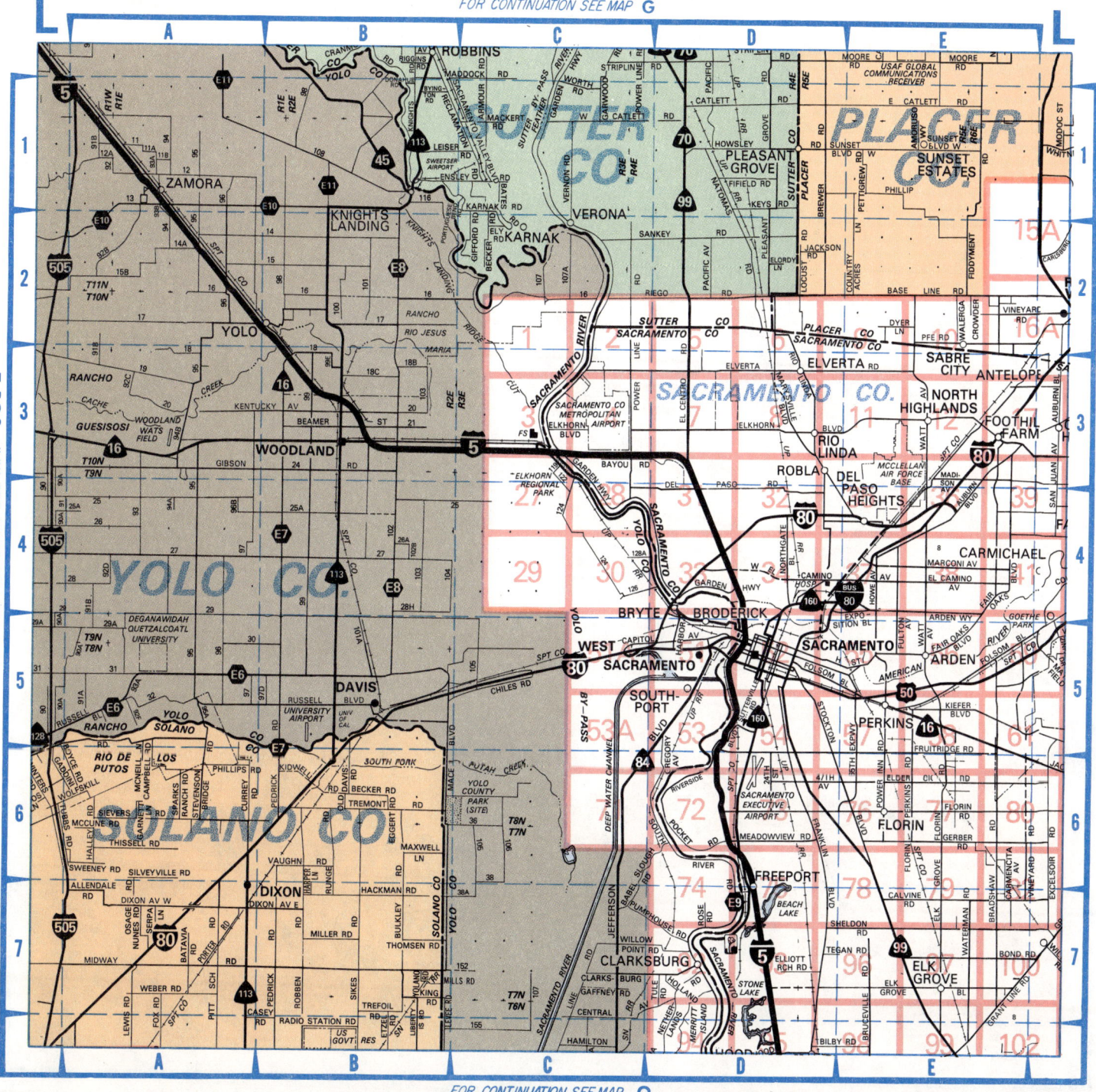

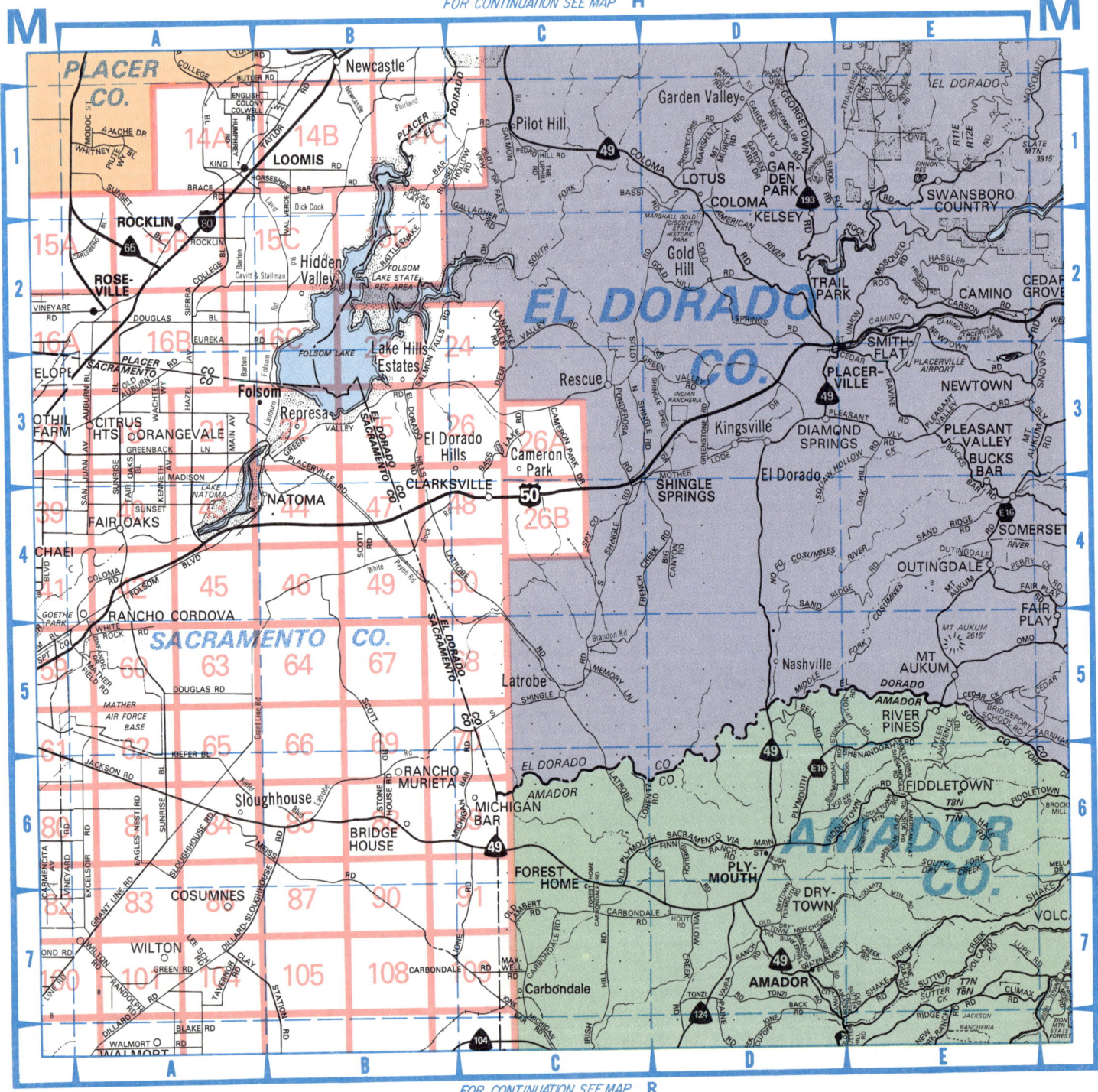

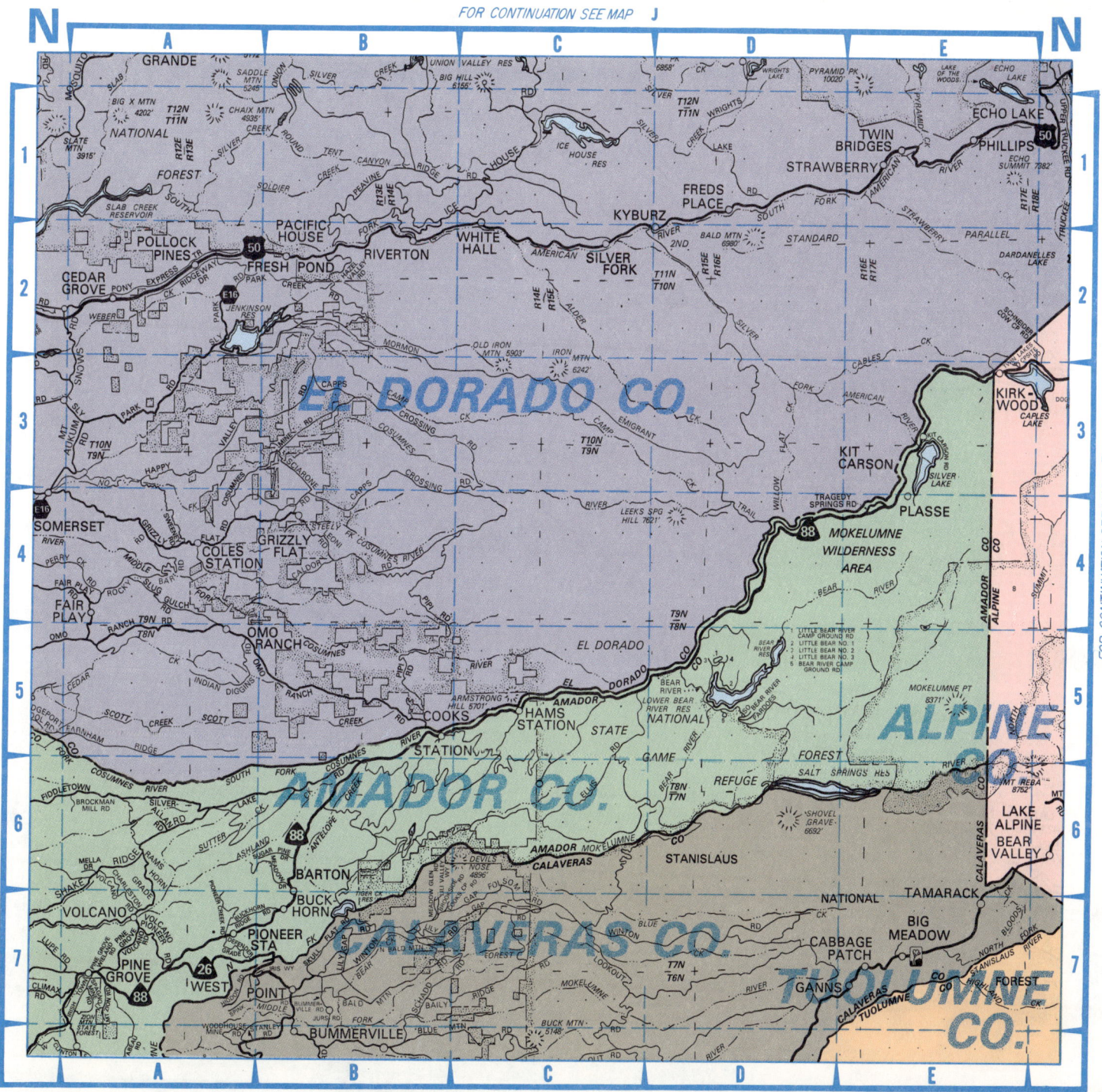

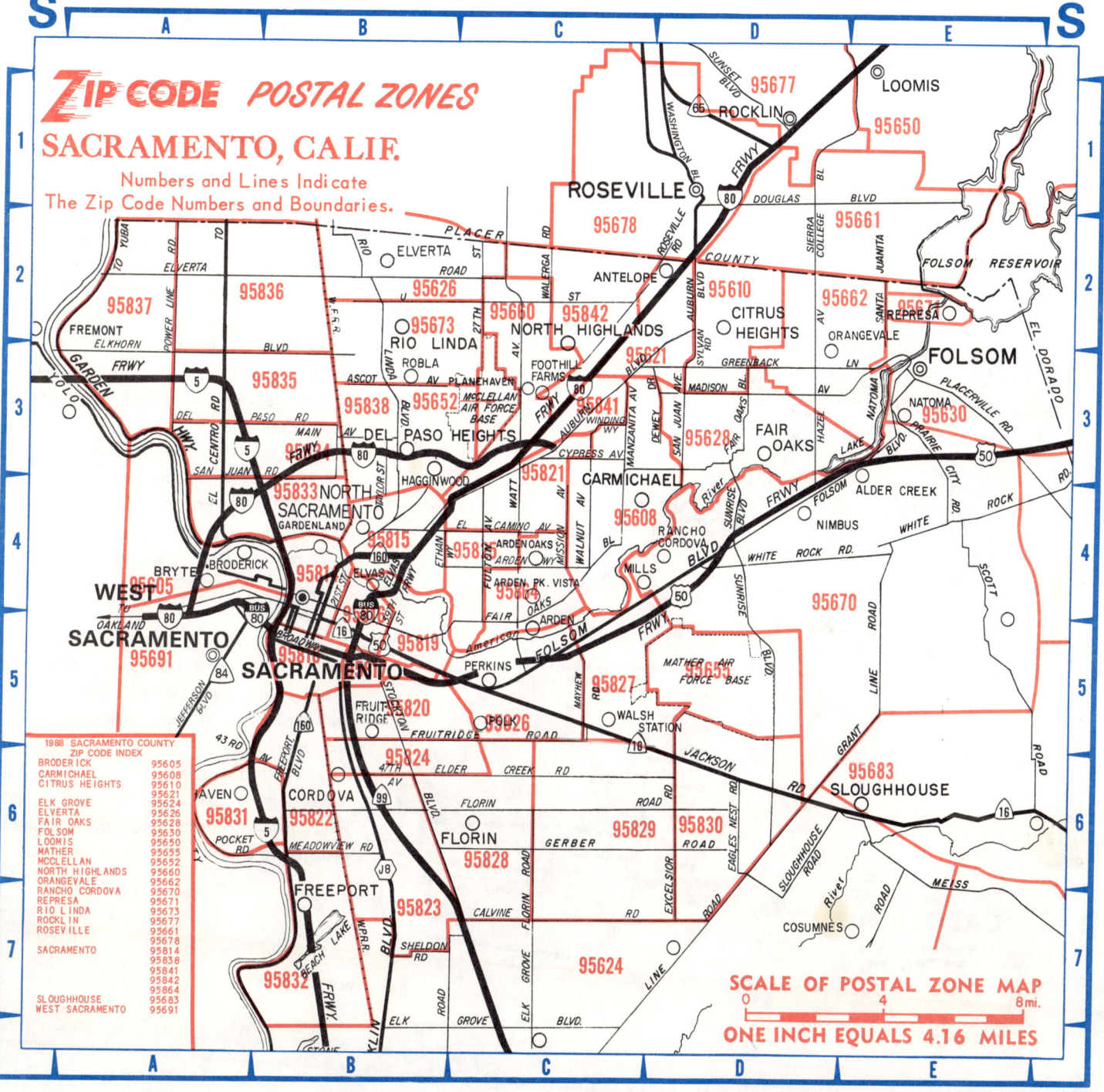

CALIFORNIA STATE PLANE COORDINATE ZONE MAP

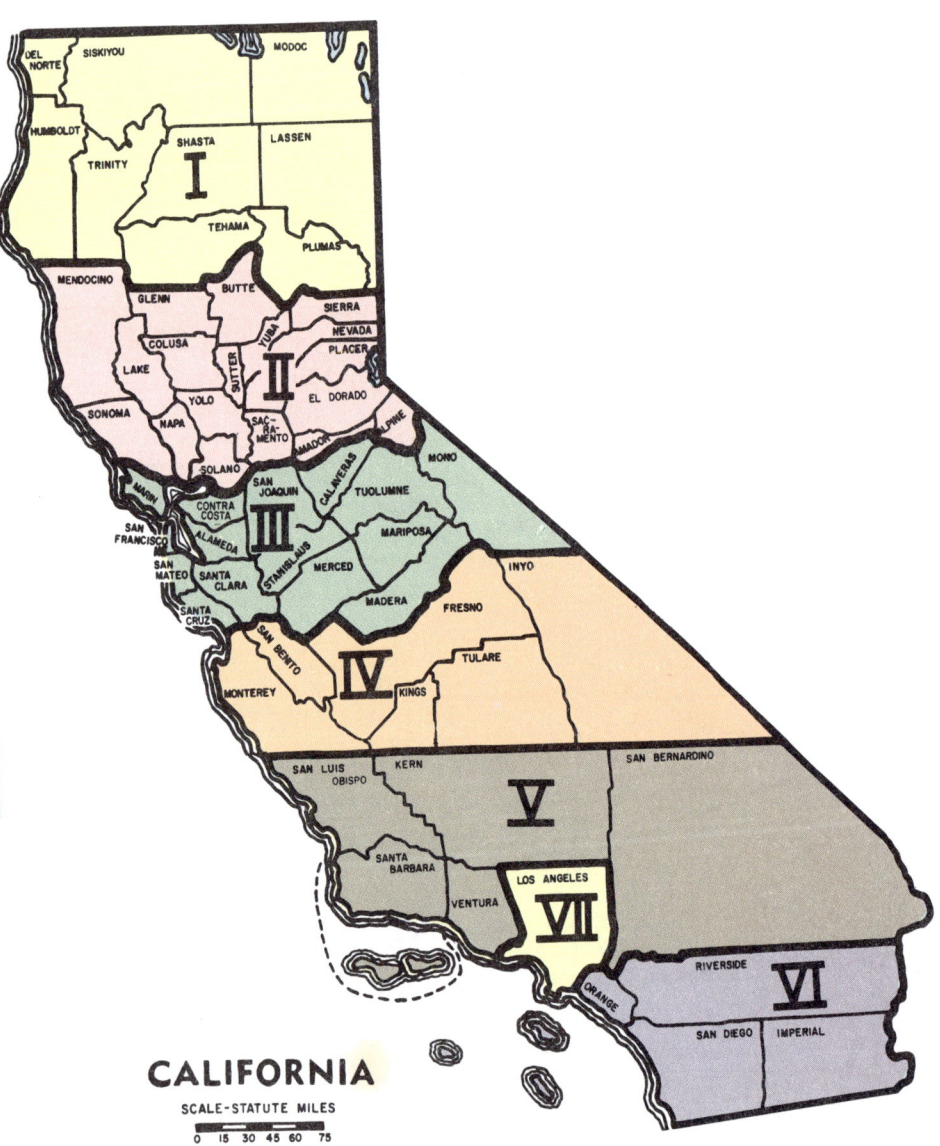

The rectangles used for indexing within individual map sheets have been positioned to conform with the California State Coordinate System, Zone III (See State of California Public Resources Code, Division 8, Chapter 1.)

Coordinate values for the grid lines, which delineate the indexing rectangles, are provided in the margins of each map sheet. Example: On map sheet # 11 2,172 indicates the grid line in Zone II of the California Coordinate System which has the value of 2,172,000 feet east, while 368 indicates the grid line which has the value of 368,000 feet north.

The practice of defining point locations by citing a pair of state coordinates is becoming standard procedure with public agencies and with private surveyors. With the availability of grid reference lines in this new atlas, Thomas Bros. Maps now offer an added service by providing quick reference to California State Coordinates. Land records, utility locations, dispatching systems are among the users for this system.

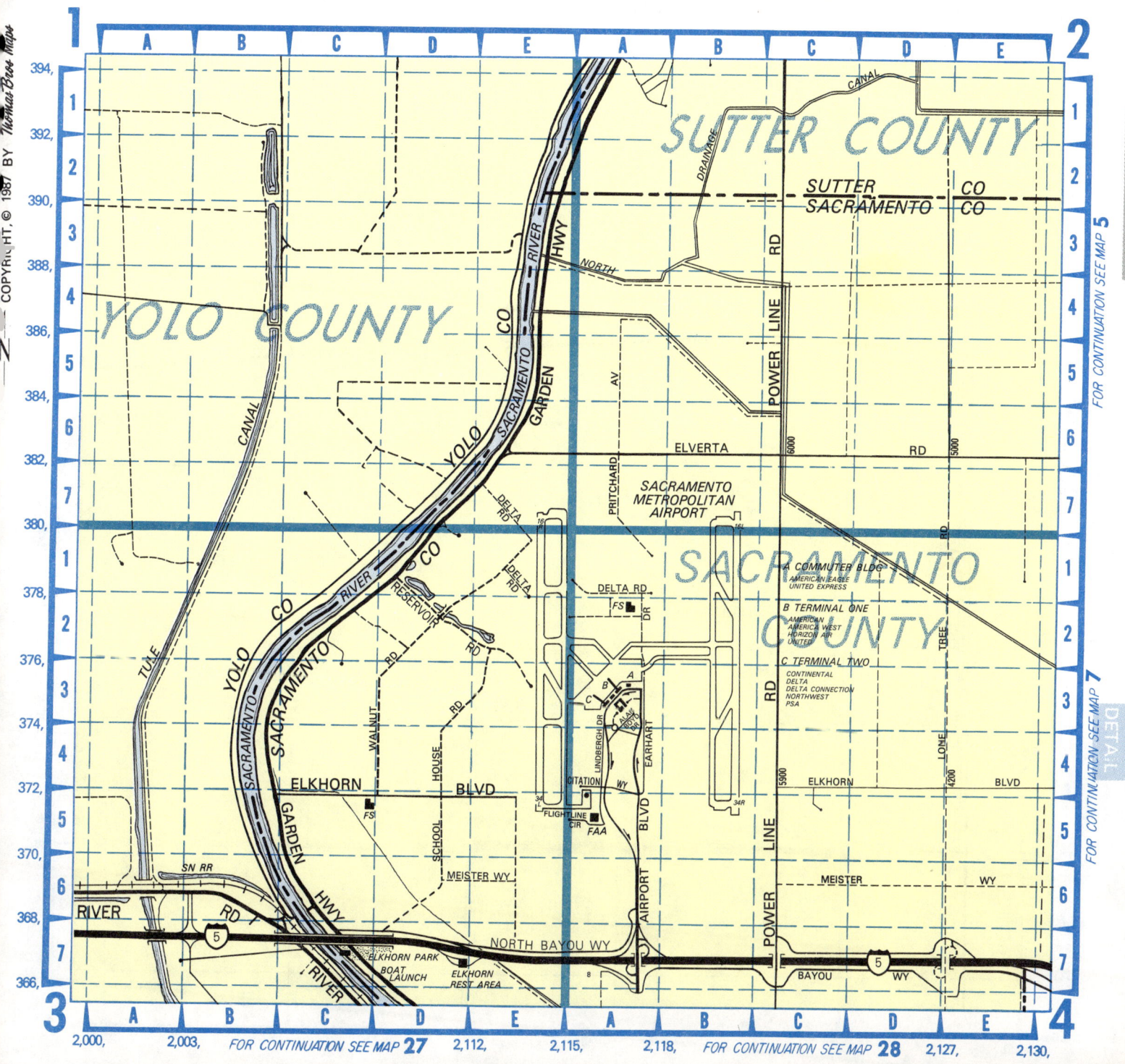

SUTTER COUNTY

SACRAMENTO COUNTY

Roads/features visible: RIEGO RD, EL CENTRO RD, EAST DRAINAGE CANAL, ELVERTA RD, SHANDONEY AV, EAST LEVEE RD, UP RR, Hwy 99

PLACER COUNTY

SACRAMENTO COUNTY

ELVERTA

SACRAMENTO

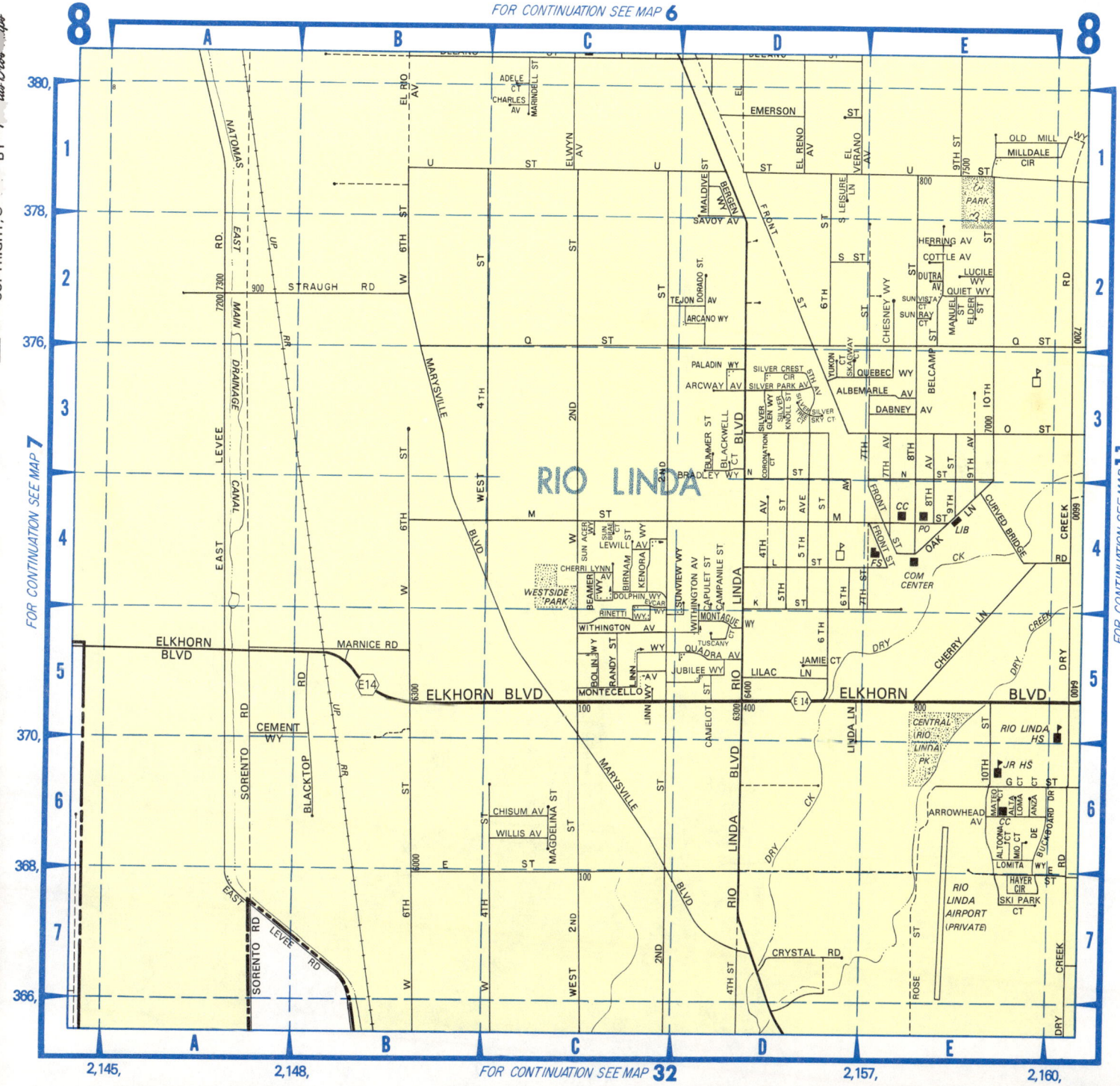

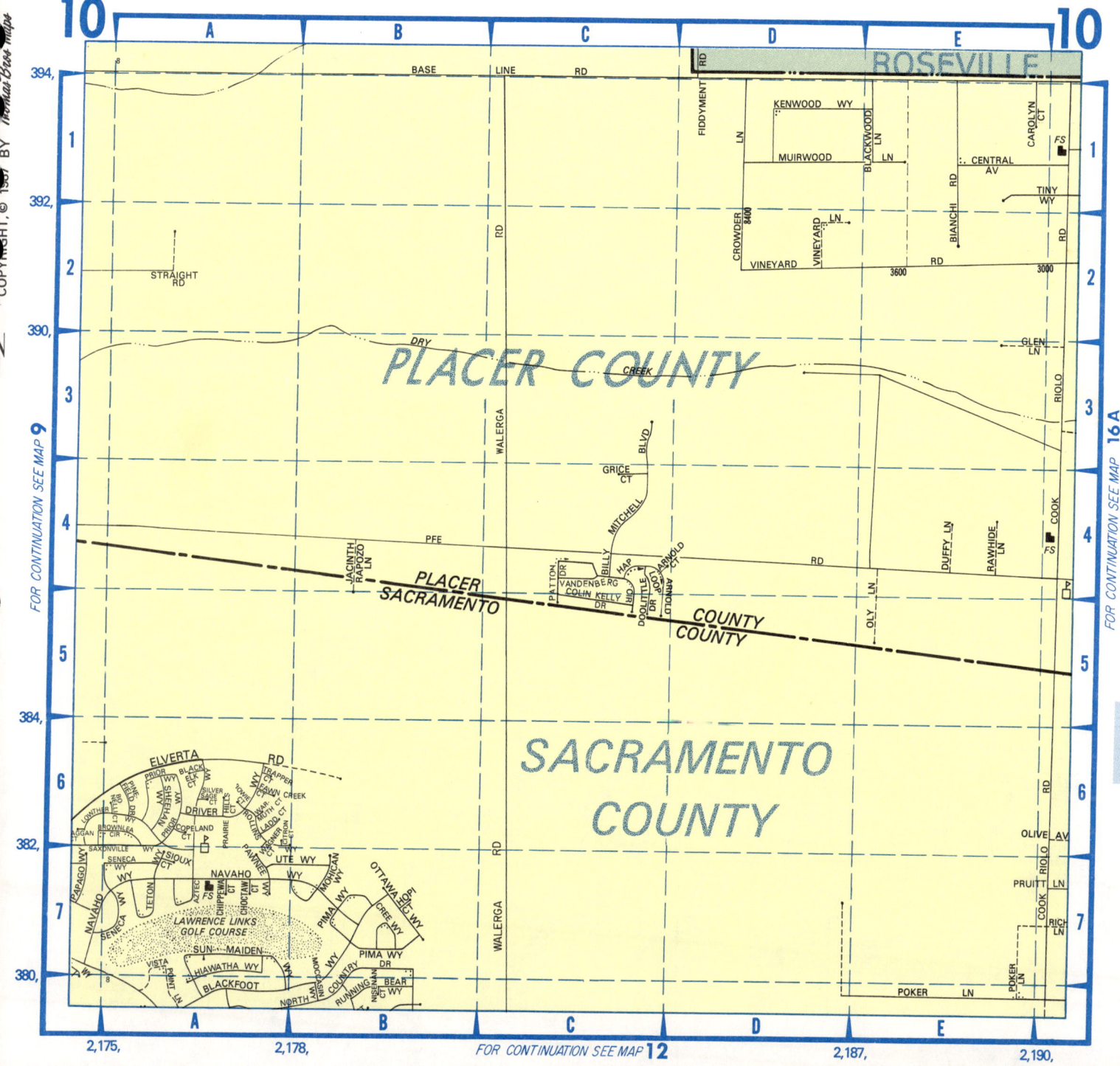

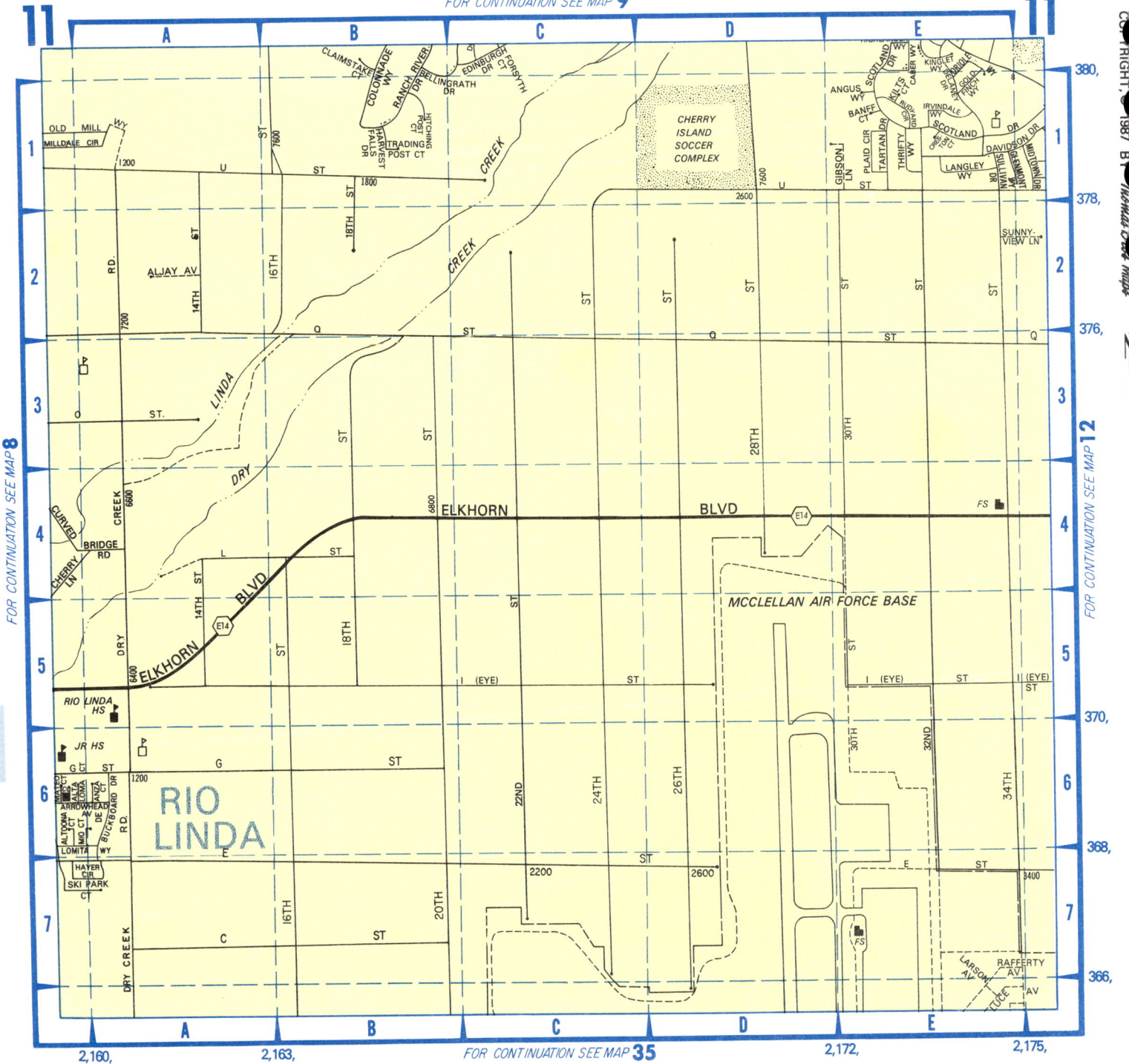

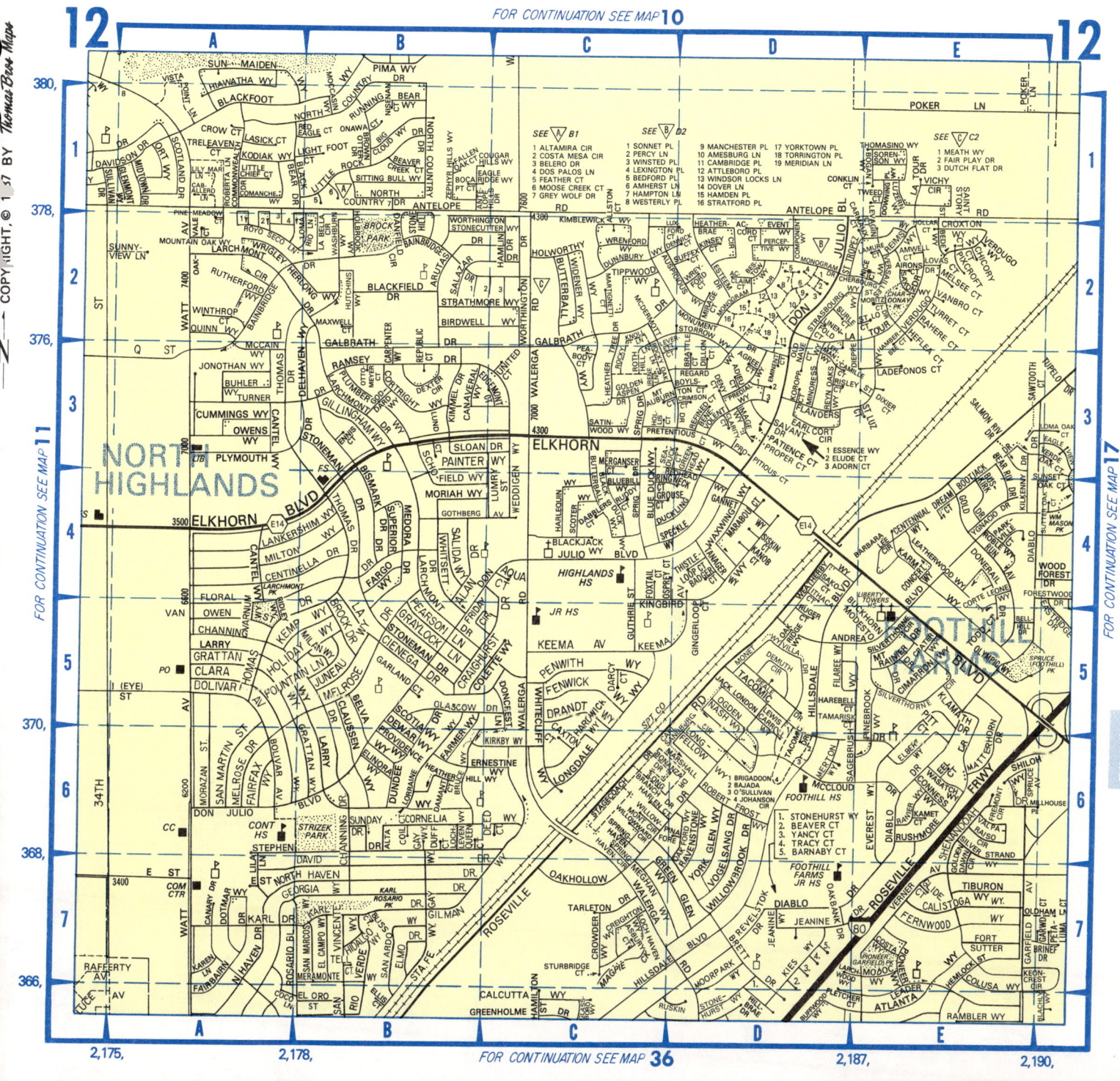

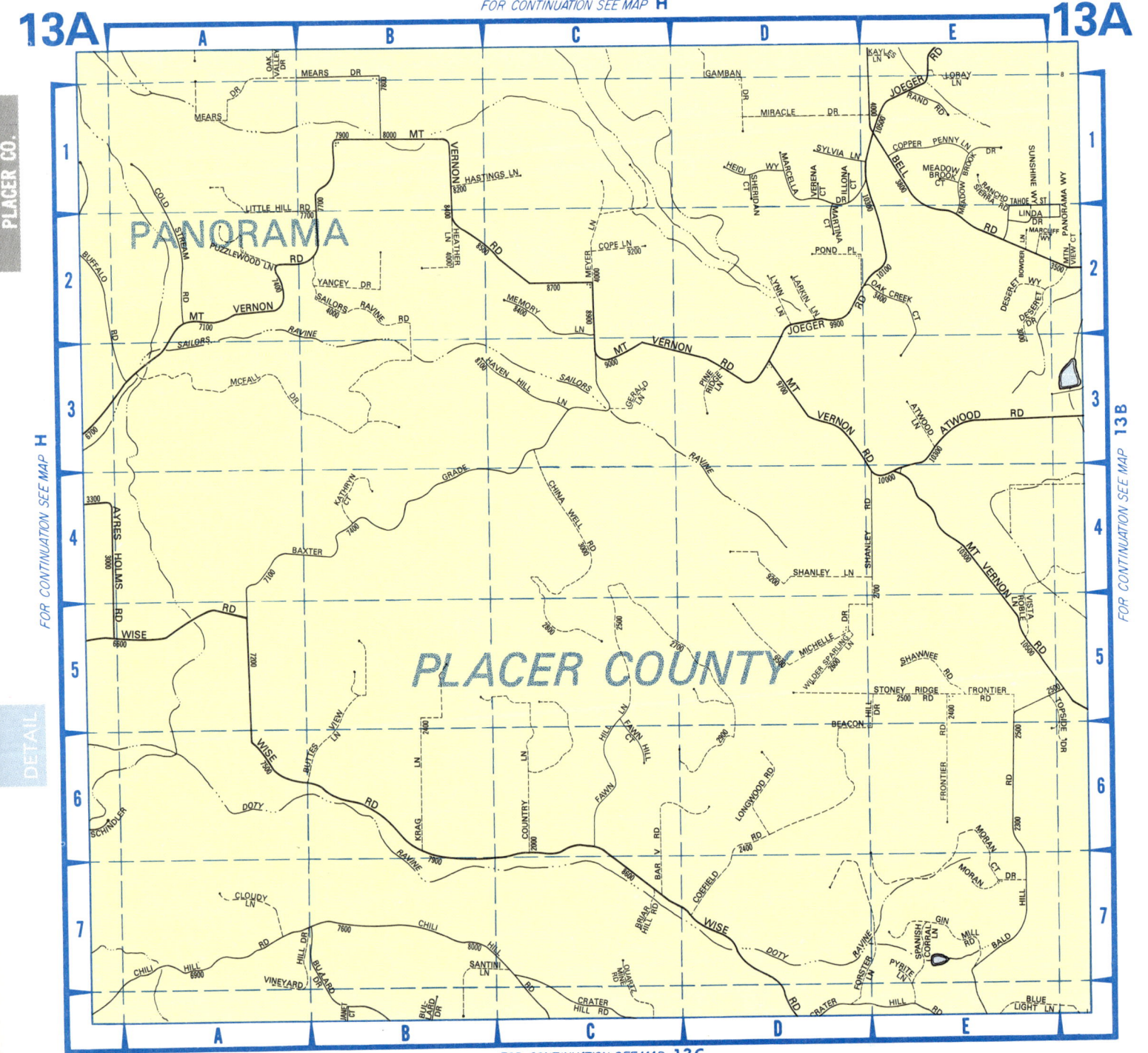

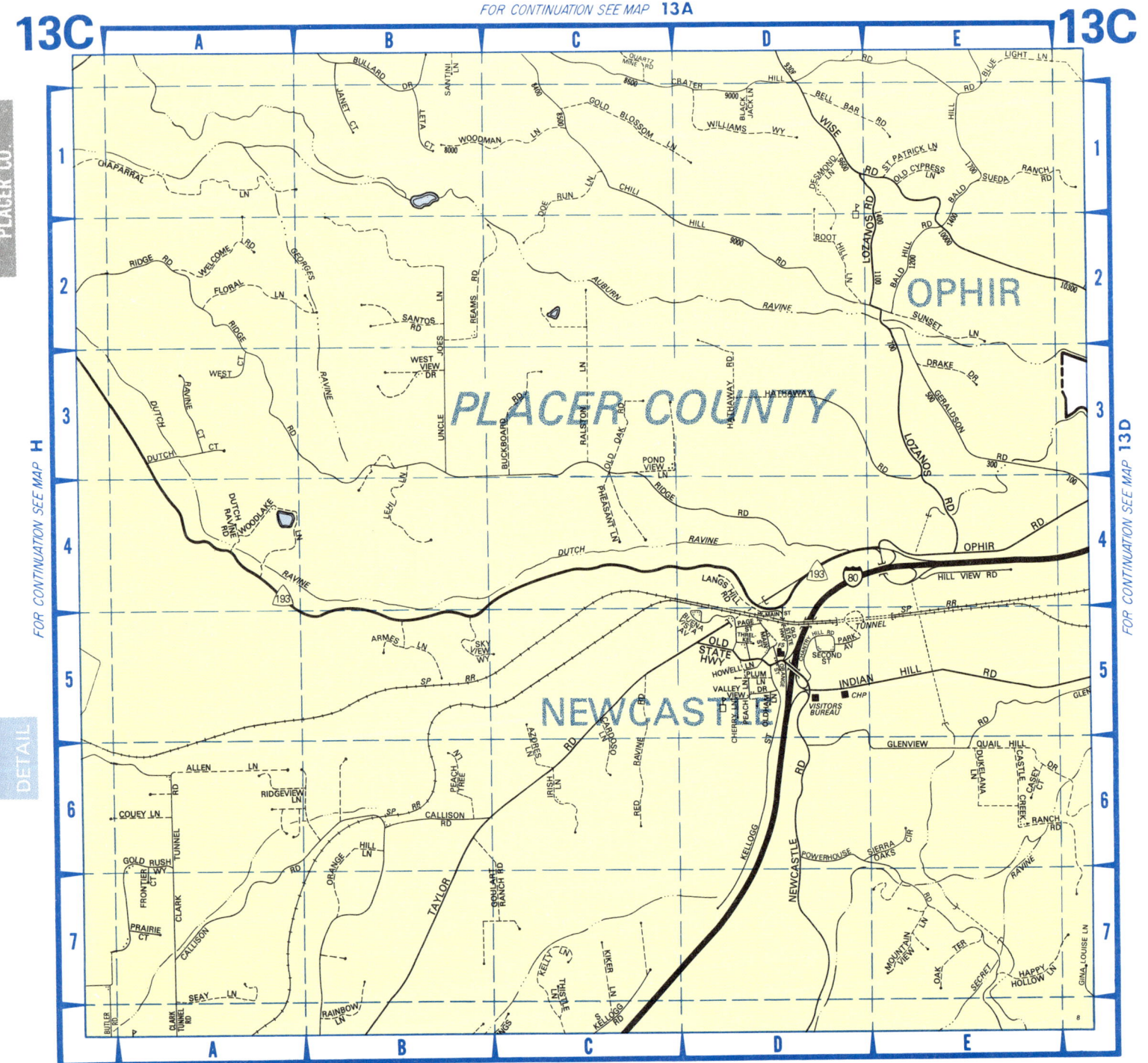

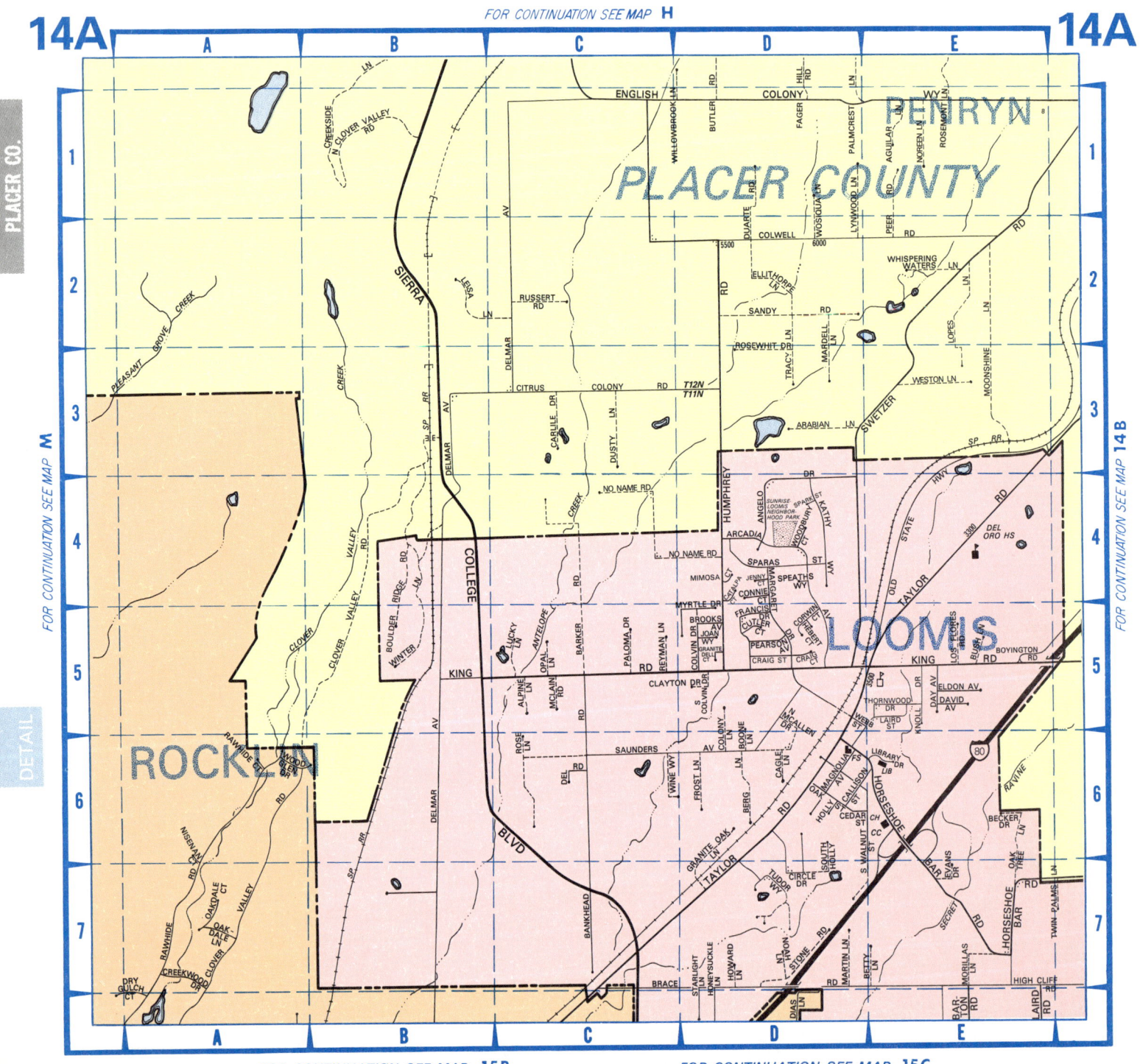

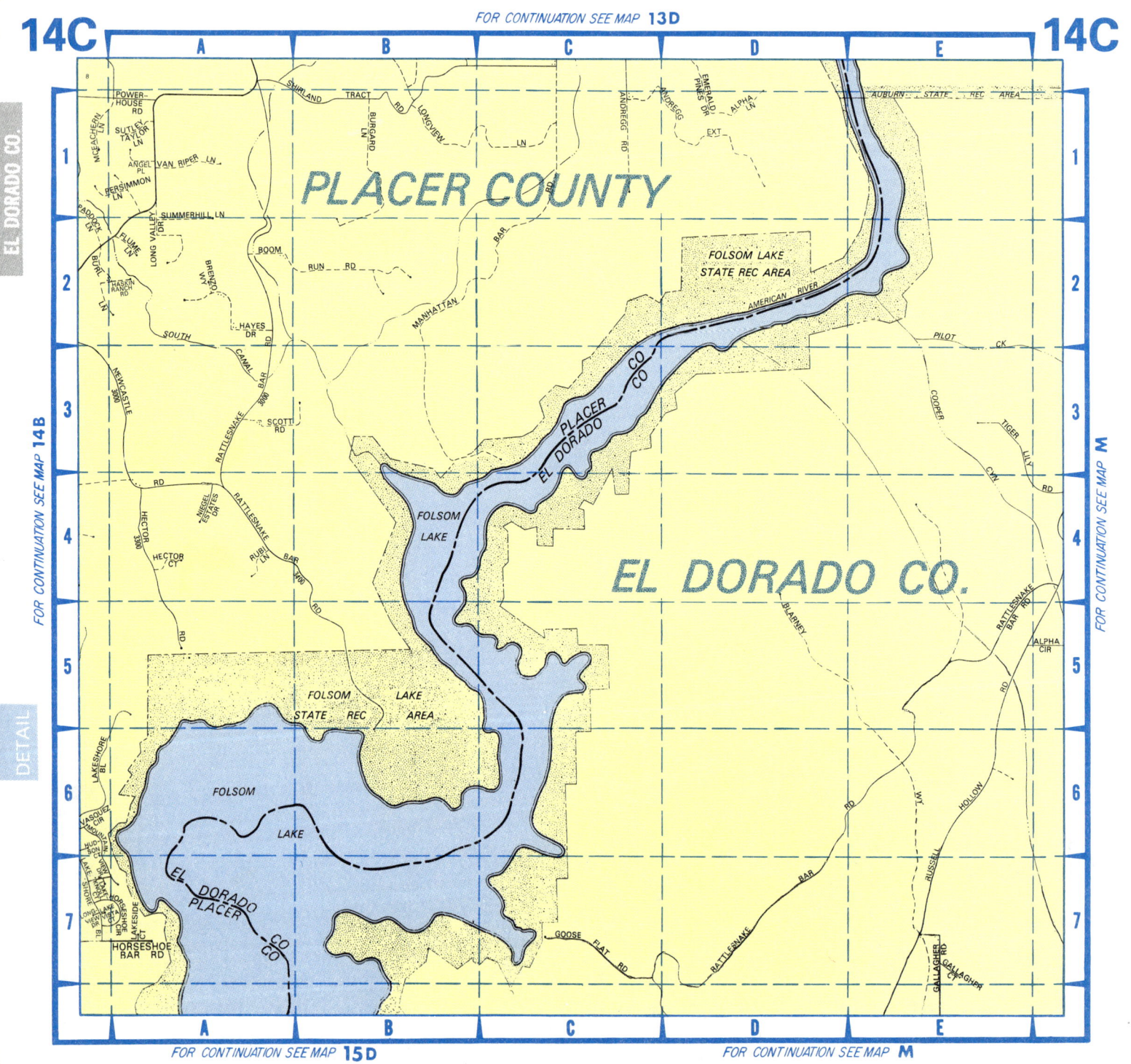

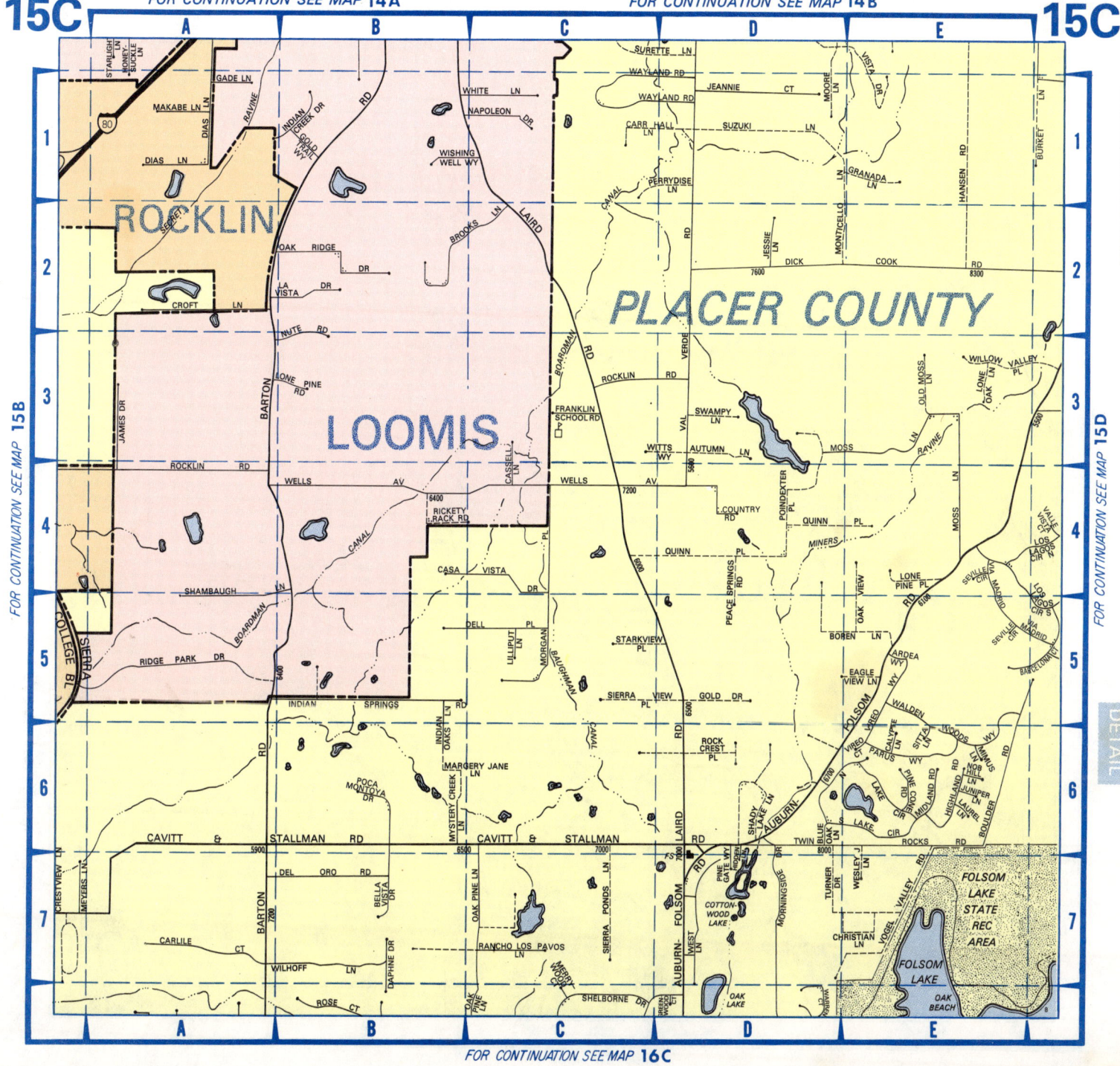

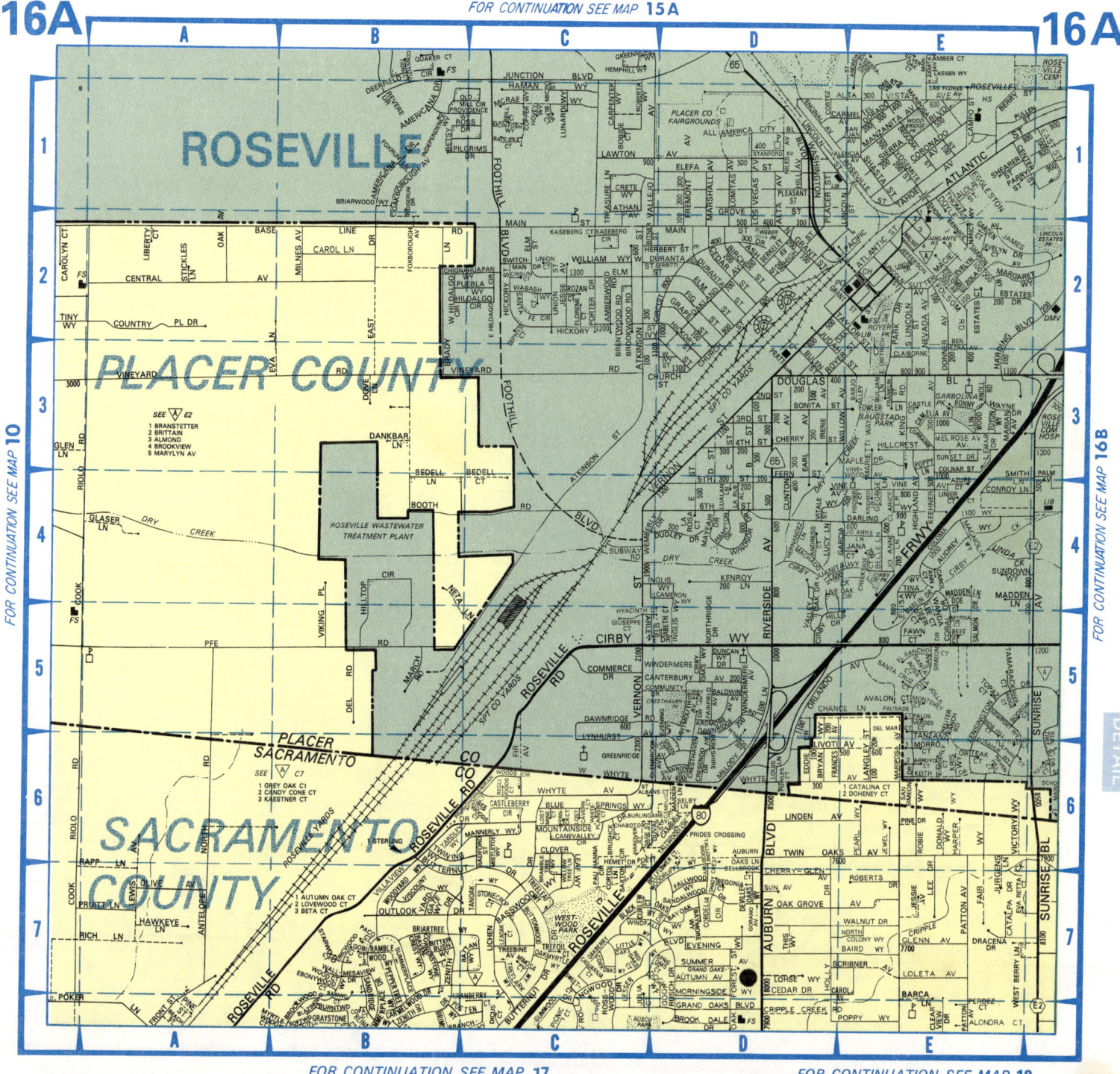

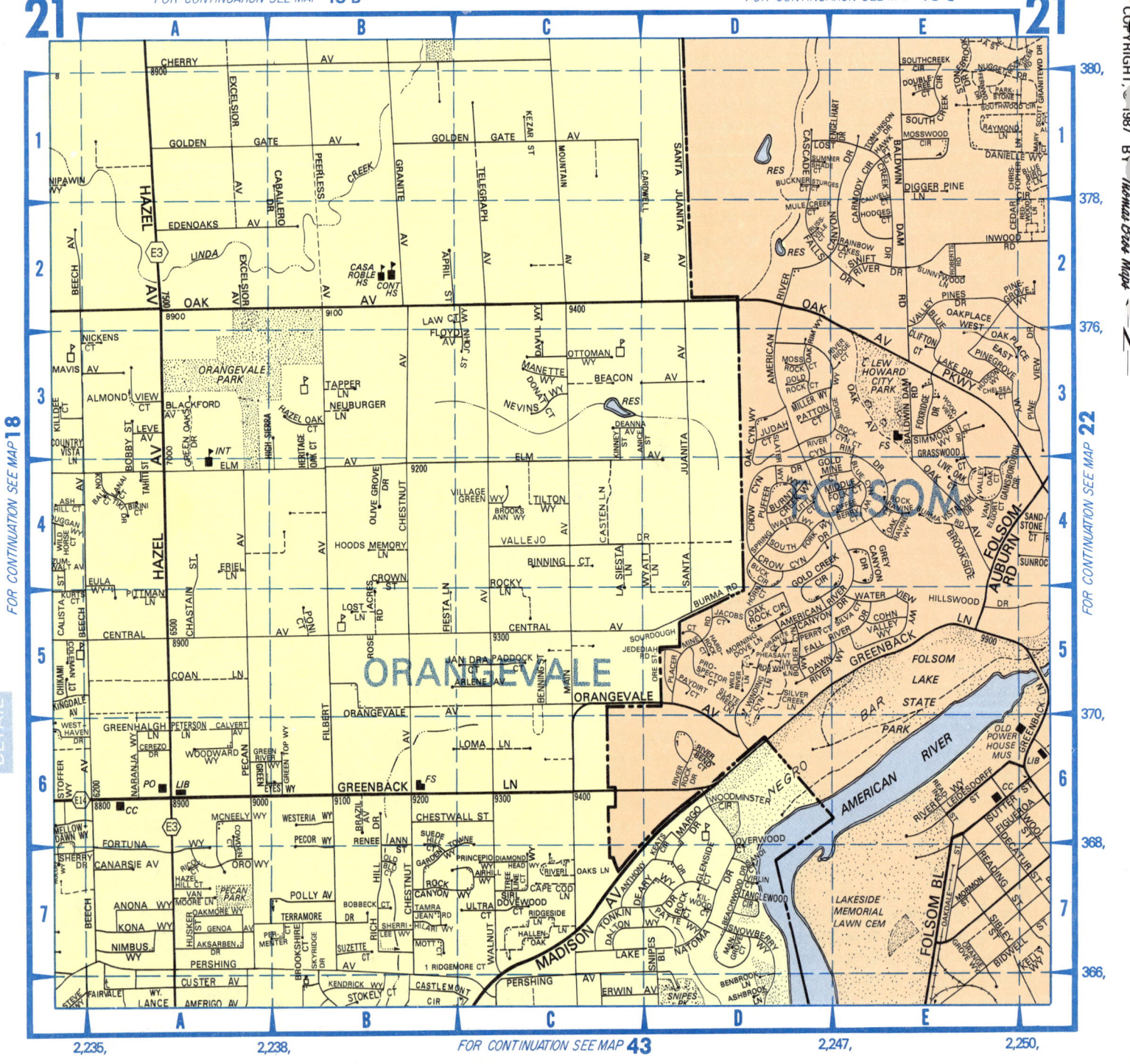

HANNI 3180 OXFORD

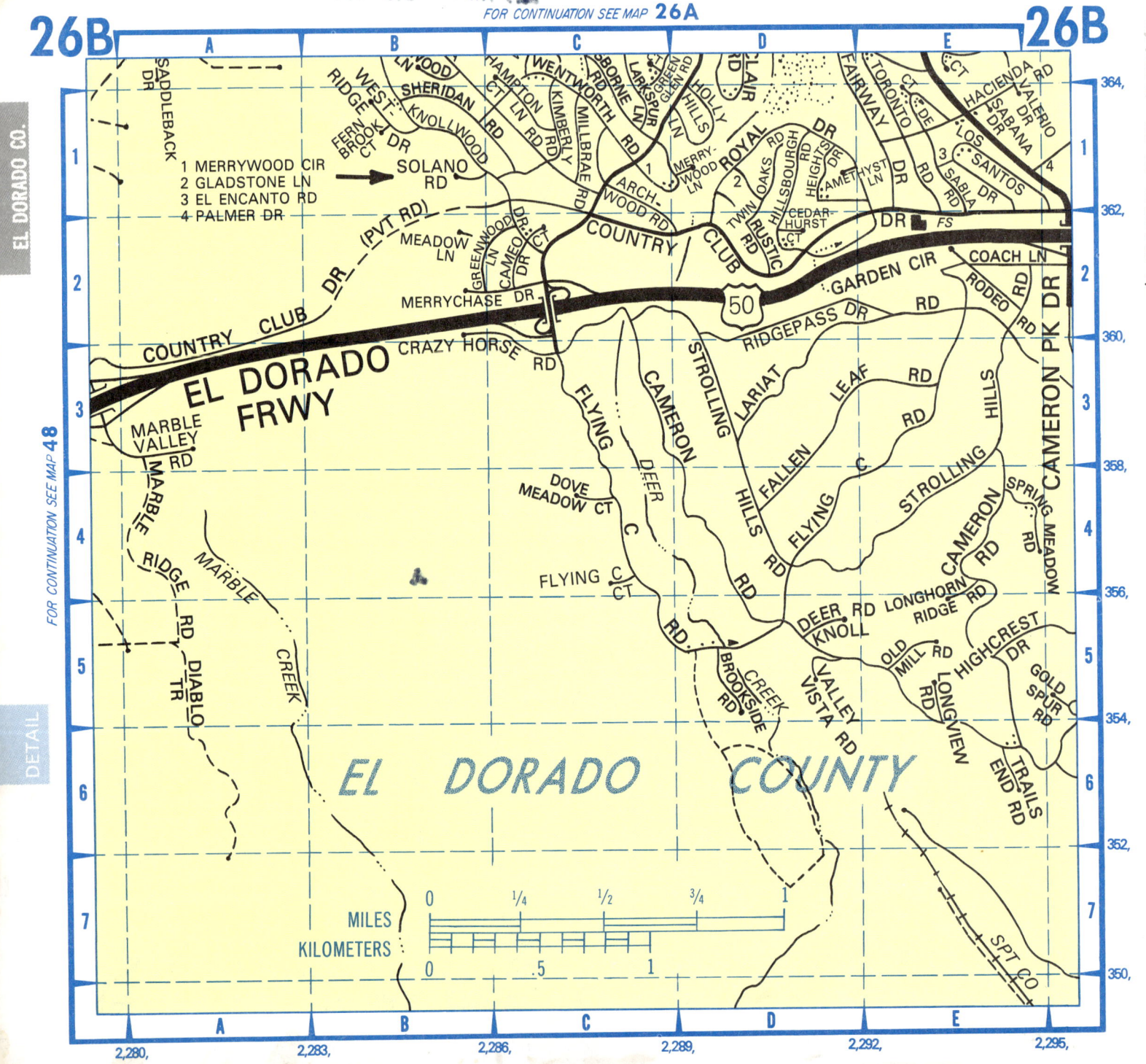

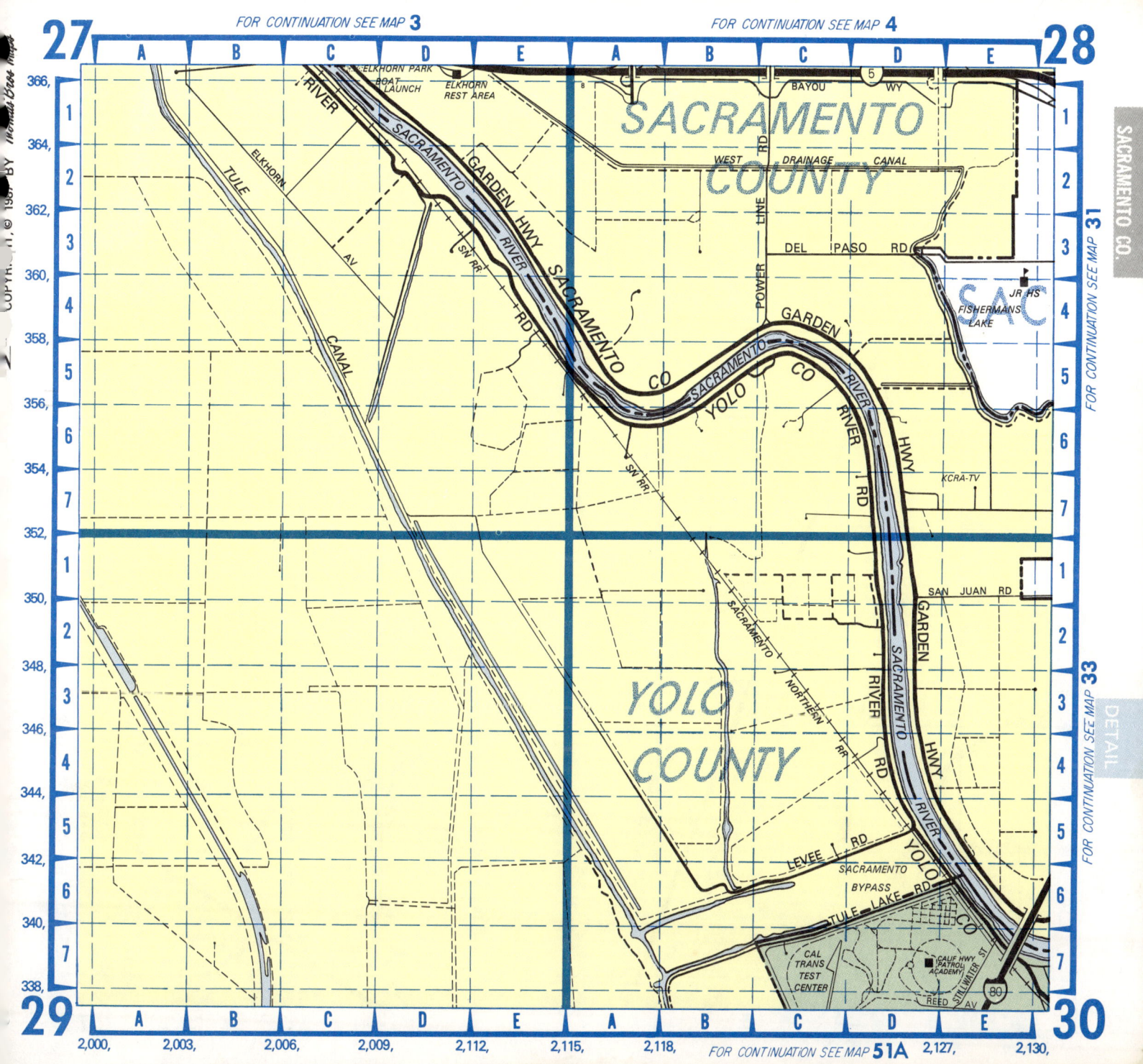

31

SACRAMENTO CO.

FOR CONTINUATION SEE MAP 7 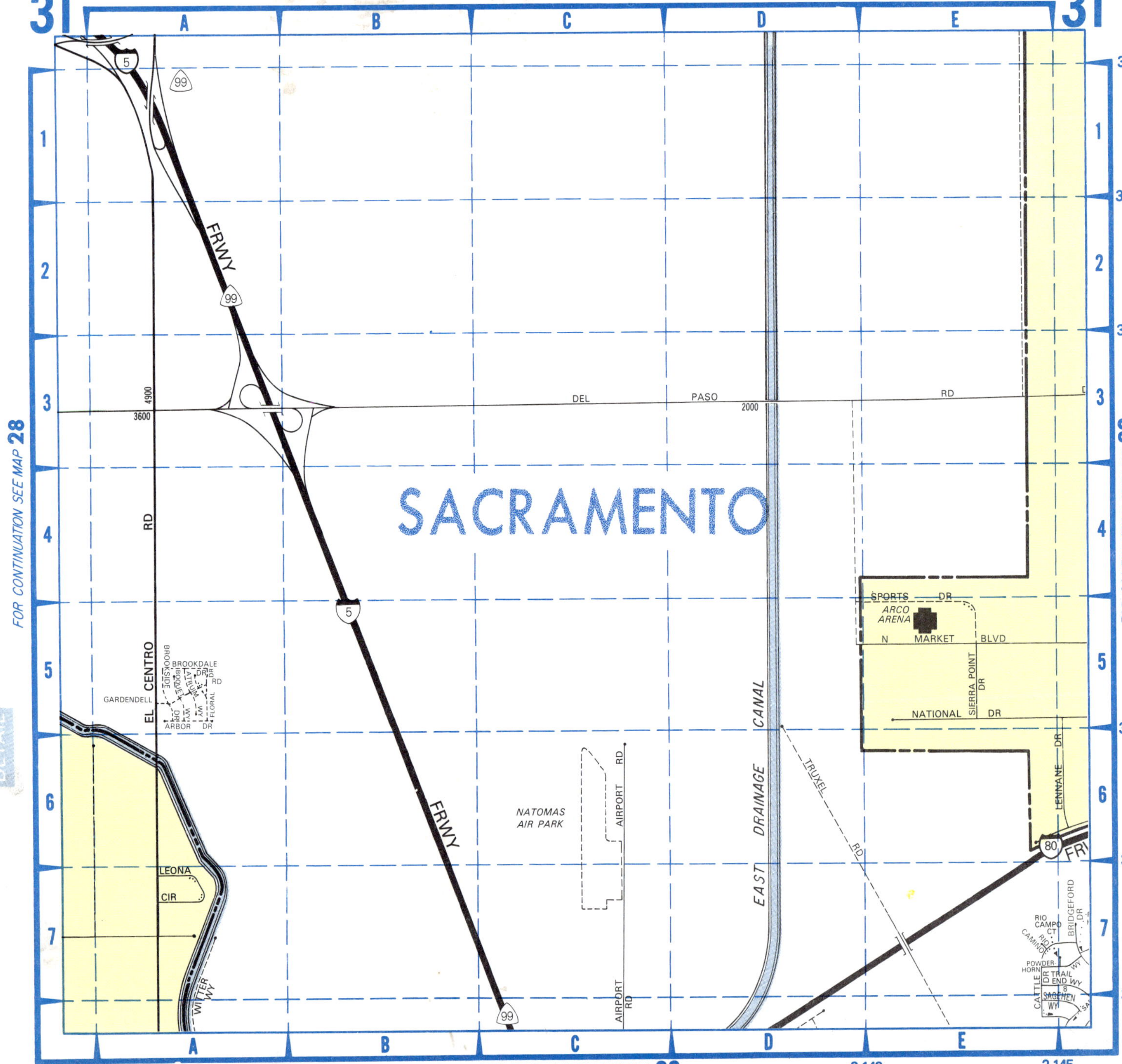
FOR CONTINUATION SEE MAP 28
FOR CONTINUATION SEE MAP 32
FOR CONTINUATION SEE MAP 33

SACRAMENTO

- FRWY 5/99
- EL CENTRO RD
- DEL PASO RD
- GARDENDELL, BROOKDALE, BROOKSIDE, ARBOR DR, FLORAL
- NATOMAS AIR PARK
- AIRPORT RD
- EAST DRAINAGE CANAL
- TRUXEL RD
- SPORTS DR
- ARCO ARENA
- N MARKET BLVD
- SIERRA POINT DR
- NATIONAL DR
- LENNANE DR
- LEONA CIR
- WITTER WY
- 80 FRWY
- BRIDGEFORD DR
- RIO CAMPO CT
- POWDER HORN DR
- TRAIL END WY
- CATTLE, CAMINO

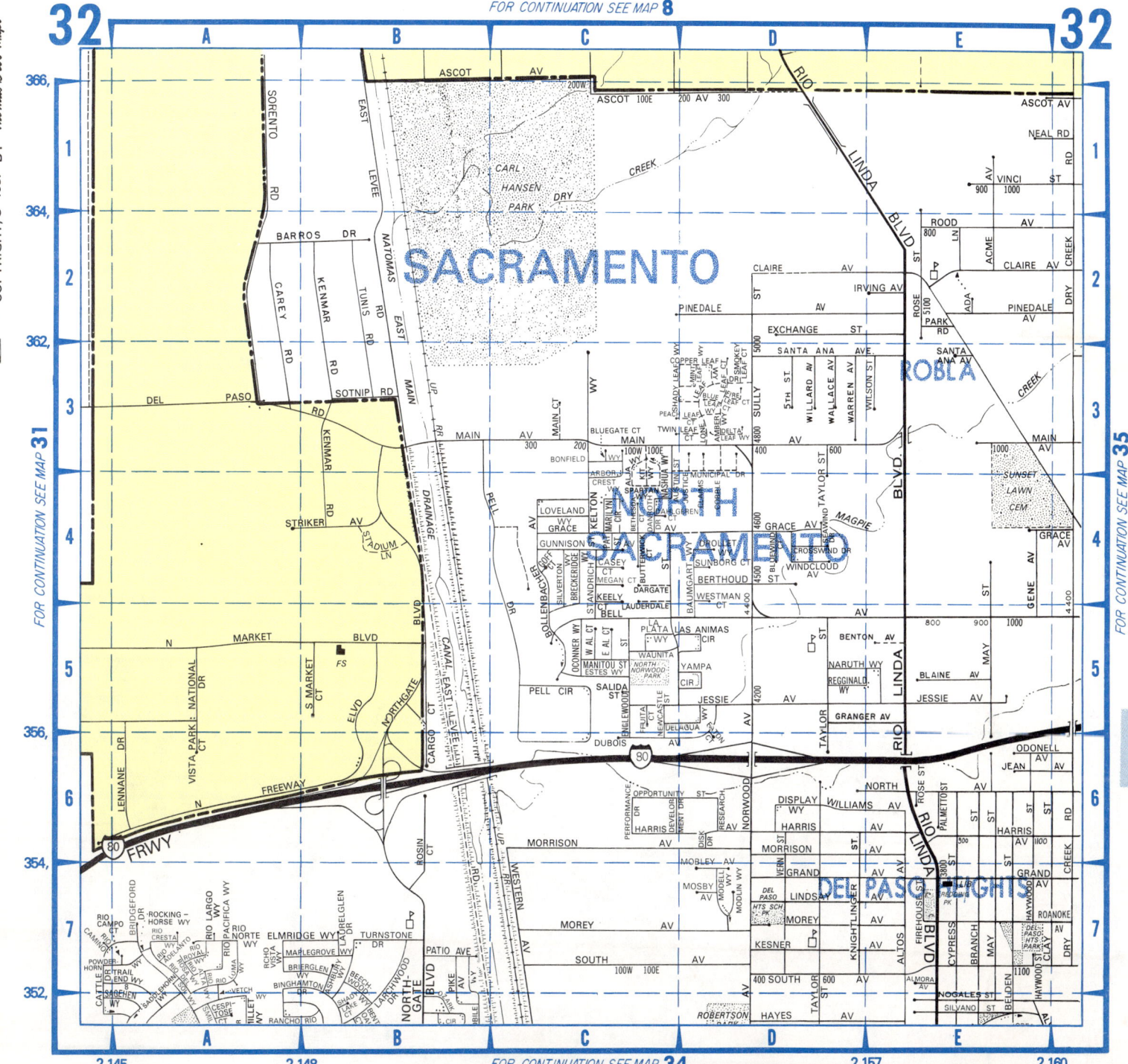

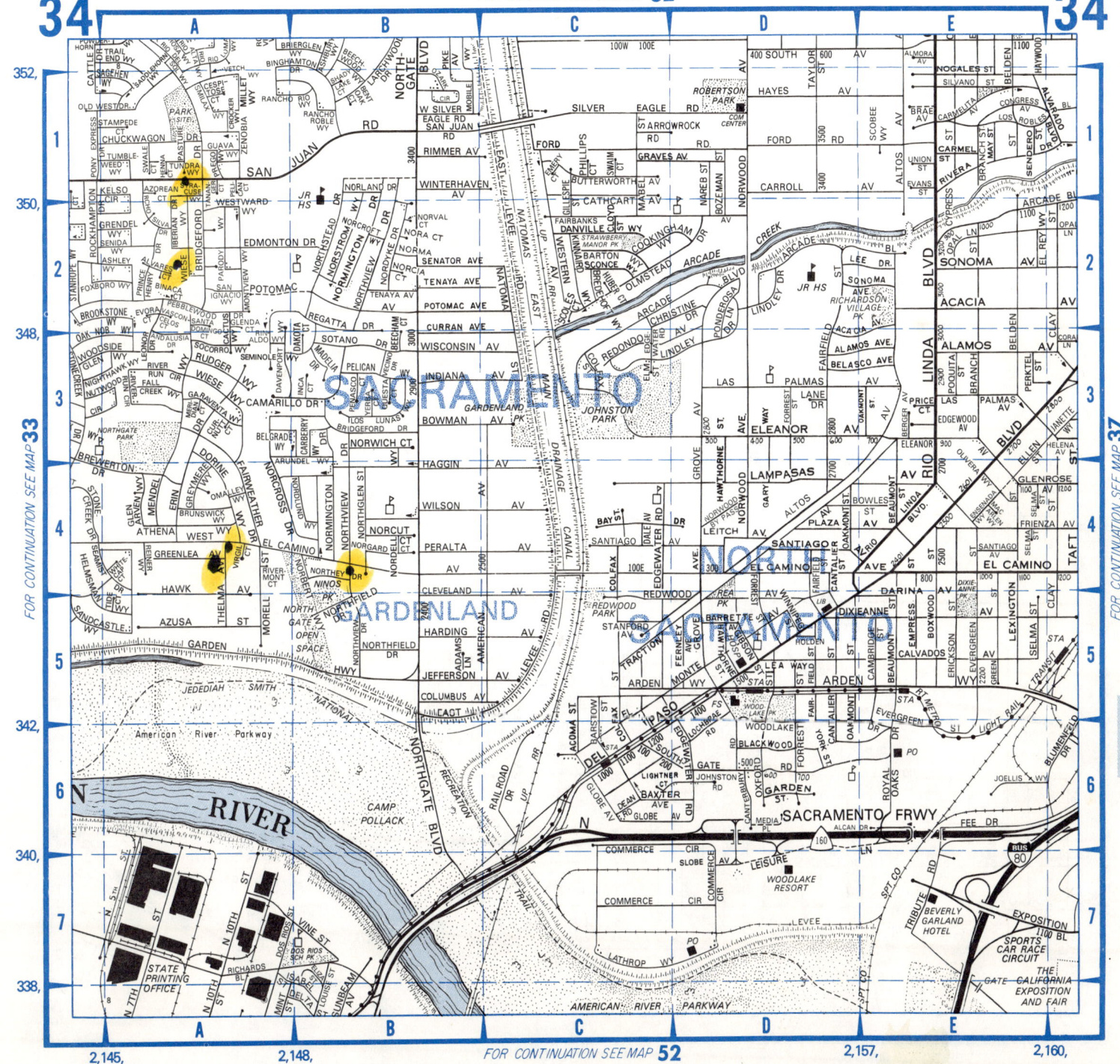

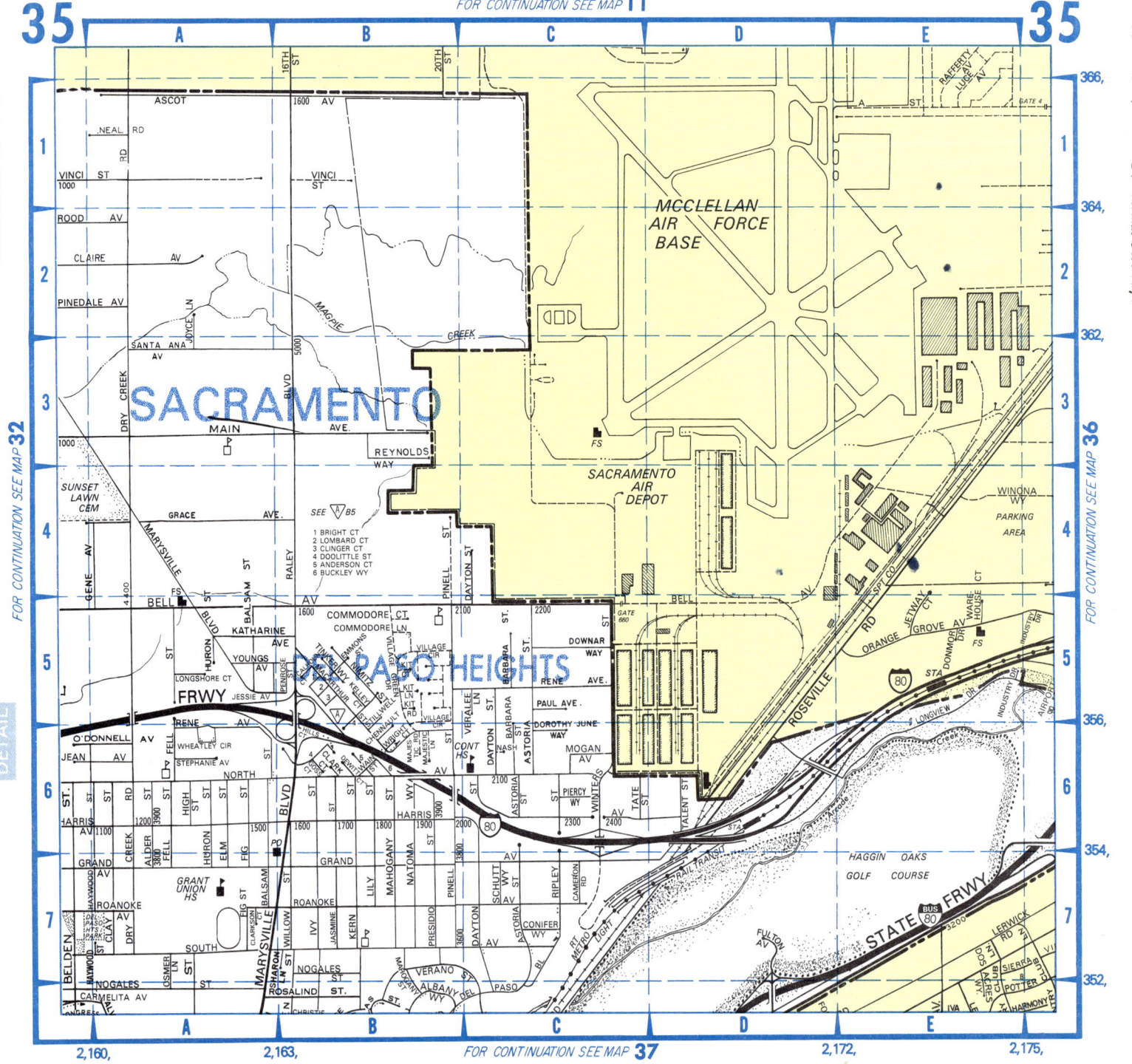

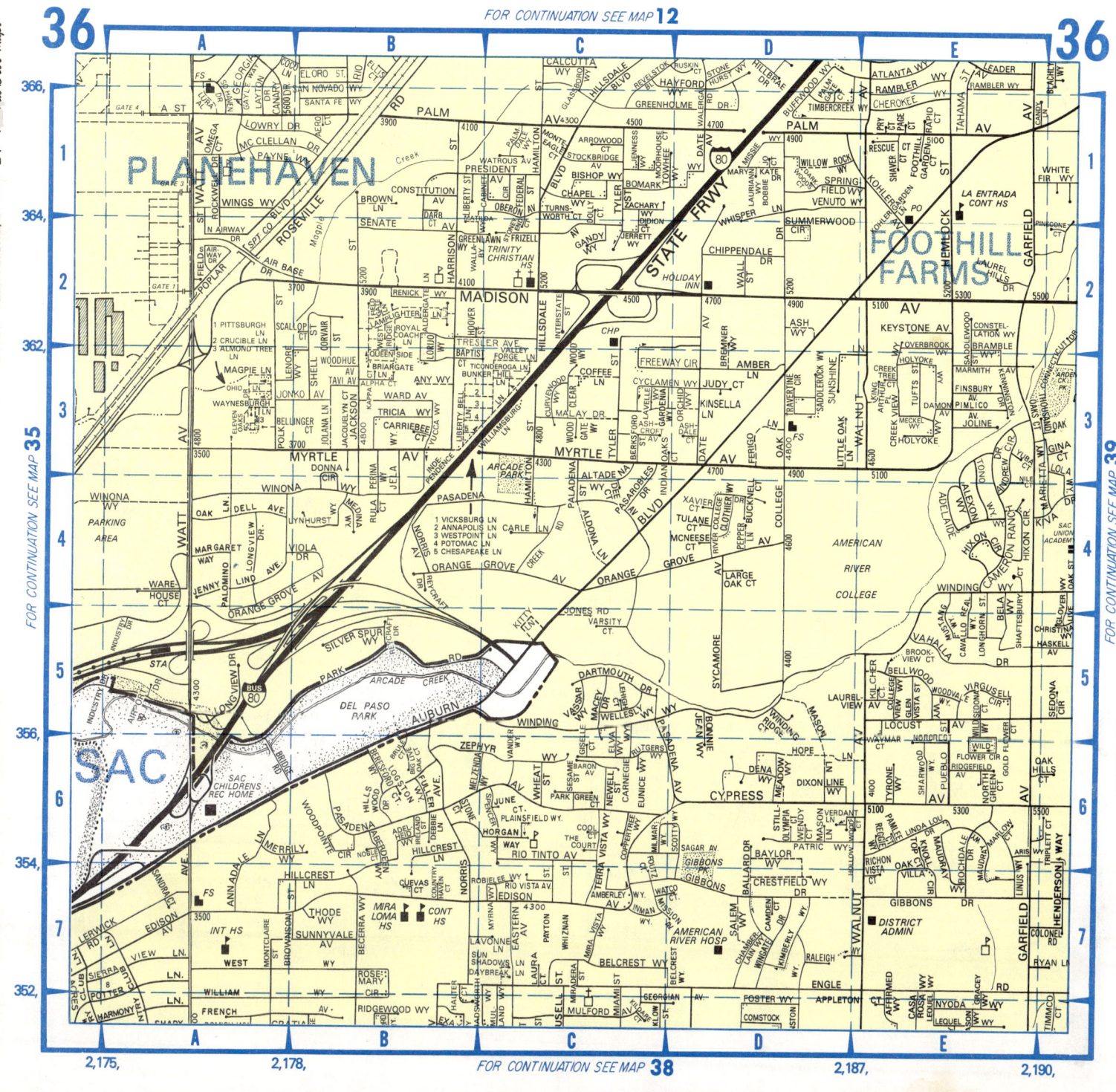

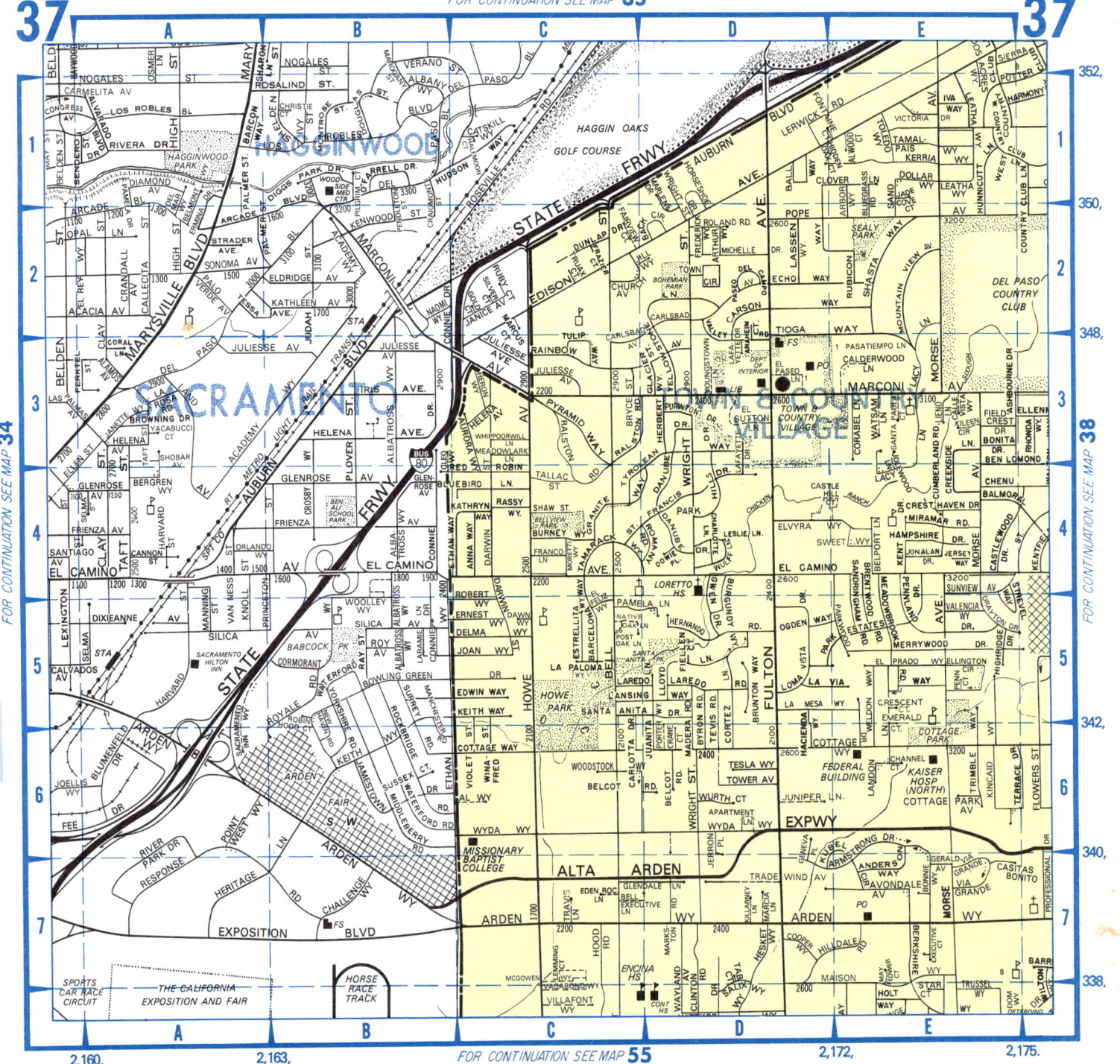

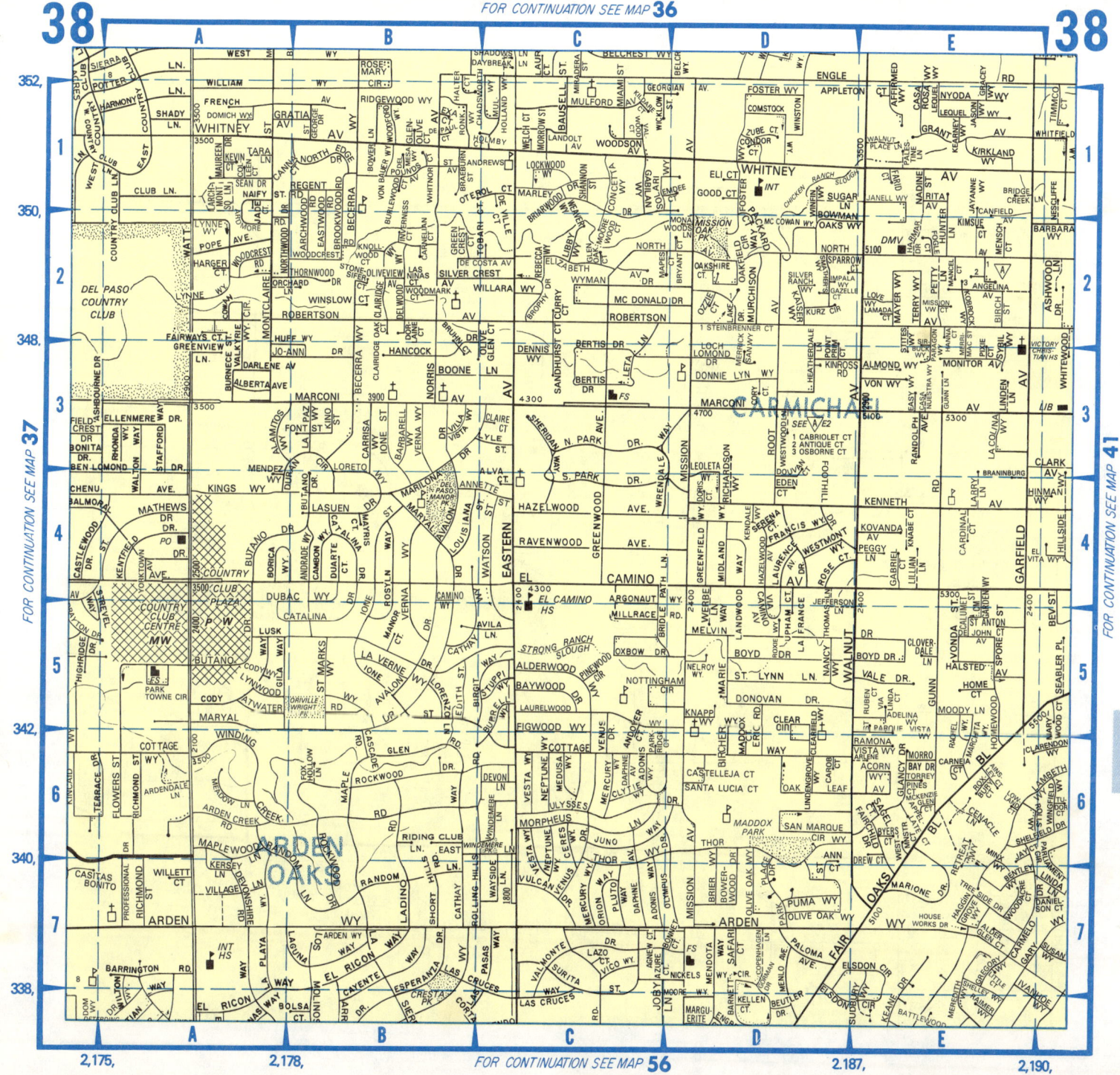

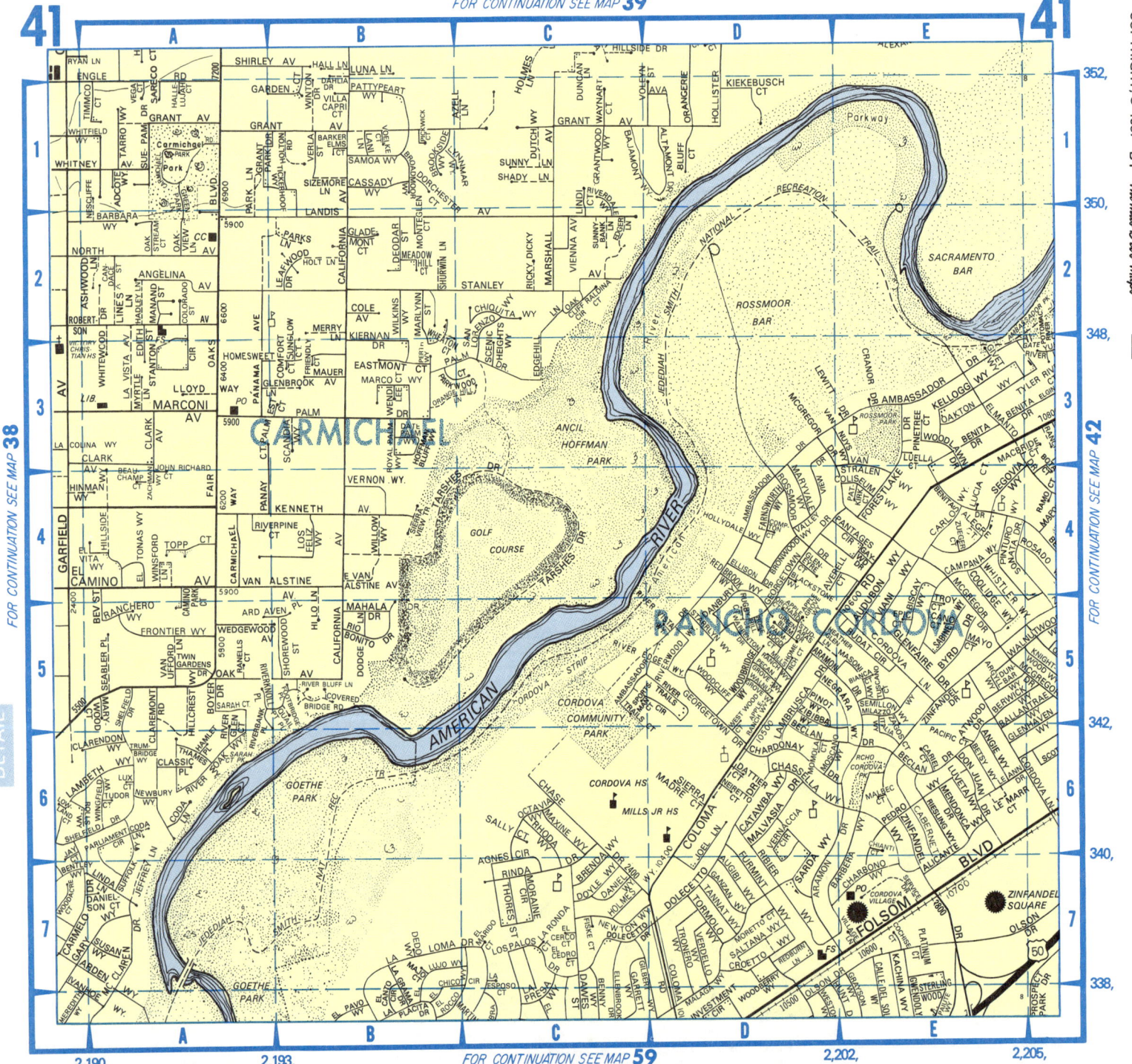

FOR CONTINUATION SEE MAP 22

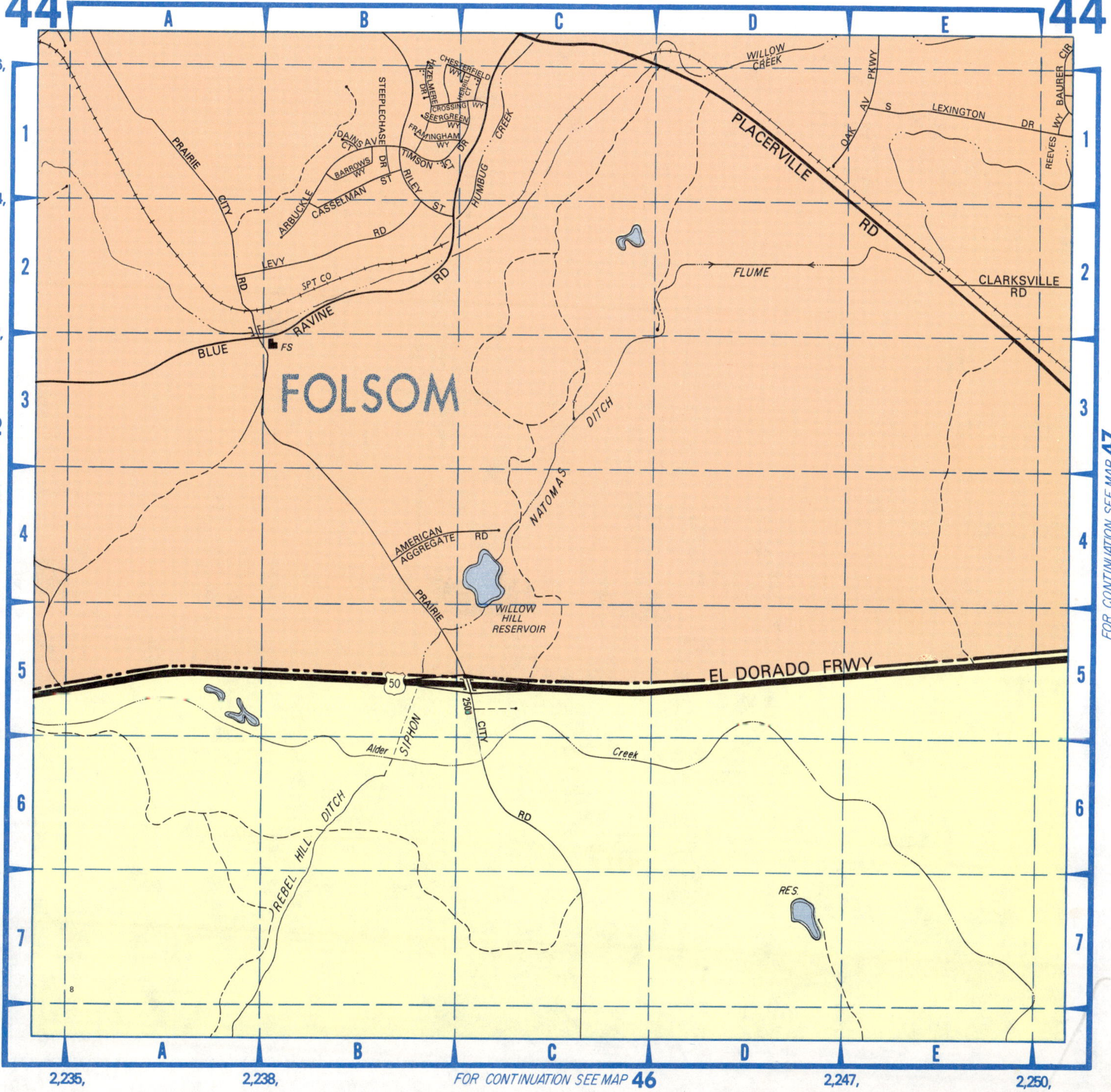
A
B
C
D
E
366,
364,
362,
356,
354,
352,
1
2
3
4
5
6
7
2,235,
2,238,
2,247,
2,250,
FOLSOM
PRAIRIE CITY RD
CHESTERFIELD WY
HAZELMERE DR
MERRILL CT
CROSSING WY
SEERGREEN WY
FRAMINGHAM WY
DR
STEEPLECHASE DR
DAINS CT
AV
BARROWS WY
TIMSON CT
RILEY ST
ST
ARBUCKLE
CASSELMAN
HUMBUG CREEK
RD
LEVY
SPT CO
BLUE RAVINE RD
FS
WILLOW CREEK
PLACERVILLE RD
OAK AV PKWY
S LEXINGTON DR
BAURER CIR
WY
REEVES
FLUME
CLARKSVILLE RD
NATOMAS DITCH
AMERICAN AGGREGATE RD
PRAIRIE
WILLOW HILL RESERVOIR
EL DORADO FRWY
50
250
CITY
SIPHON
Alder Creek
RD
REBEL HILL DITCH
RES.
8
SACRAMENTO CO.
DETAIL

FOR CONTINUATION SEE MAP 43

FOR CONTINUATION SEE MAP 47

FOR CONTINUATION SEE MAP 46

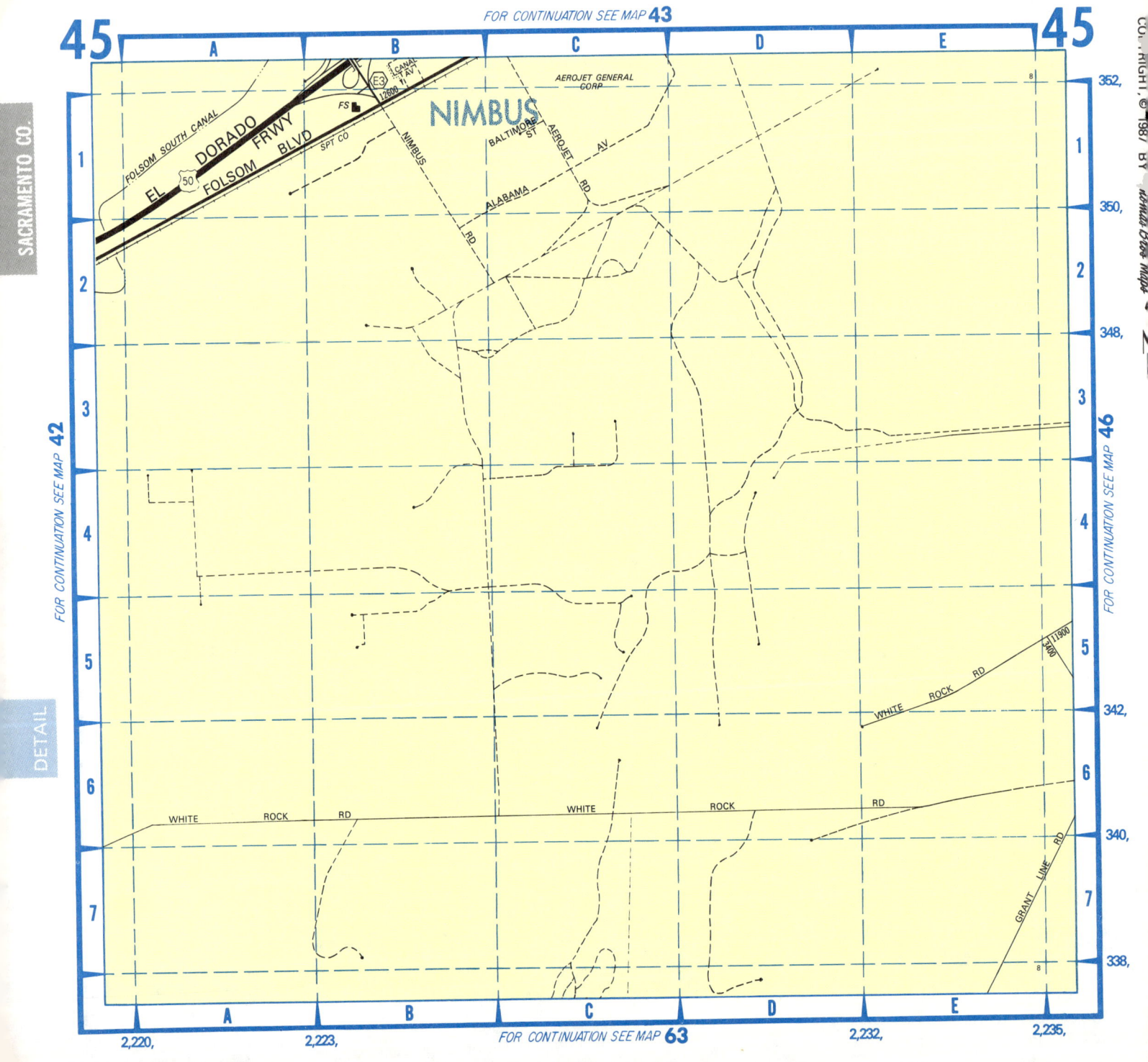

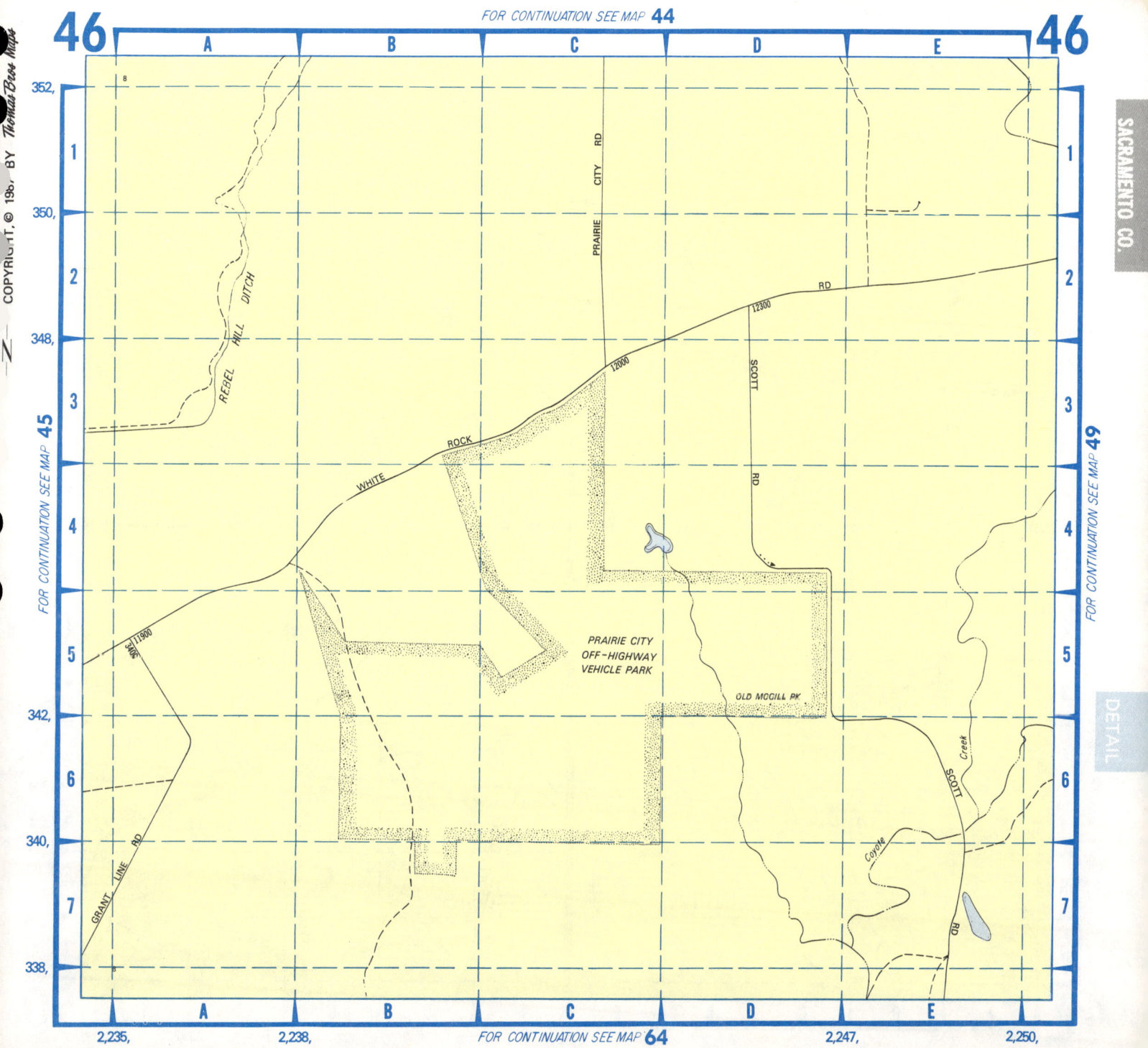

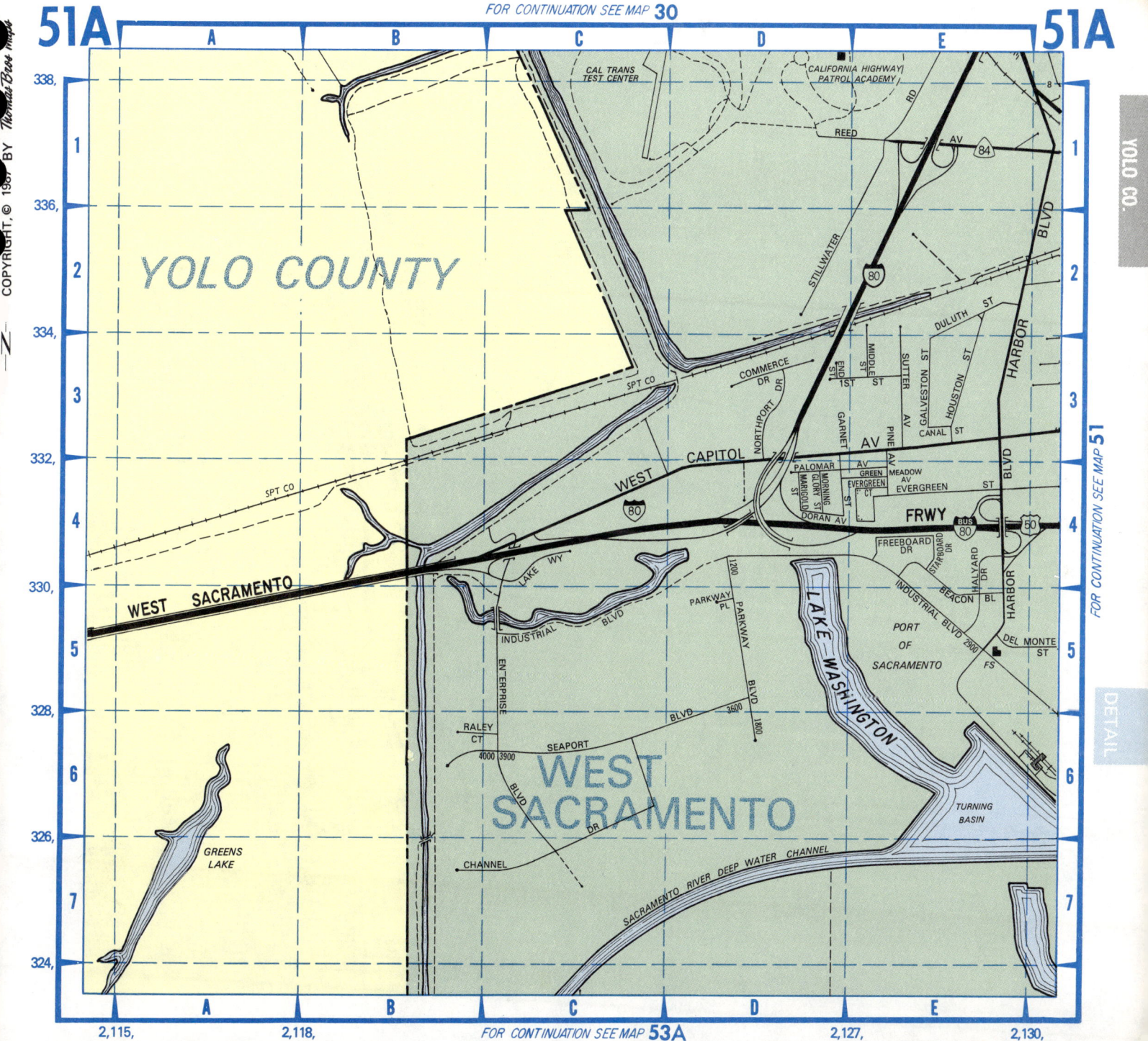

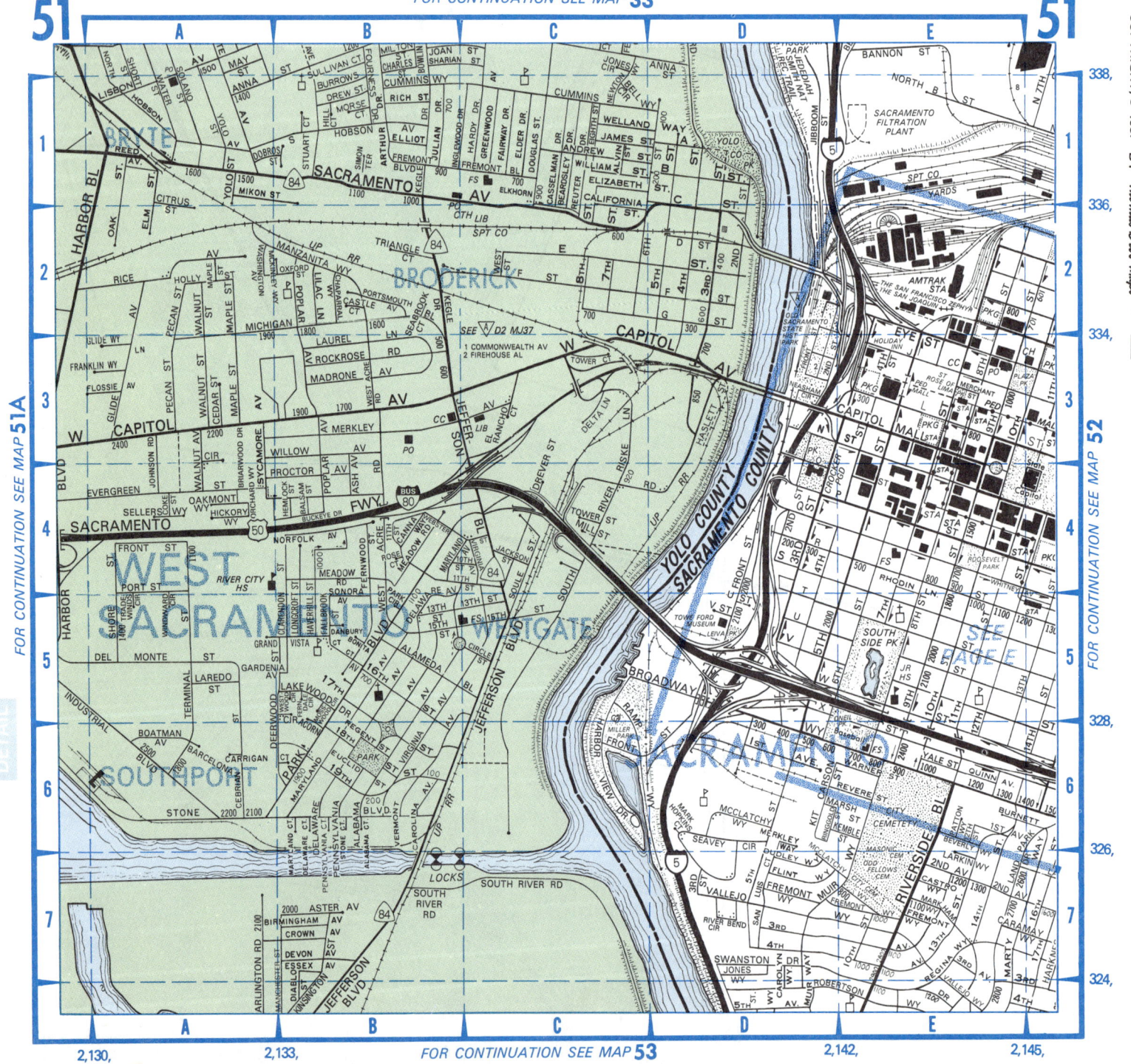

53A

Yolo County / West Sacramento / Southport

FOR CONTINUATION SEE MAP 51A (north)
FOR CONTINUATION SEE MAP 71 (south)
FOR CONTINUATION SEE MAP 53 (east)

Copyright 1987 Thomas Bros. Maps

Major features

- Sacramento River Deep Water Channel
- Yolo County / Sacramento Co. line
- Highway 84 (Jefferson Blvd)
- U.P. R.R.
- S. River Rd
- Main Canal

Streets (north to south, west to east)

- Thorp Rd (3800, 2600, 3200)
- Summerfield, Janet Dr, Kimbell, Olive, Linden Rd
- Sharon Ct, Claudia Ct, Bradford, Driftwood, Crystal Wy
- Denise Ct, Sawmills Ct, Tyler, Decker Wy
- Renee Ct, Pekins Ct, Pintail Ct, Lagoon Ln, Duet Dr
- Betty Ct, Angel Ct, Bald Ct, Pate Ct, Roven Ct, Bethel Wy, Victoria Wy
- Higgins Rd
- Shirv Ln, Colleen Ln, Ayless Ct, Bury Ct, Shoveler Ct
- Diane Dr, Mergansers, Airons
- Leslie Ct, Teresa, Golden Eye Ct, Bandalin, Butler
- Talbot Rd
- Brenda Wy, Kathy Cir, Linden, Susan, Clicker Ct, Hart
- Nancy Ln, Violet, Brock Ct, Costa Av
- Morton Rd
- Pitzer Cir, Blacker Av
- Seymore Av
- Downing Rd
- Eddy Av, Peret Ct, Nichols, Allan
- Pegler Ct
- Jefferson Blvd
- Marshall Rd
- Harmon Av
- French Av
- Davis, FS
- Hilary Av
- Armfield Av, Goodell Av, Otis Av
- Seymore Av (3500)
- Gladys Av
- Tapley
- Gregory Av, Partridge Rd, Antioch Av
- Bevan
- Rohlff Av
- Jefferson Blvd (Hwy 84)

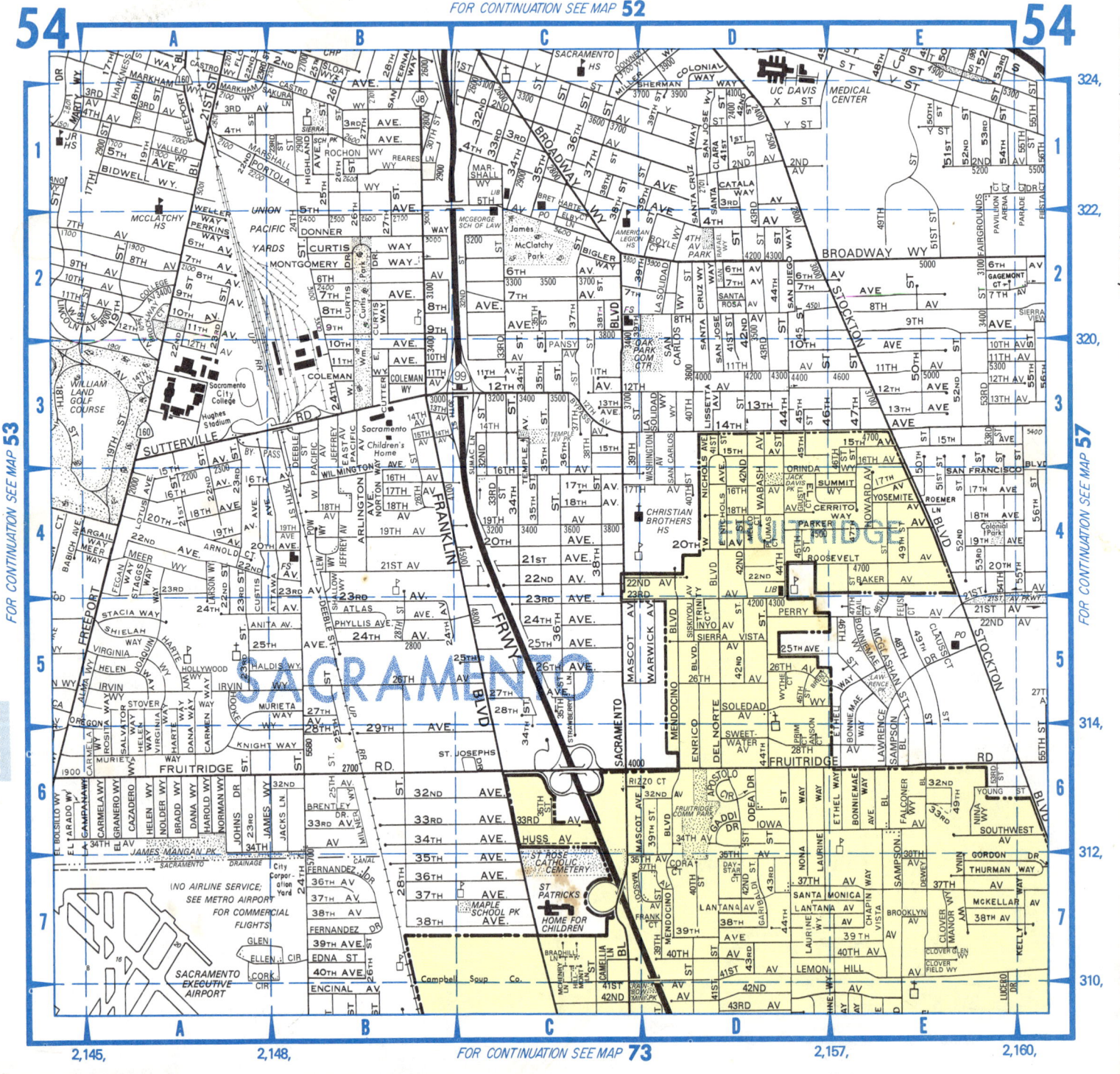

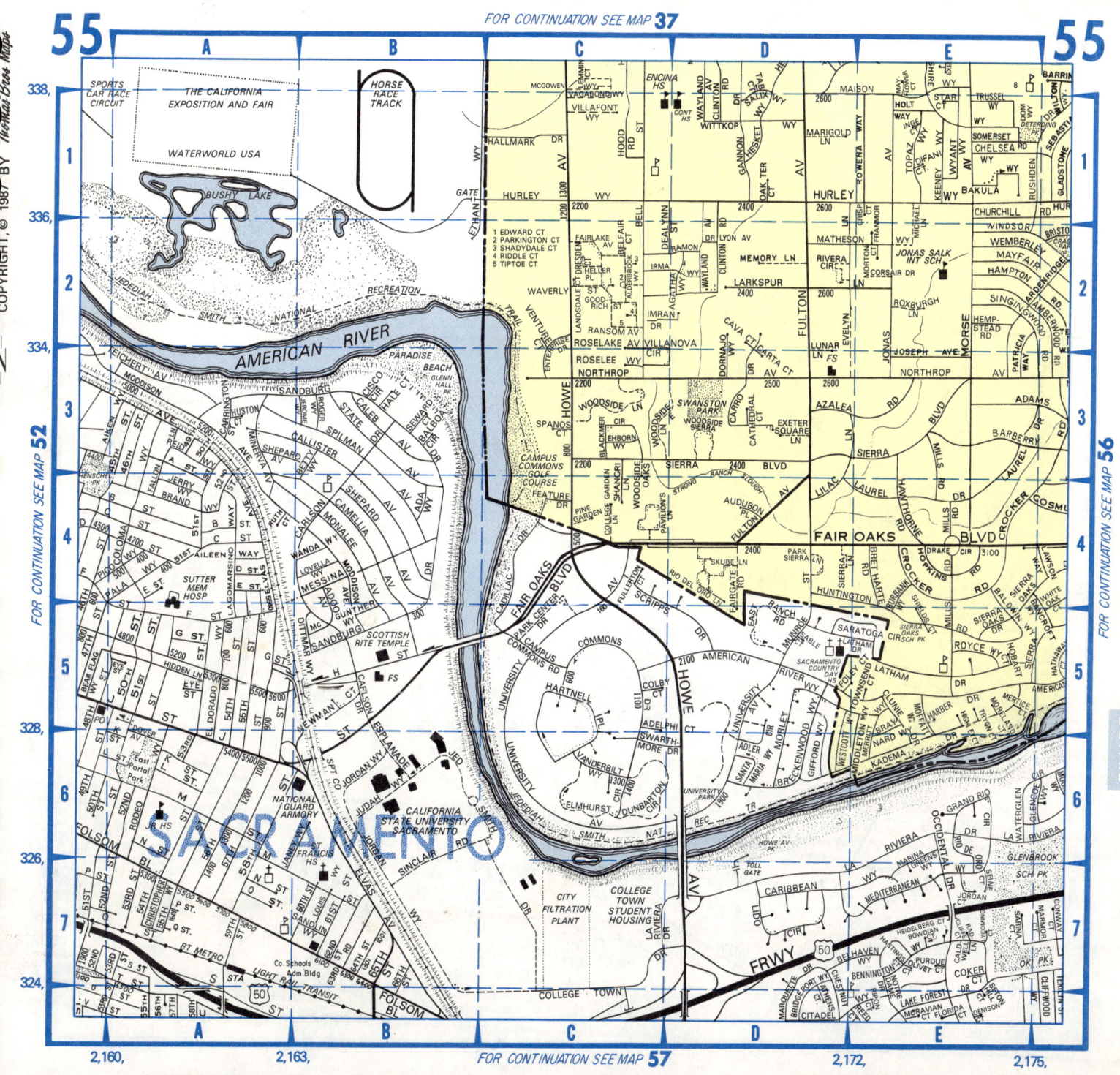

FOR CONTINUATION SEE MAP 59

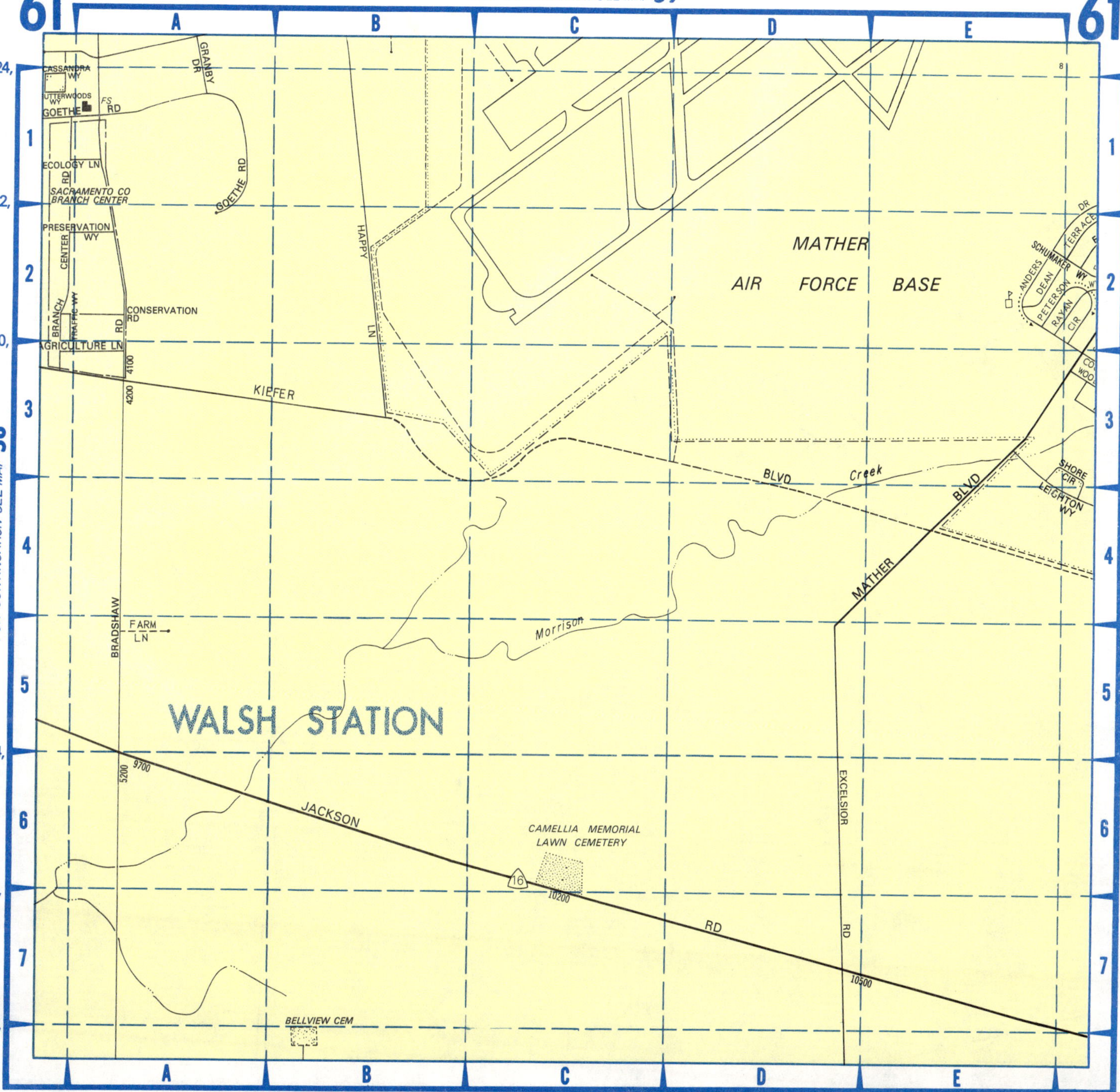

A
B
C
D
E
CASSANDRA WY
BUTTERWOODS WY
GOETHE
FS
RD
GRANBY DR
ECOLOGY LN
RD
SACRAMENTO CO BRANCH CENTER
GOETHE RD
PRESERVATION WY
CENTER
HAPPY LN
MATHER AIR FORCE BASE
BRANCH
TRAFFIC WY
CONSERVATION RD
RD
AGRICULTURE LN
4100
4200
KIEFER
BLVD
Creek
SCHUMAKER WY
ANDERS
DEAN
PETERSON
RAYAN CIR
TERRACE
DR
SHORE CIR
LEIGHTON WY
BLVD
MATHER
FARM LN
BRADSHAW
Morrison
WALSH STATION
5200
9700
JACKSON
CAMELLIA MEMORIAL LAWN CEMETERY
16
10200
RD
EXCELSIOR
RD
10500
BELLVIEW CEM
324,
322,
320,
314,
312,
310,
1
2
3
4
5
6
7
2,190,
2,193,
2,202,
2,205,

FOR CONTINUATION SEE MAP 58

FOR CONTINUATION SEE MAP 62

FOR CONTINUATION SEE MAP 80

SACRAMENTO CO.

DETAIL

FOR CONTINUATION SEE MAP 60

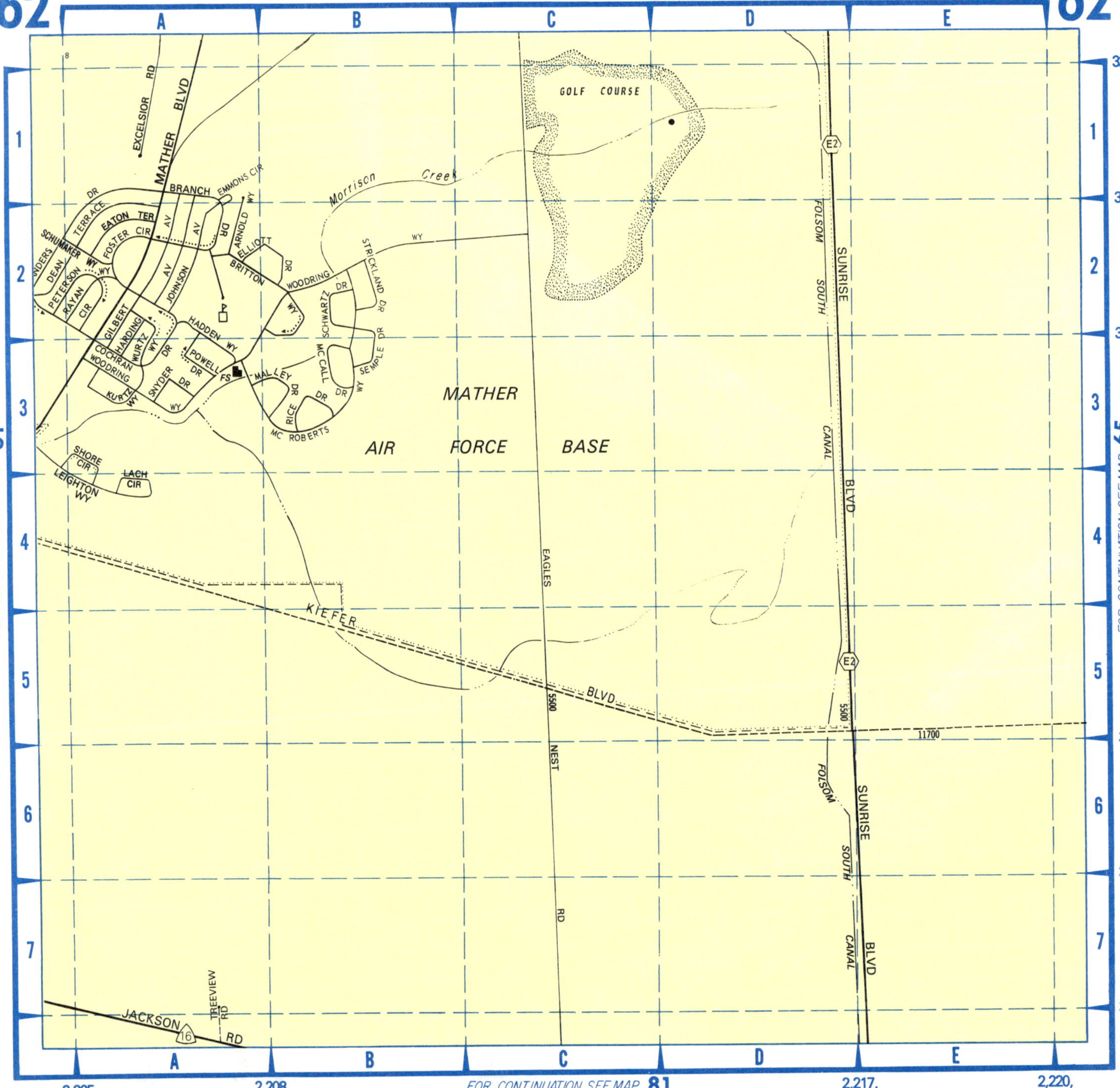
A
B
C
D
E
1
2
3
4
5
6
7
324,
322,
320,
314,
312,
310,
2,205,
2,208,
2,217,
2,220,
SACRAMENTO CO.
DETAIL
GOLF COURSE
EXCELSIOR RD
MATHER BLVD
BRANCH
EMMONS CIR
ARNOLD WY
ELLIOTT DR
EATON TER
FOSTER CIR
TERRACE DR
SCHUMAKER WY
DEAN
PETERSON
RAYAN CIR
JOHNSON AV
GILBERT
HARDING
WURTZ
COCHRAN
WOODRING
KURTZ WY
SNYDER DR
HADDEN WY
POWELL DR
FS
MALLEY DR
BRITTON
WOODRING WY
STRICKLAND DR
SCHWARTZ DR
MC CALL DR
SEMPLE WY
RICE DR
MC ROBERTS
SHORE CIR
LACH CIR
LEIGHTON WY
Morrison Creek
MATHER AIR FORCE BASE
KIEFER BLVD
EAGLES NEST RD
5500
FOLSOM SOUTH CANAL
SUNRISE BLVD
E2
11700
JACKSON RD
16
TREEVIEW RD

FOR CONTINUATION SEE MAP 61

FOR CONTINUATION SEE MAP 65

FOR CONTINUATION SEE MAP 81

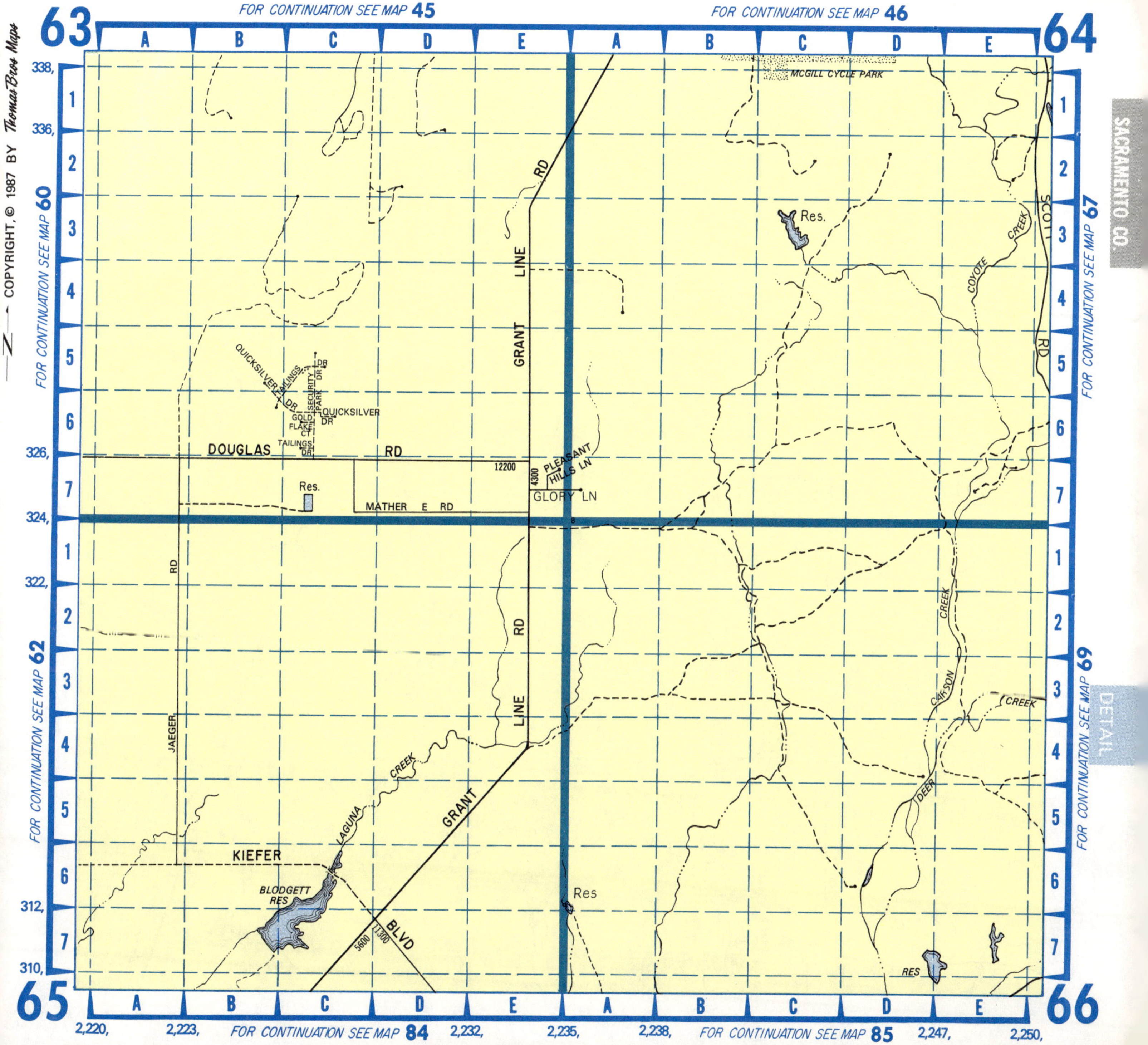

Map 65/66

FOR CONTINUATION SEE MAP 45 | FOR CONTINUATION SEE MAP 46

- McGill Cycle Park
- Res.
- Coyote Creek
- Scott Rd
- Grant Line Rd
- Quicksilver Dr
- Tailings Dr
- Security Park Dr
- Gold Flake Ct
- Quicksilver Dr
- Tailings Dr
- Douglas Rd
- Pleasant Hills Ln
- Glory Ln
- Res.
- Mather E Rd
- Jaeger Rd
- Carson Creek
- Deer Creek
- Laguna Creek
- Kiefer Blvd
- Blodgett Res
- Grant Line Rd
- Res
- Res

FOR CONTINUATION SEE MAP 84 | FOR CONTINUATION SEE MAP 85

COPYRIGHT © 1987 BY Thomas Bros Maps

SACRAMENTO CO.
DETAIL

71

FOR CONTINUATION SEE MAP 53A

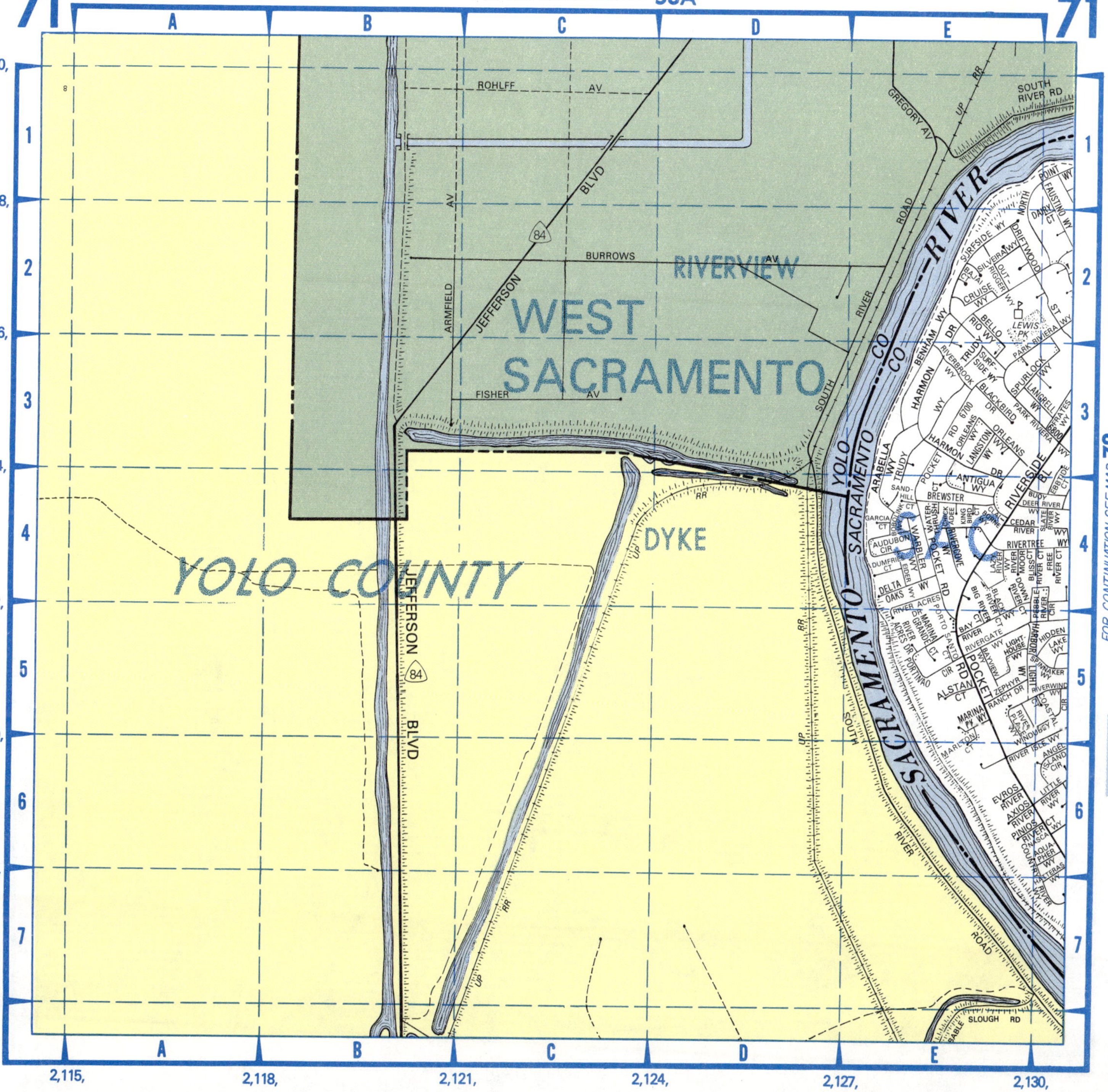

WEST SACRAMENTO

RIVERVIEW

YOLO COUNTY

DYKE

SACRAMENTO CO.

FOR CONTINUATION SEE MAP 72

Streets/features visible:
- ROHLFF AV
- GREGORY AV
- SOUTH RIVER RD
- JEFFERSON BLVD (84)
- ARMFIELD AV
- BURROWS
- FISHER AV
- SOUTH RIVER ROAD
- YOLO CO / SACRAMENTO CO
- SABLE SLOUGH RD
- POCKET RD
- RIVERSIDE
- FAUSTINO WY, POINT WY, DARK CT, SURFSIDE WY, DRIFTWOOD WY, SILVERBAR, CRUISE WY, BELLO, RIO WY, LEWIS PK, TRUDY WY, PARK RIVIERA, BENHAM DR, RIVERBROOK, HARMON WY, BLACKBIRD, ORLEANS, SPURLOCK, LANGRELL, RATES, ARABELLA, TRUDY, POCKET, LIVINGSTON WY, ANTIGUA WY, SANDHILL CT, GARCIA CT, BREWSTER, DEER RIVER, BUOY, WATER WAY, AUDUBON CIR, DUMFRIES, CEDAR RIVER, RIVERTREE WY, DELTA OAKS, BLISS, MOOR, FREE RIVER, BIG RIVER, PEBBLE, HIDDEN, LAKE WY, DATO SANTO, AYRES, MARINA, RIVERGATE, LIGHT WY, ALSTAN CT, ZEPHYR WY, RANCH DR, COASTAL, RIVERWIND, MARINA WY, MARLTON, ANGEL ISLAND CIR, EVROS RIVER, AMOS RIVER, PROSPECT, LITTLE RIVER, PINOS CT, ASH RIVER, CLIPPER WY, MASTERS WY

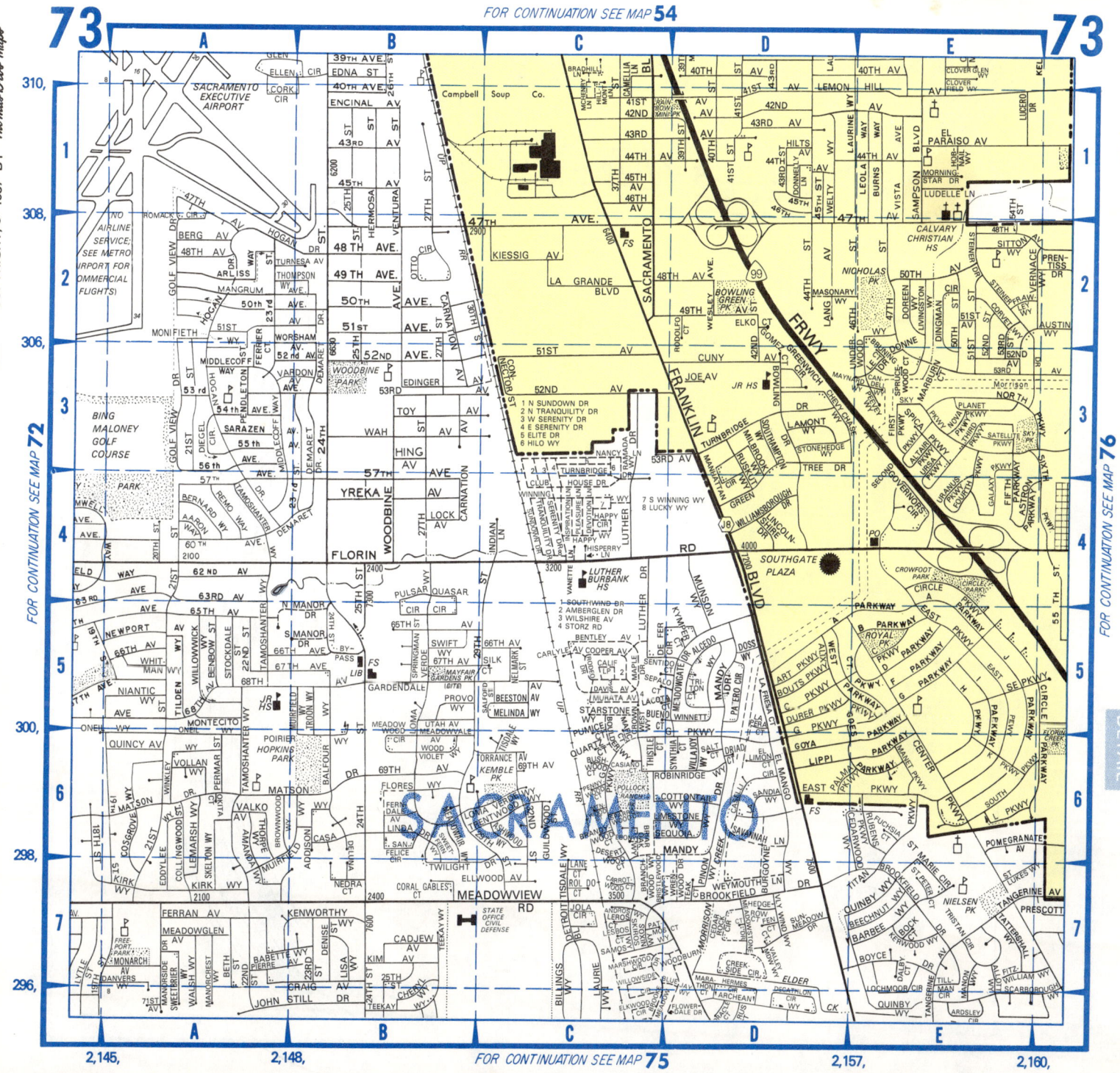

74

FOR CONTINUATION SEE MAP 72

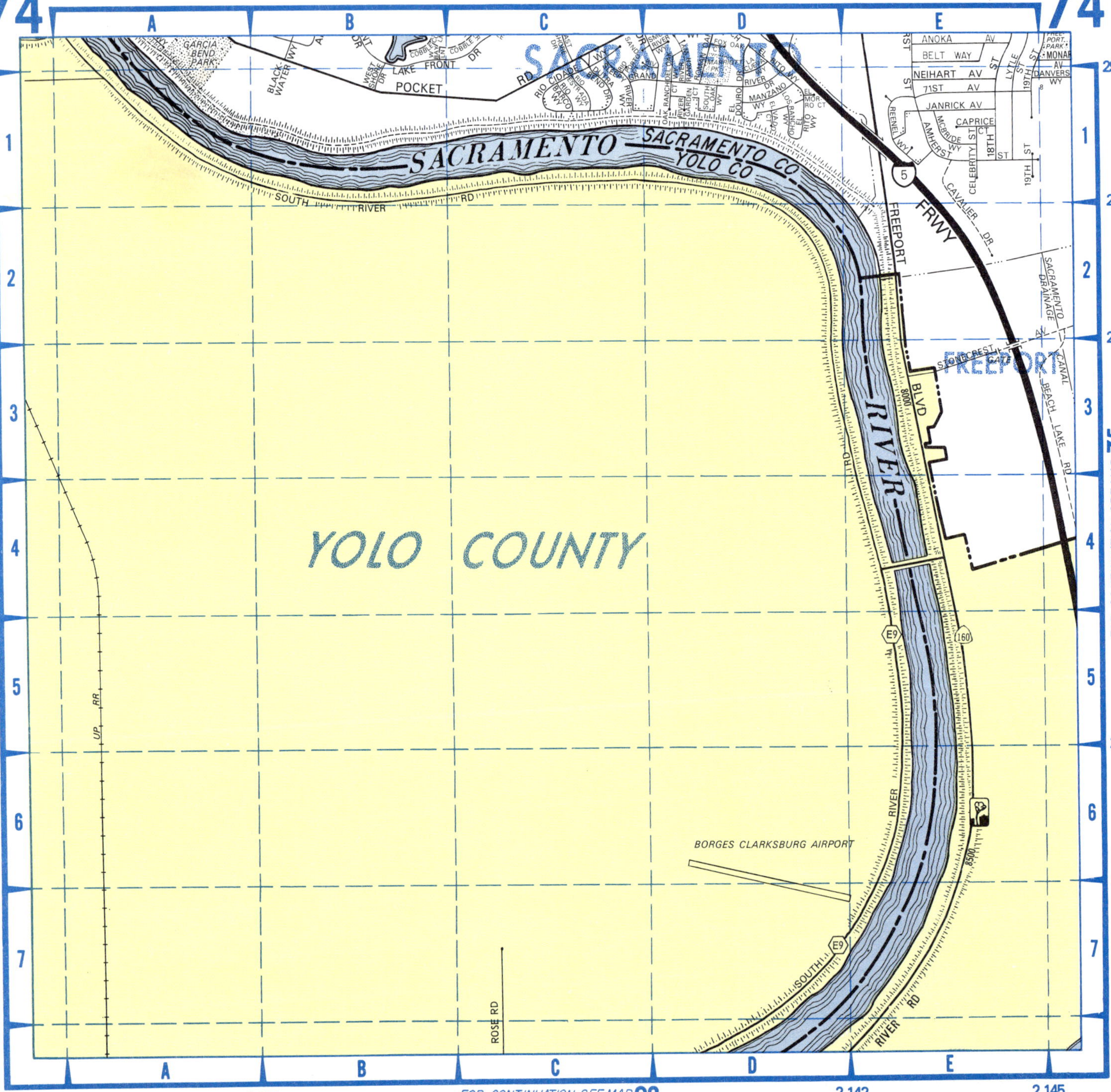

YOLO COUNTY

- Garcia Bend Park
- Black Water Wy
- Lake Front Dr
- Shore Dr
- Pocket Rd
- Cobble Cove Dr
- Rio Cidad Wy
- El Douro Dr
- Manzano Wy
- Rancho Grand
- South River Rd
- Sacramento Co / Yolo Co
- Sacramento River
- Freeport Blvd
- Freeport Frwy (I-5)
- Anoka Av
- Belt Way
- Neihart Av
- 71st Av
- Janrick Av
- Port Park
- Monar Av
- Danvers Wy
- Caprice
- Celebrity St
- 18th St
- 19th St
- Amherst
- Lytle St
- Reenel Wy
- McBride
- Cavalier Dr
- Stonecrest Av
- Sacramento Drainage Canal
- Beach Lake Rd
- UP RR
- Rose Rd
- Borges Clarksburg Airport
- South River Rd (E9, 160)

SACRAMENTO CO.

DETAIL

FOR CONTINUATION SEE MAP 75

FOR CONTINUATION SEE MAP 92

COPYRIGHT © 1987 By Thomas Bros. Maps

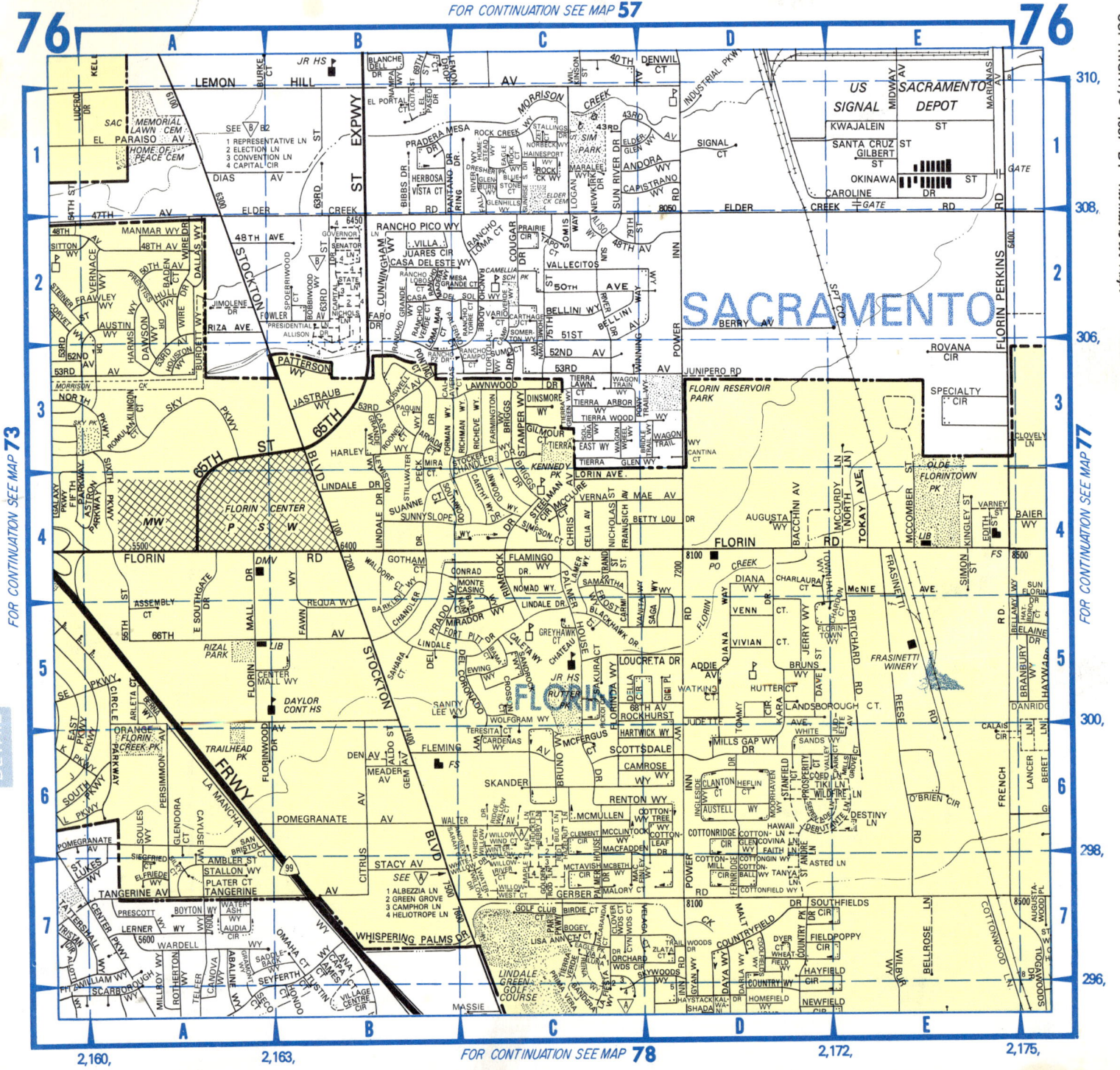

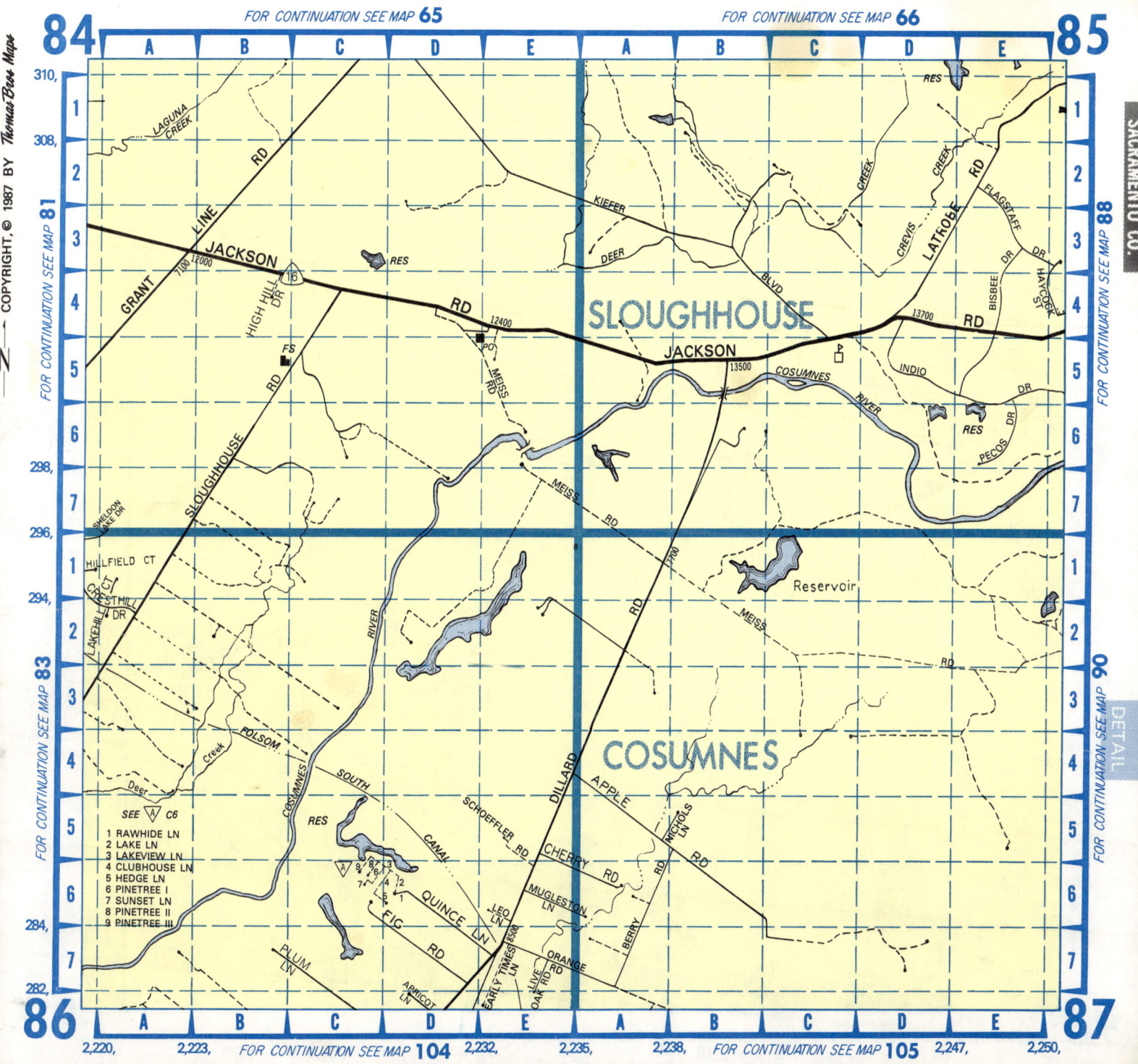

SACRAMENTO

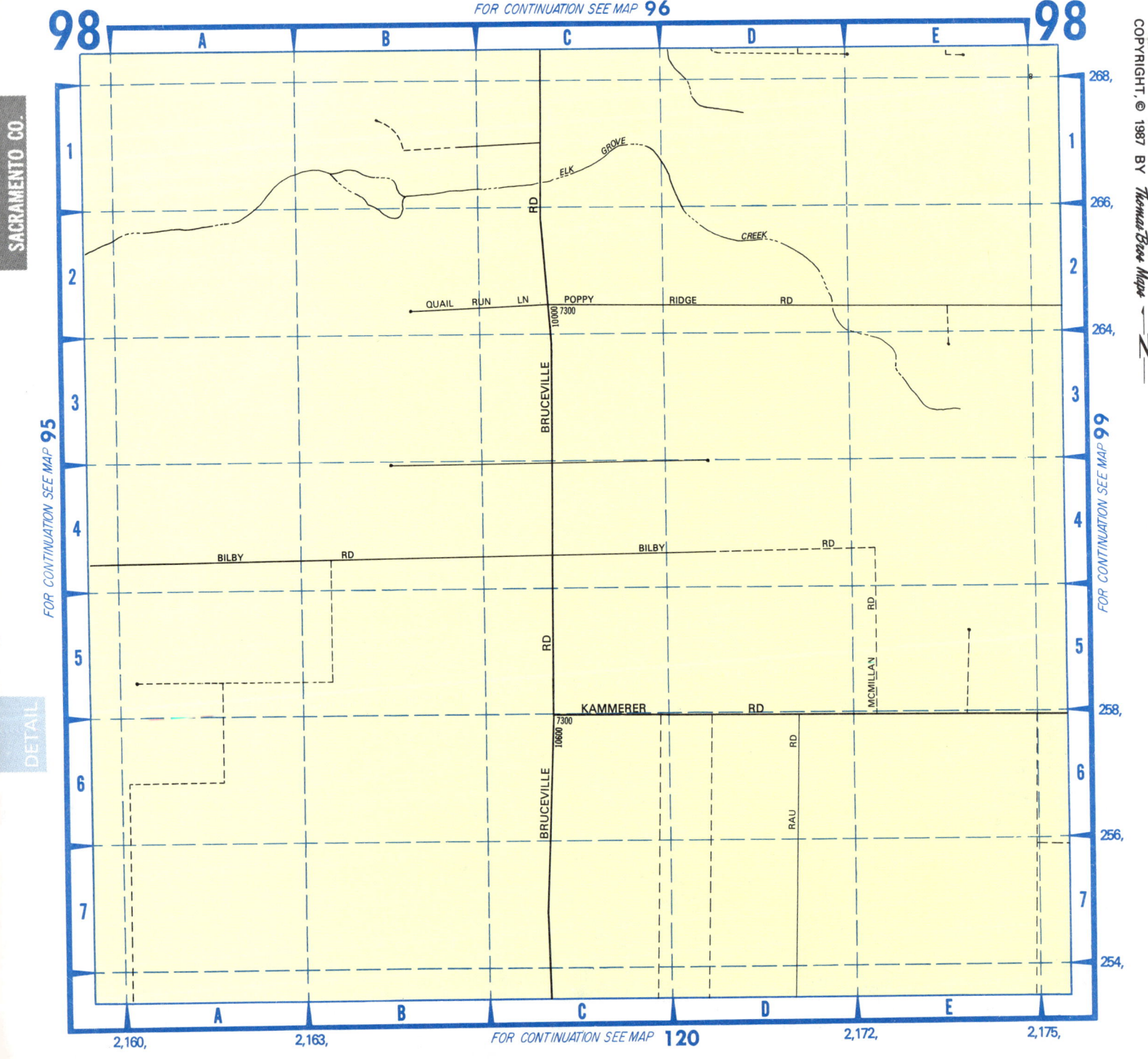

RANCHO COSUMNES

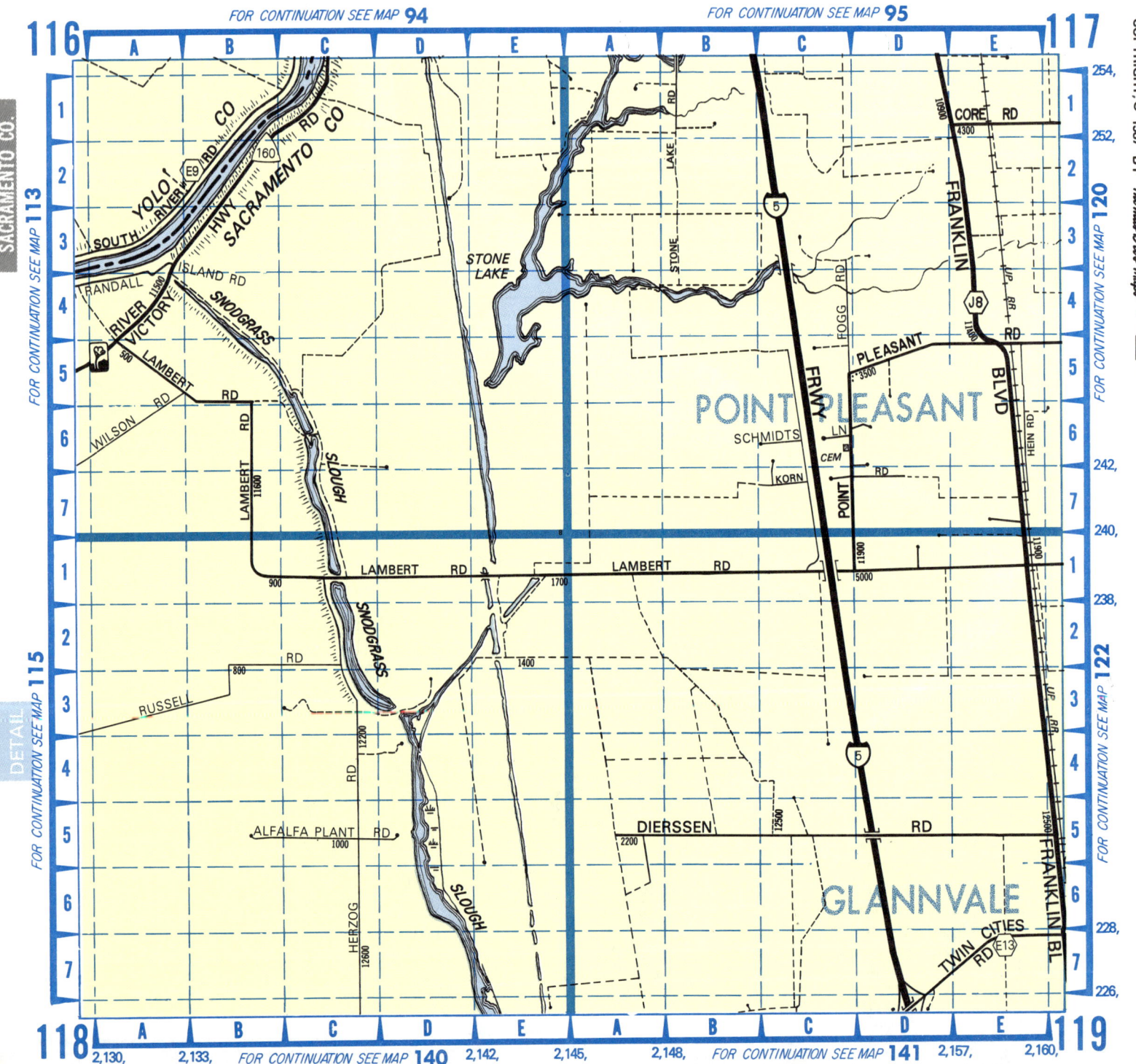

Map 120-121 / 122-123

Sacramento Co.

Roads and features shown:
- Core Rd
- Ed Rau Rd
- Rau Rd
- Eschinger Rd
- Point Rd
- Pleasant Rd
- Bruceville Rd
- Carroll St / Carroll Rd
- Lambert Rd
- Franklin Blvd
- Mokelumne School Rd
- Camp Rd
- Twin Cities Rd (E13)
- Pellandini Rd
- Cosumnes River
- Cosumnes Overflow
- Badger Ck
- Laguna Ck
- Franklin Airport
- County Farm
- Hwy 99

BRUCEVILLE

For continuation see map 98 / 99 (north)
For continuation see map 117 / 124 (sides)
For continuation see map 119 / 126 (sides)
For continuation see map 144 / 145 (south)

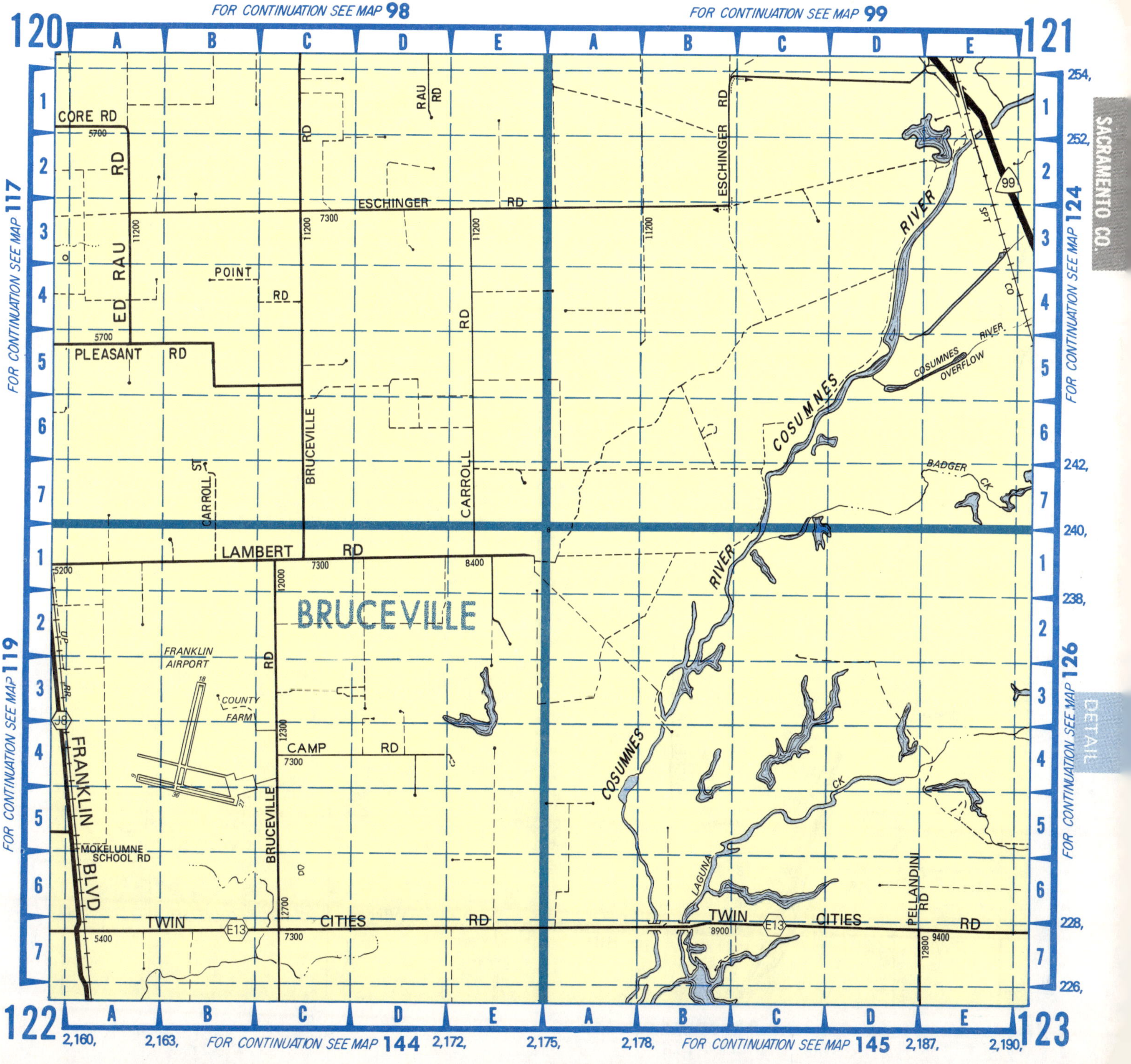

Map 132 / 133 / 134 / 135

FOR CONTINUATION SEE MAP 110
FOR CONTINUATION SEE MAP 111
FOR CONTINUATION SEE MAP 129
FOR CONTINUATION SEE MAP 131

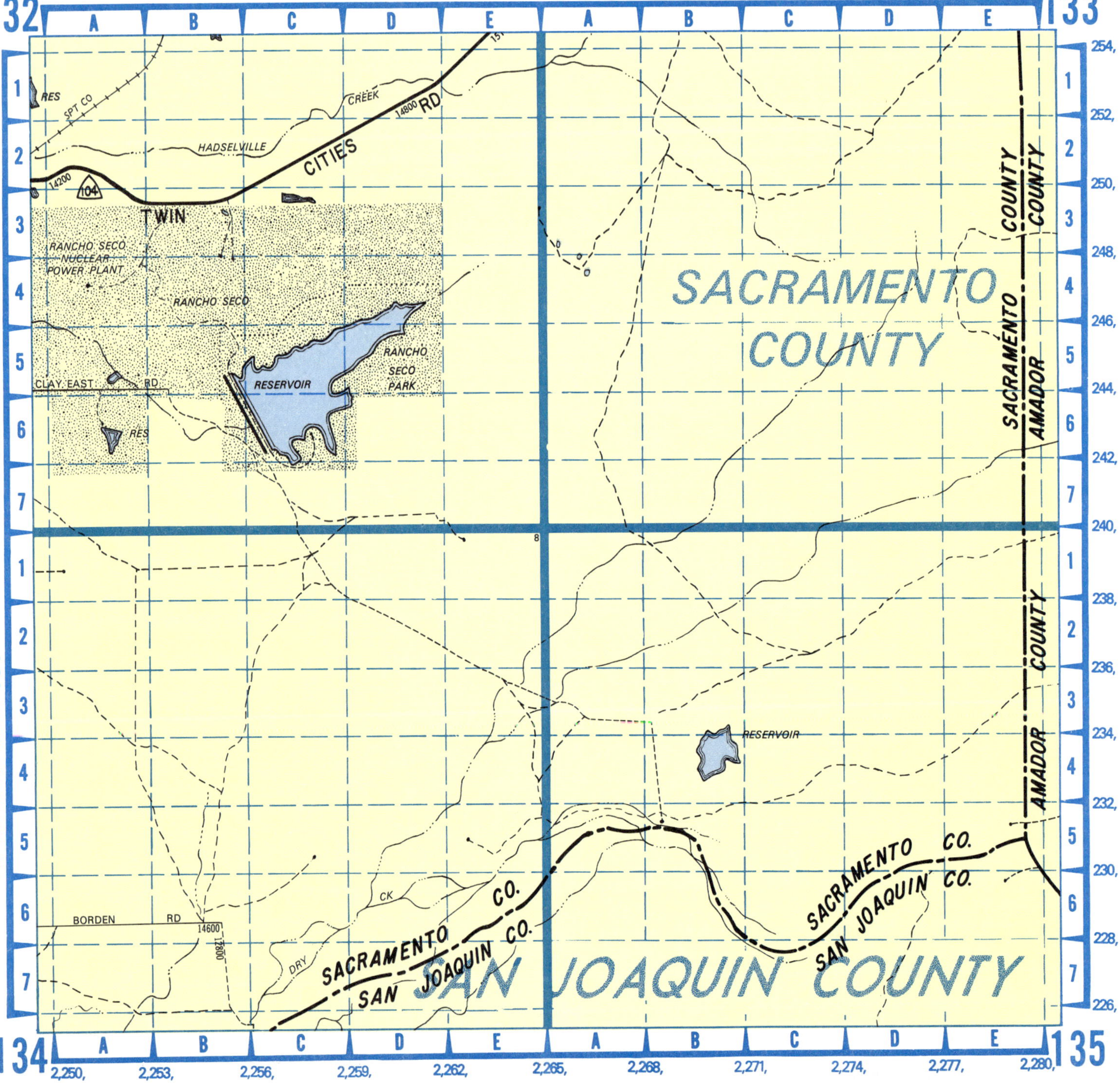

COPYRIGHT © 1987 BY Thomas Bros. Maps

SACRAMENTO CO.
DETAIL

SACRAMENTO COUNTY

- RES
- SPT CO
- HADSELVILLE
- TWIN CITIES RD 14800
- CREEK
- 14200
- 104
- RANCHO SECO NUCLEAR POWER PLANT
- RANCHO SECO
- RANCHO SECO PARK
- RESERVOIR
- CLAY EAST RD
- RES
- RESERVOIR
- BORDEN RD 14600
- 12800
- DRY CK
- SACRAMENTO CO.
- SAN JOAQUIN CO.
- AMADOR COUNTY
- SACRAMENTO — AMADOR

SAN JOAQUIN COUNTY

Map 136/137/138/139 — Solano County / Sacramento County

Features visible on map:
- Miner Slough
- Elkhorn Slough
- Sutter Slough
- Steamboat Slough
- Sutter Island, Grand Island, Ryer Island, Andrus Island
- Sutter Island Rd, Grand Island Rd, Elevator Rd, Leary Rd
- Taylor Slough
- Howard Landing Ferry (Free)
- Howard Landing
- Walker Landing, Walker Landing Rd
- Hogback Island Fishing Access, Hogback Pk.
- Beaver Lake
- Ryde
- Hwy 160, Hwy 220
- River Rd, Sacramento River, Isleton Rd
- Beach
- Landing Strip

FOR CONTINUATION SEE MAP 114 (top left)
FOR CONTINUATION SEE MAP 115 (top right)
FOR CONTINUATION SEE MAP 160 (bottom left)
FOR CONTINUATION SEE MAP 161 (bottom right)
FOR CONTINUATION SEE MAP 140 (right upper)
FOR CONTINUATION SEE MAP 142 (right lower)

COPYRIGHT © 1987 BY Thomas Bros. Maps

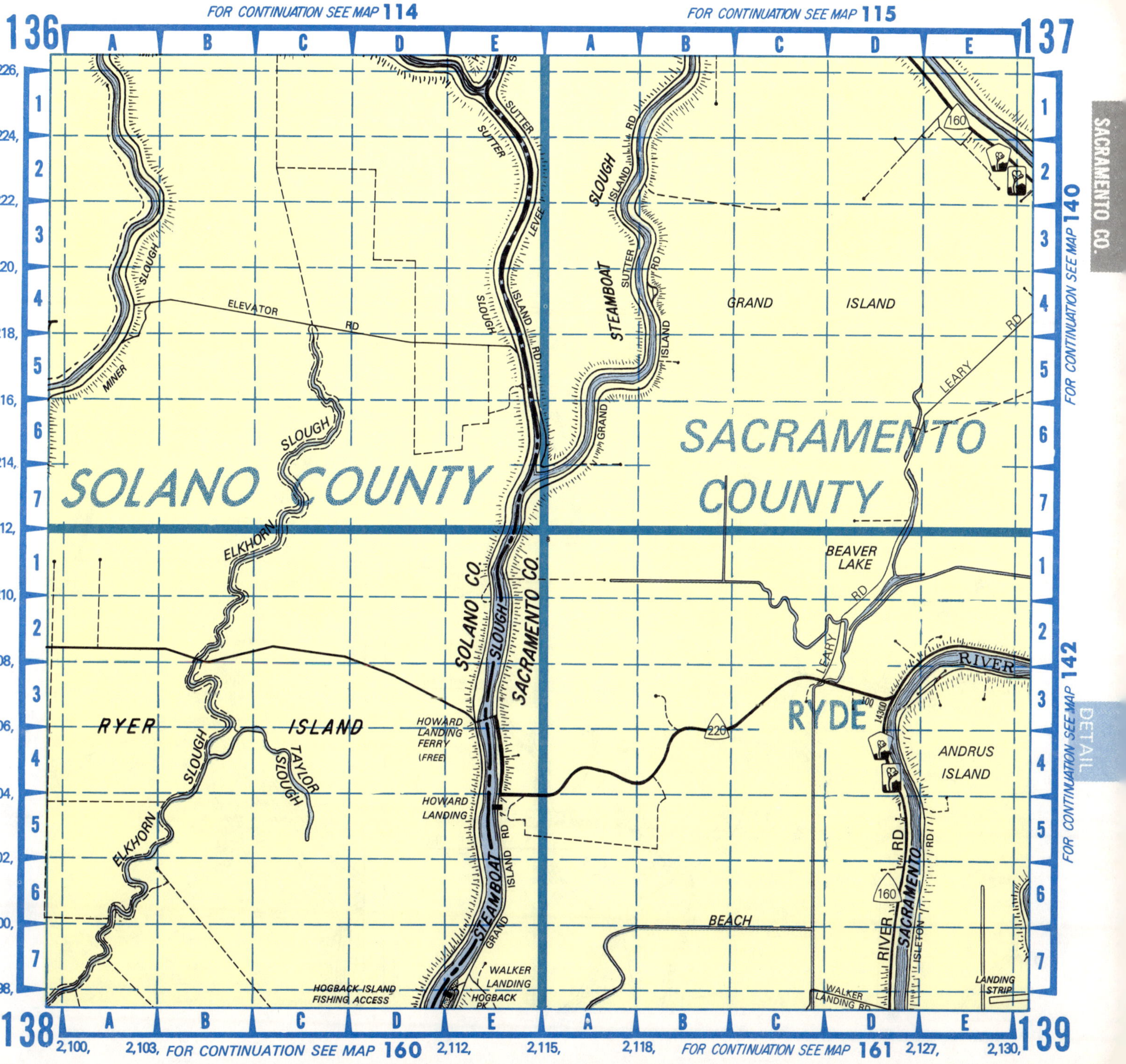

SACRAMENTO CO. DETAIL

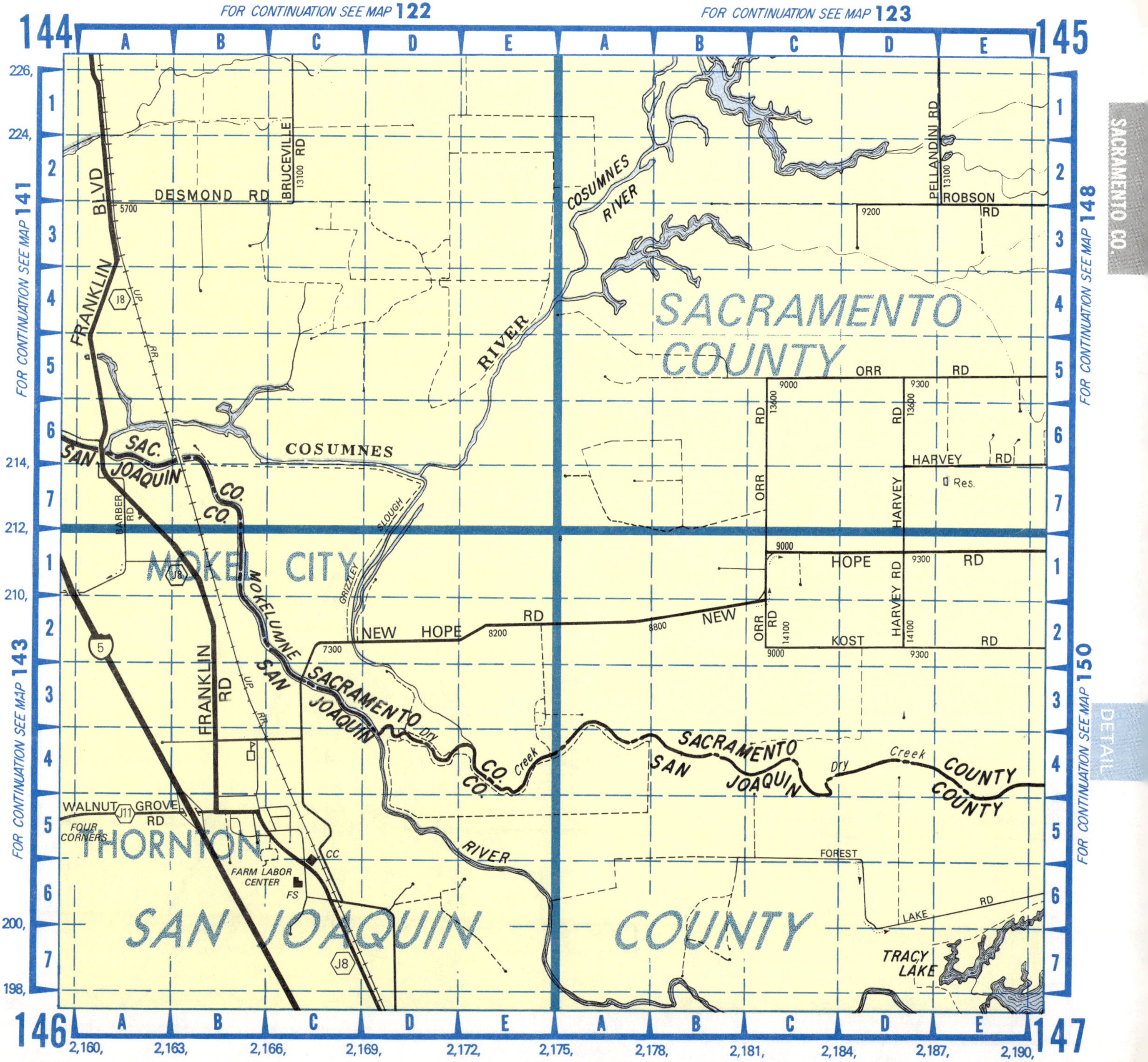

Map 144/145/146/147

FOR CONTINUATION SEE MAP 122 | **FOR CONTINUATION SEE MAP 123**

FOR CONTINUATION SEE MAP 141 | FOR CONTINUATION SEE MAP 148

FOR CONTINUATION SEE MAP 143 | FOR CONTINUATION SEE MAP 150

FOR CONTINUATION SEE MAP 146 | **FOR CONTINUATION SEE MAP 147**

Features shown:
- FRANKLIN BLVD
- DESMOND RD (5700)
- BRUCEVILLE RD (13100)
- COSUMNES RIVER
- PELLANDINI RD (13100)
- ROBSON RD (9200)
- SACRAMENTO COUNTY
- ORR RD (9000 / 13600)
- HARVEY RD (9300 / 13600)
- Res.
- SAC. CO. / SAN JOAQUIN CO.
- COSUMNES
- BARBER RD
- MOKEL CITY
- GRIZZLY SLOUGH
- HOPE RD (9000)
- HARVEY RD (9300)
- NEW HOPE RD (7300 / 8200 / 8800)
- ORR RD (14100)
- KOST RD (14100)
- FRANKLIN RD
- MOKELUMNE
- SAN JOAQUIN
- SACRAMENTO CO. / SAN JOAQUIN CO.
- Dry Creek
- SACRAMENTO COUNTY / SAN JOAQUIN COUNTY
- WALNUT GROVE RD (J11)
- FOUR CORNERS
- THORNTON
- FARM LABOR CENTER
- CC, FS
- RIVER
- FOREST LAKE RD
- SAN JOAQUIN COUNTY
- TRACY LAKE
- I-5, J8

Map 148 — Galt / Twin Cities

Sacramento Co.

FOR CONTINUATION SEE MAP 126 (north)
FOR CONTINUATION SEE MAP 145 (west)
FOR CONTINUATION SEE MAP 149 (east)
FOR CONTINUATION SEE MAP 150 (south)

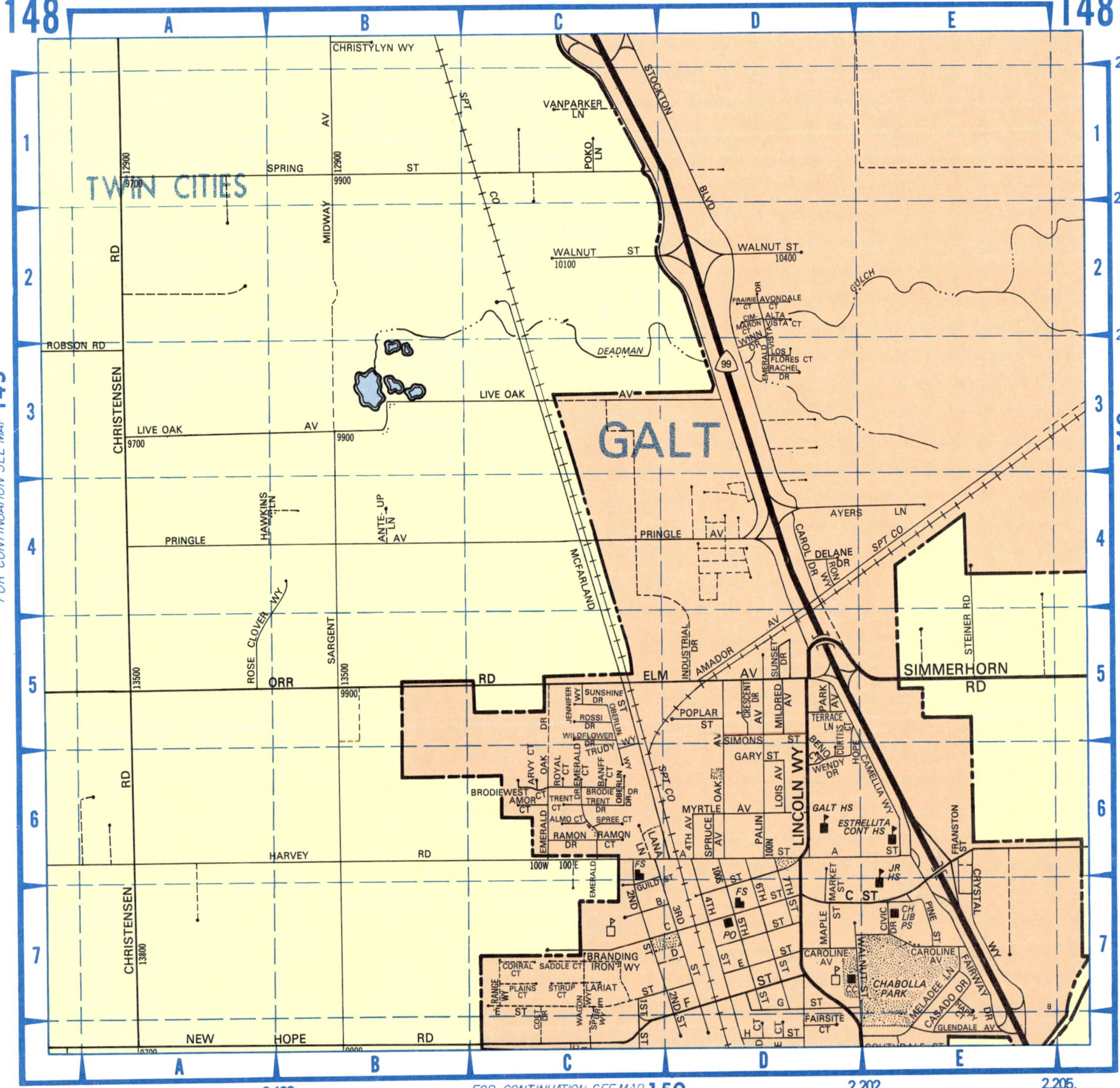

COPYRIGHT © 1987 BY Thomas Bros. Maps

Grid columns: A, B, C, D, E
Grid rows: 1–7

Areas labeled: TWIN CITIES, GALT

Selected streets and features:

- Christylyn Wy
- Spring St
- Midway Av
- Christensen Rd
- Robson Rd
- Live Oak Av
- Vanparker Ln
- Poko Ln
- Stockton Blvd
- Walnut St (10100, 10400)
- Prairie Ct, Avondale Ct, Cim Ct, Alta Ct, Maron Ct, Vista Ct, Win Dr, Los Flores Ct, Emerald Ct, Rachel Dr
- Deadman Gulch
- Hwy 99
- Pringle Av
- Hawkins Ln
- Ante-Up Ln
- McFarland
- Ayers Ln
- Carol Dr, Delane Dr
- Rose Clover Wy
- Sargent Av
- Orr Rd
- Elm Av
- Industrial Dr, Amador Av, Sunset Dr
- Steiner Rd
- SIMMERHORN RD
- Sunshine Dr, Jennifer Wy, Rossi Dr, Wildflower Wy, Trudy Wy, Oberlin
- Poplar St, Crescent Av, Mildred St, Park Av, Terrace Ln, Camellia Wy, Hope St
- Simons St, Gary St, Curtis Av, Wendy Dr
- Oak Av, Royal Ct, Emerald Ct, Banff Ct, Trent Dr
- Brodiewest Ct, Amor Ct, Almo Ct, Spree Ct, Trent Ct
- Myrtle Av, Lois Av, Spruce Av, Palin, 4th Av, Lincoln Wy
- Galt HS, Estrellita Cont HS
- Emerald Dr, Ramon Dr, Ramon Ct, Lana Ln
- Harvey Rd
- Franston St, Crystal Wy
- 100W / 100E
- Branding Iron Wy, Corral Ct, Saddle Ct, Stirup Wy, Lariat Wy, Plains Wy, Wagon Wy, Range Wy, Colt Dr
- Guild St, 2nd St, 3rd St, 4th St, 5th St, 6th St, A St, B St, C St, H St, G St
- PO, FS, JR, CIVIC, LIB, PS
- Maple St, Market St, Caroline Av, Walnut St, Pine St, Melade Ln, Casado Dr, Fairway Dr, Glendale Av
- Chabolla Park
- Fairsite Ct
- New Hope Rd

Coordinates (bottom): 2,190 · 2,193 · 2,202 · 2,205
Coordinates (right): 226, 224, 222, 216, 214, 212

DETAIL

149

SACRAMENTO CO.

FOR CONTINUATION SEE MAP 127 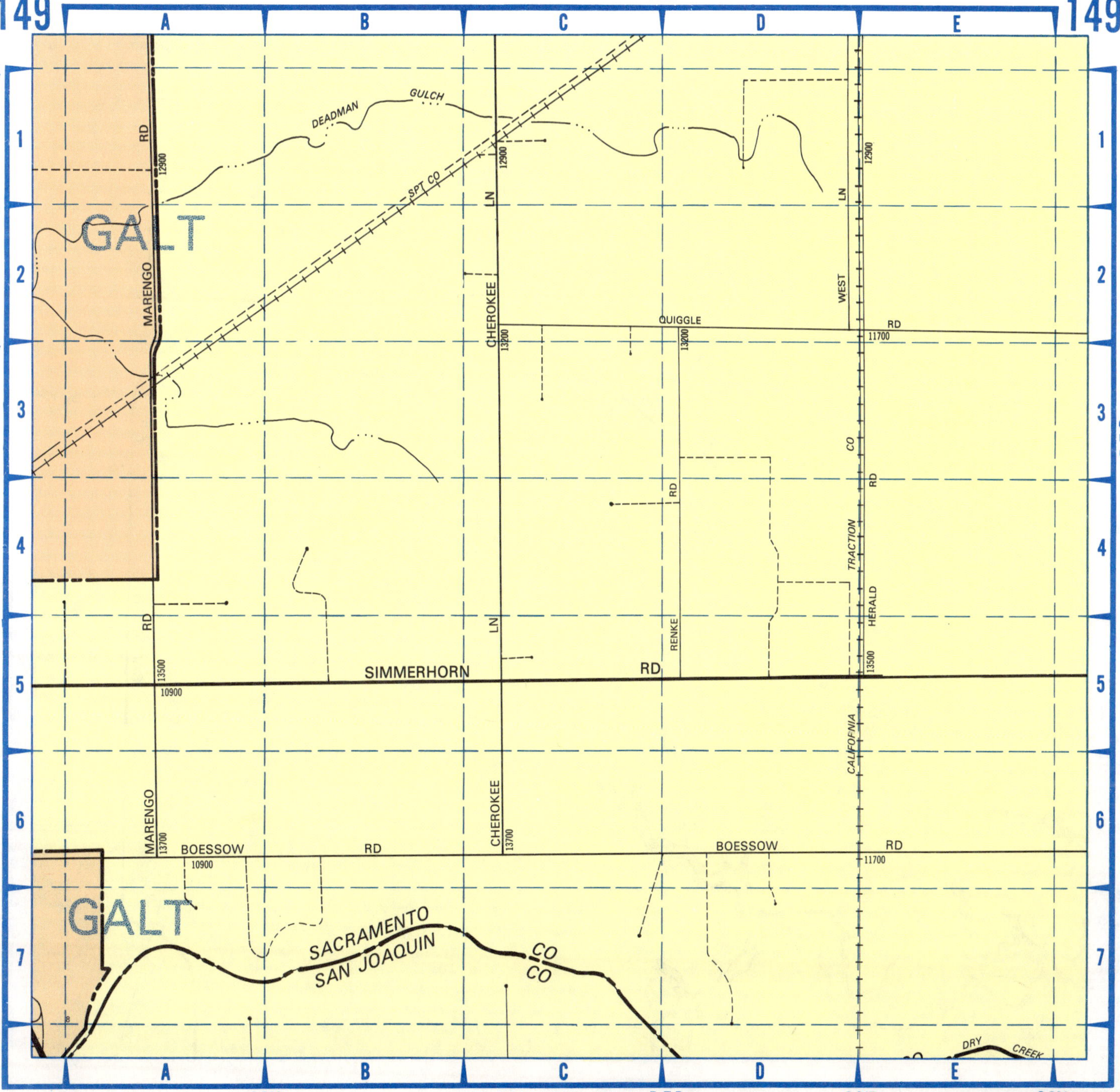
FOR CONTINUATION SEE MAP 148
FOR CONTINUATION SEE MAP 152
FOR CONTINUATION SEE MAP 151

GALT

DEADMAN GULCH
MARENGO RD
SPT CO
CHEROKEE LN
QUIGGLE RD
WEST LN
SACRAMENTO CO TRACTION HERALD RD
RENKE RD
SIMMERHORN RD
CALIFORNIA
MARENGO RD
BOESSOW RD
CHEROKEE RD
BOESSOW RD
SACRAMENTO CO
SAN JOAQUIN CO
DRY CREEK

GALT

Map 150 — Galt area, Sacramento County / San Joaquin County

Grid columns: A, B, C, D, E
Grid rows: 1–7

Coordinates (bottom): 2,190 / 2,193 / 2,196 / 2,199 / 2,202 / 2,205
Coordinates (right): 212, 210, 208, 206, 204, 202, 200, 198

FOR CONTINUATION SEE MAP 148 (north)
FOR CONTINUATION SEE MAP 147 (west)
FOR CONTINUATION SEE MAP 151 (east)

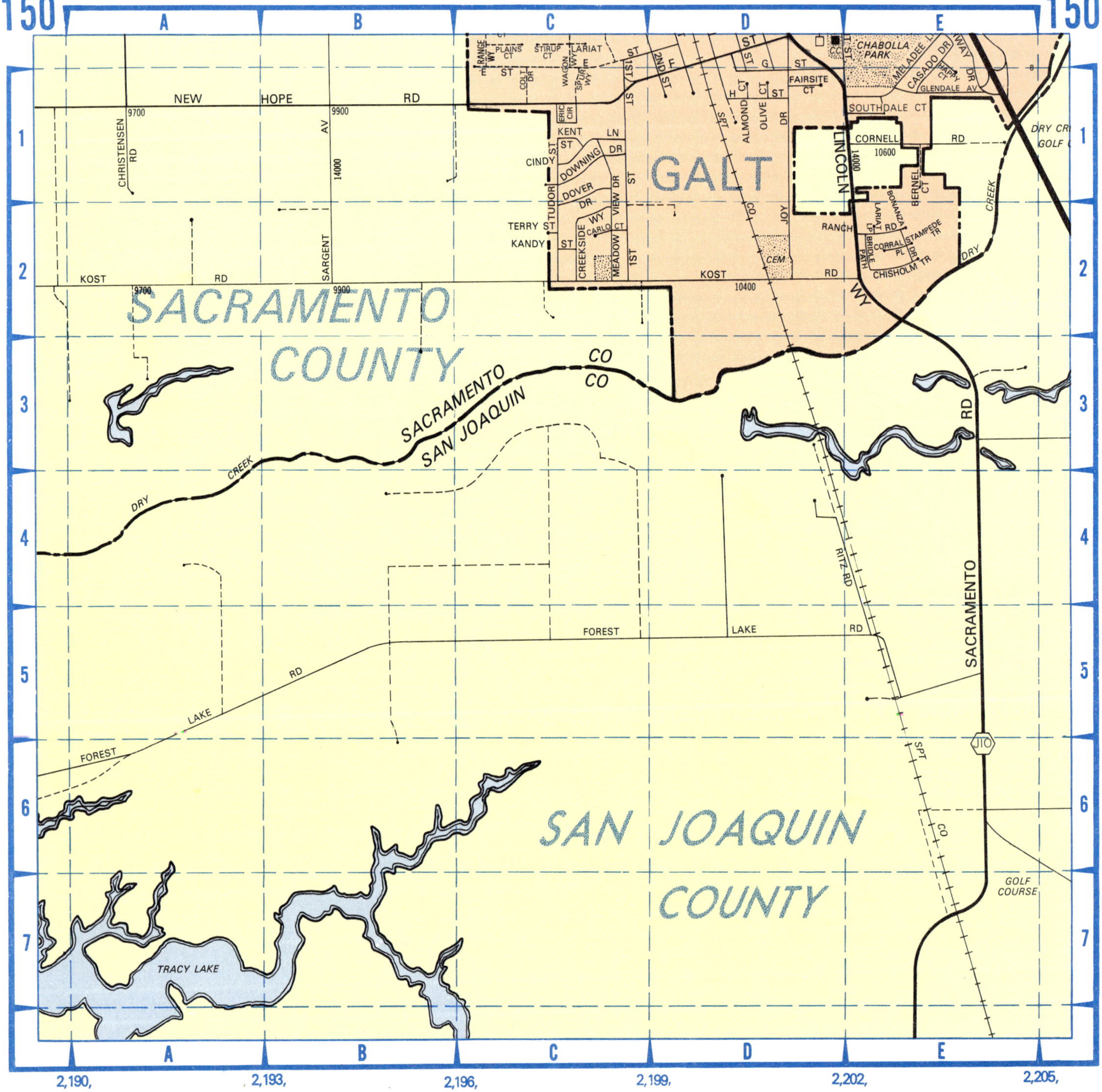

COPYRIGHT © 1987 BY Thomas Bros. Maps

SACRAMENTO CO.
DETAIL

GALT (city, northeast portion of map)

Streets and features in/near Galt:
- NEW HOPE RD
- CHRISTENSEN RD (9700)
- SARGENT AV (9900, 14000)
- KOST RD (9700, 9900, 10400)
- RANGE WY, PLAINS CT, STIRUP, LARIAT, COLT DR, WAGON WY, SPUR, 1ST ST, 2ND ST, F ST, G ST
- ERIC CIR, KENT ST, CINDY LN, DOWNING DR, TUDOR ST, DOVER DR
- TERRY ST, KANDY ST, CREEKSIDE WY, MEADOW VIEW DR, CARLO CT, 1ST ST
- ALMOND CT, OLIVE DR, H ST, JOY CT, FAIRSITE CT
- CHABOLLA PARK, MELADEE, CASADO DR, CAPY, GLENDALE AV, SOUTHDALE CT
- CORNELL (10600), LINCOLN WY, BERNEL CT
- BONANZA RD, LARIAT, CORRAL PL, BRIDLE PATH, STAMPEDE TR, CHISHOLM TR
- CEM
- DRY CREEK GOLF (northeast)
- DRY CREEK

SACRAMENTO COUNTY
SACRAMENTO CO / SAN JOAQUIN CO (county line)

- DRY CREEK
- FOREST LAKE RD
- RITZ RD
- SACRAMENTO RD
- SPT (San Joaquin County)
- J10
- GOLF COURSE

SAN JOAQUIN COUNTY

- TRACY LAKE

151

FOR CONTINUATION SEE MAP 149

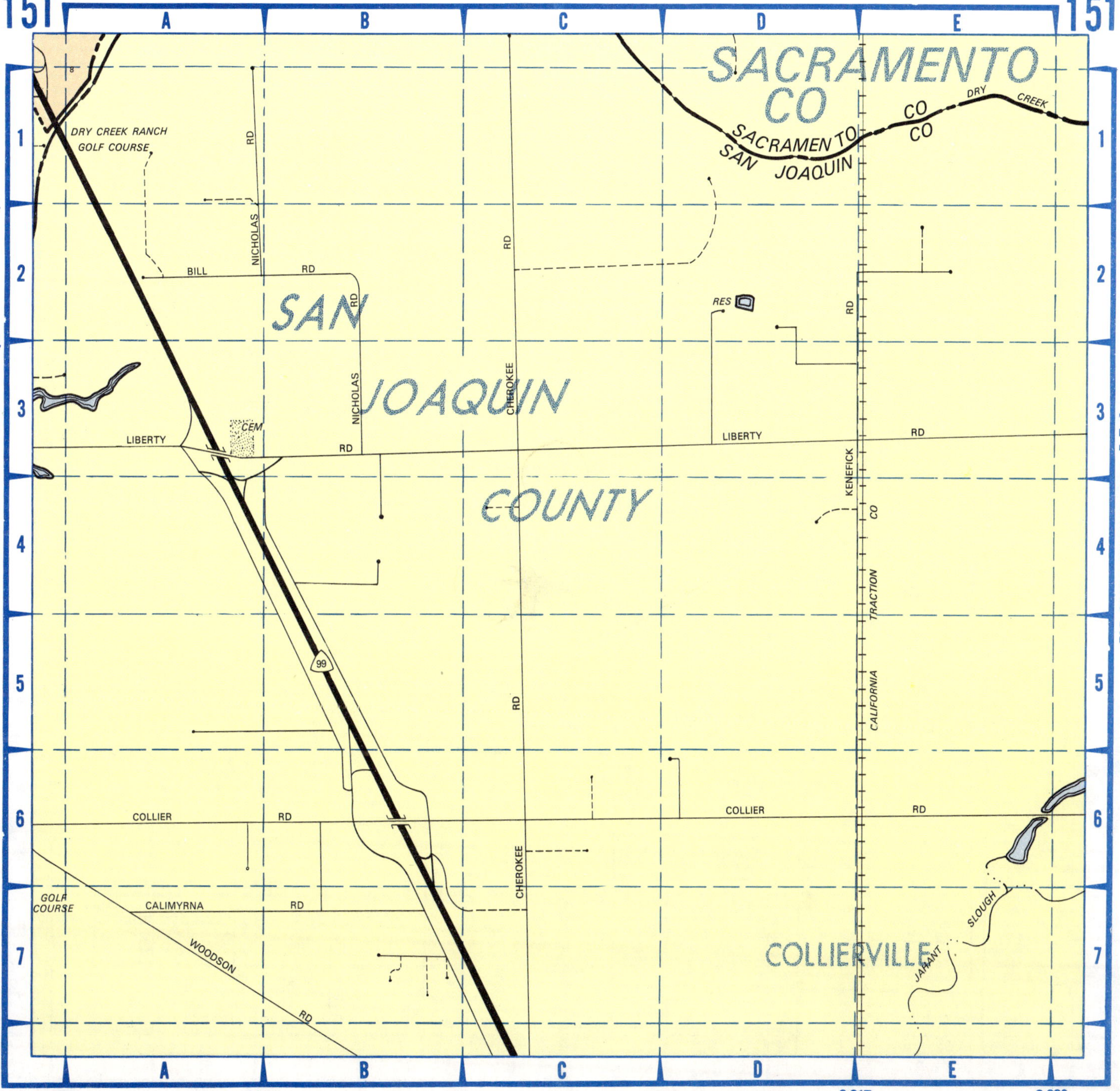

SACRAMENTO CO

SACRAMENTO CO / SAN JOAQUIN CO — DRY CREEK

DRY CREEK RANCH GOLF COURSE

BILL NICHOLAS RD

SAN JOAQUIN COUNTY

NICHOLAS RD

CHEROKEE RD

RES

LIBERTY RD — CEM — LIBERTY RD

KENEFICK RD

CALIFORNIA TRACTION CO

99

COLLIER RD — COLLIER RD

GOLF COURSE

CALIMYRNA RD

CHEROKEE RD

COLLIERVILLE

JAHANT SLOUGH

WOODSON RD

FOR CONTINUATION SEE MAP 150

FOR CONTINUATION SEE MAP 154

COPYRIGHT © 1987 BY Thomas Bros Maps

Map 152/153 — Sacramento County / San Joaquin County

FOR CONTINUATION SEE MAP 130
FOR CONTINUATION SEE MAP 131 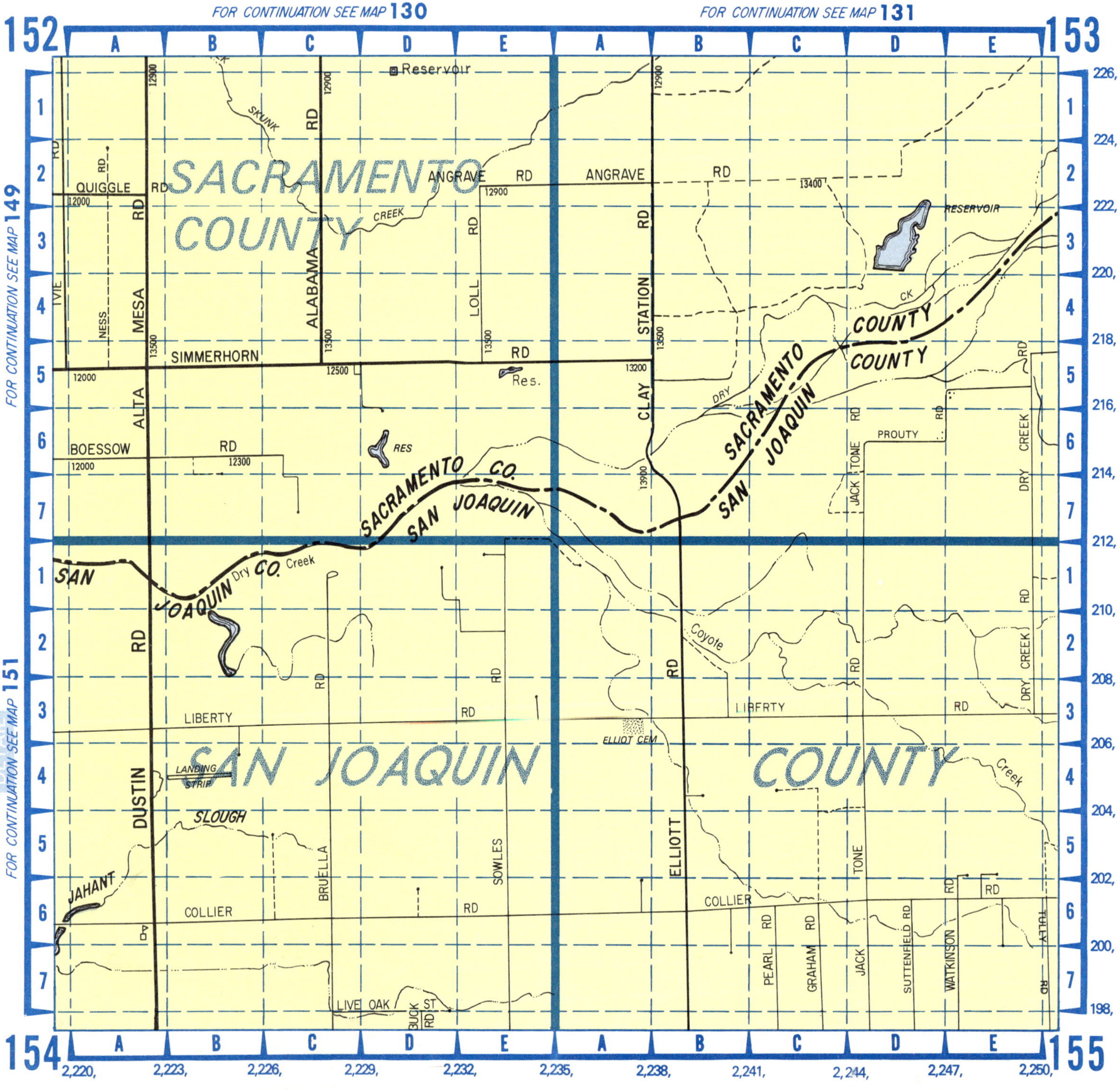
FOR CONTINUATION SEE MAP 149
FOR CONTINUATION SEE MAP 151
COPYRIGHT © 1987 BY Thomas Bros. Maps

Roads and features labeled on map:
- Quiggle Rd
- Skunk Rd
- Ivie Rd
- Ness Rd
- Mesa Rd
- Alabama Rd
- Angrave Rd
- Loll Rd
- Clay Station Rd
- Reservoir
- Simmerhorn Rd
- Alta Mesa Rd
- Boessow Rd
- Res.
- Sacramento Co. / San Joaquin Co. (county line)
- Dry Creek
- Jack Tone Rd
- Prouty Rd
- Dry Creek Rd
- San Joaquin Rd
- Dustin Rd
- Liberty Rd
- Landing Strip
- Dustin Slough
- Jahant
- Bruella Rd
- Sowles Rd
- Elliott Rd
- Elliot Cem
- Coyote
- Collier Rd
- Pearl Rd
- Graham Rd
- Jack Tone Rd
- Suttenfield Rd
- Watkinson Rd
- Tully Rd
- Live Oak
- Buck St Rd

Elevations/grid numbers: 12000, 12900, 13400, 13500, 12500, 13300, 13200, 13900, 12300

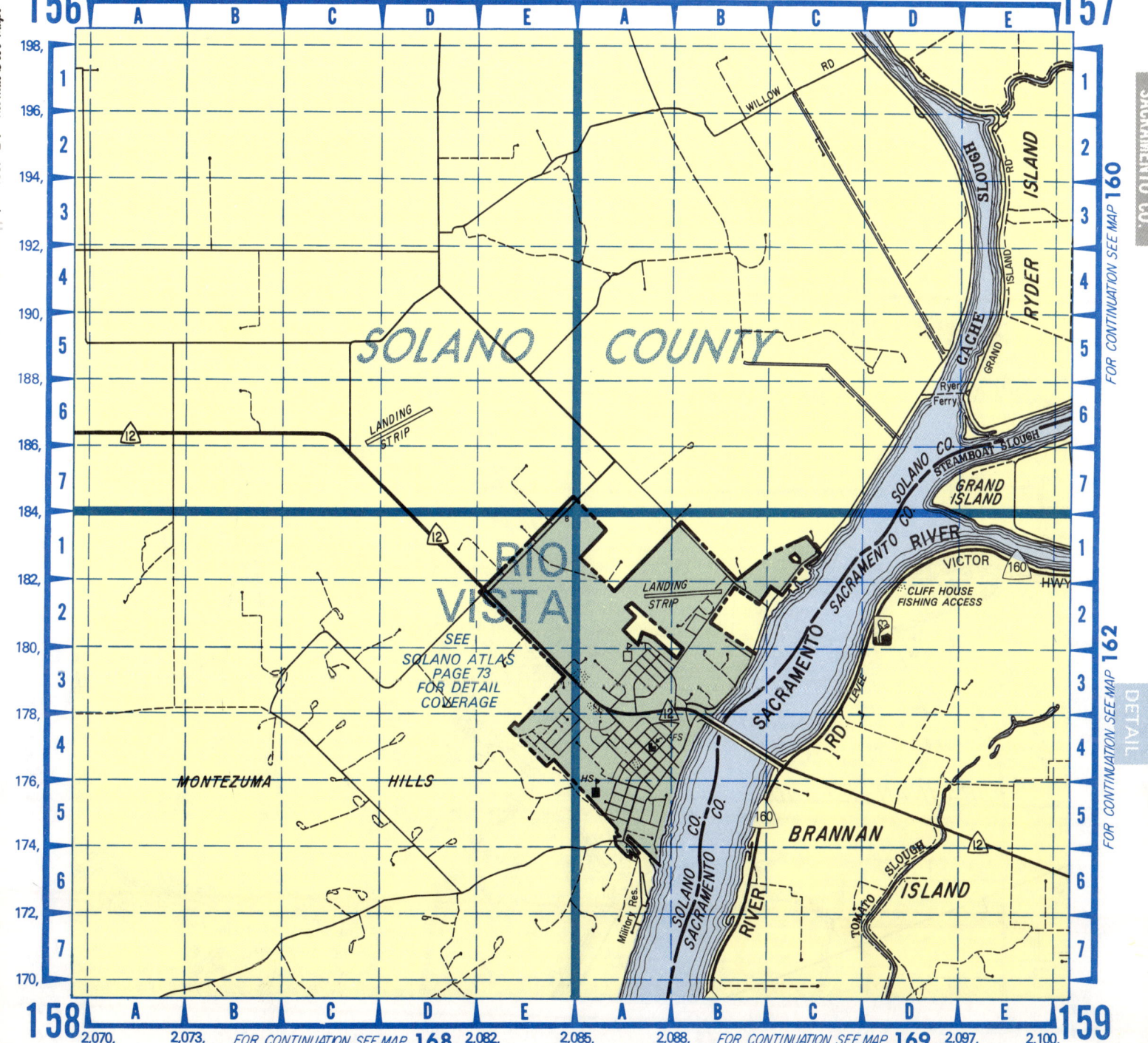

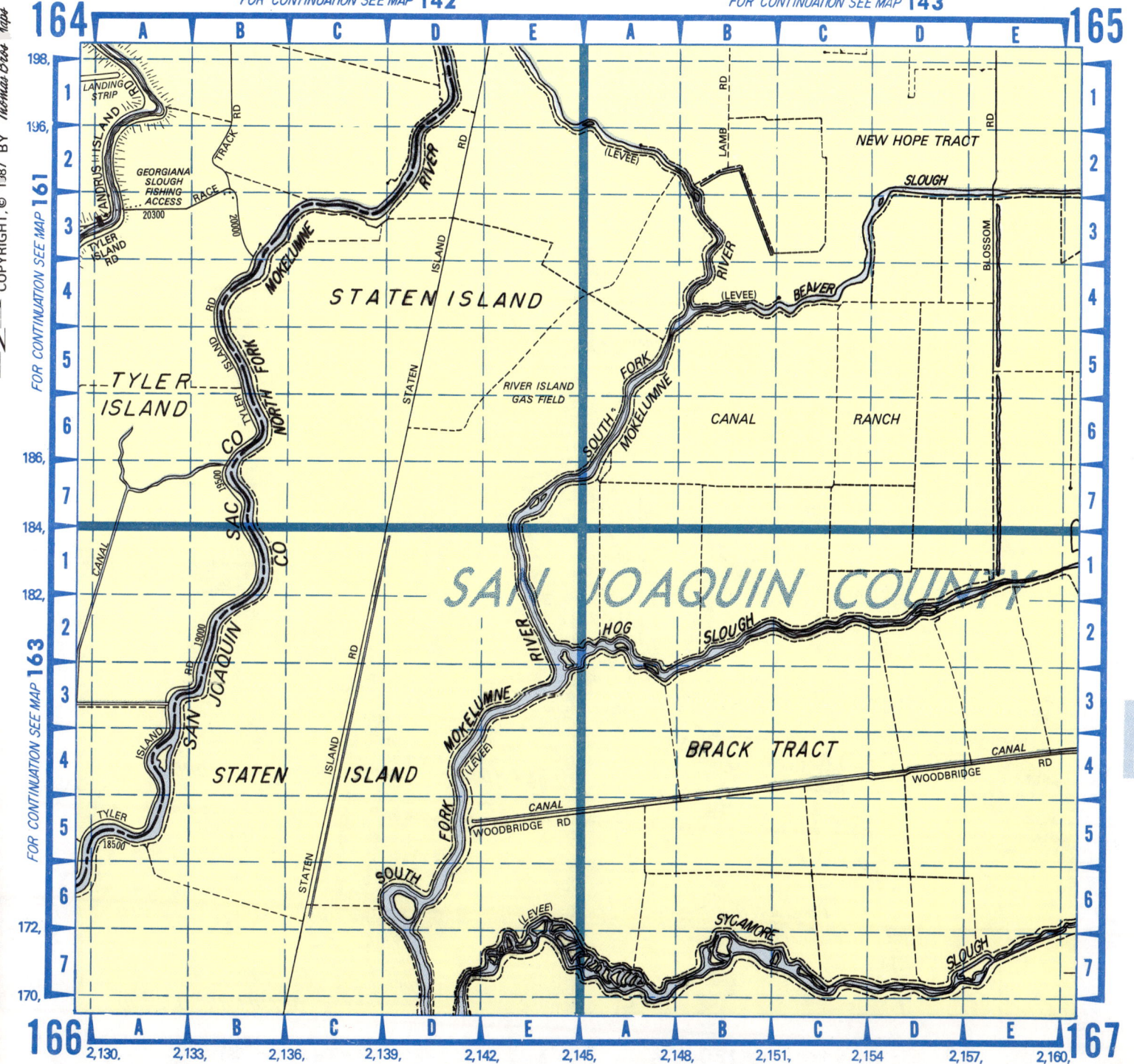

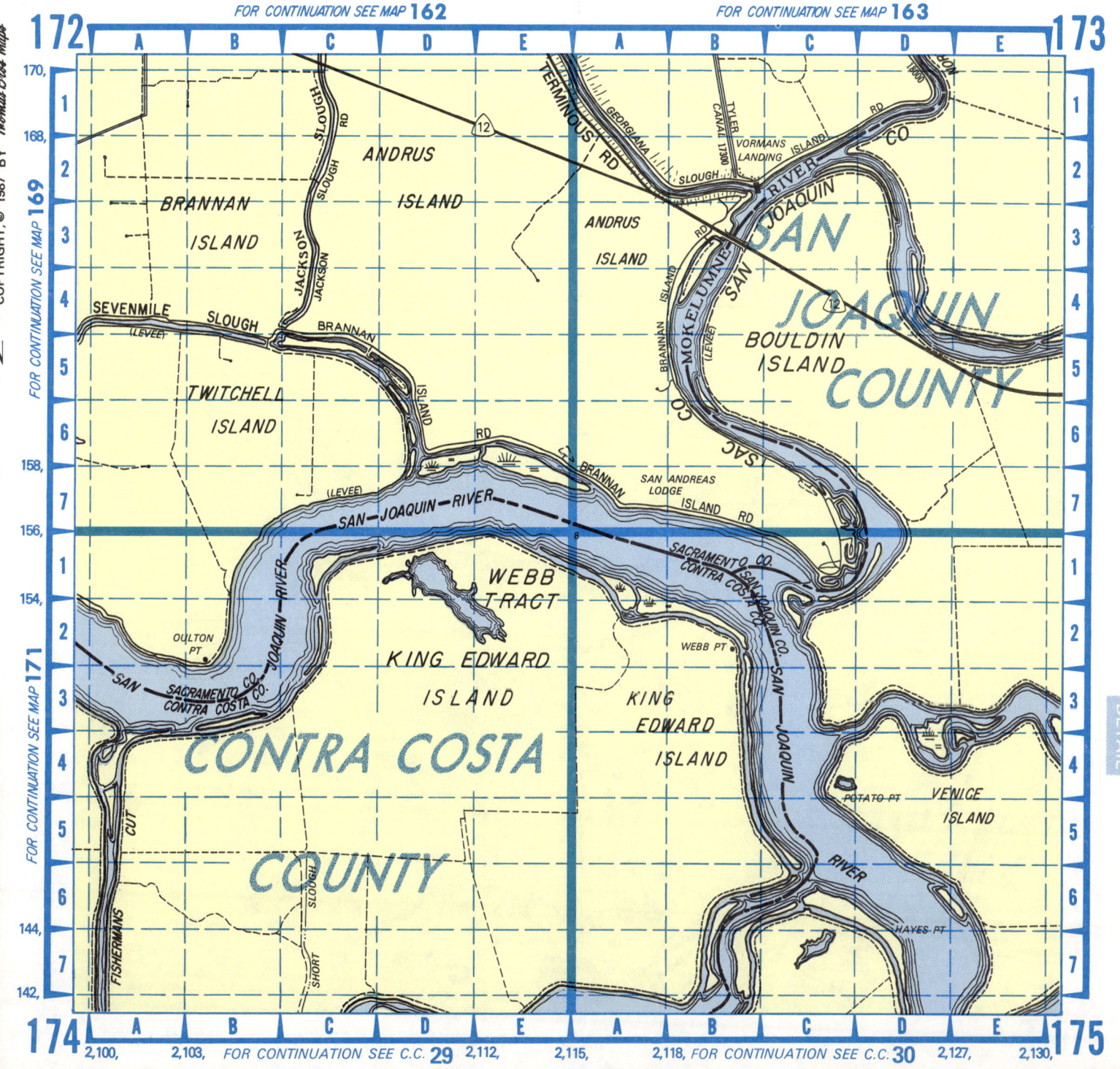

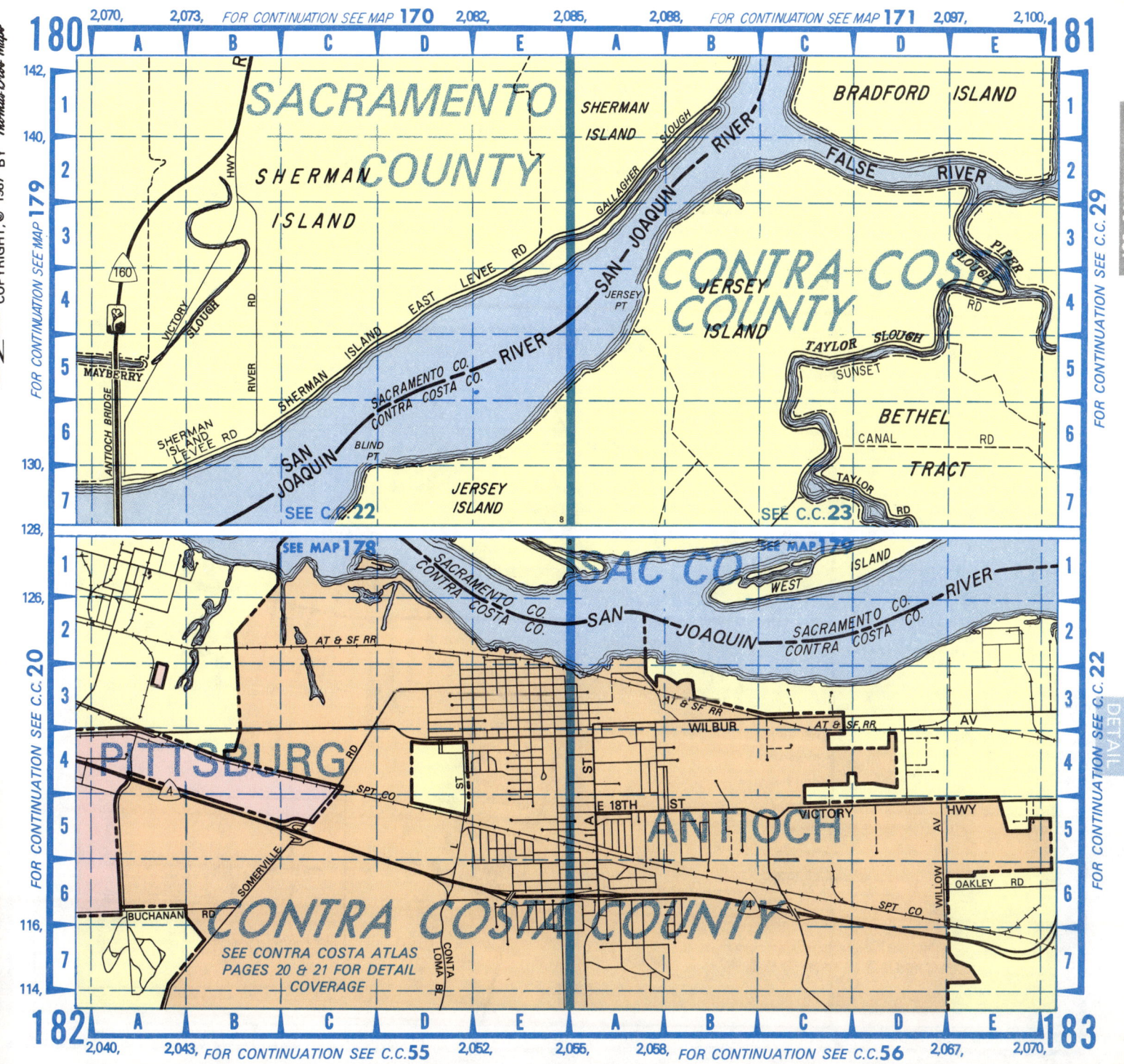

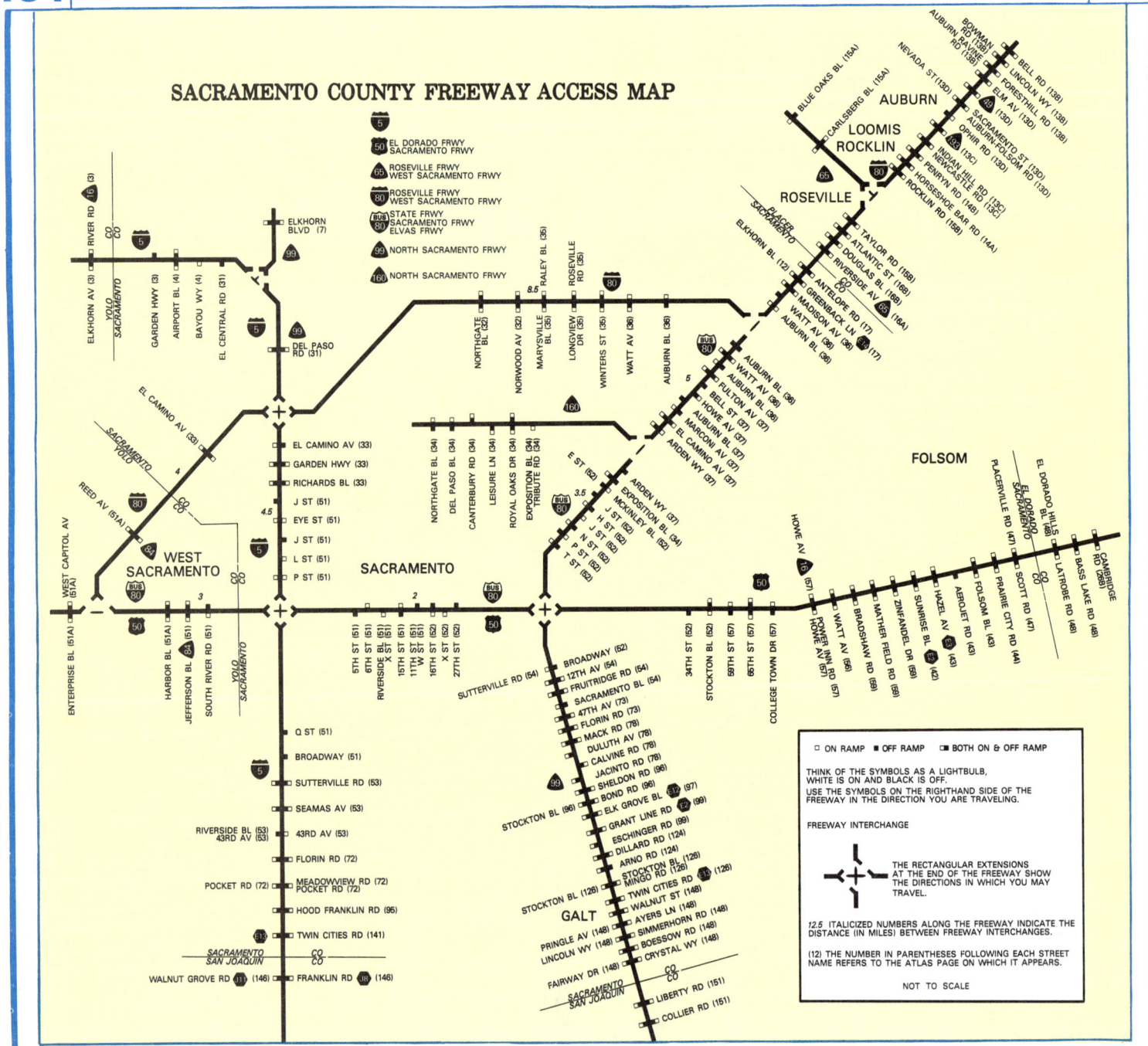

A AV

1988 SACRAMENTO COUNTY STREET INDEX

185

ANNE WY

SACRAMENTO CO.

INDEX

STREET	CITY	PG. NO.	SEE
A			
A AV	PLCO	13B	A2
A DR	ROCK	15B	D3
A PKWY	CO	73	D5
A ST	CO	35	E1
A ST	CO	36	A1
A ST	CO	143	D5
A ST	CO	183	A5
A ST	FOL	16C	C7
A ST	FOL	21	E1
A ST	FOL	22	A1
A ST	GALT	148	D6
A ST	ISLE	162	D3
A ST	SAC	52	B2
A ST	SAC	55	A3
A ST	WSAC	51	D1
AARON WY	SAC	73	A4
ABALINE WY	SAC	76	A7
ABALINE WY	SAC	78	A1
ABBEY RD	SAC	57	C3
ABBEYWOOD CIR	SAC	78	C2
ABBOT CT	CO	59	C3
ABBOTTFORD WY	CO	59	D3
ABELIA CT	CO	18	C4
ABERDEEN WY	CO	36	B6
ABERFELDY WY	CO	17	A3
ABERNATHY LN	CO	40	B5
ABINGTON WY	CO	59	C3
ABRAHAM WY	CO	39	C6
ABROZO CT	FOL	22	C4
ACACIA AV	SAC	34	D2
ACACIA AV	SAC	37	A2
ACACIA CT	ROS	16B	A6
ACADEMY WY	SAC	37	B3
ACADIA WY	EDCO	47	E3
ACAPULCO WY	CO	97	C5
ACCLAIM CT	CO	12	D2
ACCORD CT	CO	12	D2
ACER WY	CO	18	D4
ACHATES CIR	CO	58	E2
ACKERMAN WY	CO	40	E3
ACKLAND CT	CO	17	B6
ACMAR CT	SAC	75	E4
ACME AV	SAC	32	E2
ACOMA ST	SAC	34	C6
ACORN CT	EDCO	26A	E1
ACORN CT	WSAC	51	B6
ACORN DR	PLCO	16C	D2
ACORN WY	CO	38	E6
ACROPOLIS ST	CO	96	B4
ADA LN	SAC	32	E2
ADA WY	SAC	55	B4
ADAIR ST	CO	6	D4
ADAM CT	PLCO	16C	D1
ADAM CT	ROCK	15B	C1
ADAMS LN	SAC	34	B5
ADAMS RD	CO	55	E3
ADAMS RD	CO	56	A3
ADAMS ST	CO	97	C6
ADAMSON CT	ROS	16B	A4
ADANA CIR	CO	39	A5
ADCOTE WY	CO	41	A1
ADDIE AV	CO	76	D5
ADDINGTON CT	CO	18	C5
ADDISON WY	SAC	73	B6
ADELAIDE WY	CO	36	E4
ADELE CT	CO	6	C7
ADELE CT	CO	8	C1
ADELHEID WY	CO	36	B6
ADELINA WY	CO	38	E5
ADELPHI CT	SAC	55	C5
ADIEU CT	CO	12	D3
ADIRONDACK WY	CO	59	A3
ADLER CIR	SAC	55	C6
ADMIRAL	CO	77	D5
ADMIRAL AV	CO	39	C2
ADMIRAL LN	CO	77	D7
ADMIRAL LN	CO	79	D1
ADOBE CT	ROCK	15B	A1
ADOBE CASA CT	CO	17	D7
ADOBE VALLEY CT	CO	99	C3
ADONIS WY	CO	38	C6
ADORN CT	CO	12	D3
ADRIAN CT	SAC	33	E2
ADRIATIC WY	CO	56	D5

STREET	CITY	PG. NO.	SEE
AEGEAN CIR	CO	18	A5
AEOLIA DR	AUB	13B	D7
AEOLIA DR	AUB	13D	D1
AERO CT	CO	36	B1
AEROBEE AV	CO	43	A3
AEROJET RD	CO	43	C7
AEROJET RD	CO	45	C1
AERONCA WY	EDCO	26A	E4
AFFIRMED WY	CO	36	E7
AFFIRMED WY	CO	38	E1
AGARD ST	AUB	13D	D2
AGATE WY	CO	39	C2
AGATHA WY	CO	55	D2
AGENA CT	CO	56	D7
AGNES CIR	CO	41	C6
AGNES ST	AUB	13D	D1
AGNEW CT	CO	38	C7
AGREE CT	CO	12	D3
AGRICULTURE LN	CO	61	A2
AGRO CIR	SAC	72	A5
AGUA VISTA	CO	88	E1
AGUILAR LN	PLCO	14A	E1
AGUILAR RD	PLCO	15B	D4
AGUILAR RD	ROCK	15B	D4
AGUNDO ST	CO	6	C5
AHERN ST	SAC	52	B1
AHL WY	CO	40	A3
AHMED AV	CO	97	B7
AHOY CT	EDCO	23	D6
AHRENTZEN CT	CO	16B	B7
AHRENTZEN CT	CO	18	D1
AIDAN WY	SAC	53	D3
AIKEN WY	SAC	52	E3
AIKEN WY	SAC	55	A3
AILEEN WY	PLCO	14B	E6
AILEEN WY	SAC	55	A4
AINSLEY CT	CO	38	E6
AIRBASE DR	CO	36	A2
AIRHILL WY	CO	21	C7
AIRONS CT	CO	12	E2
AIRONS CT	WSAC	53A	E2
AIRPORT BLVD	CO	4	A6
AIRPORT DR	CO	36	A5
AIRPORT RD	SAC	31	C6
AIRPORT RD	SAC	33	C1
AIRWAY DR N	CO	36	A2
AIRWAY DR S	SAC	36	A2
AIZENBERG CIR	CO	97	B4
AKRON WY	SAC	53	E6
AKSARBEN DR	CO	21	A7
AL CT E	SAC	32	C5
AL CT W	SAC	32	C5
AL WY	CO	37	C6
ALABAMA AV	CO	43	C7
ALABAMA AV	CO	45	C1
ALABAMA AV	WSAC	51	B6
ALABAMA CT	WSAC	51	B7
ALABAMA RD	CO	130	C6
ALABAMA RD	CO	152	C4
ALABAMA MINE RD	PLCO	14B	B2
ALABASTER DR	CO	96	B5
ALAMEDA BLVD	WSAC	51	B5
ALAMEDA DR	CO	88	D4
ALAMEDA LN	CO	17	A2
ALAMITOS WY	CO	38	A3
ALAMOS AV	SAC	34	D3
ALAN CT	CO	39	C3
ALAN DR	CO	12	B4
ALAN BOYD DR	CO	4	A3
ALANDALE WY	CO	42	A5
ALATERNA DR	CO	18	D4
ALBA CT	CO	16B	B7
ALBANY WY	SAC	37	B1
ALBATROSS WY	SAC	37	B3
ALBEMARLE AV	CO	8	D3
ALBERT LN	CO	40	A1
ALBERTA AV	CO	38	A3
ALBEZZIA LN	CO	76	B7
ALBION WY	SAC	75	C2
ALBURY ST	CO	17	D7
ALCALA CT	SAC	75	E2
ALCEDO CIR	SAC	73	D5
ALCOSTA WY	CO	56	E4
ALCOTT DR	SAC	57	B6
ALDEA DR	CO	6	C5

STREET	CITY	PG. NO.	SEE
ALDEN LN	CO	17	B4
ALDEN WY	CO	77	A5
ALDER AV	CO	58	B7
ALDER AV	SAC	58	B6
ALDER CIR	PLCO	13B	C1
ALDER ST	SAC	35	A6
ALDER WY	WSAC	53	C3
ALDERBROOK WY	CO	55	C2
ALDERGATE LN	CO	36	B2
ALDER GLEN CT	CO	38	E7
ALDERSON AV	CO	58	B2
ALDER TREE WY	SAC	72	D6
ALDERWOOD WY	CO	38	C5
ALDO ST	CO	76	B6
ALDONA LN	CO	36	C4
ALDORAE ST	CO	39	C2
ALEGRE CT	CO	41	E4
ALEILANI LN	CO	100	D2
ALENA WY	EDCO	23	D3
ALETA WY	CO	17	A4
ALEX LN	CO	39	C6
ALEXANDER CT	CO	39	E7
ALEXON WY	CO	36	E4
ALEZANE DR	FOL	22	B5
ALFALFA PLNT RD	CO	118	B5
ALFORD WY	CO	43	A3
ALGONQUIN WY	CO	18	E2
ALHAMBRA BLVD	SAC	52	C4
ALHAMBRA CT	EDCO	26A	D2
ALHAMBRA DR	EDCO	26A	D1
ALI LN	PLCO	13B	B5
ALICANTE WY	CO	41	E6
ALISO WY	SAC	76	C2
ALISON CT	SAC	56	A7
ALIX PKWY	CO	73	D5
ALJAY AV	CO	11	A2
ALJA WY	SAC	32	C4
ALL AMERICA CTY	ROS	16A	D1
ALLAN AV	WSAC	53	A3
ALLAN AV	WSAC	53A	E3
ALLAN CT	FOL	22	A1
ALLAN CT	ROCK	15B	B5
ALLEGHENY DR	CO	56	E4
ALLEGHENY DR	CO	59	A4
ALLEGHENY RD	EDCO	26	A1
ALLEN DR	ROCK	15B	B5
ALLEN LN	PLCO	13C	A6
ALLENE CK CT	CO	16B	B7
ALLENPORT WY	SAC	72	B1
ALLENWOOD CT	CO	18	C3
ALLISON DR	PLCO	16B	C5
ALLISON DR	SAC	76	B2
ALLOTT WY	SAC	73	E7
ALLSTON CT	CO	12	C1
ALMA WY	SAC	53	E5
ALMA WY	SAC	54	A5
ALMADEN WY	CO	40	B1
ALMA MESA WY	CO	18	B2
ALMA VISTA WY	SAC	72	D6
ALMAZ AV	CO	18	D7
ALMAZ AV	CO	40	D1
ALMO CT	GALT	148	C6
ALMOND	ROS	16A	A3
ALMOND AV	CO	18	E7
ALMOND AV	CO	40	E1
ALMOND CT	GALT	150	D1
ALMOND ST	AUB	13D	D3
ALMOND WY	CO	38	E2
ALMONDA ST	CO	18	E1
ALMOND OAKS CT	CO	18	E5
ALMONDTREE LN	CO	36	A4
ALMOND VIEW CT	CO	21	A3
ALMONDWOOD AV	CO	17	E4
ALMORA AV	SAC	34	E1
ALOHA LN	CO	17	E1
ALOLA ST	ROS	16A	E1
ALONDRA CT	CO	16A	E7
ALONDRA CT	CO	18	A1
ALORN LN	CO	17	A7
ALPHA CIR	EDCO	14C	E5
ALPHA CT	CO	36	A6
ALPHA LN	PLCO	14C	D1
ALPINE AV	SAC	57	D4
ALPINE LN	LMS	14A	C5
ALPINE MDWS RD	PLCO	J	D2

STREET	CITY	PG. NO.	SEE
ALSACE CT	CO	39	E5
ALSACE CT	CO	40	A5
ALSTAN CT	SAC	71	E5
ALTA AV	ROS	16A	D1
ALTA DR	PLCO	13B	E5
ALTA DR	SAC	53	E5
ALTA WY	SAC	34	A1
ALTA ARDEN EXPY	CO	37	C7
ALTA ARDEN EXPY	SAC	37	C7
ALTA BONNY NOOK	PLCO	H	D2
ALTADENA WY	CO	36	C4
ALTAIR PKWY	CO	73	E3
ALTA LOMA CT	CO	8	E6
ALTA LOMA CT	CO	11	A6
ALTA LORRANE WY	CO	12	B6
ALTA MESA	AUB	13B	C5
ALTA MESA RD	CO	101	E6
ALTA MESA RD	CO	106	A6
ALTA MESA RD	CO	128	A6
ALTA MESA RD	CO	130	A6
ALTA MESA RD	CO	152	A6
ALTA MESA RD E	CO	128	B3
ALTAMIRA CIR	CO	12	C1
ALTAMONT DR	CO	41	D1
ALTA VALLEY WY	SAC	78	B1
ALTA VISTA AV	ROS	16A	E1
ALTA VISTA CT	GALT	148	D2
ALTA VISTA LN	CO	40	B1
ALTAWOOD	CO	59	A5
ALTON CT	CO	56	C3
ALTOONA CT	CO	8	E6
ALTOONA CT	CO	11	A6
ALTOS AV	SAC	32	E7
ALTOS AV	SAC	34	D4
ALTURAS WY	SAC	53	E5
ALVA CT	CO	38	C3
ALVARADO BLVD	SAC	34	E1
ALVARADO BLVD	SAC	37	A1
ALVARES CT	SAC	34	A2
ALVERN WY	SAC	78	B2
ALVIN ST	WSAC	51	C1
ALVINA AV	SAC	53	E4
ALVINA CT	PLCO	16C	D1
ALWOOD CT	CO	37	E1
AMADO CT	CO	17	D5
AMADOR AV	GALT	148	D5
AMADOR AV	SAC	57	D4
AMALFI WY	CO	40	B4
AMALGAM WY	CO	42	C3
AMANDA WY	SAC	73	A6
AMAPOLA WY	SAC	75	D2
AMARAL CT	SAC	72	B6
AMAYA DR	FOL	22	D4
AMBASSADOR DR	CO	41	D4
AMBER CT	ROS	15A	E7
AMBER CT	ROS	16A	E1
AMBER LN	CO	36	D3
AMBER CREEK DR	CO	93	E2
AMBERGLEN DR	SAC	73	C5
AMBER LEAF CT	SAC	32	D3
AMBER LEAF WY	SAC	32	D3
AMBERLEY WY	CO	36	C7
AMBERWICK WY	CO	17	D7
AMBERWOOD RD	CO	56	A2
AMBERWOOD RD	ROS	16A	C2
AMBLEBROOK WY	SAC	75	E2
AMBLEBROOK WY	SAC	78	A2
AMBLER ST	CO	76	A7
AMBROSE WY	SAC	72	B7
AMELIA DR	CO	39	E4
AMENITY CIR	CO	97	C7
AMENITY CIR	CO	99	C1
AMERICAN AV	SAC	34	B5
AMERICANA DR	ROS	16A	B1
AMERICANA WY	CO	58	D1
AMRCN AGGRGT RD	FOL	44	B4
AMERICAN RIV DR	CO	56	B5
AMERICAN RIV DR	SAC	55	E5
AMER RIV CY DR	FOL	21	D5
AMERIGO AV	CO	21	A7
AMERIGO AV	CO	43	A1
AMES CT	SAC	76	B7
AMES CT	SAC	78	B1
AMESBURG LN	CO	12	D1
AMESBURY CT	CO	77	A5

STREET	CITY	PG. NO.	SEE
AMETHYST AV	ROCK	15B	A2
AMETHYST LN	EDCO	26A	D7
AMETHYST LN	EDCO	26B	D1
AMETHYST WY	CO	97	B4
AMHERST LN	CO	12	C1
AMHERST ST	SAC	72	E5
AMHERST ST	SAC	74	E1
AMINA WY	SAC	75	D3
AMINA FAIR WY	CO	40	B3
AMITY PL	CO	42	D1
AMOR CT	GALT	148	C6
AMORUSO AV	CO	43	A1
AMORUSO WY	PLCO	L	E1
AMSELL CT	CO	18	D3
AMSTERDAM AV	CO	17	D2
AMWELL CT	CO	12	E2
AMY AV	CO	39	E6
AMYS LN	EDCO	25	C2
ANACAPA CT	SAC	76	B7
ANACAPA CT	SAC	78	B1
ANAHEIM CT	CO	37	D2
ANAVA CT	SAC	33	D3
ANCHO WY	CO	6	B5
ANCHOR CIR	CO	39	D2
ANDALUSIA DR	SAC	34	A3
ANDEDON CIR	CO	58	D3
ANDERS DR	CO	61	E2
ANDERS DR	CO	62	A1
ANDERSON CT	SAC	35	B4
ANDERSON LN	CO	18	B2
ANDERSON RD	PLCO	H	E4
ANDERSON WY	CO	37	E6
ANDES CT	CO	17	A3
ANDORA WY	SAC	76	D1
ANDOVER CT	CO	38	C5
ANDRADE WY	CO	38	B4
ANDREA BLVD	CO	12	D5
ANDREA BLVD	CO	17	A4
ANDREA LN	SAC	57	D1
ANDREGG EXT	PLCO	14C	D1
ANDREGG RD	PLCO	13D	C7
ANDREGG RD	PLCO	14C	C1
ANDRESS CT	ROS	16A	D4
ANDRESSEN RD	PLCO	G	E5
ANDREW CIR	CO	36	E4
ANDREW ST	WSAC	51	C1
ANDREWS ST	AUB	13D	C1
ANDREWSARAH CT	CO	76	B6
ANDROS WY	SAC	73	C7
ANDRUS CT	ISLE	162	D4
ANDRUS ISLND RD	CO	142	A5
ANDRUS ISLND RD	CO	161	E3
ANDRUS ISLND RD	CO	164	A3
ANDY WOLF RD	EDCO	M	D1
ANGEL PL	PLCO	14C	A1
ANGEL ST	WSAC	53A	E2
ANGELES CT	ROCK	15B	A4
ANGELI LN	PLCO	14B	C4
ANGELINA AV	CO	38	E2
ANGELINA AV	CO	41	A2
ANGEL ISLD CIR	SAC	71	E6
ANGEL ISLD CIR	SAC	72	A5
ANGELO CT	CO	9	C6
ANGELO DR	LMS	14A	D4
ANGIE WY	CO	41	E6
ANGLE RD	CO	130	B4
ANGRAVE RD	CO	152	D2
ANGRAVE RD	CO	153	A2
ANGUS WY	CO	9	E7
ANGUS WY	CO	11	E1
ANICE ST	CO	21	D3
ANILLO WY	CO	88	D3
ANITA AV	SAC	54	A5
ANITA RD	CO	170	A6
ANN PL	PLCO	16C	C4
ANNA ST	WSAC	33	A7
ANNA ST	WSAC	51	A1
ANNA WY	CO	37	C4
ANNABELLE AV	PLCO	16B	C5
ANNABELLE AV	ROS	16B	C5
ANNABELLE CT	ROS	16B	C5
ANNADALE LN	CO	36	A7
ANNAPOLIS LN	CO	36	B4
ANN ARBOR WY	SAC	75	C2
ANNE WY	CO	56	D1

186
ANNE MARIE CT
1988 SACRAMENTO COUNTY STREET INDEX
BALDWIN LAKE CT

STREET	CITY	PG. NO.	SEE
ANNE MARIE CT	CO	17	E3
ANNETTE ST	CO	38	B3
ANNETTE ENGL WY	CO	40	D4
ANNRUD WY	SAC	53	D7
ANNRUD WY	SAC	72	D1
ANNWOOD CT	CO	16A	B7
ANNWOOD CT	CO	17	B1
ANOKA AV	SAC	72	E7
ANONA WY	CO	21	A7
ANSBROUGH DR	CO	17	C4
ANSLEY CT	CO	17	C3
ANSON CT	CO	54	D6
ANTARES WY	CO	18	D6
ANTELOPE CT	ROCK	15B	C2
ANTELOPE RD	CO	12	D1
ANTELOPE RD	CO	17	B1
ANTELOPE RD	CO	18	A1
ANTELOPE ST	CO	6	D4
ANTELOPE WY	ROCK	15B	C2
ANTELOPE HLS DR	CO	12	B1
ANTELOPE N RD	CO	16A	A7
ANTE-UP LN	CO	148	B4
ANTHONY CT	ROCK	15B	E1
ANTHONY DR	CO	21	C7
ANTIGUA WY	SAC	71	E4
ANTIQUE CT	CO	38	E2
ANTIOCH AV	WSAC	53	A6
ANTIOCH AV	WSAC	53A	E6
ANTON WY	SAC	75	E4
ANTONIA CT	SAC	57	B4
ANY WY	CO	36	B3
ANZA WY	CO	42	A4
APACHE DR	PLCO	M	A1
APACHE WY	CO	17	C2
APARTMENT LN	CO	37	D6
APLITE CT	CO	18	D2
APOSTOLO CIR	CO	54	D6
APPALACHIAN DR	CO	56	E3
APPALACHIAN DR	CO	59	A3
APPALOOSA CT	EDCO	25	C2
APPALOOSA WY	CO	79	D3
APPALOOSA WY	CO	82	A3
APPELLATE CT	CO	38	E6
APPIAN WY	AUB	13B	D6
APPIAN WY	CO	39	B2
APPLE LN	PLCO	13B	E3
APPLE RD	CO	87	A4
APPLEBLOSSOM WY	CO	39	A6
APPLEBY WY	CO	17	B5
APPLE COVE CT	CO	78	D3
APPLEGATE DR	CO	58	C4
APPLE GROVE WY	CO	41	D5
APPLEHURST WY	CO	93	C2
APPLE ORCHRD CT	CO	41	D5
APPLE RANCH WY	CO	41	D5
APPLETON CT	CO	36	D7
APPLETON CT	CO	38	D1
APPLE TREE CT	CO	43	C2
APPLE VALLEY CT	CO	40	A3
APPLEWOOD CT	CO	18	D5
APPOLLO WY	SAC	53	C5
APPOMATTOX WY	CO	39	C5
APRICOT LN	CO	104	D1
APRIL ST	CO	21	B2
APTOS CIR	CO	18	A5
AQUA CT	CO	12	C4
AQUADUCT DR	CO	18	D7
AQUAPHER WY	SAC	71	E6
AQUAPHER WY	SAC	72	A6
AQUARIUS AV	CO	97	B7
AQUINO DR	SAC	33	D3
ARABELLA WY	SAC	71	E3
ARABIAN CIR	PLCO	16C	B3
ARABIAN LN	CO	127	D6
ARABIAN LN	PLCO	14A	D3
ARAGON WY	CO	6	B5
ARAMON DR	CO	41	D5
ARAPAHO WY	CO	9	E7
ARARAT CT	SAC	72	B4
ARBARDEE DR	CO	40	E3
ARBARDEE DR	CO	43	A3
ARBOGA WY	SAC	72	D3
ARBOLADO LN	EDCO	24	B5
ARBOLEDA DR	CO	40	D3
ARBOR DR	SAC	31	A5
ARBOR WY	CO	37	E1
ARBOR CREST WY	SAC	32	C4
ARBUCKLE AV	FOL	44	B2
ARBUTUS WY	CO	40	D3
ARCADE BLVD	SAC	34	C2
ARCADE BLVD	SAC	37	A1
ARCADE LAKE LN	CO	18	B5
ARCADIA AV	LMS	14A	D4
ARCADIA DR	CO	18	B6
ARCADIA DR	EDCO	26A	C1
ARCANO WY	CO	8	D2
ARCARO CT	CO	16B	B6
ARCHEAN WY	SAC	73	D7
ARCHEAN WY	SAC	75	D1
ARCHER AV	CO	40	B4
ARCWAY AV	CO	8	D3
ARCHWOOD RD	CO	38	B1
ARCHWOOD RD	EDCO	26A	C7
ARCHWOOD RD	EDCO	26B	C1
ARD AVEN PL	CO	41	A4
ARDEA WY	PLCO	15C	E5
ARDEN WY	CO	37	D7
ARDEN WY	CO	38	A7
ARDEN WY	CO	41	A7
ARDEN WY	SAC	34	C5
ARDEN WY	SAC	37	A6
ARDEN CREEK RD	CO	38	A6
ARDENDALE LN	CO	38	A6
ARDENRIDGE DR	CO	56	A2
ARDERLY CT	CO	58	D2
ARDMORE AV	ROS	16A	D5
ARDMORE RD	CO	38	A1
ARDSLEY CIR	SAC	75	E1
ARDWELL WY	SAC	75	D2
ARENA CT	SAC	54	E2
ARENA CT	SAC	57	A1
AREND CT	CO	17	D2
ARGAIL WY	SAC	53	E4
ARGAIL WY	SAC	54	A4
ARGO DR	CO	16B	B7
ARGO WY	SAC	57	A6
ARGOLIS WY	CO	56	D5
ARGONAUT AV	ROCK	15B	B2
ARGONAUT WY	CO	38	C4
ARGUS CT	CO	97	A4
ARGYLL WY	CO	41	E5
ARICA WY	SAC	53	E5
ARIES WY	CO	59	B5
ARIS WY	CO	36	E6
ARIS WY	CO	39	A6
ARK WY	SAC	72	A3
ARLENE	CO	38	E6
ARLENE AV	CO	21	C5
ARLENE DR	ROS	16A	C5
ARLETA CT	CO	73	E5
ARLETA CT	CO	76	A5
ARLINGTON AV	SAC	54	B4
ARLINGTON RD	WSAC	51	A7
ARLINGTON RD	WSAC	53	A1
ARLISS WY	SAC	73	A2
ARLISSON DR	CO	59	A7
ARLYN WY	CO	39	D1
ARMADALE WY	SAC	75	D2
ARMAGH CT	CO	97	A5
ARMARIA CT	CO	97	D1
ARMES LN	PLCO	13C	B5
ARMFIELD AV	WSAC	53A	B5
ARMFIELD AV	WSAC	71	B2
ARMINGTON AV	SAC	72	E7
ARMITAGE WY	CO	9	B7
ARMOUR CT	CO	40	D7
ARMSTRONG DR	CO	37	E6
ARNO RD	CO	124	D7
ARNO RD	CO	125	A5
ARNO RD	CO	128	A4
ARNOLD CT	PLCO	10	C4
ARNOLD CT	SAC	54	A4
ARNOLD WY	CO	62	A2
ARNO STATION RD	CO	124	A6
ARROWHEAD AV	CO	8	E6
ARROWHEAD AV	CO	11	A6
ARROWHEAD CT	EDCO	48	A3
ARROWHEAD DR	EDCO	48	A3
ARROWHEAD DR	PLCO	15B	D4
ARROWOOD CT	CO	36	C1
ARROWROCK RD	SAC	34	C1
ARROWSMITH DR	FOL	22	E5
ARROYO CT	ROS	16A	E6
ARROYO DR	PLCO	13D	D6
ARROYO ST	CO	43	A2
ARROYO GRNDE DR	CO	56	B1
ARROYO SECO LN	CO	12	A2
ARROYO VISTA	EDCO	24	C6
ARROYO VISTA DR	SAC	78	C2
ART PKWY	CO	73	D5
ARTESIA RD	CO	6	C3
ARTHUR DR	WSAC	33	B7
ARTHUR DR	WSAC	51	B1
ARTHUR WY	CO	37	D2
ARUNDEL WY	SAC	34	B3
ARUTAS DR	CO	12	B2
ARVADA CT	CO	76	B3
ARVILLA DR	SAC	53	E6
ARVY CT	GALT	148	C6
ASBURY CT	CO	12	C7
ASCADA CT	FOL	22	D4
ASCENSION ST	ROCK	15B	B2
ASCOLANO AV	CO	40	D2
ASCOT AV	SAC	32	B1
ASCOT AV	SAC	35	A1
ASCOT DR	ROS	16B	A3
ASH AV	WSAC	51	B4
ASH RD	CO	39	E5
ASH ST	CO	17	A1
ASH ST	ROS	16A	D2
ASH WY	CO	36	D2
ASHBOURNE DR	CO	37	E3
ASHBROOK LN	CO	43	D1
ASHBURY WY	SAC	32	B7
ASHBURY WY	SAC	34	B1
ASHBY LN	PLCO	16B	E1
ASHBY LN	PLCO	16C	A1
ASHCROFT AV	CO	36	C3
ASHDALE CT	CO	36	D3
ASHFIELD WY	CO	39	D3
ASHFORD CT	CO	59	A5
ASHFORD DR	ROS	16B	C4
ASHGROVE WY	CO	58	D3
ASH HILL CT	CO	18	E4
ASHINGTON WY	CO	96	B5
ASHLAND WY	SAC	53	E6
ASHLEY WY	SAC	33	E2
ASHLEY WY	SAC	34	A2
ASHMONT ST	CO	17	B1
ASHORE WY	SAC	72	A3
ASHTON DR	CO	56	C3
ASHURST CT	CO	93	C2
ASHVILLE CT	CO	39	C4
ASHWOOD LN	CO	38	E2
ASHWOOD LN	CO	41	A2
ASHWOOD WY	SAC	73	C6
ASHWORTH WY	CO	39	A1
ASLIN WY	CO	17	B7
ASLIN WY	CO	39	B1
ASPEN CT	ROCK	15B	C5
ASPEN DR	PLCO	14B	B3
ASPEN LN	CO	16B	B7
ASPEN LN	CO	18	D1
ASPEN CREST CT	CO	96	E3
ASPEN CREST CT	CO	97	A3
ASPENWOOD CT	CO	39	E1
ASSAY CT	SAC	72	A5
ASSEMBLY CT	CO	76	A5
ASTEC LN	CO	76	D7
ASTER AV	WSAC	51	B7
ASTER CREST CT	CO	97	A4
ASTEROID CT	CO	18	D6
ASTILL WY	ROS	15A	E7
ASTORIA ST	SAC	35	C6
ASTRAL DR	CO	59	B6
ASTRO CT	SAC	72	C2
ASTRON PKWY	CO	73	E4
ASTRON PKWY	CO	76	A4
ASTRONAUT LN	CO	17	B4
ATHAN AV	ROS	16A	C1
ATHENA AV	SAC	34	A4
ATHENA WY	PLCO	13B	D3
ATHENS CT	SAC	55	D7
ATHENS CT	SAC	57	D1
ATHENS RIVER CT	CO	42	B3
ATHERTON ST	SAC	53	E7
ATHERTON ST	SAC	72	E1
ATKINSON ST	ROS	16A	C3
ATLANTA ST	CO	43	D7
ATLANTA WY	CO	12	E7
ATLANTA WY	CO	36	E1
ATLANTIC ST	ROS	16A	E1
ATLANTIC ST	ROS	16B	A1
ATLANTIS DR	CO	82	C6
ATLAS AV	SAC	54	B5
ATOLL CT	CO	17	C7
ATOMIC CT	CO	59	B5
ATRISCO CIR	SAC	33	D2
ATRIUM WY	SAC	31	A5
ATTAWA AV	SAC	54	A5
ATTLEBORO PL	CO	12	D1
ATTU ST	SAC	57	E7
ATWATER RD	CO	38	A5
ATWOOD DR	CO	41	E6
ATWOOD LN	PLCO	13A	E3
ATWOOD RD	PLCO	13A	E3
ATWOOD RD	PLCO	13B	A3
AUBERRY CT	PLCO	16C	D3
AUBERRY DR	CO	78	D3
AUBURN AV	CO	6	C6
AUBURN BLVD	CO	16A	D7
AUBURN BLVD	CO	17	B6
AUBURN BLVD	CO	36	B5
AUBURN BLVD	CO	39	A1
AUBURN BLVD	SAC	36	B5
AUBURN BLVD	SAC	37	A4
AUBURN RD	PLCO	H	A5
AUBURN-FOLSM RD	AUB	13D	C5
AUBURN-FOLSM RD	FOL	16C	C7
AUBURN-FOLSM RD	PLCO	13D	A7
AUBURN-FOLSM RD	PLCO	14B	E3
AUBURN-FOLSM RD	PLCO	15C	D6
AUBURN-FOLSM RD	PLCO	15D	A2
AUBURN-FOLSM RD	PLCO	16C	C3
AUBURN OAKS LN	CO	16A	D6
AUBURN RAVNE RD	AUB	13B	C7
AUBURN RAVNE RD	PLCO	13B	E5
AUDIA CIR	SAC	76	A7
AUDREY WY	CO	17	D7
AUDREY WY	CO	39	D1
AUDREY WY	ROS	16A	E4
AUDUBON CIR	SAC	71	E4
AUDUBON PL	CO	55	D4
AUDUBON WY	CO	41	E5
AUGIBI WY	CO	41	D6
AUGUSTA WY	CO	76	D4
AUGUSTA WY	ROS	16B	A5
AUGUSTAWOOD PL	CO	76	E7
AUGUSTAWOOD PL	CO	77	A7
AURELIUS WY	CO	18	C4
AURORA WY	CO	37	C3
AUSPICIOUS WY	CO	12	C2
AUSTELL WY	CO	76	D6
AUSTIN ST	SAC	32	D5
AUSTIN WY	CO	73	E2
AUSTIN WY	CO	76	A2
AUTUMN AV	CO	16A	B2
AUTUMN AV	CO	17	D1
AUTUMN CT	ROS	16B	A5
AUTUMN LN	PLCO	15C	D3
AUTUMN BREEZ WY	CO	59	D3
AUTUMNGLEN CT	CO	93	C4
AUTUMN GROVE WY	CO	96	B5
AUTUMN LEAF	CO	42	B3
AUTUMN OAK CT	CO	16A	B7
AUTUMN OAK CT	CO	17	B1
AUTUMNTREE CT	CO	39	A3
AUTUMNWIND LN	CO	42	A4
AUTUMNWOOD DR	CO	58	B1
AUTUMNWOOD LN	CO	24	A2
AVA WY	CO	39	D7
AVALINE CT	FOL	22	C5
AVALON CT	ROS	16A	E5
AVALON DR	CO	38	B4
AVALOS WY	CO	16B	B7
AVANTE WY	CO	58	D2
AV OF FOUNTAINS	CO	17	D6
AVERELL CT	CO	41	E4
AVIATION BLVD	PLCO	G	E7
AVILA CT	ROCK	15B	A4
AVILA LN	CO	38	C5
AVON WY	FOL	22	B6
AVONDALE AV	CO	37	E7
AVONDALE CT	GALT	148	D2
AWALI AV	AUB	13D	C3
AWANI CT	CO	43	A4
AWAY WY	CO	17	E5
AWAY WY	CO	18	A5
AXIOS RIVER	SAC	71	E6
AXIOS RIVER	SAC	72	A6
AYERS LN	GALT	148	D4
AYLESBURY CT	WSAC	53A	E2
AYR DR	CO	96	B5
AYRES HOLMS RD	PLCO	13A	A4
AZALEA RD	CO	55	D3
AZELL LN	CO	39	C7
AZEVEDO DR	SAC	33	D2
AZIMUTH LN	CO	17	A2
AZOREAN CT	SAC	34	A1
AZORES LN	PLCO	13C	C6
AZTEC WY	CO	10	A7
AZURE CT	CO	38	C7
AZURE CT	ROS	16A	E4
AZURITE WY	SAC	33	D2
AZUSA ST	SAC	34	A5
B			
B AV	PLCO	13B	A2
B PKWY	CO	73	E5
B ST	CO	143	D5
B ST	GALT	148	D7
B ST	ISLE	162	D3
B ST	ROCK	15B	C3
B ST	ROS	16A	D3
B ST	SAC	52	B2
B ST	SAC	55	A4
B ST	WSAC	51	D1
B ST N	SAC	51	E1
B ST N	SAC	52	A1
BABETTE WY	SAC	73	A7
BABETTE WY	SAC	75	A1
BABICH AV	SAC	53	E4
BABICH AV	SAC	54	A4
BACCHINI AV	CO	76	D4
BACK CIR	CO	37	D1
BACK-A-WAY	PLCO	14B	E1
BACKER CT	CO	96	C5
BADEN CT	CO	76	A2
BADER RD	CO	82	B7
BADER RD	CO	100	B3
BADGER CT	CO	12	D4
BADGER COLNY CT	CO	103	D3
BADGER CREEK LN	CO	103	D4
BADGER HILL CT	CO	103	D3
BADGER POND CT	CO	103	D2
BADGER VLY CT	CO	103	D2
BADGER WOODS LN	CO	128	B2
BADOVINAC DR	ROS	15A	B7
BAGGAN CT	CO	9	E6
BAGGAN CT	CO	10	A6
BAHAMA CT	CO	40	A2
BAIER WY	CO	77	A4
BAILEY WY	CO	56	C3
BAINBRIDGE CT	PLCO	16C	D3
BAINBRIDGE DR	CO	12	A2
BAINBROOK ST	CO	77	B7
BAIRD WY	CO	16A	E7
BAIRNSDALE WY	CO	58	C3
BAJA CT	SAC	33	D3
BAJADA	CO	12	D6
BAJAMONT WY	CO	41	C1
BAJIA CT	SAC	71	E2
BAKER AV	CO	54	E4
BAKULA WY	CO	55	E1
BALBOA CIR	SAC	55	B3
BALBOA DR	ROS	16B	B5
BALCARO WY	SAC	33	E1
BALD HILL RD	PLCO	13A	E7
BALD HILL RD	PLCO	13C	E1
BALDPATE CT	WSAC	53A	E2
BALDWIN AV	ROS	16A	D5
BALDWIN WY	CO	55	E4
BALDWIN DAM RD	FOL	16C	B7
BALDWIN DAM RD	FOL	21	E1
BALDWIN LK CIR	FOL	16C	B7
BALDWIN LAKE CT	FOL	16C	B7

SACRAMENTO CO.
INDEX

1988 SACRAMENTO COUNTY STREET INDEX

187

BALFOUR WY — BINET DR

STREET	CITY	PG. NO.	SEE	STREET	CITY	PG. NO.	SEE	STREET	CITY	PG. NO.	SEE	STREET	CITY	PG. NO.	SEE	STREET	CITY	PG. NO.	SEE
BALFOUR WY	SAC	73	B6	BARRINGTON RD	CO	38	A7	BEARDSLEY DR	WSAC	51	C1	BELLHILL DR	CO	17	A5	BERRY ST	ROS	15B	A7
BALI CT	CO	18	E4	BARROS DR	SAC	32	A2	BEAR FLAG WY	SAC	52	E5	BELLINGER CT	CO	36	A3	BERRY ST	ROS	16A	E4
BALI CT	CO	21	C4	BARROWS WY	FOL	44	A4	BEAR FLAG WY	SAC	55	B1	BELLINGHAM WY	CO	43	B1	BERRY ST	ROS	16B	A1
BALL ST	SAC	57	D6	BARSTOW ST	SAC	34	C6	BEAR RIVER DR	CO	12	E3	BELLINGRATH DR	CO	9	C7	BERRY CREEK DR	FOL	22	A3
BALL WY	CO	37	D1	BARTH ST	CO	97	D4	BEAR STATE RD	EDCO		H	BELLINGRATH DR	CO	11	B1	BERRY HILL CT	CO	18	D3
BALLANTRAE WY	CO	41	E5	BARTHOLOMEW LN	CO	40	B5	BEAR VALLEY CT	CO	42	D2	BELLINI WY	SAC	76	C2	BERRYWOOD DR	CO	42	A5
BALLANTRAE WY	CO	42	A5	BARTIG WY	CO	39	B1	BEAR VALLEY CT	CO	99	B3	BELLO RIO WY	SAC	71	E2	BERT DR	CO	100	A2
BALLARD DR	CO	36	D7	BARTLETT CT	EDCO	26	B4	BEATTY DR	CO	58	D3	BELL RIVER WY	SAC	72	A4	BERTHOUD ST	SAC	32	D4
BALLENTINE ST	CO	58	D5	BARTLEY CT	PLCO	16C	B1	BEAUCHAMP CT	CO	41	A3	BELLROSE LN	CO	76	E7	BERTIS DR	CO	38	C3
BALLINA CT	CO	99	C1	BARTLEY DR	SAC	53	E3	BEAUMERE WY	CO	39	A1	BELLUE ST	CO	39	B4	BERTRAN CT	CO	17	D4
BALLYGAR DR	CO	96	C5	BARTON RD	LMS	14A	E7	BEAUMONT ST	SAC	34	E5	BELLWOOD CT	ROS	16B	A6	BERWICK WY	CO	41	E5
BALMORAL DR	CO	37	E4	BARTON RD	LMS	15C	A3	BEAUPRE WY	CO	18	A5	BELLWOOD WY	CO	36	E5	BERWICK WY	CO	42	A5
BALSAM ST	SAC	35	A6	BARTON RD	PLCO	15C	A7	BEAUREGARD WY	CO	43	B1	BELMAR ST	CO	56	A7	BERWYN PL	CO	17	A3
BALSAM ST	WSAC	51	B4	BARTON RD	PLCO	16C	A1	BEAUXART CIR	CO	77	A5	BELMAR ST	CO	58	A1	BESKEEN RD	CO	131	C1
BALTIC CIR	AUB	13B	D6	BARTON WY	SAC	34	C2	BEAVER CT	CO	12	D6	BELMONT DR	AUB	13D	D2	BESTOW WY	CO	12	D2
BALTIC CIR	ROCK	15B	C1	BAR V RD	PLCO	13A	C7	BEAVER CREEK CT	CO	12	B1	BELMONT PK	CO	18	D7	BETA CT	CO	16A	B7
BALTIMORE RD	AUB	13D	C3	BASAL	SAC	72	A6	BECERRA WY	CO	36	B7	BELMONT WY	SAC	37	A1	BETH ST	SAC	73	A7
BALTIMORE ST	CO	45	C1	BASALT CT	CO	18	D1	BECERRA WY	CO	38	B1	BELPORT LN	SAC	37	E4	BETH ST	SAC	75	A1
BAMA CT	CO	76	C5	BASCOU CT	PLCO	16C	D3	BECKER DR	LMS	14A	E6	BELT WY	SAC	72	E7	BETHANY CT	SAC	78	C2
BAMARCIA DR	CO	79	C1	BASE LINE RD	PLCO	6	C1	BECKET WY	SAC	75	E3	BELT WY	SAC	74	E1	BETHEL CT	SAC	72	B5
BAMARCIA DR	CO	97	C1	BASE LINE RD	PLCO	9	B1	BECKWITH WY	CO	18	D3	BELVA WY	CO	12	B5	BETHEL WY	WSAC	53	A4
BAMBI CT	CO	39	A6	BASE LINE RD	PLCO	10	B1	BECKY CT	CO	39	A6	BELVEDERE AV	SAC	57	D4	BETHESDA CT	SAC	32	C4
BAMBOO WY	CO	40	C4	BASE LINE RD	PLCO	16A	B2	BECLAN DR	CO	41	D5	BEN CT	CO	39	A1	BETHLEHEM CT	CO	39	C3
BAMFORD DR	SAC	75	E2	BASE LINE RD	ROS	16A	B2	BEDELL CT	PLCO	16A	C4	BENBOW ST	SAC	73	A5	BETLEN CT	CO	59	C2
BAMFORD DR	SAC	78	A2	BASLER ST	SAC	52	B1	BEDELL LN	PLCO	16A	B4	BENBROOK LN	CO	43	D1	BETSY WY	CO	41	E6
BANCROFT RD	PLCO		H C6	BASS CT	CO	56	B6	BEDFORD AV	CO	43	A2	BENCH CT	CO	43	C1	BETSY ROSS DR	ROS	16A	B1
BANCROFT WY	CO	56	A5	BASS CT	ROS	16B	C6	BEDFORD CT	ROS	16B	C4	BENDER CT	SAC	57	B4	BETTERCOURT LN	CO	59	C1
BANDALIN CT	WSAC	53A	E3	BASS LAKE RD	EDCO	26	B4	BEDFORD PL	CO	12	C1	BENDMILL WY	SAC	33	D3	BETTERLEY LN	PLCO	13D	A2
BANDALIN WY	SAC	75	E2	BASS LAKE RD	EDCO	26A	A4	BEDINGTON WY	CO	56	E2	BENEVOLENT WY	CO	12	D3	BETTINA WY	CO	56	C7
BANDALIN WY	SAC	78	A2	BASS LAKE RD	EDCO	48	D2	BEECH AV	CO	18	E2	BEN EZRA AV	ROS	16A	E2	BETTY LN	LMS	14A	E7
BANDON WY	SAC	33	D1	BASSETT WY	SAC	75	E5	BEECH AV	CO	21	A4	BENHAM WY	SAC	71	E3	BETTY WY	SAC	55	E3
BANDOS LN	PLCO	13B	C3	BASSETT WY	SAC	78	A5	BEECH AV	CO	40	E1	BENHAM WY	SAC	72	A2	BETTY WY	WSAC	53A	E2
BANDY RD	CO	77	B4	BASSI RD	EDCO		M C1	BEECH AV	CO	43	A1	BENITA DR	CO	41	E3	BETTY LOU DR	CO	76	D4
BANFF CT	CO	11	E1	BASSWOOD WY	CO	16A	C7	BEECHAM CT	SAC	34	B3	BEN LOMOND DR	CO	37	E3	BEUTLER DR	CO	38	D7
BANFF CT	GALT	148	C5	BASTIEN CT	CO	78	E2	BEECHNUT WY	SAC	73	E7	BEN LOMOND DR	CO	38	A3	BEV ST	CO	38	E5
BANFF VISTA DR	CO	97	A5	BATES AV	CO	113	C7	BEECHURST CT	CO	93	C1	BENMORE CT	CO	96	B5	BEV ST	CO	41	A5
BANGOR CT	CO	97	A5	BATEY AV	CO	97	C6	BEECHWOOD WY	CO	32	B7	BENNETT RD	CO	131	B4	BEVAN RD	WSAC	53A	C6
BANK CT	CO	56	C4	BATON AV	CO	18	E7	BEECHWOOD WY	SAC	34	B1	BENNING ST	CO	21	C5	BEVAN ST	CO	88	A3
BANKHEAD RD	LMS	14A	C7	BATTLEWOOD WY	CO	56	E1	BEEHIVE CT	CO	40	C1	BENNINGTON CT	ROS	16B	C5	BEVERLY WY	SAC	51	E6
BANNISTER RD	CO	39	E6	BAUGH CT	CO	18	B4	BEE JAY CT	CO	40	C2	BENNINGTON WY	SAC	55	E7	BEVIL ST	SAC	52	E2
BANNOCK CT	CO	16B	B7	BAUMGART WY	CO	39	B2	BEESTON AV	SAC	73	C5	BENNINGTON WY	SAC	57	E1	BEXLEY DR	CO	59	B4
BANNON ST	SAC	33	E7	BAUMGART WY	SAC	32	D4	BEGONIA CT	CO	16A	D7	BENNY WY	CO	59	C1	BIANCA CT	CO	41	A5
BANNON CREEK DR	SAC	33	D3	BAURER CIR	FOL	22	B4	BEITZEL RD	CO	82	E7	BENO CT	GALT	148	D6	BIANCHI RD	PLCO	10	E2
BAPTIST CT	CO	36	B7	BAURER CIR	FOL	25	A1	BEITZEL RD	CO	101	A1	BENOIT CT	SAC	75	D3	BIBBS DR	SAC	76	B1
BAQUERA CT	ROS	16A	C1	BAURER CIR	FOL	44	E1	BELA WY	CO	36	E5	BENTHOS CT	CO	77	A5	BICENTNNIAL CIR	SAC	57	D1
BARANGA DR	CO	17	D3	BAUSELL ST	CO	38	C1	BELASCO AV	SAC	34	D2	BENTLEY AV	SAC	75	D1	BICUTA AV	CO	18	D2
BARBARA ST	SAC	35	C6	BAXTER AV	SAC	34	C4	BE LAZY CT	CO	39	D2	BENTLEY DR	EDCO	26A	E1	BIDWELL ST	FOL	21	E7
BARBARA WY	CO	38	E1	BAXTER WY	CO	18	E7	BELCAMP CT	SAC	34	A4	BENTLEY PL	PLCO	16C	C2	BIDWELL ST	FOL	22	A7
BARBARA WY	CO	41	A1	BAXTER GRADE	PLCO	13A	B4	BELCOT RD	CO	37	C7	BENTLEY WY	CO	38	E6	BIDWELL ST E	FOL	22	B7
BARBARA LEE CIR	CO	12	E4	BAY DR	SAC	34	C4	BELCREST WY	CO	36	C7	BENTLEY WY	CO	41	A6	BIDWELL WY	SAC	53	E1
BARBARELL WY	CO	38	B3	BAY LN E	SAC	72	B7	BELDEN ST	SAC	32	E1	BENT OAK CT	SAC	32	B7	BIDWELL WY	SAC	54	A1
BARBEE WY	SAC	73	E7	BAY LN N	SAC	72	B7	BELDEN ST	SAC	34	E3	BENT OAK CT	SAC	34	B1	BIERSTON ST	CO	17	B1
BARBERA WY	CO	41	E6	BAY LN W	SAC	74	B1	BELERO DR	CO	12	C1	BENTON AV	SAC	32	D5	BIG ARROW CT	CO	17	B4
BARBERRY RD	CO	55	E3	BAYBERRY CT	CO	18	B4	BELFAIR CT	CO	55	C2	BENTON ACRES RD	PLCO	16C	A3	BIG BEAR CT	CO	18	C5
BARBULA HILL RD	PLCO	14B	E2	BAY HILL WY	CO	18	D5	BELGRADE WY	SAC	34	A3	BENZ CT	CO	79	B3	BIG CANYON LN	CO	43	C2
BARCA LN	CO	16A	E7	BAYLOR WY	CO	36	D6	BELGROVE WY	CO	39	B1	BERCUT DR	SAC	33	E7	BIG CANYON RD	EDCO		M D4
BARCA LN	CO	18	A1	BAY MEADOWS CT	CO	18	D7	BELHAVEN WY	SAC	55	E7	BERESFORD WY	CO	56	B6	BIG CLOUD WY	CO	12	B1
BARCELONA	WSAC	51	A6	BAYMORE WY	CO	16A	D7	BELHAVEN WY	SAC	57	E1	BERET LN	CO	76	E6	BIG CHIEF CT	CO	18	C5
BARCELONA CT	PLCO	15C	E5	BAYOAK WY	CO	16A	D7	BEL INDA WY	SAC	72	E6	BERET LN	SAC	77	A6	BIG DIPPER RD	PLCO		H D4
BARCELONA CT	PLCO	15D	A5	BAYOU CT	SAC	72	A3	BELL AV	SAC	35	D5	BERG AV	SAC	73	A2	BIG FOUR WY	CO	42	D2
BARCELONA WY	CO	37	C5	BAYOU WY	CO	4	E7	BELL AV	SAC	32	C5	BERG LN	LMS	14A	E7	BIG HORN BLVD	CO	96	C2
BARCHETTA CT	CO	79	A4	BAYOU WY	CO	28	A7	BELL AV	SAC	35	A5	BERG ST	PLCO	16A	A2	BIG HORN WY	CO	56	D5
BARCON WY	SAC	37	A1	BAYOU WY	SAC	7	A7	BELL CIR	WSAC	33	C7	BERGEN WY	CO	8	D1	BIGLER WY	SAC	54	C2
BARDMOOR CT	CO	18	D6	BAYOU WY N	SAC	3	E7	BELL CIR	WSAC	51	C1	BERGER AV	SAC	34	E3	BIG LIVE OAK CT	CO	36	B6
BAR DU LN	CO	77	E7	BAY RIVER WY	SAC	71	E5	BELL DR	PLCO	16C	E1	BERGERON RD	CO	126	C6	BIGLOW DR	CO	17	B2
BAR DU LN	CO	79	E1	BAYSIDE CT	SAC	72	C5	BELL RD	PLCO	13A	E1	BERGGREN WY	CO	37	A4	BIG OAK DR	CO	16B	B7
BARJO AL	ROS	16A	E3	BAYVIEW WY	SAC	71	E5	BELL RD	PLCO	13B	C2	BERKELEY AV	ROS	16A	D6	BIG OAK DR	CO	18	D1
BARKER RD	LMS	14A	C5	BAYWATER LN	CO	42	A3	BELL ST	PLCO	13C	C5	BERKELEY WY	SAC	52	D6	BIG RIVER CT	SAC	71	E4
BARKER ELMS CT	CO	41	B1	BAYWOOD DR	CO	38	C5	BELL ST	CO	55	C2	BERKSFORD ST	CO	36	C3	BIG SKY DR	CO	18	E6
BARKLEY WY	CO	76	B5	BAYWOOD RD	PLCO	15B	E7	BELL AIR DR	PLCO	13B	C2	BERKSHIRE AV	ROS	16A	D6	BIG SUR CT	EDCO	48	A1
BARLIN CT	SAC	53	C5	BEACH CIR	CO	18	A5	BELL AIR DR	SAC	53	D6	BERKSHIRE DR	EDCO	47	E6	BIG VALLEY CT	FOL	22	A4
BARNABY CT	CO	12	D6	BEACH CT	SAC	16A	A7	BELLAMY WY	CO	77	A5	BERKSHIRE WY	CO	37	E7	BIG VALLEY RD	FOL	22	E5
BARNES LN	PLCO	14B	B5	BEACH ST	SAC	16A	A7	BELLA UNION CT	CO	88	B6	BERMAN WALK WY	CO	18	C1	BIG VALLEY RD	FOL	25	E5
BARNETT CIR	CO	38	E7	BEACH LAKE RD	SAC	74	E3	BELLA VISTA DR	PLCO	15C	B7	BERMUDA CT	ROS	15A	D6	BIKINI CT	CO	21	A6
BARNUM CT	CO	76	C2	BEACH LAKE RD	SAC	75	A3	BELL BAR RD	CO	13C	D1	BERNA WY	CO	76	A5	BILBY RD	CO	95	D1
BARON AV	CO	36	C6	BEACHWOOD DR	CO	21	D7	BELLBROOK CT	CO	16A	D7	BERNARD WY	SAC	73	A4	BILBY RD	CO	98	A4
BARON CT	EDCO	26A	C1	BEACON AV	CO	21	C3	BELLE LN	ROS	16A	E4	BERNEL CT	GALT	150	E2	BILL RD	SJCO	151	A7
BARONET WY	SAC	33	D3	BEACON BLVD	WSAC	51A	E5	BELLEAU WOOD LN	SAC	53	E7	BERNICE	ROS	16A	E2	BILLIE ST	CO	39	E2
BARONNEL LN	CO	77	A6	BEACON HILL DR	CO	13A	D5	BELLEAU WOOD LN	SAC	55	E1	BERRENDO DR	CO	56	B1	BILLINGS WY	SAC	73	C7
BARR WY	SAC	72	D5	BEALLEAU WD LN	SAC	72	E2	BELLEVIEW AV	SAC	57	C7	BERRY AV	SAC	58	B1	BILLINGS WY	SAC	75	C1
BARRACUDA WY	CO	56	A6	BEAM DR	CO	18	A4	BELL EXCUTVE WY	CO	37	C7	BERRY LN	CO	17	E2	BILLY MITCHL BL	PLCO	10	C4
BAR RANCH RD	PLCO	13B	A7	BEAMER WY	CO	8	C4	BELLFLOWER CT	CO	16A	D7	BERRY LN	CO	18	A2	BILTMORE CT	CO	40	E1
BARRETT CT	CO	39	C5	BEAN RD	PLCO	13B	A4	BELLFLOWER WY	CO	39	D2	BERRY LN W	CO	16A	E7	BINACA CT	SAC	34	A2
BARRETTE AV	SAC	34	D5	BEARD WY	CO	56	E1	BELLHILL DR	CO	12	E7	BERRY RD	CO	16A	A7	BINET DR	CO	17	D6
BARRHILL WY	CO	43	A1																

188
BINGER DR
1988 SACRAMENTO COUNTY STREET INDEX
BRIAR HILL RD

STREET	CITY	PG. NO.	SEE
BINGER DR	CO	100	A2
BINGHAM CIR	SAC	72	B5
BINGHAMTON DR	SAC	32	B7
BINGHAMTON DR	SAC	34	A1
BINNING CT	CO	21	C4
BIRCH AV	WSAC	53	B3
BIRCH LN	FOL	22	A2
BIRCH ST	CO	38	E2
BIRCH ST	ROS	16A	D2
BIRCH CREST CT	CO	96	E4
BIRCH CREST CT	CO	97	A4
BIRCHER WY	CO	38	D5
BIRCHGLADE WY	CO	17	B2
BIRCHGROVE WY	CO	58	C2
BIRCH LEAF CT	CO	77	A7
BIRCH TREE WY	CO	58	B2
BIRCHWOOD CIR	CO	17	C1
BIRCHWOOD LN	SAC	53	E4
BIRDCAGE ST	CO	18	A6
BIRDCAGE ST	CO	40	A1
BIRDIE CT	CO	76	C7
BIRDIE CT	ROCK	15B	A3
BIRDSALL AV	AUB	13B	E7
BIRDSONG CT	CO	58	C3
BIRDWELL WY	CO	12	B2
BIRGIT WY	CO	38	B5
BIRKDALE CT	CO	75	E7
BIRKDALE CT	CO	93	C3
BIRKS LN	CO	18	E6
BIRMINGHAM AV	WSAC	51	A7
BIRMINGHAM CT	ROS	16B	C5
BIRMINGHAM WY	CO	59	C2
BIRNAM ST	CO	8	C4
BIRTY CT	SAC	56	A6
BISBEE DR	CO	85	E4
BISCANEWOODS WY	CO	59	B4
BISCAY WY	CO	41	E5
BISHOP WY	CO	36	C1
BISHOPGATE CT	SAC	75	E2
BISMARK DR	CO	12	B4
BISON WY	CO	43	D2
BITNER ST	ROS	16A	C2
BITTERBUSH WY	CO	16A	B7
BITTERCREEK DR	FOL	22	E5
BITTERSWEET DR	CO	78	E6
BIX AV	CO	17	C6
BLACHLY WY	CO	12	E7
BLACHLY WY	CO	17	A7
BLACHLY WY	CO	36	E1
BLACK BEAR DR	CO	12	A1
BLACKBERRY CT	AUB	13B	D6
BLACKBIRD DR	SAC	71	E3
BLACK BRANCH CT	CO	79	A2
BLACKBURN WY	CO	59	D2
BLACK CORAL WY	CO	59	B3
BLACK DUCK WY	CO	12	C4
BLACK ELK CT	CO	10	A6
BLACKER AV	WSAC	53A	E3
BLACKFIELD DR	CO	12	B2
BLACKFOOT WY	CO	10	A7
BLACKFOOT WY	CO	12	A1
BLACKFORD AV	CO	21	A3
BLACKFORD WY	SAC	75	D2
BLACK FOREST LN	CO	43	B3
BLACKHAWK DR	CO	76	C5
BLACK HILLS WY	CO	59	A4
BLACK JACK LN	PLCO	13C	D1
BLACKJACK WY	CO	12	C4
BLACKMER CIR	CO	55	C3
BLK OAK MINE RD	EDCO	M	D1
BLACK OAKS WY	CO	16A	C7
BLACKPOOL WY	CO	59	D2
BLACK RIVER CT	SAC	71	E4
BLACK SADDLE DR	CO	9	E6
BLACK SLATE CT	CO	40	C7
BLACKSTAR DR	CO	17	B1
BLACKSTONE WY	CO	41	D4
BLACK TAIL DR	SAC	75	D1
BLACK THORNE WY	CO	17	B2
BLACKTOP RD	CO	8	B6
BLACK WALNUT CT	CO	18	B4
BLACKWATER WY	SAC	72	B7
BLACKWELL CT	CO	8	D3
BLACKWOOD LN	PLCO	10	E1
BLACKWOOD ST	SAC	34	D6

STREET	CITY	PG. NO.	SEE
BLAINE AV	SAC	32	E5
BLAIR AV	SAC	72	E1
BLAIR CT	ROS	16A	C1
BLAIR ST	AUB	13B	E7
BLAIR ST	CO	94	C7
BLAIRMONT DR	EDCO	26	A2
BLAKE RD	CO	103	E3
BLAKE RD	CO	106	A3
BLANCHE DELL DR	SAC	57	B7
BLANDFORD CT	CO	18	D3
BLARNEY CT	CO	97	A6
BLARNEY WY	EDCO	14C	D5
BLAYDEN CT	CO	18	C3
BLAZE CT	CO	56	E7
BLAZE TRAIL CT	CO	16B	C7
BLAZE TRAIL CT	CO	18	E1
BLAZING STAR CT	CO	42	D1
BLAZINGWOOD	CO	16A	B7
BLAZINGWOOD	CO	17	B1
BLINMAN WY	CO	40	E2
BLINMAN WY	CO	43	A2
BLISS CT	CO	12	B7
BLISS RIVER CT	SAC	71	E4
BLISS RIVER CT	SAC	72	A4
BLITZ LN	PLCO	13B	B5
BLOCKER DR	AUB	13B	C7
BLOCKER DR	AUB	13D	C1
BLOOM WY	CO	40	A1
BLOOMINGTON DR	CO	78	E2
BLOSSOM CT	CO	17	E4
BLOSSOM RD	SJCO	143	E7
BLOSSOM HILL CT	CO	16B	A6
BLOSSOM HILL CT	ROS	16B	A6
BLOSSOM HILL WY	ROS	16B	A6
BLOSSOM ROCK PL	CO	42	B1
BLOSSOMWOOD CT	CO	40	E2
BLOWING WIND WY	CO	17	B4
BLUCHER LN	CO	17	B4
BLUEBILL WY	CO	12	C4
BLUEBIRD LN	CO	37	C4
BLUE BIRD LN	FOL	21	E1
BLUE BIRD LN	FOL	22	A1
BLUE BRANCH	SAC	33	D1
BLUE CANYON RD	PLCO	H	E1
BLUE CANYON WY	FOL	21	E4
BLUE DOLPHIN WY	SAC	72	A7
BLUE DUCK WY	CO	12	C4
BLUE DUN CT	SAC	72	C7
BLUEGATE CT	SAC	32	C3
BLUEGRASS RD	CO	37	E2
BLUE GRASS TR	PLCO	13B	A7
BLUE HERON CT	SAC	33	E3
BLUE JAY DR	ROS	16B	A4
BLUE JAY WY	CO	18	B1
BLUE JAY WY	SAC	73	D7
BLUE JAY WY	SAC	75	D1
BLUE LAKE DR	FOL	21	E2
BLUE LEAD PL	CO	40	C7
BLUE LEAF CT	SAC	32	D3
BLUE LIGHT LN	PLCO	13A	E7
BLUE LIGHT LN	PLCO	13C	E1
BLUE OAK CT	EDCO	25	A1
BLUE OAK DR	CO	43	C1
BLUE OAK LN	PLCO	15C	D6
BLUE OAK WY	CO	16B	B7
BLUE OAKS BLVD	ROS	15A	B2
BLUE RAVINE RD	CO	22	C7
BLUE RAVINE RD	CO	25	A6
BLUE RAVINE RD	FOL	43	E3
BLUE RAVINE RD	FOL	44	A3
BLUERIDGE CT	CO	43	B1
BLUE RIVER CT	CO	58	D1
BLUE SKY CT	SAC	77	A1
BLUE SPRINGS WY	CO	16A	C6
BLUESTAR CT	CO	59	D1
BLUESTONE CT	ROS	16B	A6
BLUESTONE CT	SAC	76	C1
BLUET CT	CO	43	C1
BLUE WATER CIR	SAC	72	A5
BLUE WATER WY	SAC	72	A5
BLUEWIND CT	SAC	32	D4
BLUFF CT	CO	41	D1
BLUFF LN	CO	43	A6
BLUFFS CT	ROCK	15B	B1
BLUFFS DR	ROCK	15B	A2

STREET	CITY	PG. NO.	SEE
BLUMENFELD DR	SAC	34	E6
BLUMENFELD DR	SAC	37	A6
BLYTHE AV	CO	18	E6
BOARDMAN ST	AUB	13D	D1
BOARDWALK DR	PLCO	16C	C3
BOATMAN AV	WSAC	51	A6
BOB LN	CO	40	A6
BOBBECK CT	CO	21	B7
BOBBER CT	SAC	33	E4
BOBBIE CT	ROS	16A	C1
BOBBIE JO CT	CO	36	D1
BOBBIWOOD WY	SAC	76	B2
BOBBY ST	CO	21	A3
BOBBY WY	SAC	57	D2
BOBOLINK WY	SAC	71	E4
BOBWHITE LN	FOL	21	D5
BOCA AV	CO	18	E7
BOCA POINT CT	CO	12	B1
BOCK CT	SAC	73	E7
BODEGA CT	CO	56	A2
BODEGA CT	ROS	16A	E5
BODINE CIR	SAC	78	B2
BOEING RD	EDCO	26A	D3
BOESSOW RD	CO	149	A6
BOESSOW RD	CO	152	A6
BOGAN WY	CO	12	E1
BOGDAN CT	CO	56	E4
BOGEY CT	CO	76	C7
BOGUE WY	CO	17	D2
BOISE CT	CO	56	C5
BOLDER CYN WY	FOL	21	D5
BOLD RIVER CT	CO	42	B1
BOLD RULER WY	CO	43	A6
BOLIN WY	CO	8	C5
BOLINAS CT	SAC	75	E3
BOLINAS CT	SAC	78	A3
BOLIVAR AV	CO	12	A5
BOLIVAR PL	EDCO	23	E5
BOLLENBACHER AV	SAC	32	C5
BOLSA CT	CO	56	B1
BOLSA CT	EDCO	23	E1
BOLT CT	CO	58	C3
BOLTRES ST	CO	43	A1
BOMARK WY	CO	36	C1
BONANZA DR	CO	12	C6
BONANZA DR	EDCO	26A	D4
BONANZA DR	GALT	150	E2
BONANZA ST	ROCK	15B	B2
BONANZA WY	PLCO	14B	D7
BOND RD	CO	96	E3
BOND RD	CO	97	A3
BOND RD	CO	100	A3
BONELLI CT	CO	9	E6
BONELLI CT	CO	10	A6
BONFIELD WY	SAC	32	C3
BONHAM CIR	CO	18	B5
BONITA CT	EDCO	26	E4
BONITA CT	WSAC	51	B5
BONITA DR	CO	37	E3
BONITA DR	EDCO	23	E3
BONITA ST	ROS	16A	D3
BONITA WY	CO	18	A3
BONITA DOWNS DR	CO	18	D7
BONNET CT	CO	38	D7
BONNIE LN	PLCO	13D	A1
BONNIE WY	CO	37	E7
BONNIE JEAN WY	CO	36	D5
BONNIEMAE WY	SAC	54	E6
BONNIE OAK WY	CO	16B	A6
BONNIE VISTA RD	CO	101	E7
BONNY KNOLL RD	ROS	16A	E3
BONWIT WY	CO	17	D3
BOOLE RD	PLCO	H	C5
BOOM POINTER WY	CO	42	D1
BOOM RUN RD	PLCO	14C	A2
BOONE LN	CO	38	B2
BOONE LN	LMS	14A	D6
BOOTH CT	EDCO	26	B5
BOOTH LN	SAC	72	E1
BOOTH RD	PLCO	16A	B4
BOOT HILL LN	PLCO	13C	D2
BOOTJACK DR	CO	12	E3
BOQUET WY	SAC	31	A5
BORBA WY	CO	77	A5
BORDEAUX WY	CO	40	E2

STREET	CITY	PG. NO.	SEE
BORDEN RD	CO	127	D7
BORDEN RD	CO	130	B6
BOREN LN	PLCO	15C	E5
BORICA RD	EDCO	26A	E6
BORICA WY	CO	38	A4
BORON WY	CO	78	E3
BORONA WY	SAC	33	C2
BORREGO WY	CO	39	D5
BOSTON CT	CO	56	C4
BOSTON COMMONS	ROS	16B	C6
BOTA CT	CO	42	A3
BOULDER RD	PLCO	15C	E6
BOULDER RD	PLCO	15D	A3
BOULDER WY	SAC	73	C5
BOULDER CK RD	PLCO	14B	A4
BOULDER CK WY	CO	9	E6
BOULDER RDG RD	EDCO	48	E5
BOULDER RDG RD	LMS	14A	B5
BOULWARE CT	CO	58	C3
BOURBON DR	CO	39	B3
BOUTS PKWY	CO	73	D5
BOUVAIS CIR	CO	77	A6
BOVINGDON LN	CO	16B	A7
BOW ST	CO	78	D7
BOWDER LN	PLCO	13A	E2
BOWDIAN CT	SAC	55	E7
BOWEN CIR	SAC	72	E6
BOWER LN	CO	38	B1
BOWERWOOD DR	CO	38	D7
BOWERY CT	CO	18	D4
BOWIE CT	CO	10	A6
BOWLES ST	SAC	34	E4
BOWLIN AV	WSAC	33	B7
BOWLING DR	CO	73	D3
BOWLING GRN DR	CO	37	B5
BOWLING GRN DR	SAC	37	B5
BOWMAN AV	SAC	34	B3
BOWMAN PL	PLCO	16B	D2
BOWMAN RD	PLCO	13B	E3
BOWMAN WY	PLCO	13B	E2
BOWMAN OAKS WY	CO	38	D1
BOW MAR CT	EDCO	26A	E3
BOXER WY	CO	39	B4
BOXLER CT	FOL	22	C5
BOXWOOD ST	SAC	34	E5
BOYCE DR	SAC	73	E7
BOYCE DR	SAC	75	E1
BOYD DR	CO	38	D5
BOYER DR	CO	41	A5
BOYINGTON RD	LMS	14A	E5
BOYINGTON RD	PLCO	14B	A4
BOYLE CT	SAC	54	D2
BOYLSTON CT	CO	12	D3
BOYTON WY	SAC	76	A7
BOZEMAN ST	SAC	34	D1
BRACE RD	LMS	14A	C7
BRACKEN RD	CO	39	E4
BRADBURY CT	CO	96	B3
BRADD WY	SAC	54	A6
BRADFORD DR	SAC	57	C6
BRADFORD WY	WSAC	53A	E1
BRADHILL LN	CO	73	C1
BRADHUGH CT	CO	59	A6
BRADLEY LN	PLCO	14B	C1
BRADLEY WY	CO	8	D3
BRADLEY RCH RD	CO	83	A7
BRADSHAW AV	ROS	16B	C5
BRADSHAW RD	CO	56	E7
BRADSHAW RD	CO	58	E1
BRADSHAW RD	CO	59	A6
BRADSHAW RD	CO	61	A5
BRADSHAW RD	CO	80	A6
BRADSHAW RD	CO	82	A7
BRADSHAW RD	CO	100	A6
BRADSHEAR LN	PLCO	14B	B2
BRADY CT	SAC	57	B4
BRADY LN	PLCO	16A	B3
BRAE AV	SAC	34	E1
BRAEBURN ST	CO	38	B1
BRAEMORE DR	CO	79	B3
BRAERIDGE WY	SAC	72	D6
BRAKEMAN CT	CO	58	E1
BRAMBLE WY	CO	36	E2
BRAMBLE TR WY	CO	58	C4
BRAMBLE TREE WY	CO	16A	C7

STREET	CITY	PG. NO.	SEE
BRANBURY WY	CO	77	A5
BRANCH DR	CO	62	A1
BRANCH ST	SAC	32	E7
BRANCH ST	SAC	34	E1
BRANCH CTR RD	CO	58	E2
BRANCH CTR RD	CO	59	A7
BRANCH CTR RD	CO	61	A2
BRANCHWATER WY	CO	17	C1
BRANCHWOOD WY	SAC	73	C7
BRAND WY	SAC	55	A4
BRANDNG IRON LN	CO	43	B2
BRANDNG IRON WY	GALT	148	C7
BRANDNG IRON WY	ROS	16B	B4
BRANDON WY	CO	39	B1
BRANDON WY	SAC	57	A4
BRANDT WY	CO	12	C5
BRANDY CIR	PLCO	16C	C3
BRANDY LN	CO	56	D1
BRANDYWINE CT	CO	39	C4
BRANDYWOOD CT	SAC	73	C6
BRANFORD CT	CO	56	E4
BRANIFF CT	EDCO	26A	E4
BRANINBURG	CO	38	E3
BRANNAN WY	WSAC	53A	E2
BRANNAN ISLD RD	CO	169	C3
BRANNAN ISLD RD	CO	172	C4
BRANNAN ISLD RD	CO	173	A7
BRANSTETTER	ROS	16A	A3
BRANTFORD WY	CO	17	B5
BRANWOOD WY	SAC	72	D6
BRASHEAR LN	PLCO	14B	B2
BRASILIA CT	CO	56	D7
BRATTLE CT	CO	12	D3
BRAVADO DR	CO	59	B2
BRAVO WY	CO	58	E1
BRAYNARD WY	CO	55	E5
BRAYTON AV	CO	17	D7
BRAY VISTA WY	CO	97	A6
BRAZIL AV	CO	21	B6
BRAZOS RIVER CT	CO	42	B1
BREAKWATER WY	SAC	72	A2
BREAND CT	SAC	75	D3
BREANNA CT	CO	77	A5
BRECKENRIDGE WY	SAC	32	C4
BRECKENWOOD WY	SAC	55	D6
BREDEHOFT WY	SAC	34	C2
BREEDS HILL CT	CO	17	B6
BREEZE WY	PLCO	16C	D2
BREEZEWOOD CT	CO	18	C5
BREMEN DR	CO	17	B6
BREMERTON CT	ROS	16B	C4
BREMNER WY	CO	36	D3
BRENDA WY	CO	41	C6
BRENHAM CT	SAC	75	E3
BRENHAM CT	SAC	78	A4
BRENNANS RD	PLCO	14B	D3
BRENT CT	CO	54	D5
BRENTFORD CIR	SAC	78	B3
BRENTLEY DR	SAC	54	B6
BRENTWOOD RD	CO	37	E4
BRENTWOOD RD	ROS	16A	C3
BRENZO WY	PLCO	14C	A2
BRET HARTE CT	ROS	16B	A6
BRET HARTE CT	SAC	54	C1
BRET HARTE RD	CO	55	E4
BRETMOOR DR	CO	43	B1
BRETTS RD	PLCO	14B	A5
BREUNER AV	SAC	52	E2
BREUNER DR	ROS	16B	A2
BREWER RD	PLCO	6	D1
BREWERTON DR	SAC	33	E3
BREWERTON DR	SAC	34	A3
BREWERY LN	AUB	13D	C2
BREWSTER AV	SAC	71	E4
BRIAN CT	CO	58	C3
BRIANTOWN CT	CO	59	B6
BRIAR WY	PLCO	16B	E2
BRIARCLIFF CT	FOL	22	C7
BRIARCLIFF DR	FOL	22	B6
BRIAR CLIFF WY	SAC	57	E1
BRIARCREST WY	SAC	72	C1
BRIARGATE LN	CO	36	B3
BRIARBROOK CIR	CO	18	D3
BRIARGLEN CT	CO	93	C3
BRIAR HILL RD	PLCO	13A	C7

SACRAMENTO CO.
INDEX

BRIARHOLLOW CT

1988 SACRAMENTO COUNTY STREET INDEX

189

CAMAS CT

STREET	CITY	PG. NO.	SEE
BRIARHOLLOW CT	CO	40	A6
BRIAR OAK WY	SAC	73	C6
BRIAR RIDGE LN	CO	40	B1
BRIARTREE WY	CO	16A	B7
BRIARWOOD DR	CO	38	C1
BRIARWOOD DR	WSAC	51	A4
BRIARWOOD WY	PLCO	16A	B2
BRICKWELL WY	CO	56	E1
BRICKYARD DR	SAC	72	A1
BRIDAL VEIL DR	ROCK	15B	A5
BRIDGE PL	WSAC	53	A2
BRIDGE RD	CO	36	A5
BRIDGE RD	SAC	36	A5
BRIDGE ST	CO	40	B6
BRIDGE ST	CO	143	C5
BRIDGE ST	FOL	22	A6
BRIDGE ST S	CO	42	B7
BRIDGECREEK DR	SAC	33	E3
BRIDGE CREEK LN	CO	38	E1
BRIDGEFORD DR	SAC	31	E7
BRIDGEFORD DR	SAC	32	A7
BRIDGEFORD DR	SAC	34	A2
BRIDGEFORD DR	SAC	34	B3
BRIDGEPORT WY	SAC	55	D7
BRIDGEPORT WY	SAC	57	D1
BRIDGESHIRE WY	CO	79	B3
BRIDGEVIEW DR	PLCO	13B	E3
BRIDGEWOOD CT	CO	18	C5
BRIDLE CT	ROS	16B	B4
BRIDLE PATH	GALT	150	E2
BRIDLE PATH LN	PLCO	16C	B3
BRIDLE PATH LN	CO	38	C5
BRIDLE TRAIL WY	SAC	76	D3
BRIDLEWOOD DR	CO	42	A3
BRIER WY	CO	38	D7
BRIERGLEN WY	SAC	32	B7
BRIERGLEN WY	SAC	34	B1
BRIGADOON	CO	12	D6
BRIGGS DR	CO	76	C4
BRIGHAM WY	SAC	56	A7
BRIGHAM WY	SAC	58	A1
BRIGHT CT	SAC	35	B4
BRIGHT WY	CO	38	C5
BRIGHTON AV	SAC	57	C1
BRIGHTSIDE CT	CO	78	E3
BRIGHTWOOD CT	CO	39	B3
BRILES CT	CO	97	D6
BRILL CT	CO	17	C3
BRILL CT	ROS	16A	C1
BRIMSTONE DR	CO	17	C1
BRINEF DR	CO	12	E7
BRINEF DR	CO	17	A7
BRISA LN	CO	88	C4
BRISBANE CT	CO	56	D6
BRISTLEWOOD WY	SAC	73	C7
BRISTO CT	EDCO	26A	E2
BRISTOL RD	CO	56	A1
BRITLAND WY	CO	43	A1
BRITTAIN	ROS	16A	A3
BRITTANY WY	CO	18	A7
BRITTANY PK DR	CO	79	B3
BRITTON WY	CO	62	A2
BROADMOOR WY	CO	41	B1
BROAD RIVER CT	CO	42	A3
BROADVIEW AV	AUB	13D	E2
BROADWAY WY	SAC	51	D5
BROADWAY WY	SAC	52	A6
BROADWAY WY	SAC	54	C1
BROADWAY WY	SAC	57	A2
BROCADE DR	CO	17	D2
BROCK CT	WSAC	53A	E3
BROCK DR	CO	12	B5
BROCKWAY CT	SAC	54	A3
BROCKWOOD WY	CO	16A	B7
BROCKWOOD WY	CO	17	B1
BRODIE CT	CO	97	A6
BRODIE DR	GALT	148	C6
BRODIEWEST CT	GALT	148	C6
BROKEN ARROW CT	CO	17	B6
BROKEN BOW DR	CO	17	B5
BROKENFEATHR WY	CO	17	B4
BROME CT	CO	43	C1
BROMLEY WY	CO	59	B4
BROMPTON CT	CO	56	D2
BRONG RD	FOL	22	E5

STREET	CITY	PG. NO.	SEE
BRONSON DR	PLCO	16C	C3
BRONWOOD WY	CO	41	D4
BRONZE OAK CT	CO	96	B5
BROOK CT	PLCO	16C	B1
BROOK CT	CO	17	C7
BROOK RD	AUB	13D	D1
BROOKCREST WY	CO	17	D7
BROOK DALE DR	CO	16A	D7
BROOK DALE DR	CO	17	D1
BROOKDALE DR	SAC	31	A5
BROOKE MEADW DR	SAC	73	C7
BROOKE MEADW DR	SAC	75	C1
BROOKFIELD DR	SAC	73	E7
BROOKGLEN WY	CO	39	B3
BROOKHAVEN WY	CO	17	D7
BROOKHILL DR	CO	39	E6
BROOKLINE CIR	EDCO	25	E4
BROOKLYN AV	CO	54	E7
BROOK MAR CT	EDCO	23	D6
BROOK MAR DR	EDCO	23	D6
BROOKNOLL CT	CO	17	D7
BROOK PARK LN	CO	39	A2
BROOKRIDGE CT	CO	18	D3
BROOKS AV	LMS	14A	D5
BROOKS LN	LMS	15C	B2
BROOKS ANN WY	CO	21	C4
BROOKSHIRE CT	CO	21	B7
BROOKSIDE	FOL	21	E4
BROOKSIDE CIR	ROCK	15B	A6
BROOKSIDE DR	SAC	31	A5
BROOKSIDE RD	EDCO	26B	D5
BROOKSIDE WY	CO	41	B1
BROOKSTONE WY	SAC	33	E2
BROOKSTONE WY	SAC	34	A2
BROOKTREE DR	CO	17	D7
BROOKVIEW	ROS	16A	A3
BROOKVIEW CT	CO	36	E5
BROOKWOOD RD	CO	38	B1
BROOKWOOD RD	ROS	16A	C3
BROPHY DR	CO	38	C2
BROPHY WY	CO	38	C2
BROUGH LN	SAC	57	D2
BROUGHAM WY	CO	17	C3
BROUGHTON CT	CO	58	E2
BROWN DR	EDCO	25	E7
BROWN DR	EDCO	47	E1
BROWN LN	CO	36	B1
BROWN RD	CO	79	C5
BROWNING DR	SAC	37	A3
BROWNING ST	PLCO	6	B1
BROWNLEA CIR	CO	9	E6
BROWNLEA CIR	CO	10	A6
BROWN OTTER DR	CO	12	B1
BROWNS AL	CO	142	C3
BROWNS AL	CO	143	C6
BROWNSON ST	CO	36	B7
BROWNSTONE CT	CO	93	D7
BROWNWOOD WY	SAC	73	A6
BROWNWYK DR	SAC	53	D4
BRUCE LN	SAC	57	D2
BRUCE WY	CO	12	B6
BRUCEVILLE RD	CO	78	C7
BRUCEVILLE RD	CO	96	C4
BRUCEVILLE RD	CO	98	C6
BRUCEVILLE RD	CO	120	C7
BRUCEVILLE RD	CO	122	C5
BRUCEVILLE RD	CO	144	C2
BRUCEVILLE RD	SAC	78	B2
BRUCEVILLE RD	SAC	78	C7
BRUELLA RD	SJCO	154	C6
BRUHN CT	CO	38	B2
BRULE CT	CO	36	B6
BRUNING CT	CO	73	E3
BRUNK RD	CO	161	E5
BRUNNER DR	CO	58	C1
BRUNO WY	CO	76	C6
BRUNS WY	CO	76	D5
BRUNSWICK WY	ROS	15A	C7
BRUNSWICK WY	SAC	34	A4
BRUNTON WY	CO	37	D5
BRUSHCREEK CT	CO	16A	C6
BRYAN WY	CO	39	C7
BRYAN WY	PLCO	16A	D6
BRYANT CT	CO	38	C2
BRYANT ST	PLCO	6	B1

STREET	CITY	PG. NO.	SEE
BRYCE ST	CO	37	C3
BRYCE WY	ROCK	15B	B5
BRYCE CANYON PL	CO	17	A3
BRYDON WY	CO	58	C2
BRYTE AV	WSAC	33	A7
BRYTE AV	WSAC	51	A1
BUCCANEER CIR	CO	58	C2
BUCHANAN DR	CO	40	D5
BUCHANAN RD	CCCO	182	A6
BUCK CIR	FOL	21	D4
BUCK RD	SJCO	154	D7
BUCKBOARD DR	CO	8	E6
BUCKBOARD DR	CO	11	A6
BUCKBOARD LN	PLCO	14B	E6
BUCKBOARD RD	PLCO	13C	C3
BUCKEYE CT	AUB	13D	C5
BUCKEYE CT	ROCK	15B	D3
BUCKEYE DR	PLCO	14B	B3
BUCKEYE DR	ROCK	15B	D3
BUCKEYE DR	WSAC	51	B4
BUCKEYE LN	PLCO	16C	B4
BUCKEYE HILL CT	CO	42	C1
BUCKHORN DR	CO	12	E5
BUCKINGHAM WY	SAC	52	E6
BUCKLEY WY	SAC	35	B4
BUCKNELL CT	CO	36	D4
BUCKNER CT	FOL	21	D1
BUCKRIDGE WY	SAC	33	E3
BUCKS HARBOR WY	CO	78	E2
BUCKS HARBOR WY	CO	79	A2
BUCKSKIN CT	CO	97	C5
BUCKSKIN CT	ROCK	15B	C1
BUD CT	ROS	16B	B5
BUDDECKE PL	PLCO	16B	E4
BUENA PLAZA CIR	CO	59	D1
BUENA TERRA WY	SAC	72	D4
BUENA VNTURA WY	CO	40	C1
BUENA VISTA AV	CO	40	D2
BUENA VISTA AV	PLCO	13C	D5
BUENA VISTA DR	CO	56	A2
BUENA VISTA ST	AUB	13D	C1
BUENO CT	SAC	73	C5
BUFFALO AV	CO	43	C1
BUFFALO RD	PLCO	13A	A2
BUFFALO TR	EDCO	48	D4
BUFFALO RIV CT	CO	42	A1
BUFFLEHEAD LN	CO	17	A2
BUFFUM CT	CO	40	D3
BUFFWOOD WY	CO	12	D7
BUFFWOOD WY	CO	36	D1
BUFFY LN	CO	77	B4
BUGARD LN	PLCO	14C	B1
BUGATTI CT	CO	79	B3
BUGGYWHIP CT	CO	97	C5
BUHLER WY	CO	12	A3
BUHO	CO	88	D1
BULEN ST	ROS	16A	D3
BULJAN LN	ROS	16A	E3
BULLARD DR	PLCO	13A	B7
BULLARD DR	PLCO	13C	B1
BULLION DR	CO	43	C1
BUMMER ST	CO	8	D3
BUNA CT	CO	100	A3
BUNKER CT	CO	40	A2
BUNKER CT	FOL	22	C6
BUNKER DR	ROCK	15B	A3
BUNKER HILL DR	ROS	16B	C5
BUNKER HILL LN	CO	36	B3
BUNKHOUSE WY	ROS	16B	B3
BUNKHOUSE WY	SAC	72	A2
BUNTING CT	CO	18	E3
BUNYA WY	ROS	16B	B6
BUOY WY	SAC	71	E4
BUOY WY	SAC	72	A3
BURBANK WY	CO	55	E4
BURDETT WY	CO	76	A2
BURGOYNE LN	SAC	73	D7
BURGUNDY WY	CO	37	D4
BURICH AV	CO	18	A6
BURKE CT	SAC	57	A7
BURKET LN	PLCO	15D	A1
BURL LN	PLCO	14B	E2
BURL LN	PLCO	14C	A2
BURLEWOOD CT	CO	38	B1
BURLIN WY	AUB	13D	C5

STREET	CITY	PG. NO.	SEE
BURLINE ST	CO	59	A6
BURLINGAME AV	CO	16A	C6
BURLINGTON WY	SAC	75	C2
BURMA RD	FOL	21	E4
BURNAHM DR	ROS	15A	C5
BURNECE ST	CO	38	A3
BURNETT WY	SAC	51	E6
BURNEY WY	CO	37	C4
BURNHAM CT	FOL	22	D6
BURNHAM DR	CO	17	D6
BURNS CT	PLCO	16C	B5
BURNS WY	CO	73	E1
BURNSIDE CT	CO	18	C3
BURNT CREEK WY	FOL	21	D4
BURNT SPUR CT	CO	100	E1
BURNTWOOD	CO	16A	B7
BURNTWOOD	CO	17	B1
BURR AV	CO	6	A3
BURRELL WY	CO	38	C5
BURR OAK WY	CO	39	C1
BURROWS	WSAC	33	B7
BURROWS	WSAC	51	B1
BURROWS AV	WSAC	71	C2
BURST CT	CO	58	C4
BURTON CT	CO	59	E1
BURWELL WY	ROS	16B	A5
BUSBY CT	CO	40	C1
BUSH LN	LMS	14A	E5
BUSH ST	ROCK	15B	C3
BUSH WY	CO	39	C2
BUSHWOOD CT	SAC	73	C6
BUSINESS PK DR	CO	59	A4
BUSKIRK DR	CO	12	E4
BUSTER CT	CO	9	C5
BUTANO DR	CO	38	A4
BUTANO WY	ROCK	15B	A4
BUTCH CASSDY PL	CO	18	C2
BUTLER	ROS	15A	C7
BUTLER CT	CO	59	C4
BUTLER CT	ROS	15A	E7
BUTLER CT	WSAC	53A	E2
BUTLER RD	PLCO	13C	A7
BUTLER RD	PLCO	14A	D1
BUTLER RD	PLCO	14B	A1
BUTTE AV	SAC	57	D4
BUTTERBALL WY	CO	12	C2
BUTTERCUP CT	ROS	16B	A6
BUTTERFIELD WY	CO	56	D4
BUTTERNUT DR	CO	16A	B7
BUTTERWICK CT	SAC	32	C4
BUTTERWOOD CIR	CO	43	C2
BUTTERWORTH AV	SAC	34	C1
BUTTES VIEW LN	PLCO	13A	B6
BUTTONWOOD WY	CO	16A	C7
BUXTON WY	CO	56	C6
BYERS CT	CO	38	E6
BYRD DR	CO	41	E5
BYRON RD	CO	37	D5
BYRON ST	AUB	13D	C1
C			
C AV	PLCO	13B	A3
C PKWY	CO	73	D5
C ST	CO	11	A7
C ST	CO	143	D5
C ST	GALT	148	D7
C ST	ISLE	162	D3
C ST	ROCK	15B	C3
C ST	ROS	16A	D3
C ST	SAC	52	A2
C ST	SAC	55	A4
C ST	WSAC	51	D1
C ST N	SAC	52	A1
CABALLERO CT	EDCO	26A	E5
CABALLERO DR	CO	21	B1
CABALLERO LN	CO	12	A1
CABANA WY	SAC	53	E4
CABER WY	CO	9	E7
CABER WY	CO	11	E1
CABERNET WY	CO	41	E6
CABINET CIR	CO	36	B1
CABIN CREEK RD	PLCO	J	D1
CABLE CT	CO	18	E5
CABODI CT	CO	40	E2
CABOOSE CT	CO	58	E1
CABOT CIR	SAC	57	C5

STREET	CITY	PG. NO.	SEE
CABRA CT	CO	97	A7
CABRILLO WY	SAC	57	A4
CABRIOLET CT	CO	38	E2
CACERES WY	SAC	75	D2
CACHE RIVER CIR	SAC	72	A6
CACKLER LN	CO	17	B1
CACTUS CT	EDCO	26A	E3
CACTUS WY	SAC	34	A3
CADA CIR	CO	17	B7
CADA CIR	CO	39	B1
CADENZA CT	CO	56	D7
CADILLAC DR	SAC	55	C4
CADJEW AV	SAC	73	B7
CADURA CIR	CO	97	B7
CAGLE LN	LMS	14A	D6
CAHILL CT	CO	59	B4
CAHUENGO CT	CO	43	A5
CAL CT	CO	18	A7
CAL CT	CO	40	A1
CALAIS CIR	CO	76	E6
CALAIS CIR	CO	77	A6
CALAVERAS CT	CO	76	C3
CAL CENTER DR	CO	56	B7
CALCUTTA WY	CO	12	C7
CALCUTTA WY	CO	36	C1
CALDERA WY	CO	56	C7
CALDERWOOD LN	CO	37	E3
CALDWELL CT	SAC	55	E7
CALDWELL CT	SAC	57	E1
CALEB AV	SAC	55	B3
CALESA CT	CO	17	E3
CALETA LN	CO	17	D5
CALETA WY	CO	76	C5
CALEXICO LN	CO	17	D6
CALGARY AV	CO	17	A6
CALGARY CT	EDCO	26	B3
CALHOUN CT	SAC	35	B5
CALICO CT	CO	56	D7
CALIDO CT	EDCO	26A	C3
CALIENTE CT	CO	18	D6
CALIFORNIA AV	CO	39	B7
CALIFORNIA AV	CO	40	B5
CALIFORNIA AV	CO	41	B2
CALIFORNIA ST	AUB	13D	D1
CALLA WY	CO	78	D4
CALIFORNIA LOOP	SAC	73	C5
CALIFORNIA ST	WSAC	51	C1
CALIMYRNA RD	SJCO	151	A7
CALISTA ST	CO	18	E5
CALISTA ST	CO	21	A5
CALISTOGA WY	CO	12	E7
CALL CT	WSAC	53A	E3
CALLAHAN LN	CO	103	B2
CALLE ANTA	CO	97	A7
CALLE ARBOLEDA	CO	97	A7
CALLECITA ST	SAC	37	A2
CALLE DL SOL WY	CO	59	E1
CALLE ENTRADA	CO	97	A7
CALLE LINDA	CO	97	A7
CALLE MARGARITA	CO	97	A7
CALLE MARIA	CO	97	A7
CALLE SUSANA	CO	97	A7
CALLE VISTA WY	CO	37	E3
CALLIE LN	CO	39	A2
CALLISON ST	LMS	14A	D6
CALLISON RD	PLCO	13C	B6
CALLISTER AV	SAC	55	B3
CALLNON CT	CO	56	A5
CALNICK LN	PLCO	13D	A1
CALTROP CT	CO	43	C3
CALUMET ST	CO	38	E4
CALVADOS AV	SAC	34	E5
CALVADOS AV	SAC	37	A5
CALVERT AV	CO	21	A6
CALVIN DR	CO	17	D3
CALVINE RD	CO	78	D5
CALVINE RD	CO	79	A5
CALVINE RD	CO	82	B5
CALVINE RD	SAC	75	E6
CALVINE RD	SAC	78	B5
CALWELL CT	FOL	21	E1
CALYPTE LN	PLCO	15C	E6
CAMADA CT	CO	97	C4
CAMARILLO DR	SAC	34	A3
CAMAS CT	CO	43	C1

SACRAMENTO CO.

INDEX

190
CAMBLIN CT

1988 SACRAMENTO COUNTY STREET INDEX

CEDARIDGE WY

SACRAMENTO CO.

INDEX

STREET	CITY	PG. NO.	SEE
CAMBLIN CT	CO	40	D3
CAMBON WY	CO	38	B4
CAMBRIA CIR	CO	16A	D6
CAMBRIAN CT	CO	56	C4
CAMBRIDGE CT	EDCO	26A	D5
CAMBRIDGE CT	ROS	16B	A6
CAMBRIDGE PL	CO	12	D1
CAMBRIDGE RD	EDCO	26A	C5
CAMBRIDGE ST	PLCO	16B	E2
CAMBRIDGE ST	SAC	34	E5
CAMDEN CT	CO	36	D7
CAMDEN DR N	CO	97	B2
CAMDEN DR W	CO	97	A2
CAMDEN WY S	CO	97	B3
CAMDEN LAKE WY	CO	96	B3
CAMELBACK CT	CO	18	D5
CAMELIA AV	ROS	16A	E3
CAMELIA RIV WY	SAC	72	A4
CAMELLIA AV	SAC	55	B4
CAMELLIA LN	CO	54	C7
CAMELLIA LN	CO	73	C1
CAMELLIA RD	CO	39	E4
CAMELLIA WY	GALT	148	E6
CAMELLIA MAT DR	CO	59	B7
CAMELOT ST	CO	8	D5
CAMEL ROCK WY	CO	18	B3
CAMEO DR	EDCO	26B	C2
CAMEO ST	CO	39	B5
CAMERON RD	EDCO	26B	C3
CAMERON RD	EDCO	26B	E4
CAMERON RD	SAC	35	C7
CAMERON WY	ROS	16A	D4
CAMERON PARK DR	EDCO	26A	D3
CAMERON PARK DR	EDCO	26B	E3
CAMERON RCH DR	CO	36	E4
CAMILLE CT	CO	12	D3
CAMINO WY	CO	38	B4
CAMINO DEL LAGO	CO	69	E7
CAMINO DEL LAGO	CO	88	E1
CAMINO DEL REY	SAC	72	D5
CM DEL SOL CIR	CO	88	C2
CM DEL SOL DR	CO	88	C2
CAMINO DE LUNA	CO	88	E2
CM GARDEN WY	CO	38	E4
CAMINO PARK CT	CO	41	A4
CM ROYALE DR	SAC	75	E3
CM ROYALE DR	SAC	78	A3
CAMJEN LN	AUB	13D	C4
CAMMERAY DR	CO	18	B3
CAMOMILE WY	CO	17	D2
CAMP RD	CO	122	C4
CAMPANA WY	CO	41	E4
CAMPANILE ST	CO	8	D4
CAMPBELL CT	ROCK	15B	B5
CAMPBELL LN	SAC	53	D5
CAMPBELL RD	CO	97	C2
CAMPHOR LN	CO	76	B7
CAMPO CT	CO	39	C4
CAMPO ST	ROS	16A	E1
CAMPOS VERDE	CO	88	D1
CAMPOY ST	CO	40	A6
CAMPUS CT	CO	16A	D6
CAMPUS COMNS RD	SAC	55	C5
CAMP VERDE WY	SAC	76	C2
CAMRAY CIR	CO	39	A5
CAMROSE WY	CO	76	C6
CAMSTOCK CT	CO	18	B4
CANADY LN	CO	18	B2
CANAL AV	CO	43	B7
CANAL RD	PLCO	G	E7
CANAL RD	CCCO	181	D6
CANAL ST	FOL	22	A6
CANAL ST	PLCO	13B	C4
CANAL ST	WSAC	51A	E3
CANARSIE AV	CO	18	E7
CANARSIE AV	CO	21	A7
CANARY DR	CO	12	A7
CANARY DR	CO	36	A1
CANAVERAL WY	CO	12	B3
CANBERRA DR	CO	58	C3
CANBY WY	SAC	53	D3
CANDACE ST	CO	38	E2
CANDACE ST	CO	41	A2
CANDELABRA DR	CO	17	C3
CANDELL WY	CO	73	E3

STREET	CITY	PG. NO.	SEE
CANDIDO DR	SAC	33	D3
CANDLELIGHT WY	CO	17	D2
CANDLELITE DR	PLCO	14B	C2
CANDLESTICK WY	CO	17	A3
CANDLEWOOD WY	SAC	72	E6
CANDY LN	CO	17	A6
CANDY LN	CO	36	E1
CANDY LN	CO	39	A1
CANDY CONE CT	CO	16A	B6
CANEBREAK CT	CO	56	E2
CANELO HILLS DR	CO	18	B3
CANEVALLEY CIR	CO	16A	C6
CANFIELD AV	CO	38	E1
CANNA CT	CO	38	A1
CANNA WY	WSAC	51	B4
CANNON ST	SAC	37	A4
CANO CT	CO	41	E5
CANOE BIRCH CT	CO	18	B4
CANONERO CT	CO	43	A6
CANOPUS AV	CO	18	D6
CANOVA WY	SAC	76	A7
CANOVA WY	SAC	78	A1
CANTABROOK ST	CO	77	B7
CANTALIER ST	SAC	34	D4
CANTEL WY	CO	12	A4
CANTER DR	CO	100	C4
CANTERBURY AV	ROS	16A	D5
CANTERBURY CIR	EDCO	25	E4
CANTERBURY LN	PLCO	15D	A1
CANTERBURY RD	SAC	34	D6
CANTINA CT	SAC	76	D3
CANTOVA WY	CO	88	C5
CANVASBACK LN	CO	17	A2
CANVASBACK WY	WSAC	53A	E3
CANYON CT	AUB	13B	E7
CANYON DR	AUB	13B	E7
CANYON DR	CO	40	B6
CANYON OAK CT	EDCO	25	A1
CANYON OAK DR	CO	16B	A7
CANYON RIM DR	FOL	21	D3
CANYON WOODS CT	CO	76	C7
CAOHAL CT	CO	97	A5
CAPAY CT	SAC	72	B4
CAPE COD LN	CO	21	C7
CAPE CORAL CT	CO	9	C7
CAPE HORN CT	CO	42	C2
CAPELA WY	SAC	72	B5
CAPELLA DR	PLCO	16C	D2
CAPE YORK CT	CO	78	E6
CAPISTRANO WY	ROCK	15B	C2
CAPISTRANO WY	SAC	76	D1
CAPITAL CIR	SAC	76	A1
CAPITAL DR	SAC	76	B2
CAPITAL CTR DR	CO	59	E2
CAPITALES DR	CO	59	B2
CAPITAL OAKS DR	SAC	33	D4
CAPITAL PARK DR	SAC	33	D5
CAPITOL AV	SAC	51	D3
CAPITOL AV	SAC	52	A4
CAPITOL AV W	WSAC	51	C3
CAPITOLA AV	CO	40	B6
CAPITOL MALL	SAC	51	E3
CAPRI WY	SAC	53	E4
CAPRICE CT	SAC	74	E1
CAPRICORN DR	CO	39	E1
CAPRICORN DR	CO	40	A1
CAPSTAN WY	SAC	53	C6
CAPTAIN CT	SAC	72	A3
CAPULET ST	CO	8	D4
CAPULLO CT	CO	18	E4
CARAD LN	CO	17	A6
CARAMAY WY	SAC	51	E7
CARAMAY WY	SAC	52	A7
CARANA WY	CO	17	C3
CARBERRY WY	SAC	34	B3
CARBIDE CT	CO	78	E1
CARBINE CT	CO	9	C6
CARBONDALE RD	CO	109	C3
CARDEN WY	CO	39	C1
CARDENAS WY	CO	76	C6
CARDIFF WY	CO	59	C2
CARDIGAN CT	CO	17	B5
CARDINAL CT	CO	38	E4
CARDINAL RD	CO	39	D3
CARDINAL WY	ROS	16B	A3

STREET	CITY	PG. NO.	SEE
CARDOSO LN	PLCO	13C	C5
CARDOZA CT	CO	88	B5
CARDOZA DR	CO	88	B5
CARDWELL AV	CO	21	D1
CARELLA DR	SAC	72	E6
CAREY LN	CO	17	E3
CAREY LN	CO	18	A3
CAREY RD	SAC	32	A2
CARGO CT	CO	32	B6
CARIBBEAN WY	SAC	55	D7
CARIBOU CT	CO	56	D6
CARIEL CT	CO	41	E6
CARL RD	EDCO	26	E4
CARL RD	EDCO	26A	A2
CARLA WY	CO	56	D6
CARLE LN	CO	36	C4
CARLETON LN	CO	17	E2
CARLILE CT	PLCO	15C	A7
CARLILE DR	PLCO	14A	C3
CARLIN AV	SAC	78	A5
CARLISLE AV	CO	79	B2
CARLO CT	GALT	150	C2
CARLOS CIR	CO	88	B5
CARLOS WY	CO	41	E4
CARLOTTA DR	CO	37	C6
CARLOW DR	CO	17	C6
CARL SNDBRG CIR	CO	12	C6
CARLSBAD AV	CO	37	D2
CARLSBERG BLVD	ROS	15A	C5
CARLSON DR	SAC	55	B4
CARLTON RD	SAC	57	C3
CARLY WY	SAC	52	C5
CARLYLE AV	SAC	73	C5
CARMA LN	CO	56	B7
CARMA LN	CO	58	B1
CARMAUX CT	CO	12	D1
CARMEL AV	ROS	16A	D1
CARMEL CT	WSAC	53	B3
CARMEL ST	SAC	34	E1
CARMELA WY	SAC	54	A6
CARMELITA AV	SAC	34	E1
CARMELITA AV	SAC	37	A1
CARMELLA CIR	CO	88	B5
CARMELO DR	CO	38	E7
CARMELO DR	CO	41	A7
CARMEL VLY RD	CO	99	B3
CARMELWOOD DR	CO	17	C1
CARMELWOOD RD	CO	16A	B7
CARMEN WY	SAC	54	A6
CARMENCITA AV	CO	82	A4
CARMI ST	CO	76	C5
CARMICHAL PK RD	CO	41	A1
CARMICHAEL WY	CO	41	A4
CARMODY CIR	FOL	21	E2
CARNATION AV	SAC	73	B2
CARNATION CT	ROS	16B	A5
CARNEGIE WY	CO	36	C6
CARNEIA CT	CO	38	E6
CARNELIAN CT	CO	38	B2
CAROB CT	CO	38	D6
CAROL AV	CO	16A	E7
CAROL AV	CO	17	E1
CAROL AV	CO	18	A1
CAROL DR	GALT	148	D4
CAROL LN	PLCO	16A	B2
CAROL ANN CT	ROS	16A	E4
CAROLINA AV	WSAC	51	B6
CAROLINDA DR	PLCO	16C	B1
CAROLINE AV	GALT	148	D7
CAROLINE DR	SAC	57	D6
CAROLINE DR	SAC	76	E1
CAROLYN CT	PLCO	10	E1
CAROLYN CT	PLCO	16A	A2
CAROLYN ST	AUB	13D	C4
CAROLYN WY	SAC	51	D7
CAROLYN WY	SAC	53	D1
CARONDELET LN	CO	77	A6
CARPENTER WY	CO	12	B3
CARPENTER WY	ROS	16A	C1
CARRETA LN	CO	88	C4
CARR HALL LN	PLCO	15C	C1
CARRIAGE DR	CO	17	D3
CARRIAGE DR	PLCO	16B	E3
CARRIAGE LN	PLCO	13B	E4
CARRIAGE HLL LN	PLCO	13B	E1

STREET	CITY	PG. NO.	SEE
CARRIAGE PTH WY	SAC	52	A4
CARRICK CT	CO	18	D3
CARRIE ST	WSAC	33	A7
CARRIEBEE CT	CO	36	B3
CARRIGAN CT	WSAC	51	A6
CARRINGTON CT	PLCO	13B	D3
CARRINGTON ST	SAC	55	A3
CARRISA WY	CO	38	B3
CARRO DR	CO	55	D3
CARROLL AV	SAC	34	D1
CARROLL LN	CO	56	D1
CARROLL RD	CO	120	E7
CARROLL ST	CO	120	B7
CARROLL ST	CO	122	B1
CARROTWOOD CT	SAC	73	C7
CARROUSEL LN	SAC	53	E4
CARRWOOD ST	CO	18	D5
CARSON AV	AUB	13D	C1
CARSON CT	FOL	22	D6
CARSON WY	CO	37	D2
CARSON HILL PL	CO	42	C1
CARTA CT	CO	55	D3
CARTER RD	CO	56	C1
CARTHAGE CT	SAC	76	C2
CARTHY WY	CO	76	C4
CARY DR	PLCO	13B	D4
CASA CT	CO	39	E5
CASA ALEGRE	CO	39	A1
CASA BELLA WY	CO	18	A3
CASA BLANCA	CO	39	A5
CASA DL ESTE WY	SAC	76	B2
CASA DEL ORO WY	ROCK	15B	A5
CASA DEL SOL WY	SAC	76	B2
CASADO DR	GALT	148	E7
CASADO DR	GALT	150	E1
CASA GRANDE AV	ROCK	15B	A4
CASA GRANDE CT	ROCK	15B	A4
CASA GRANDE WY	CO	76	B3
CASA LINDA DR	SAC	73	B6
CASA LOMA WY	CO	39	C7
CASALS ST	CO	56	B7
CASA NUESTRA WY	CO	38	E3
CASA ROBLES RD	EDCO	24	B6
CASA ROSA WY	CO	36	E7
CASA ROSA WY	CO	38	E1
CASA VISTA DR	PLCO	15C	B4
CASCADE RD	CO	38	B5
CASCADE FLLS DR	FOL	21	D1
CASELLI CIR	SAC	73	D6
CASELMAN RD	CO	79	B1
CASEY CT	PLCO	13C	E6
CASEY CT	SAC	32	C4
CASH CT	CO	17	A7
CASIANO CT	SAC	73	C6
CASILADA WY	SAC	53	C5
CASIMER CT	CO	59	B4
CASITA AV	CO	39	B7
CASITA WY	SAC	52	C5
CASITAS BONITO	CO	37	E7
CASLAN AV	CO	40	D2
CASMALIA WY	CO	56	A3
CASPER CT	CO	78	D1
CASPIANE WY	CO	56	D5
CASSADY WY	CO	41	B1
CASSANDRA WY	CO	56	E7
CASSANDRA WY	CO	58	E6
CASSANDRA WY	CO	59	A7
CASSANDRA WY	CO	61	A1
CASSELL LN	LMS	15C	C4
CASSELMAN DR	WSAC	51	C1
CASSELMAN RD	CO	79	C1
CASSELMAN ST	FOL	44	B2
CASSIE HILL PL	CO	42	D1
CASSINI WY	CO	17	D4
CASTANO WY	SAC	72	C6
CASTEC DR	CO	56	A2
CASTEC WY	EDCO	23	E3
CASTELLEJA CT	CO	38	D6
CASTEN LN	CO	21	C4
CASTILIAN CT	CO	17	D7
CASTILLO CT	CO	17	C5
CASTINE CT	CO	56	C5
CASTLE CT	ROS	16A	E3
CASTLE CT	WSAC	51	B2
CASTLE LN	PLCO	14B	E1

STREET	CITY	PG. NO.	SEE
CASTLE ST	CO	39	D2
CASTLEBAR WY	CO	58	C3
CASTLEBERRY CIR	CO	16A	C6
CASTLEBROOK RD	EDCO	26A	D6
CASTLEGLEN WY	CO	39	D5
CASTLE HILL CT	CO	37	D4
CASTLEMONT CIR	CO	21	B7
CASTLEMONT CIR	CO	43	B1
CASTLE PARK DR	CO	99	B2
CSTLE CK RCH RD	PLCO	13C	E6
CASTLE RIVER WY	SAC	72	B4
CASTLE ROCK WY	CO	79	A1
CASTLEWOOD DR	CO	37	E4
CASTLEWOOD ST	ROCK	15B	D4
CASTRO WY	SAC	51	E7
CASTRO WY	SAC	52	A7
CASTRO WY	SAC	54	B1
CASUARNIA CT	CO	16A	C7
CASUARNIA CT	CO	17	D1
CATALA WY	SAC	54	D1
CATALINA CT	ROS	16A	E6
CATALINA DR	CO	38	B4
CATALPA CT	LMS	14A	D4
CATALPA DR	CO	16A	E7
CATAMARAN DR	CO	17	B3
CATANIA WY	CO	56	D5
CATAWBA WY	CO	41	D6
CATBOAT CIR	CO	17	B3
CATHAY WY	CO	38	B7
CATHCART AV	SAC	34	C1
CATHEDRAL CT	CO	55	D3
CATLEN WY	SAC	72	C4
CATLETT RD	PLCO	L	E1
CATLIN CT	FOL	22	D5
CATSKILL WY	SAC	37	C1
CATTAIL CT	SAC	33	E4
CATTLE DR	SAC	31	E7
CATTLE DR	SAC	32	A7
CATTLE DR	SAC	33	E1
CATTLE DR	SAC	34	A1
CAVA CT	CO	55	D3
CAVALCADE CIR	SAC	72	B3
CAVALIER DR	SAC	74	E1
CAVALLI WY	CO	40	B3
CAVALLO REAL WY	CO	36	E5
CAVALRY CT	CO	18	C5
CAVAN DR	CO	17	B6
CAVANAUGH WY	SAC	53	D2
CAVENDISH WY	CO	79	A2
CAVITT&STLMN RD	PLCO	15B	E7
CAVITT&STLMN RD	PLCO	15C	A6
CAVITT&STLMN RD	PLCO	16B	D2
CAXTON CT	CO	12	C6
CAYENTE WY	CO	38	B7
CAYO CT	CO	88	C3
CAYUGA CT	CO	18	E2
CAYUSE WY	CO	76	A6
CAYWOOD CT	CO	17	B4
CAZADERO WY	SAC	54	A6
CAZADOR	CO	69	E7
CAZADOR	CO	88	E1
C-BAR-C LN	CO	18	C2
CEBRIAN ST	WSAC	51	A6
CECATRA DR	CO	101	A5
CECILE WY	CO	58	C1
CECILYN WY	SAC	72	B6
CEDAR CIR	FOL	21	E2
CEDAR CIR	FOL	22	A2
CEDAR CT	WSAC	53	C3
CEDAR DR	CO	16A	D7
CEDAR DR	CO	17	E1
CEDAR ST	AUB	13D	C1
CEDAR ST	LMS	14A	D6
CEDAR ST	ROCK	15B	C3
CEDAR ST	ROS	16A	D2
CEDAR ST	WSAC	51	A3
CEDARBROOK WY	SAC	72	D7
CEDAR CREEK WY	CO	39	E1
CEDAR CREST WY	SAC	57	D1
CEDAR GROVE CT	SAC	72	B5
CEDARGROVE DR	CO	58	D3
CEDARHURST CT	EDCO	26A	D7
CEDARHURST CT	EDCO	26B	D1
CEDARHURST WY	CO	39	B2
CEDARIDGE WY	CO	56	C5

CEDAR OAKS DR

1988 SACRAMENTO COUNTY STREET INDEX

191

CLINTON RD

STREET	CITY	PG. NO.	SEE
CEDAR OAKS DR	PLCO	16C	C2
CEDAR RIVER CT	CO	42	B2
CEDAR RIVER WY	SAC	71	E4
CEDAR RIVER WY	SAC	72	A4
CEDAR ROCK CIR	SAC	73	D7
CEDAR SPGS WY	SAC	75	C2
CEDAR TREE WY	SAC	72	D6
CEDARWOOD LN	CO	16B	B7
CEDARWOOD LN	CO	18	D1
CEDARWOOD ST	ROCK	15B	D4
CEDARWOOD WY	SAC	73	E6
CEDRO CIR	SAC	33	D3
CELEBRITY ST	SAC	74	E1
CELERY CT	CO	97	B5
CELESTE CT	CO	96	B4
CELESTIAL WY	PLCO	13B	C3
CELESTIAL WY	CO	40	A1
CELIA AV	CO	76	C4
CELINE DR	CO	40	B1
CELITO CT	CO	97	B3
CELTIC WY	CO	97	A5
CEMENT WY	CO	8	A5
CEMO CIR	CO	42	B2
CENACLE LN	CO	38	E6
CENTAUR CT	CO	59	B5
CENTENNIAL WY	CO	12	E4
CENTER PKWY	CO	73	D5
CENTER PKWY	SAC	76	A7
CENTER PKWY	SAC	78	A1
CENTER ST	AUB	13D	D1
CENTER ST	CO	143	D5
CENTER ST	ROCK	15B	C3
CENTER ST	ROS	16A	E1
CENTER ST	YCO	92	B4
CENTER MALL WY	CO	76	A5
CENTINELLA DR	CO	12	A4
CENTRAL AV	CO	6	A3
CENTRAL AV	CO	18	C5
CENTRAL AV	CO	21	C5
CENTRAL AV	CO	40	B5
CENTRAL AV	PLCO	10	E1
CENTRAL AV	PLCO	16A	A2
CENTRAL PARK CT	CO	18	E5
CENTURION CIR	CO	17	C6
CENTURY	CO	18	C7
CENTURY WY	CO	40	C1
CERES CT	FOL	22	B7
CERES WY	CO	38	C6
CEREZO DR	CO	21	A6
CERRITO DR	FOL	22	C4
CERRO CIR	ROCK	15B	B1
CERROMAR CIR	CO	18	D6
CERRO VISTA CT	PLCO	14B	B6
CERVANTES DR	CO	42	A3
CESPITOSE CT	SAC	32	A7
CESPITOSE CT	SAC	34	A1
CESSNA DR	CO	17	D3
CESSNA DR	EDCO	26A	D4
CHABLIS WY	CO	97	D7
CHABOLYN WY	CO	40	A2
CHABOT DR	CO	16A	C6
CHAD CT	CO	59	A3
CHADSWORTH WY	CO	38	C1
CHALLENGE WY	SAC	37	B7
CHALLIS CT	CO	18	A5
CHALMERS CT	CO	97	C5
CHALMETTE CT	ROCK	15B	A4
CHAMBERLAIN AV	AUB	13D	C1
CHAMBERLAIN RD	PLCO	G	E6
CHAMBERLAIN WY	CO	36	D7
CHAMISE CT	CO	43	C1
CHAMPLAIN LN	CO	39	C6
CHMPION OAKS DR	ROS	16B	B6
CHANA DR	AUB	13D	C1
CHANCE LN	PLCO	16A	D5
CHANCELLOR AV	ROS	16B	A5
CHANCERY CT	CO	18	A6
CHANCERY WY	CO	56	D3
CHANDLER DR	CO	76	C4
CHANEY CT	CO	39	D7
CHANNEL CT	CO	37	E6
CHANNEL DR	WSAC	51A	B7
CHANNEL HILL LN	PLCO	13B	E4
CHANNEL HILL RD	PLCO	13B	E4
CHANNING DR	CO	12	A5

STREET	CITY	PG. NO.	SEE
CHANNING WY	AUB	13D	D2
CHANTILLY LN	CO	77	A6
CHANTRY HILL RD	PLCO	13C	D5
CHAPARRAL CT	ROCK	15B	D2
CHAPARRAL LN	PLCO	13C	A1
CHAPARRAL WY	CO	40	A2
CHAPARRAL WY	WSAC	51	B2
CHAPEL WY	CO	36	C1
CHAPELVIEW LN	CO	17	C6
CHAPIN WY	CO	54	E7
CHAR AV	CO	18	E7
CHARBONO WY	CO	41	E7
CHARCREST CT	CO	40	A5
CHARDON CT	CO	76	E5
CHARDONAY DR	CO	41	D6
CHARGENE WY	SAC	53	D4
CHARITO LN	EDCO	26A	C5
CHARLAURA CT	CO	76	D4
CHARLEMAGNE DR	CO	77	A6
CHARLENE WY	CO	18	B1
CHARLES AV	CO	6	C7
CHARLES AV	CO	8	C1
CHARLES ST	WSAC	33	B7
CHARLES ST	WSAC	51	B1
CHARLESTON CIR	ROS	16B	A4
CHARLESTON DR	CO	39	C5
CHARLOTTE LN	CO	37	D4
CHARLOTTE WY	CO	16B	A7
CHARMAN CT	FOL	22	E4
CHARMAN CT	FOL	25	A5
CHARMETTE WY	SAC	78	A3
CHAROLAIS WY	CO	17	E3
CHAROLAIS WY	CO	18	A3
CHART CT	SAC	72	A6
CHARTERS CT	CO	59	D3
CHARWOOD LN	CO	17	B6
CHASE DR	CO	41	C6
CHASSELLA WY	CO	41	D6
CHASTAIN ST	CO	21	A5
CHATEAU CT	CO	76	C5
CHATFIELD DR	CO	77	A4
CHATHAM ST	ROCK	15B	A1
CHATHAM WY	CO	17	C5
CHATTANOOGA CT	CO	58	E1
CHAUCER CT	CO	56	D2
CHAUNCEY WY	CO	43	B1
CHECKERBLOOM WY	CO	18	C3
CHEER CT	CO	97	B5
CHELSEA CT	FOL	21	E3
CHELSEA CT	FOL	22	A3
CHELSEA CT	ROCK	15B	C1
CHELSEA CT	ROS	16B	A6
CHELSEA PL	ROCK	15B	C1
CHELSEA RD	EDCO	26A	B6
CHELSEA WY	CO	55	E1
CHELSEA WY	ROS	16B	A6
CHELTENHAM WY	CO	17	B5
CHEMO RIVER CT	CO	42	A2
CHENERY CT	FOL	25	B7
CHENERY CT	FOL	47	B1
CHENIN BLANC LN	CO	40	C1
CHENNAULT CT	SAC	35	B5
CHENU AV	CO	37	E4
CHERBOURG DR	CO	12	D2
CHERI CT	ROCK	15B	C2
CHEROKEE LN	CO	127	C6
CHEROKEE LN	CO	149	C6
CHEROKEE LN	PLCO	14B	E2
CHEROKEE RD	SJCO	151	C3
CHEROKEE TR	PLCO	14B	A4
CHEROKEE WY	CO	36	E1
CHERRELYN WY	CO	39	B2
CHERRI LYNN AV	CO	8	C4
CHERRINGTON LN	CO	82	C7
CHERRINGTON LN	CO	100	B1
CHERRY AV	AUB	13D	D1
CHERRY AV	CO	16B	D7
CHERRY AV	CO	16C	A7
CHERRY AV	CO	21	A1
CHERRY LN	CO	8	E5
CHERRY LN	CO	11	A4
CHERRY LN	PLCO	13C	D5
CHERRY RD	CO	86	E5
CHERRY ST	ROS	16A	D3
CHERRYBLOSSM LN	CO	16B	B7

STREET	CITY	PG. NO.	SEE
CHERRYBLOSSM LN	CO	18	C1
CHERRY BROOK DR	CO	9	B7
CHERRY CREEK CT	CO	17	D7
CHERRY CREST CT	CO	96	E4
CHERRY CREST CT	CO	97	A4
CHERRY GLEN AV	CO	16A	D7
CHERRYHILLS WY	CO	40	A3
CHERRYTREE AV	CO	17	D7
CHERRYWOOD CIR	SAC	78	B3
CHERTSEY CT	CO	59	B4
CHERYL CT	FOL	22	C5
CHERYL LN	CO	39	E7
CHERYL WY	SAC	73	B7
CHERYL WY	SAC	75	B1
CHESAPEAKE DR	ROS	16B	A6
CHESAPEAKE LN	CO	36	B4
CHESBRO CIR	CO	89	A2
CHESHIRE WY	CO	18	A7
CHESLINE DR	CO	39	D1
CHESNEY WY	CO	8	E2
CHESTER DR	CO	83	A5
CHESTER LN	ROCK	15B	B4
CHESTER ST	WSAC	51	B7
CHESTERFIELD WY	FOL	44	C1
CHESTER RIV CT	CO	42	A2
CHESTNUT AV	CO	21	B7
CHESTNUT HIL DR	SAC	55	D7
CHESTNUT HIL DR	SAC	57	D1
CHESTWALL ST	CO	21	B6
CHETTENHAM DR	CO	59	D3
CHETWOOD WY	SAC	72	D2
CHEVAL CT	CO	17	D2
CHEVY CHASE WY	CO	73	D3
CHEYENNE CT	CO	9	E7
CHEYENNE CT	ROS	16B	B3
CHEYENNE LN	PLCO	13D	B2
CHIANTI CT	CO	41	E6
CHIANTI WY	CO	40	B1
CHIANTI WY	CO	97	D7
CHICA WY	CO	56	B1
CHICAGO AV	CO	40	C2
CHICKADEE CT	SAC	71	E4
CHICORY CT	CO	12	E2
CHIEF CT	SAC	33	E3
CHIGNAHUAPAN WY	ROS	16A	B2
CHIKAMI CT	CO	18	E5
CHIKAMI CT	CO	21	A5
CHILHAM WY	CO	56	B4
CHILI HILL RD	PLCO	13A	A7
CHILI HILL RD	PLCO	13C	C1
CHINA GARDEN RD	ROCK	15B	C5
CHINA LAKE WY	CO	79	A1
CHINA WELL RD	PLCO	13A	C4
CHINOOK AV	CO	17	A6
CHINQUAPIN WY	PLCO	13B	D5
CHINQUAPIN WY	SAC	75	D3
CHIPLAY ST	SAC	56	A7
CHIPLAY ST	SAC	58	A1
CHIPMUNK WY	CO	18	B1
CHIPPENDALE DR	CO	36	D2
CHIPPENDALE WY	ROS	16B	C4
CHIPPEWA CT	CO	10	A7
CHIPPING WY	CO	17	D7
CHIPPING WY	CO	39	E1
CHIPWOOD WY	CO	18	C4
CHIQUITA WY	CO	41	C2
CHISHOLM TR	GALT	150	E2
CHISUM AV	CO	8	C6
CHISUM CT	ROS	16A	C2
CHISWELL WY	CO	59	B4
CHIVALRY WY	CO	17	E4
CHOCTAW CT	CO	10	A7
CHRIS AV	CO	76	C4
CHRIS CT	PLCO	16C	D1
CHRIS LN	CO	16B	C7
CHRIS ANN CT	CO	39	A1
CHRISTENSEN RD	CO	148	A3
CHRISTENSEN RD	CO	150	A1
CHRISTIAN LN	PLCO	15C	E7
CHRSTIAN VLY RD	PLCO	H	B5
CHRISTIE CT	SAC	37	B1
CHRISTINA CT	PLCO	16C	B1
CHRISTINA WY	CO	36	E5
CHRISTINA WY	CO	39	A5
CHRISTINE DR	SAC	34	C2

STREET	CITY	PG. NO.	SEE
CHRISTOPHER CT	ROCK	15B	A5
CHRISTOPHER LN	FOL	21	E1
CHRISTOPHER LN	FOL	22	A1
CHRISTOPHER WY	SAC	52	E7
CHRISTOPHER WY	SAC	55	A7
CHRISTY LN	PLCO	16C	C3
CHRISTYLYN WY	CO	126	B7
CHRISTYLYN WY	CO	148	B1
CHRISWOODS CT	CO	78	C1
CHUBBUCK CT	CO	42	D1
CHUCK CT	CO	9	C6
CHUCKWAGON DR	SAC	34	A1
CHULA VISTA DR	CO	17	E5
CHURCH AV	CO	37	C2
CHURCH LN	CO	17	E2
CHURCH LN	CO	18	A2
CHURCH RD	AUB	13B	D7
CHURCH ST	PLCO	14B	A1
CHURCH ST	ROS	16A	D2
CHURCHILL RD	CO	55	E1
CIBOLA WY	SAC	57	A5
CID LN	CO	104	D3
CIERVO CT	SAC	33	D3
CILKER RIVER WY	CO	42	A3
CIMARRON WY	CO	12	E5
CIMARRON WY	PLCO	16B	E2
CIMMARON CIR	FOL	22	C4
CIMMARON CT	GALT	148	D2
CIMMARRON CT	EDCO	26A	C1
CIMMARRON RD	EDCO	26A	C1
CIMMERON CT	ROCK	15B	C1
CINA WY	CO	17	E1
CINA WY	CO	18	A1
CINDER CT	SAC	72	C3
CINDY CIR	ROS	16B	A3
CINDY CT	ROS	16B	A3
CINDY LN	GALT	150	C1
CINDY ST	SAC	57	B7
CINNABAR CT	CO	56	D7
CINNABAR CT	ROS	15A	E7
CINNAMON CIR	CO	17	D7
CIRANO CT	CO	78	E7
CIRBY WY	ROS	16A	C5
CIRBY WY	ROS	16B	A5
CIRBY WY N	ROS	16B	B5
CIRBY WY S	ROS	16B	B5
CIRBY HILLS DR	ROS	16A	D5
CIRBY OAKS CT	ROS	16A	D5
CIRBY OAKS WY	ROS	16A	D5
CIRCLE DR	AUB	13D	C1
CIRCLE DR	LMS	14A	D7
CIRCLE PKWY	CO	73	E4
CIRCLE PKWY	CO	76	A5
CIRCLE ST	WSAC	51	C5
CIRCLET WY	CO	17	C3
CIRCUIT CT	ROCK	15B	D2
CIRCUIT DR	CO	17	E5
CIRCUIT DR	ROCK	15B	D2
CIRCUIT DR	ROS	16A	D2
CIRCUS CT	CO	58	C2
CIRO CT	CO	17	D4
CIRO WY	CO	54	A1
CISCO CIR	SAC	55	B3
CITADEL WY	SAC	55	D7
CITADEL WY	SAC	57	D1
CITATION WY	CO	4	A4
CITRON CT	CO	10	A6
CITRUS AV	CO	76	B7
CITRUS AV	ROCK	15B	D1
CITRUS RD	CO	40	B7
CITRUS RD	CO	42	B5
CITRUS ST	WSAC	51	A1
CITRUS COLNY RD	PLCO	14A	C3
CITRUSWOOD LN	CO	16B	B7
CITRUSWOOD LN	CO	18	D1
CITY CT	SAC	33	E4
CIVIC DR	GALT	148	E7
CLAIBORNE	ROS	16A	E3
CLAIBORNE WY	CO	43	B1
CLAIBORNE WY	SAC	71	E4
CLAIM CT	FOL	22	D5
CLAIMS	SAC	32	D4
CLAIMSTAKE CT	CO	9	B7
CLAIMSTAKE CT	CO	11	B1
CLAIR DR	CO	39	E7

STREET	CITY	PG. NO.	SEE
CLAIRE AV	SAC	32	D2
CLAIRE AV E	SAC	35	A2
CLAIRE CT	CO	38	C3
CLAIRIDGE WY	CO	38	B2
CLAIRDGE OAK CT	CO	38	B3
CLANCYS CT	CO	97	B7
CLANCYS CT	CO	99	B1
CLANTON CT	CO	76	D6
CLARA WY	CO	12	A5
CLARE CASTLE CT	CO	58	C4
CLAREMONT RD	CO	41	A5
CLAREMONT WY	SAC	53	E5
CLARENDON ST	WSAC	51	B5
CLARENDON WY	CO	38	E5
CLARENDON WY	CO	41	A5
CLARICE LN	ROS	16A	E4
CLARITA CT	CO	104	A5
CLARITY CT	CO	12	D3
CLARK AV	CO	38	E3
CLARK AV	CO	41	A3
CLARK CT	SAC	35	B6
CLARK ST	AUB	13D	C2
CLARK FORK LN	CO	18	C1
CLARKSBURG AV	YCO	92	A5
CLARKSON CT	SAC	35	A7
CLARKSVILLE RD	CO	44	E2
CLARKSVILLE RD	CO	47	A3
CLARKSVILLE RD	EDCO	26	D4
CLARK TUNNEL RD	PLCO	H	A7
CLARK TUNNEL RD	PLCO	13C	A7
CLARK TUNNEL RD	PLCO	14B	A1
CLARON CT	SAC	33	D1
CLASSIC PL	CO	41	A6
CLAUDIA CT	WSAC	53A	E2
CLAUDIA DR	SAC	53	E6
CLAUDIA WY	SAC	57	D2
CLAUSS CT	SAC	54	E5
CLAUSSEN WY	CO	12	B5
CLAY ST	SAC	32	E7
CLAY ST	SAC	34	E2
CLAY ST	SAC	35	A7
CLAY ST	SAC	37	A2
CLAY BASKET DR	CO	17	B5
CLAYDON WY	CO	56	B4
CLAY EAST RD	CO	129	C5
CLAY EAST RD	CO	132	A5
CLAYPOOL WY	CO	16B	B7
CLAYPOOL WY	CO	18	D1
CLAY STATION RD	CO	104	D3
CLAY STATION RD	CO	107	B6
CLAY STATION RD	CO	129	B4
CLAY STATION RD	CO	131	A5
CLAY STATION RD	CO	153	A5
CLAYTON DR	LMS	14A	C5
CLEAN ST	CO	43	A2
CLEAR CIR	CO	38	D5
CLEAR CREEK CT	CO	18	B5
CLEARFIELD WY	CO	38	D6
CLEARLAKE WY	CO	56	C5
CLEAR RIVER CT	SAC	72	A4
CLEAR VIEW DR	CO	16A	E7
CLEAR VIEW DR	CO	18	A1
CLEARWATER DR	CO	17	A6
CLEAR WOOD WY	CO	36	C3
CLEARY DR	PLCO	13B	E4
CLEMENS WY	CO	56	A5
CLEMENT CIR	CO	76	C6
CLEMENTIA CIR	CO	89	A2
CLENDENEN WY	CO	58	D3
CLEO WY	SAC	37	B3
CLEVELAND AV	AUB	13D	D1
CLEVELAND AV	SAC	34	B4
CLICKER CT	WSAC	53A	E3
CLIFFORD CT	CO	40	E2
CLIFFORD CT	CO	43	A2
CLIFFSIDE LN	CO	43	A6
CLIFFWOOD WY	SAC	56	A7
CLIFFWOOD WY	SAC	58	A1
CLIFTON CT	FOL	21	E3
CLIFTON RD	SAC	57	D3
CLINA WY	ROS	16B	A4
CLING CT	CO	97	B5
CLINGER CT	SAC	35	B4
CLINTON AV	ROS	16A	D4
CLINTON RD	CO	37	D7

SACRAMENTO CO.

INDEX

1988 SACRAMENTO COUNTY STREET INDEX

STREET	CITY	PG. NO.	SEE
CLINTON RD	CO	55	D1
CLINTON WY	CO	39	E7
CLIPPER CT	ROS	16B	A5
CLIPPER WY	SAC	72	B1
CLIPPER GAP DR	CO	42	C2
CLONMEL CT	CO	79	B5
CLOTHIER WY	CO	36	D4
CLOUDCROFT WY	CO	18	D6
CLOUDVIEW DR	SAC	33	D2
CLOUDY LN	PLCO	13A	A7
CLOVE CT	SAC	75	E4
CLOVE CT	SAC	78	A4
CLOVELY LN	CO	77	A3
CLOVER LN	CO	37	D1
CLOVERDALE CIR	ROS	16B	C6
CLOVERDALE CT	ROS	16B	C6
CLOVERDALE LN	CO	38	E5
CLOVER FIELD WY	CO	54	E7
CLOVER FIELD WY	CO	73	E1
CLOVER GLEN WY	CO	54	E7
CLOVER GLEN WY	CO	73	E1
CLOVER HILL CT	SAC	75	E2
CLOVER HILL LN	CO	40	B5
CLOVERLEAF WY	CO	16A	C7
CLOVER MANOR WY	CO	54	E7
CLOVER VLY RD	PLCO	14A	B5
CLOVER VLY RD	ROCK	14A	A7
CLOVER VLY RD	ROCK	15B	C1
CLOVER VLY RD N	PLCO	14A	B1
CLOVER WOODS CT	CO	76	C7
CLOVIS CT	CO	18	B2
CLOYD ST	SAC	34	C2
CLUB LN	CO	36	A7
CLUB LN	CO	38	A1
CLUB HOUSE DR	CO	42	B4
CLUB HOUSE DR	SAC	73	C4
CLUBHOUSE LN	CO	86	A6
CLUNIE DR	CO	55	E5
CLYDE CT	SAC	52	E2
CLYDESDALE CT	CO	97	C5
CLYTIE WY	CO	38	C6
CMD CT	CO	99	C4
COACH LN	EDCO	26B	E2
COACHLITE WY	SAC	72	B3
COACHMAN WY	CO	17	D4
COAN LN	CO	21	A5
COARSE GOLD PL	CO	40	C7
COASTAL CT	SAC	71	E5
COASTAL CT	SAC	72	A5
COAST OAK WY	CO	16B	B7
COBALT CT	ROCK	15B	C1
COBALT WY	CO	17	D3
COBBLE	SAC	32	D4
COBBLE COVE LN	SAC	72	B7
COBBLEOAK CT	CO	42	A4
COBBLEOAK WY	FOL	22	A4
COBBLEROCK DR	CO	42	A7
COBBLE SHORS DR	SAC	72	C7
COBBLESTONE DR	CO	42	A4
COBBLESTONE DR	ROCK	15B	A1
COBBLESTONE WY	CO	17	D2
COBBLEWOOD CT	CO	58	E2
COBRA CT	CO	17	B1
COCHISE CT	CO	41	E7
COCHRAN DR	CO	62	A3
COCLEBUR DR	SAC	78	A5
COCO LN	CO	12	A7
COCO LN	CO	36	A1
COCOA PALM WY	CO	40	C2
CODA LN	CO	41	A6
CODMAN LN	CO	40	B3
CODY CT	ROS	15A	D7
CODY WY	CO	38	A5
COED LN	CO	76	D6
COEFIELD RD	PLCO	13A	D7
COFFEE LN	CO	36	C3
COFFEE BERRY CT	FOL	21	E4
COG CT	SAC	78	C3
COHN VALLEY WY	FOL	21	E5
COHO CT	CO	56	B6
COIL CT	CO	12	B6
COKE ST	WSAC	51	A4
COKER CT	SAC	55	E7
COKER CT	SAC	57	E1
COLBURN ST	PLCO	6	C3
COLBY CT	SAC	55	C5
COLBY WY	CO	39	B5
COLD SPRINGS DR	PLCO	H	D5
COLD SPRINGS RD	EDCO	M	D2
COLD STREAM CT	CO	42	D2
COLD STREAM RD	PLCO	13A	A1
COLE AV	CO	41	B2
COLEEN CT	CO	38	A1
COLEMAN	CO	18	E5
COLEMAN	CO	21	A5
COLEMAN WY	SAC	54	B3
COLETTE WY	CO	12	B5
COLFAX ST	SAC	34	C3
COLFAX ST	SAC	34	C6
COLFAX IOWA HLL	PLCO	H	D3
COLGATE CT	SAC	72	D1
COLINA LN	CO	88	D4
COLIN KELLY DR	PLCO	10	C5
COLISEUM WY	CO	41	E4
COLLEEN CT	WSAC	53A	E2
COLLEGE AV	SAC	54	A2
COLLEGE WY	AUB	13D	D2
COLLEGE GRDN LN	CO	55	C4
COLLEGEGLEN WY	CO	93	C5
COLLEGE OAK DR	CO	36	D4
COLLEGE TOWN DR	SAC	55	C7
COLLEGE VIEW WY	CO	36	E5
COLLEGIALITY WY	CO	18	C1
COLLIER RD	SJCO	151	A6
COLLIER RD	SJCO	154	B6
COLLIER RD	SJCO	155	B6
COLLINGS RD	CO	103	B3
COLLINGWOOD ST	SAC	73	A7
COLLINS DR	PLCO	13B	C7
COLNAR ST	ROS	16A	E3
COLOGNE LN	CO	17	E1
COLOMA RD	CO	41	D5
COLOMA RD	CO	42	A3
COLOMA RD	EDCO	M	D1
COLOMA ST	FOL	22	A6
COLOMA WY	ROS	16A	E4
COLOMA WY	SAC	55	A4
COLONEL RD	CO	36	E7
COLONEL RD	CO	39	A7
COLONIAL CT	ROS	16B	C6
COLONIAL DR	PLCO	13B	C3
COLONIAL PKWY	ROS	16B	C5
COLONIAL WY	SAC	52	D7
COLONIAL WY	SAC	54	D1
COLONNADE WY	CO	9	B7
COLONNADE WY	CO	11	B1
COLONY LN	LMS	14A	D6
COLONY RD	CO	101	D7
COLONY RD	CO	103	E6
COLONY RD	CO	125	E7
COLONY WY N	CO	16A	E7
COLONY HILL LN	CO	103	E1
COLONY HILL LN	CO	106	A1
COLORADO ST	CO	41	A2
COLT DR	GALT	148	C7
COLT DR	GALT	150	C1
COLTON AV	CO	97	B6
COLUMBIA AV	ROS	16A	E2
COLUMBIA DR	CO	56	C3
COLUMBINE WY	CO	39	A2
COLUMBUS AV	SAC	34	B5
COLUSA WY	CO	12	E7
COLVIN CT	CO	39	D2
COLVIN DR	LMS	14A	D5
COLVIN DR S	LMS	14A	D5
COLWELL RD	PLCO	14A	D2
COMANCHE WY	CO	12	A1
COMBIE RD	PLCO	H	C5
COMET CT	CO	59	B5
COMFORT CT	CO	41	B2
COMMERCE CIR	SAC	34	C7
COMMERCE DR	ROS	16A	C5
COMMERCIAL ST	AUB	13D	C2
COMMERCIAL WY	SAC	52	A7
COMMODORE CT	SAC	35	B5
COMMODORE LN	SAC	35	B5
COMMONS DR	SAC	55	C6
COMMONWEALTH AV	SAC	51	C3
COMMONWEALTH DR	CO	12	A1
COMMUNITY DR	CO	17	E4
COMMUNITY DR	CO	18	A4
COMMUNITY DR	ROS	16A	D5
COMPADRE CT	CO	39	D4
COMPONENT WY	CO	12	D2
COMPTCHE CIR	CO	39	A5
COMPTON CT	CO	41	D4
COMSTOCK	CO	36	D7
COMSTOCK CT	ROCK	15B	B3
COMSTOCK DR	FOL	22	A7
COMSTOCK LN	PLCO	13D	A7
COMSTOCK ST	PLCO	15B	B3
COMSTOCK WY	CO	38	D1
CONBAR CT	SAC	56	A7
CONCERT WY	CO	12	E4
CONCETTA WY	CO	38	C1
CONCHO CT	CO	39	A3
CONCORD DR	CO	40	B4
CONCORD RD	SAC	57	C5
CONCORD RIV CT	CO	42	A2
CONDESA DR	CO	58	C2
CONDOR CT	CO	38	D1
CONDOR CT	ROS	16B	B5
CONE CT	ROCK	15B	C5
CONEJO	CO	69	D7
CONEJO	CO	88	D1
CONFIDENCE CT	CO	40	C7
CONGRESS AV	SAC	34	E1
CONGRESS AV	SAC	37	A1
CONIFER WY	SAC	35	C7
CONKLIN CT	CO	12	D1
CONLEY RD	CO	127	C4
CONLEY RD	CO	130	B4
CONNECTICUT DR	CO	36	E3
CONNECTICUT DR	CO	39	A3
CONNECTICUT WY	CO	39	A3
CONNECTOR ST	CO	73	C3
CONNEMARA CIR	CO	17	C7
CONNESS WY	CO	12	E6
CONNIE CT	LMS	14A	D4
CONNIE DR	SAC	37	B2
CONOVER DR	CO	16B	B6
CONQUISTADOR CT	PLCO	16C	D2
CONRAD DR	CO	76	C4
CONROY LN	ROS	16A	E4
CONSERVATION RD	CO	61	A2
CONSTANCE LN	SAC	53	D4
CONSTELLATON WY	CO	36	E2
CONSTITUTION AV	CO	36	B1
CONSTITUTION AV	WSAC	53A	E2
CONSTITUTION CT	ROS	16A	B1
CONTADA CT	ROS	16A	E6
CONTA LOMA BL	CO	182	D7
CONTEMPO DR	CO	58	D1
CONTEMPORARY CT	CO	97	B5
CONTENTE WY	CO	96	B4
CONTINENTAL WY	CO	39	E7
CONVAIR WY	CO	17	C2
CONVENTION LN	SAC	76	A1
CONWAY CT	SAC	56	A7
COOK	CO	58	D6
COOK AV	CO	17	E2
COOK AV	CO	18	A2
COOK ST	ROCK	15B	A1
COOKINGHAM WY	SAC	34	C2
COOK RIOLO RD	CO	10	E7
COOK RIOLO RD	CO	16A	A7
COOK RIOLO RD	CO	17	A1
COOK RIOLO RD	PLCO	10	E4
COOK RIOLO RD	PLCO	16A	A4
COOKSON CT	CO	17	C7
COOL CT	CO	36	C6
COOLBRITH ST	SAC	53	E7
COOLBRITH ST	SAC	72	E1
COOLFIELDS WY	CO	76	D7
COOLFIELDS WY	CO	78	D1
COOLIDGE WY	CO	41	E4
COOLLEY WY	CO	56	E1
COOL RIVER CT	SAC	72	A4
COOL WIND WY	SAC	72	A6
COOL WOODS WY	CO	77	A7
COOL WOODS WY	CO	79	A1
COOPER AV	SAC	73	C5
COOPER WY	CO	37	D7
COOPERSTON WY	CO	96	B2
COORS LN	PLCO	13B	E1
COOT AL	CO	17	A2
COPA CT	CO	17	B1
COPE LN	PLCO	13A	C2
COPELAND CT	CO	10	A6
COPENHAGEN LN	CO	38	D7
COPLEY CT	CO	40	E1
COPPER CT	ROCK	15B	C1
COPPER WY	ROS	16A	C1
COPPERFIELD WY	CO	56	D2
COPPER FOX CT	CO	18	A4
COPPER LEAF WY	SAC	32	D3
COPPER OAK CT	CO	18	A4
COPPER PENNY LN	PLCO	13A	E1
COPPERTREE WY	CO	36	C6
COPPERWOOD DR	CO	18	B3
CORA CT	CO	54	D7
CORA LN	AUB	13D	C2
CORABEL LN	CO	37	E3
CORAL DR	ROS	16A	E5
CORAL LN	SAC	37	A2
CORAL CREST CT	CO	97	A4
CORAL GABLES CT	SAC	73	B7
CORALIE WY	FOL	22	B7
CORAL OAK WY	CO	16B	A7
CORAL OAK WY	CO	18	C1
CORAL REEF CT	CO	17	C7
CORALWOOD WY	CO	58	C2
CORBIN WY	CO	59	B4
CORD WY	CO	79	A2
CORDANO WY	SAC	53	E1
CORDANO WY	SAC	54	A1
CORDELIA CIR	CO	16A	D7
CORDILLERA CT	FOL	22	C4
CORDONIZ CT	CO	18	E1
CORDOVA LN	CO	41	E5
CORDOVA LN	CO	42	A6
CORDOVA GLEN CT	CO	59	B2
CORDWELL CIR	ROS	15A	C7
CORE RD	CO	117	E1
CORE RD	CO	120	A1
CORFU DR	CO	82	D6
CORIANDER WY	SAC	72	A6
CORINNE DR	CO	40	E1
CORINNE DR	CO	43	A1
CORINTHIAN CIR	CO	56	D6
CORK CIR	SAC	54	A7
CORK CIR	SAC	73	A1
CORKOAKS WY	CO	16A	C7
CORKOAKS WY	CO	17	D1
CORK RIVER WY	SAC	72	A4
CORKWOOD CT	SAC	33	E4
CORKY LN	CO	94	D7
CORMORANT WY	SAC	37	B5
CORNADA CT	EDCO	26A	D2
CORNELIA WY	CO	12	B6
CORNELL RD	CO	150	E1
CORNELL RD	GALT	150	E1
CORNELL WY	SAC	72	D2
CORNERSTONE WY	CO	16A	B7
CORNWALL ST	CO	17	C4
CORODON CT	CO	143	D5
CORONA WY	CO	56	C2
CORONADO AV	ROS	16A	E1
CORONADO BLVD	CO	56	B2
CORONADO WY	ROCK	15B	A4
CORONATION CT	CO	8	D3
CORONET CT	CO	17	D3
COROVAL DR	SAC	33	C2
CORPORATE WY	SAC	72	C5
CORRAL CT	FOL	22	D6
CORRAL CT	GALT	148	C7
CORRAL PL	GALT	150	E2
CORREGIDOR ST	SAC	57	D6
CORSAIR DR	CO	55	E2
CORTA WY	CO	56	B1
CORTADERA DR	CO	18	D4
CORTE DL SOL CT	CO	97	A7
CORTE DL SOL CT	CO	99	A1
CORTE DORADO CT	CO	97	A7
CORTE DORADO CT	CO	99	A1
CORTE LEONE WY	CO	12	E4
CORTEZ	ROS	16A	D1
CORTEZ CT	EDCO	23	E5
CORTEZ LN	CO	37	D5
CORTINA CT	CO	88	C3
CORTLANDT DR	CO	56	B3
CORTO LN	CO	16A	C7
CORTRIGHT WY	CO	12	B3
CORVA WY	SAC	57	A5
CORVAIR ST	CO	36	B2
CORVET WY	CO	73	E2
CORVET WY	CO	76	A2
CORWIN CT	LMS	14A	D5
CORY CT	CO	38	D3
COSGROVE WY	SAC	72	E6
COSGROVE WY	SAC	73	A6
COSMUS AV	CO	56	A4
COSTA CT	WSAC	53A	E3
COSTA WY	CO	12	E7
COSTA MESA CIR	CO	12	C1
COSUMNES RD	CO	101	B7
COSUMNES RD	CO	103	B1
COTILLION WY	CO	17	D3
COTSWALD WY	CO	18	A6
COTTAGE DR	PLCO	13B	B3
COTTAGE WY	CO	37	D6
COTTAGE WY	CO	38	A5
COTTAGE PARK AV	CO	37	E6
COTTLE AV	CO	8	E2
COTTON LN	CO	78	C5
COTTONBALL WY	CO	76	D7
COTTONFIELD WY	CO	76	D7
COTTONGIN WY	CO	76	D7
COTTONGLEN WY	CO	76	D6
COTTONLEAF DR	CO	76	D6
COTTONMILL CIR	CO	76	D7
COTTONRIDGE CIR	CO	76	D6
COTTONTAIL TR	PLCO	15D	A3
COTTONTAIL WY	SAC	73	D6
COTTONTREE WY	CO	76	D6
COTTONWOOD CIR	PLCO	13B	C1
COTTONWOOD CT	ROCK	15B	C5
COTTONWOOD DR	ROS	16B	A4
COTTONWOOD LN	CO	76	E7
COTTONWOOD LN	CO	77	A7
COTTONWOOD LN	CO	78	E3
COTTONWOOD LN	CO	79	A3
COUEY LN	PLCO	13C	A6
COUGAR DR	SAC	76	C2
COUGAR HILLS WY	CO	12	B1
COUNT	CO	59	B3
COUNTESS	CO	59	B3
COUNTRY CT	PLCO	16C	C4
COUNTRY DR N	CO	10	B7
COUNTRY LN	CO	17	B6
COUNTRY LN	PLCO	13A	C6
COUNTRY PL	PLCO	16A	A2
COUNTRY PL	SAC	72	A2
COUNTRY RD	PLCO	15C	D4
COUNTRY WY	CO	59	C4
COUNTRY WY	CO	76	D7
COUNTRY WY	CO	78	D1
CNTRY ACRES LN	PLCO	L	E2
COUNTRY CLUB DR	EDCO	26B	A3
COUNTRY CLUB DR	EDCO	48	E3
COUNTRY CLUB LN	CO	37	E1
COUNTRY CLUB LN	CO	38	A1
COUNTRY CK DR	CO	16B	D7
COUNTRY DRY DR	CO	16B	C7
COUNTRYFIELD DR	CO	76	D7
COUNTRY GLEN CT	CO	78	E2
COUNTRY GRNS CT	CO	78	E1
CNTRY HAVEN CT	CO	36	B7
COUNTRY HILL DR	CO	79	C7
COUNTRY HILL DR	CO	97	C1
COUNTRY LAKE DR	CO	16B	C7
COUNTRY OAK CT	CO	99	C1
COUNTRY PARK CT	PLCO	16B	D6
COUNTRY PARK DR	PLCO	16B	C6
COUNTRY PARK DR	CO	76	D7
COUNTRY PARK DR	CO	78	D1
COUNTRY RIV WY	SAC	71	E6
COUNTRY RIV WY	SAC	72	A6
COUNTRYROADS DR	CO	56	E6
COUNTRY ROCK WY	CO	40	C7
COUNTRY SCEN WY	SAC	75	E2
COUNTRYSIDE WY	CO	59	B4
COUNTRY TR DR	CO	16B	C7
COUNTRY VIEW LN	CO	40	C3
COUNTRY VLLA CT	PLCO	13B	B3

1988 SACRAMENTO COUNTY STREET INDEX

STREET	CITY	PG. NO.	SEE
COUNTRY VLLA DR	PLCO	13B	B3
COUNTRY VIS LN	CO	18	E3
COUNTRY VIS LN	CO	40	C3
COUNTRYWOOD WY	CO	17	C7
COUNTRYWOODS LN	PLCO	16C	B6
COURT PKWY	CO	73	E5
COURT ST	AUB	13D	C2
COURTLAND RD	YCO	112	B4
COURTLAND RD	YCO	113	A4
COURTLAND RD N	YCO	112	C1
COURTLAND RD N	YCO	113	A1
COURVILLE CT	CO	18	C7
COVE CT	SAC	72	B3
COVENTRY DR	CO	17	C4
COVERED BRDG RD	CO	41	B5
COVERD WAGN CIR	CO	9	C6
COVERED WAGN CT	CO	56	E6
COVEWOOD CT	CO	17	B1
COVEY RD	PLCO	13B	E2
COVEY WY	EDCO	24	B4
COVINA LN	CO	76	D6
COVINGTON CT	CO	17	A4
COWAN CIR	CO	38	A2
COWBOY CT	CO	97	D6
COWDEN CT	CO	21	A6
COWGIRL CT	CO	97	D6
COX AV	CO	40	D5
COYLE AV	CO	39	B1
COYLE CREEK CIR	CO	39	D2
COYOTE CT	CO	18	C5
COZBY CT	CO	40	E1
CRABTREE CT	CO	39	D6
CRADLE BAR CT	FOL	22	D6
CRAFT CT	CO	18	C4
CRAIG AV	SAC	73	B7
CRAIG AV	SAC	75	B1
CRAIG CT	LMS	14A	D5
CRAIG ST	LMS	14A	D5
CRAIGHTON AV	CO	6	E7
CRAIGHURST DR	CO	12	B5
CRAIGMONT ST	SAC	37	B2
CRAIL CT	CO	18	B3
CRAMER RD	PLCO	H	B5
CRANBERRY CT	CO	16A	C7
CRANBERRY CT	CO	17	C1
CRANBROOK WY	CO	40	C1
CRANDALL AV	SAC	37	A2
CRANE CT	CO	37	D5
CRANFORD WY	CO	18	D4
CRANMORE CT	CO	18	B3
CRANOR DR	CO	41	E3
CRANSTON WY	SAC	72	E5
CRATER WY	CO	12	E5
CRATER HILL RD	PLCO	13A	C7
CRATER HILL RD	PLCO	13C	C1
CRAWFORD WY	CO	59	B4
CRAZY HORSE RD	EDCO	26B	B3
CREE WY	CO	10	B7
CREEK RD	CO	36	C4
CREEKBED LN	CO	17	B6
CREEKCREST CIR	CO	17	C7
CREEKFRONT LN	CO	16B	B7
CREEKFRONT LN	CO	18	D1
CREEK HAVEN WY	CO	17	C6
CREEKMONT WY	CO	17	C3
CREEKRIDGE LN	CO	18	D2
CREEKSIDE CIR	SAC	73	D7
CREEKSIDE CT	PLCO	16C	C1
CREEKSIDE CT	ROS	16A	E4
CREEKSIDE DR	ROCK	15B	D4
CREEKSIDE LN	CO	37	E3
CREEKSIDE LN	PLCO	14A	B1
CREEKSIDE LN	PLCO	16C	C1
CREEKSIDE WY	GALT	150	C2
CREEK TREE CT	CO	36	E3
CREEKVIEW CT	PLCO	13B	D3
CREEK VIEW CT	ROCK	15B	C5
CREEK VIEW WY	CO	36	E3
CREEKWOOD DR	ROCK	14A	A7
CREEKWOOD WY	CO	40	E4
CREIGHTON WY	CO	12	C7
CRENSHAW WY	CO	56	B5
CRESCENT CT	CO	37	E5
CRESCENT DR	GALT	148	D5
CRESENDO DR	ROS	16A	D6

STREET	CITY	PG. NO.	SEE
CRESENTDALE WY	SAC	75	E1
CRESENTDALE WY	SAC	78	A1
CRESENTWOODS	SAC	75	E2
CRESENTWOODS	SAC	78	A2
CREST CT	PLCO	15C	D3
CREST DR	ROCK	15B	A2
CRESTA CT	EDCO	23	E3
CRESTA WY	CO	56	B1
CRESTFIELD WY	CO	36	D7
CRESTHAM CT	CO	96	B5
CRESTHAVEN DR	CO	37	E4
CRESTHAVEN DR	ROS	16A	D6
CRESTHILL DR	CO	81	E7
CRESTHILL DR	CO	86	A1
CRESTLINE AV	CO	40	B5
CREST MAR CIR	EDCO	23	D6
CREST MAR CT	EDCO	23	D6
CRESTMONT AV	CO	16B	A7
CRESTMONT AV	ROS	16B	B5
CRESMNT OAK DR	ROS	16B	B6
CRESTON CT	CO	11	E1
CRESTRIDGE LN	FOL	22	A4
CRESTRIDGE RD	CO	39	E5
CRESTSHIRE CIR	CO	18	C6
CRESTVIEW DR	CO	39	B4
CRESTVIEW LN	PLCO	15B	E7
CRESTVIEW LN	PLCO	15C	A7
CRESTVIEW WY	PLCO	13B	D4
CRESTWATER LN	SAC	72	A2
CRESTWOOD WY	SAC	53	D5
CRETE AV	SAC	57	C6
CRETE WY	ROS	16A	C1
CRICKET CT	CO	56	D3
CRICKET LN	PLCO	13D	A7
CRIMORA CT	CO	59	B6
CRIMSON CT	CO	12	D3
CRIMSONWOOD WY	CO	59	A5
CRIOLLO CT	CO	79	E3
CRIPPLE CK LN	PLCO	14B	E4
CRIPPLE CK RD	CO	16A	D7
CRIPPLE CK RD	CO	17	E1
CRIPPLE OAK CT	CO	16B	B7
CRISP CT	CO	55	D2
CRISTOBAL WY	CO	42	A3
CRITTER CK RD	PLCO	G	E7
CROCKER RD	CO	55	E4
CROCKER WY	SAC	34	A1
CROCKETT RD	PLCO	13D	C6
CROETTO WY	CO	41	D7
CROFOOT CT	PLCO	16C	D3
CROFT LN	LMS	15C	A2
CROMWELL WY	SAC	72	E4
CROMWELL WY	SAC	73	A4
CRONDALL DR	CO	56	B5
CRONIN CT	CO	40	E3
CRONIN CT	CO	43	A3
CROOKED LN	PLCO	13D	A6
CROOKEN RIV CT	CO	42	B2
CROSBY WY	SAC	37	B4
CRSBY HAROLD RD	PLCO	H	A6
CROSS DR	CO	18	C3
CROSSHILL CT	CO	18	C3
CROSSING WY	FOL	44	C1
CROSSMILL WY	SAC	33	D3
CROSS OAK WY	CO	18	C3
CROSSON CT	CO	76	C6
CROSSWIND DR	SAC	32	D4
CROSSWOODS CIR	CO	17	C5
CROSSWOODS CT	CO	17	D5
CROSSWOODS PKWY	CO	17	D4
CROW CT	CO	12	A1
CROW CANYON DR	FOL	21	D4
CROWDER LN	PLCO	10	D2
CROWDER WY	CO	12	C7
CROWN AV	WSAC	51	B7
CROWN AV	WSAC	53	B1
CROWN DR	EDCO	25	E2
CROWN ST	CO	21	B4
CROWN OAK CT	CO	40	A3
CROWN POINT VIS	PLCO	16C	B5
CROWN POINT WY	CO	97	A5
CROWN PRINCE CT	CO	97	A5
CROWNWEST WY	SAC	73	C5
CROXTON WY	CO	12	E2
CROYDON WY	CO	59	C2

STREET	CITY	PG. NO.	SEE
CRUCERO DR	CO	97	B4
CRUCIBLE LN	CO	36	A3
CRUISE WY	SAC	71	E2
CRUSHEEN WY	CO	79	B4
CRUTCHER CT	AUB	13D	D1
CRUTCHFIELD CT	CO	18	D1
CRUX DR	CO	18	B4
CRYSTAL CT	WSAC	53	A2
CRYSTAL CT	WSAC	53A	E2
CRYSTAL RD	CO	8	D7
CRYSTAL WY	GALT	148	E7
CRYSTAL LAKE CT	CO	42	D2
CRYSTAL RIV CT	CO	42	B2
CRYSTAL RIV WY	CO	79	A1
CRYSTAL SPGS RD	PLCO	13B	D3
CRYSTAL SPGS WY	PLCO	14B	B6
CRYSTAL VIEW DR	EDCO	48	E1
CRYSTAL VIEW LN	CO	42	C6
CUCAMONGA AV	SAC	57	C2
CUENCA	CO	69	D7
CUEVAS CT	CO	36	B7
CUL DE SAC	AUB	13D	D2
CULLEN CT	CO	97	A5
CULLIVAN DR	SAC	72	B7
CULP WY	CO	59	A6
CULVER AV	CO	40	C4
CUMBERLAND RD	CO	37	E3
CUMBRE CT	CO	18	E5
CUMMINGS WY	CO	12	A3
CUMMINS WY	WSAC	33	B7
CUMMINS WY	WSAC	51	B1
CUMULUS WY	CO	18	E6
CUNANO WY	CO	17	B1
CUNNINGHAM WY	CO	76	B2
CUNNINGHAM WY	SAC	76	B2
CUNY AV	CO	73	D3
CURLEW CT	CO	16A	C7
CURNUTT CT	SAC	34	A3
CURRAGHDOWNS DR	CO	43	A6
CURRAGH OAKS LN	CO	43	A5
CURRAN AV	SAC	34	B2
CURRENCY DR	CO	59	E1
CURRY CT	CO	38	C2
CURRY CT	ROS	15A	D7
CURRY CREEK WY	CO	96	A4
CURTIS DR E	SAC	54	B3
CURTIS DR W	SAC	54	B3
CURTIS WY	SAC	54	B2
CURTISS CT	GALT	148	D6
CURVED BRDGE RD	CO	8	E4
CURVED BRDGE RD	CO	11	A4
CURVEWOOD WY	CO	36	C3
CUSHING WY	SAC	78	B2
CUSHMAN CT	CO	18	A2
CUSTER AV	CO	21	A7
CUSTER AV	CO	43	A1
CUSTIS AV	SAC	54	A5
CUTLER CT	LMS	14A	D5
CUTLER WY	CO	78	E3
CUTTER WY	SAC	54	B3
CUTTING WY	SAC	72	A6
CYCLAMEN WY	CO	36	C3
CYPRESS AV	CO	36	D6
CYPRESS AV	CO	39	A6
CYPRESS DR	FOL	22	A2
CYPRESS LN	ROS	15A	C6
CYPRESS ST	CO	6	D7
CYPRESS ST	SAC	32	E7
CYPRESS ST	SAC	34	E1
CYPRESS PT DR	CO	40	B1
CYPRESSWOOD WY	CO	42	A5
CYRINA CT	CO	40	A2
CYRUS RIVER CT	CO	42	A3
D			
D AV	PLCO	13B	A3
D PKWY	CO	73	E5
D ST	GALT	148	D7
D ST	ISLE	162	D3
D ST	ROS	16A	D3
D ST	SAC	51	E2
D ST	SAC	52	A2
D ST	SAC	55	A4
D ST	WSAC	51	D2
D ST N	SAC	52	A1
DABBLERS CT	CO	12	C4

STREET	CITY	PG. NO.	SEE
DABNEY AV	CO	8	E3
DAFFODIL WY	CO	18	C1
DAHBOY WY	CO	18	E7
DAHLGEREN CT	SAC	32	C4
DAHLIA DR	CO	39	B7
DAHOMEY DR	CO	18	D5
DAIMLER WY	CO	79	A3
DAIN CT	CO	59	C2
DAINS CT	FOL	44	B1
DAIRY CT	SAC	71	E1
DAIRY CT	SAC	72	A1
DAIRY LN	PLCO	13B	D4
DAIRY RD	AUB	13B	D6
DAIRY RD	PLCO	13B	D4
DAISY CT	ROS	16B	A5
DAISY LN	CO	17	B4
DAISY HOLLOW CT	CO	78	E2
DAKOTA CT	SAC	34	B3
DALBY CT	SAC	73	E7
DALBY CT	SAC	75	E1
DALBY RD	PLCO	G	E6
DALE AV	SAC	34	C4
DALE WY	AUB	13D	D4
DALEWOODS WY	CO	78	D5
DALLAS WY	CO	76	A2
DALMENY WY	CO	18	D3
DALTON WY	CO	21	C7
DALY AV	CO	17	A2
DAM RD	FOL	16C	C7
DAMANT CT	CO	12	B6
DAMBACHER DR	PLCO	16C	C3
DAME SHIRLEY WY	CO	42	C2
DAMON AV	CO	36	E3
DAMON WY	CO	36	E3
DANA CT	ROS	16B	A4
DANA WY	ROS	16B	A4
DANA WY	SAC	54	A6
DANA BUTTE WY	CO	18	B3
DANBURRY CT	PLCO	16C	C1
DANBURY CT	WSAC	51	B5
DANBURY WY	CO	41	D4
DANFIELD CIR	CO	12	B2
DANICA WY	SAC	33	E2
DANIEL WY	CO	41	C7
DANIELLE WY	FOL	21	E1
DANIELLE WY	FOL	22	A1
DANIELS DR	PLCO	13B	E5
DANIELSON CT	CO	38	E7
DANIELSON CT	CO	41	A7
DANJAC CIR	SAC	53	D6
DANKBAR LN	PLCO	16A	B3
DANRIDGE DR	CO	77	A5
DANROTH DR	SAC	32	C4
DANUBE DR	CO	37	D4
DANVERS WY	SAC	73	A7
DANVERS WY	SAC	75	A1
DANVILLE WY	SAC	34	C2
DAPHNE AV	CO	38	C6
DAPHNE DR	PLCO	15C	B7
DARB CT	CO	36	B2
DARCY CT	CO	12	C5
DARGATE	SAC	32	C4
DARINA AV	SAC	34	E5
DARIEN CIR	CO	79	B4
DARK STAR WY	CO	18	D6
DARKWOODS CT	CO	36	D1
DARLA WY	CO	76	D7
DARLA WY	CO	78	D1
DARLENE AV	CO	38	A3
DARLING WY	ROS	16A	E4
DARLING RDG RD	EDCO	H	E7
DARLINGTON AV	AUB	13B	E7
DARNEL WY	SAC	53	D3
DA ROSA DR	SAC	53	C5
DARRELL DR	CO	17	E3
DARRELL DR	CO	18	A3
DART WY	CO	18	C4
DARTMOUTH AV	ROS	16A	D5
DARTMOUTH DR	CO	36	C5
DARTRY CT	CO	96	C5
DARU WY	CO	43	A3
DARWIN ST	CO	37	C4
DATA DR	CO	59	E2
DATA DR	CO	60	A1
DATE AV	CO	36	D3

STREET	CITY	PG. NO.	SEE
DATE PALM WY	CO	41	B3
DATORO CT	SAC	33	E2
DATTIER CT	CO	41	D6
DAUSTER LN	CO	17	E6
DAVE ST	CO	76	D5
DAVELAR CT	CO	59	D6
DAVENPORT WY	SAC	34	A3
DAVID AV	LMS	14A	E5
DAVID CT	ROCK	15B	C1
DAVID DR	CO	12	B7
DAVID WY	SAC	57	A3
DAVIDSON DR	CO	11	E1
DAVIDSON DR	CO	12	A1
DAVINDA CT	CO	18	C1
DAVIS AV	SAC	73	C5
DAVIS LN	AUB	13D	C1
DAVIS RD	CO	103	C2
DAVIS RD	WSAC	53	A5
DAVIS RD	WSAC	53A	D5
DAVLIL WY	CO	21	C3
DAWES ST	CO	41	C7
DAWES ST	CO	59	C1
DAWN DR	PLCO	14B	C7
DAWN WY	CO	37	C4
DAWN OAK LN	CO	43	B2
DAWNRIDGE RD	ROS	16A	C5
DAWNRIDGE WY	CO	39	B3
DAWN RIVER WY	FOL	21	D5
DAWN VIEW CT	CO	17	B3
DAWSON WY	CO	76	A2
DAY AV	LMS	14A	E5
DAY DR	CO	56	D1
DAYA WY	CO	76	D7
DAYA WY	CO	78	D1
DAYBREAK LN	CO	36	C7
DAYBREAK LN	CO	38	C1
DAYBURST WY	SAC	78	A5
DAYLIGHT CT	CO	78	E2
DAYSPRING WY	SAC	78	B5
DAYSTAR CT	CO	54	D7
DAYTON ST	SAC	35	C6
DEA WY	CO	39	E4
DEADERICK CT	CO	18	C5
DEALYNN ST	CO	55	C2
DEAN RD	SAC	34	C6
DEAN TER	CO	61	E2
DEAN TER	CO	62	A1
DEAN WY	FOL	22	A6
DEANNA AV	CO	21	C3
DE ANZA CT	CO	8	E6
DE ANZA CT	CO	11	A6
DEARBORN DR	CO	17	D6
DEARWESTER LN	PLCO	16B	C6
DEARY WY	CO	21	C7
DEBBIE LN	CO	36	B6
DEBBIE ANN CT	CO	16B	A7
DEBBIE ANN CT	CO	18	B1
DEBORAH LN	CO	40	B5
DEBORAH RD	ROS	15A	D7
DEBUTANTE LN	CO	76	D6
DECATHLON CIR	SAC	73	D7
DECATHLON CIR	SAC	75	D1
DECATUR ST	FOL	21	E7
DECATUR ST	FOL	22	A7
DECKER DR	ROS	16B	B5
DECKER WY	WSAC	53A	E2
DECLARATION CIR	CO	17	B6
DE COSTA AV	CO	38	B2
DEDION CT	CO	79	A4
DEDO WY	CO	41	B7
DEDRICK CT	CO	17	A3
DEE CT	CO	36	C4
DEEBLE ST	SAC	54	B5
DEED CT	CO	12	C6
DEEDIE AV	CO	39	E1
DEEPDALE WY	CO	75	E7
DEEPDALE WY	CO	93	C3
DEER CT	ROS	16A	E5
DEER CT	SAC	75	D1
DEER ST	CO	97	C6
DEERBROOK DR	SAC	75	D1
DEER CREEK DR	SAC	75	D1
DEER CROSS WY	SAC	75	D2
DEERFIELD CIR	ROS	16A	B1
DEERFIELD DR	CO	18	A4

SACRAMENTO CO.

INDEX

194
DEERGLEN WY
1988 SACRAMENTO COUNTY STREET INDEX
DUARTE RD

SACRAMENTO CO.
INDEX

STREET	CITY	PG. NO.	SEE
DEERGLEN WY	SAC	75	D1
DEER GROVE CT	SAC	75	D2
DEERHAVEN WY	SAC	75	C2
DEER HILL DR	SAC	75	D2
DEERHORN LN	EDCO	24	B4
DEER KNOLL RD	EDCO	26B	D5
DEER LAKE DR	SAC	75	D2
DEERLEAF DR	SAC	75	D2
DEER MEADOW DR	SAC	75	D1
DEERPARK CIR	CO	39	D3
DEERRIVER WY	SAC	71	E4
DEERRIVER WY	SAC	72	A4
DEER RUN WY	SAC	75	D1
DEER TRAIL WY	EDCO	26A	B2
DEER TRAIL WY	SAC	75	D1
DEERTREE CT	SAC	75	C2
DEER VALLEY RD	EDCO	26	E1
DEER VALLEY WY	SAC	75	D2
DEER WATER DR	SAC	75	D2
DEERWOOD CIR	WSAC	51	A5
DEERWOOD CT	CO	40	D5
DEERWOOD ST	WSAC	51	B6
DEERWOOD WY	FOL	22	A4
DEETH CT	CO	56	D4
DE FER CIR	SAC	73	C5
DEFIANCE CIR	CO	56	D4
DEGAS CT	CO	43	A5
DE JOHN AV	CO	38	E5
DEL RD	LMS	14A	C6
DEL RD	PLCO	16A	B5
DELAGE WY	CO	79	B3
DELAGUA WY	SAC	32	C5
DELAHYE CIR	CO	79	A3
DELANE DR	GALT	148	D4
DELANEY DR	CO	9	E7
DELANEY DR	CO	11	E1
DELANO ST	CO	6	B7
DELAPP PL	PLCO	14B	B6
DE LAVEAGA CT	SAC	72	B4
DE LA VINA WY	SAC	75	D2
DELAWARE AV	CO	39	B7
DELAWARE AV	WSAC	51	B6
DELAWARE CT	WSAC	51	B7
DEL CAMPO LN	CO	17	B7
DEL CERRO	CO	69	D7
DEL CIELO WY	CO	39	B3
DELCLIFF CIR	SAC	53	D6
DEL CORONADO WY	CO	76	C5
DEL DAYO DR	CO	56	D1
DELGADO DR	CO	88	C2
DELGADO WY	SAC	33	D3
DEL HABRA WY	CO	39	B4
DELHAVEN WY	CO	12	A3
DELL PL	PLCO	15C	C5
DELL RD	CO	39	D7
DELLA CIR	CO	76	C5
DELLA ROBIA CT	CO	40	C4
DELMA WY	CO	37	C5
DELMAR AV	LMS	14A	B6
DELMAR AV	PLCO	14A	B3
DELMAR AV	ROCK	15B	D1
DEL MAR CT	ROS	16A	E5
DEL MAR WY	SAC	37	A1
DEL MESA CT	CO	38	B1
DEL MONTE ST	WSAC	51	A5
DEL MONTE ST	WSAC	51A	E5
DEL MONTE WY	AUB	13B	D7
DEL NORTE BLVD	CO	54	D6
DEL OAK WY	SAC	72	D7
DELORES DR	PLCO	13B	E4
DEL ORO CT	CO	56	C6
DEL ORO RD	PLCO	15C	B7
DEL PASO BLVD	SAC	34	C6
DEL PASO BLVD	SAC	37	A3
DEL PASO RD	CO	28	A3
DEL PASO RD	CO	32	A3
DEL PASO RD	SAC	31	C3
DEL PRADO WY	CO	76	B5
DEL REY CT	CO	59	C1
DEL RIO RD	SAC	53	D6
DELTA AV	ISLE	162	D4
DELTA LN	WSAC	51	C3
DELTA RD	CO	1	E7
DELTA RD	CO	3	E1
DELTA RD	CO	4	A1

STREET	CITY	PG. NO.	SEE
DELTA ST	SAC	34	B7
DELTA ST	SAC	52	A1
DELTA LEAF WY	SAC	32	D3
DELTA OAKS WY	SAC	71	E4
DELTA SUNRSE CT	CO	78	E1
DELTAWIND DR	SAC	72	B6
DELUNA	SAC	73	B6
DEL VALLE DR	AUB	13D	C4
DEL VERDE CIR	SAC	33	E1
DELVIN WY	CO	79	B5
DEL VISTA CIR	SAC	78	A4
DELWOOD CT	ROCK	15B	B6
DELWOOD WY	CO	38	B2
DE MAR DR	SAC	72	A6
DEMARET DR	SAC	73	A4
DEMPSTER CT	SAC	75	E4
DEMUTH CIR	CO	12	D5
DEN AV	CO	76	B6
DENA WY	CO	36	D6
DENIO WY	CO	17	E7
DENIO WY	CO	18	A7
DENISE CT	WSAC	53A	E2
DENISE ST	SAC	73	B7
DENISON CT	SAC	55	E7
DENISON CT	SAC	57	E1
DENNICK CT	CO	12	C2
DENNIS AV	CO	95	E5
DENNIS WY	CO	17	E3
DENNIS WY	CO	18	A3
DENNIS WY	CO	38	C3
DENSLOW WY	SAC	78	B2
DENTON WY	CO	18	A5
DENTON WY	SAC	37	A5
DENVER DR	CO	39	A2
DENWIL CT	SAC	57	D7
DENWIL CT	SAC	76	D1
DENY CT	CO	12	D3
DEODAR ST	CO	41	B2
DEODAR CREST CT	CO	96	E4
DEODAR CREST CT	CO	97	A4
DEONSIRE LN	CO	80	A7
DE PAUL CT	CO	38	B1
DE PONTI DR	CO	43	C1
DEPOT LN	CO	142	C3
DEPOT LN	CO	143	C6
DERBY CT	CO	17	C5
DERBY PARK CT	CO	79	B4
DERBYSHIRE CIR	CO	79	B4
DEREK PL	ROS	15A	C7
DERICK WY	SAC	53	D4
DEROW CT	SAC	33	E4
DE SABLA CT	EDCO	26A	E7
DE SABLA RD	EDCO	26A	E7
DE SABLA RD	EDCO	26B	E1
DE SART CT	SAC	72	B7
DESERET AV	CO	40	C1
DESERET DR	PLCO	13A	E2
DESERET WY	PLCO	13A	E2
DESERTWIND WY	SAC	72	C6
DESERT WOOD CT	SAC	73	C6
DESHUTES WY	CO	17	A3
DESIMONE LN	CO	17	B6
DESIREE	SAC	57	B7
DESIREE CT	CO	17	B3
DESMOND LN	PLCO	13C	D1
DESMOND RD	CO	144	A2
DE SOTO WY	CO	59	C4
DE SOUZA LN	CO	100	D2
DESTINY LN	CO	76	E6
DETERMINED CT	CO	43	A6
DETROIT BLVD	SAC	73	C7
DETROIT BLVD	SAC	75	C1
DEVECCHI AV	CO	17	A7
DEVELOPMENT DR	SAC	32	C6
DEVERON WY	CO	18	E4
DE VILLE CT	CO	38	C1
DEVILLE OAKS WY	CO	16A	D7
DEVON AV	WSAC	53	B1
DEVON LN	CO	38	C6
DEVON PARK CT	CO	79	B4
DEVONSHIRE CT	ROS	16B	A5
DEVONSHIRE RD	CO	38	A7
DEVOTION LN	SAC	73	C4
DEVRI CT	SAC	33	D1
DEW CT	ROCK	15B	C5

STREET	CITY	PG. NO.	SEE
DEWAR WY	CO	12	B5
DEWDROP WY	CO	17	C3
DEWEY BLVD	CO	54	E7
DEWEY DR	CO	17	E4
DEWEY DR	CO	39	C1
DEWITT CT	SAC	35	B6
DE WITT DR	PLCO	13B	A2
DEXTER CIR	CO	12	B3
DIABLO DR	CO	12	D7
DIABLO DR	CO	17	A4
DIABLO ST	WSAC	51	B7
DIABLO ST	WSAC	53	B1
DIABLO TR	EDCO	26A	A5
DIABLO TR	EDCO	26B	A5
DIABLO TR	EDCO	48	E6
DIABLO OAK CT	CO	17	A3
DIAMOND AV	SAC	37	A1
DIAMOND ST	AUB	13B	D7
DIAMOND BAR LN	ROS	15A	E7
DIAMND CREST CT	CO	97	A4
DIAMOND HEAD WY	CO	21	C7
DIAMOND OAK WY	CO	96	E5
DIAMOND OAK WY	CO	97	A5
DIAMOND OAKS RD	ROS	15A	D7
DIANA WY	CO	76	D4
DIANE DR	WSAC	53A	E2
DIAS AV	SAC	76	A1
DIAS LN	ROCK	14A	D7
DIAS LN	ROCK	15C	A1
DICK COOK RD	PLCO	15C	D2
DICK COOK RD	PLCO	15D	A2
DICKSON ST	SAC	53	E7
DICUS CT	CO	16A	C7
DICUS CT	CO	17	C1
DIDION CT	CO	36	C2
DIEGEL CIR	SAC	73	A3
DIEGO WY	ROCK	15B	C3
DIEPPE WY	CO	12	D3
DIERKS RD	CO	82	E4
DIERSSEN RD	CO	119	A5
DIETRICH DR	ROS	16A	E3
DIETZ WY	CO	40	C4
DIFANI CT	CO	55	E1
DIGGER PINE LN	FOL	21	E1
DIGGS PARK DR	SAC	37	B1
DIKE CT	CO	9	C6
DILLARD RD	CO	86	E4
DILLARD RD	CO	101	E6
DILLARD RD	CO	102	C7
DILLARD RD	CO	103	A3
DILLARD RD	CO	104	A4
DILLARD RD	CO	124	B3
DILLARD OAKS CT	CO	100	B1
DILLON CIR	PLCO	13D	A5
DILLON CT	CO	12	D3
DILLON RIVER CT	CO	42	B2
DINGMAN CIR	CO	73	E2
DINO DR	CO	97	D7
DINSMORE WY	CO	76	C3
DINUBA CT	CO	97	A4
DIOCLETIAN WY	CO	18	C5
DION CT	CO	58	C3
DIRK LN	PLCO	14B	D6
DISCOVERY WY	SAC	52	E7
DISCOVERY PK RD	SAC	33	D6
DISK DR	CO	60	A1
DISK DR	SAC	32	D6
DISMANTLE CT	CO	60	C4
DISPLAY WY	SAC	32	D6
DITMARS LN	PLCO	14B	C3
DITTMAR WY	SAC	55	B5
DIVOT CIR	CO	39	E2
DIVOT LN	PLCO	13B	C3
DIXIEANNE AV	SAC	34	D5
DIXIEANNE AV	SAC	37	A5
DIXIE LOU ST	SAC	75	B1
DIXON CT	FOL	22	D5
DIXON LINE WY	CO	36	D6
DOBROS ST	WSAC	51	B1
DODGE LN	CO	41	B5
DOE CT	EDCO	26A	B2
DOE CT	ROS	16A	E4
DOE CT	SAC	75	D1
DOE RUN LN	PLCO	13C	C1
DOGWOOD WY	CO	16A	D7

STREET	CITY	PG. NO.	SEE
DOGWOOD WY	CO	17	D1
DOHENEY CT	ROS	16A	E6
DOHENY CT	ROCK	15B	A5
DOLAN WY	CO	17	D2
DOLECETTO DR	CO	41	D7
DOLLAR LN	CO	17	A7
DOLLY CT	CO	36	C1
DOLOMITE PL	CO	40	C7
DOLORES WY	SAC	52	D5
DOLPHIN CT	ROS	16A	E6
DOLPHIN WY	CO	8	C4
DOM WY	CO	55	E1
DOMICH WY	CO	38	A1
DOMINGO CT	CO	88	D3
DOMINGO DR	CO	88	E3
DOMINGUEZ RD	ROCK	15B	D2
DOMINION WY	CO	9	C7
DOMINIQUE CT	CO	40	D4
DOMITIAN ST	CO	18	D4
DON WY	CO	39	A7
DONAHUE CT	CO	40	D3
DONAHUE WY	ROS	16A	E6
DONALD WY	CO	16A	E6
DONALDSON DR	FOL	22	E4
DONAT CT	CO	21	C3
DON CARLOS CT	CO	99	B1
DONCREST LN	CO	12	C5
DONEGAL DR	CO	17	C6
DONEGAL BAY DR	CO	97	A5
DONERAIL DR	CO	12	E4
DONEVA AV	CO	40	A6
DON JUAN DR	CO	41	E6
DON JULIO BLVD	CO	12	D2
DONMAR LN	CO	82	C7
DONMERLINO CT	SAC	57	C4
DONMOR DR	CO	35	E5
DONNA CIR	CO	36	B3
DONNA MARIE CT	SAC	72	B5
DONNAWOOD WY	CO	18	C4
DONNELLY LN	CO	73	D1
DONNER AV	ROS	16A	E3
DONNER WY	SAC	54	B2
DONNER PEAK CT	CO	42	D2
DONNIE LYN WY	CO	38	D3
DONNINGTON AV	AUB	13D	E2
DONNYBROOK WY	CO	39	D5
DONOVAN DR	CO	38	D5
DONTREE WY	CO	97	B7
DONTREE WY	CO	99	A1
DOOLITTLE DR	PLCO	10	C5
DOOLITTLE ST	SAC	35	B4
DORADO ST	CO	8	D2
DORAL CT	CO	40	B1
DORAN AV	WSAC	51A	D4
DORCHESTER CT	CO	41	B1
DOREEN WY	CO	73	E2
DORER DR	AUB	13D	C2
DORIAN DR	CO	40	B3
DORINDA WY	CO	39	B4
DORINE WY	SAC	34	A3
DORIS CT	CO	38	D4
DORKING CT	CO	56	C3
DORLAINE CT	CO	38	B3
DORMITY RD	EDCO	26	E4
DORNAJO WY	CO	55	D3
DOROTEO WY	SAC	33	C2
DOROTHY WY	AUB	13B	C6
DOROTHY JUNE WY	SAC	35	C6
DORSET WY	SAC	53	C5
DORY WY	CO	40	A3
DOS ACRES WY	CO	37	E1
DOS PALOS LN	CO	12	C1
DOS RIOS ST	SAC	34	A7
DOS RIOS ST	SAC	52	A1
DOSS WY	SAC	73	D5
DOTMAR WY	CO	12	A7
DOTONS RD	PLCO	15D	A7
DOTTY ST	CO	39	B7
DOUBLETREE CT	FOL	16C	B7
DOUBLETREE CT	FOL	21	E1
DOUGLAS BLVD	PLCO	16B	D3
DOUGLAS BLVD	PLCO	16C	A2
DOUGLAS BLVD	ROS	16A	D3
DOUGLAS BLVD	ROS	16B	B3
DOUGLAS RD	CO	60	B6

STREET	CITY	PG. NO.	SEE
DOUGLAS RD	CO	63	B6
DOUGLAS ST	SAC	37	B1
DOUGLAS ST	WSAC	51	C1
DOUVAN CT	CO	38	D3
DOUGHTYS PL	EDCO	24	C5
DOVE CT	PLCO	16C	D2
DOVE DR	CO	39	D2
DOVE LN	PLCO	16A	B3
DOVE WY	ROS	16B	B3
DOVE CREEK CT	CO	78	E7
DOVELA CT	CO	17	D3
DOVE MEADOW CT	EDCO	26B	C4
DOVE MEADOW CT	CO	99	C1
DOVER AV	SAC	52	E6
DOVER AV	SAC	55	A5
DOVER CT	EDCO	48	A5
DOVER DR	GALT	150	C1
DOVER LN	CO	12	D1
DOVERCOURT CIR	CO	56	D3
DOVE TAIL LN	EDCO	48	D4
DOVEWOOD CT	CO	21	C7
DOW AV	CO	18	A3
DOWD RD	PLCO	G	E6
DOWIE PL	CO	37	D4
DOWN WY	CO	40	A1
DOWNAR WY	SAC	35	C5
DOWNE CT	EDCO	26	B5
DOWNEY WY	SAC	52	C7
DOWNEY WY	SAC	54	C1
DOWNING DR	GALT	150	C1
DOWNING RD	WSAC	53A	D3
DOWNING PL WY	CO	12	E1
DOWN RIVER CT	SAC	71	E4
DOWN RIVER CT	SAC	72	A4
DOYLE	ROS	16A	E1
DOYLE WY	CO	41	C7
DRACENA DR	CO	16A	E7
DRACO DR	CO	59	A6
DRAKE CIR	CO	55	E4
DRAKE CT	ROS	16B	B4
DRAKE DR	PLCO	13C	E3
DRAKE MEADOW WY	CO	99	C1
DRAYTON DR	CO	37	E5
DREAM CT	CO	12	E4
DREDGER WY	CO	43	D1
DREHER ST	SAC	52	B1
DRESDEN CT	CO	55	C2
DRESHER PARK WY	SAC	76	C1
DREVER ST	WSAC	51	C4
DREW CT	CO	38	E6
DREW ST	WSAC	33	B7
DREW ST	WSAC	51	B1
DREXEL CT	CO	59	D3
DRIAD CT	SAC	73	D6
DRIFT WY	CO	43	C1
DRIFTWOOD	CO	18	D1
DRIFTWOOD CIR	EDCO	23	C5
DRIFTWOOD CT	ROCK	15B	B5
DRIFTWOOD CT	WSAC	53	A2
DRIFTWOOD CT	WSAC	53A	E1
DRIFTWOOD LN	CO	16B	B7
DRIFTWOOD ST	SAC	71	E2
DRIFTWOOD ST	SAC	72	A1
DRIVE-IN WY	PLCO	13B	B3
DRIVER WY	CO	10	A6
DRIVER RANCH CT	CO	9	E6
DROLLET WY	SAC	32	D4
DRM PWRHOUSE RD	PLCO	H	D2
DRURY CT	CO	58	C2
DRY CREEK RD	CO	8	E5
DRY CREEK RD	CO	11	A5
DRY CREEK RD	PLCO	H	B6
DRY CREEK RD	PLCO	9	E4
DRY CREEK RD	PLCO	10	D4
DRY CREEK RD	PLCO	16A	B5
DRY CREEK RD	ROS	16A	B5
DRY CREEK RD	SAC	32	E7
DRY CREEK RD	SAC	35	A7
DRY CREEK RD	SJCO	153	E7
DRY CREEK RD	SJCO	155	E3
DRY DIGGINS WY	CO	42	C1
DRY GULCH CT	ROCK	14A	A7
DRYWOOD WY	CO	18	C4
DUARTE CT	CO	38	B4
DUARTE RD	PLCO	14A	D2

DUBAC WY
1988 SACRAMENTO COUNTY STREET INDEX
195
ELMRIDGE WY

STREET	CITY	PG. NO.	SEE
DUBAC WY	CO	38	B4
DUBLIN WY	CO	17	E7
DUBLIN WY	CO	18	A7
DUBOIS AV	SAC	32	C6
DUCHOW WY	FOL	22	B7
DUCKLING WY	CO	12	C4
DUDLEY DR	ROS	16A	D4
DUDLEY ST	CO	17	E3
DUDLEY WY	SAC	51	D6
DUET CT	CO	58	D1
DUET DR	WSAC	53	A2
DUET DR	WSAC	53A	E2
DUFF CT	CO	12	B6
DUFFERS DR	PLCO	14B	C2
DUFFIELD LN	CO	40	B5
DUFFY LN	PLCO	10	E4
DUGGAN WY	CO	18	E4
DUGGAN WY	CO	21	A4
DUKE DR	SAC	53	D4
DUKELANA LN	PLCO	13C	E6
DULUTH AV	CO	78	C4
DULUTH ST	WSAC	51A	E2
DUMFRIES CT	SAC	71	E4
DUNBAR WY	CO	41	E5
DUNBAR WY	CO	42	A5
DUNBARTON CIR	SAC	55	C6
DUNCAN LN	CO	39	C7
DUNCAN LN	CO	41	C1
DUNCAN WY	ROS	16A	D5
DUNCAN HILL RD	PLCO	13D	B1
DUNCAN MINE RD	PLCO	13D	B2
DUNDEE DR	CO	12	B6
DUNES CT	CO	78	E4
DUNISCH RD	CO	96	D3
DUNKERRIN WY	CO	96	B5
DUNLAP DR	CO	37	C2
DUNLAP RANCH RD	EDCO	50	C7
DUNMORE AV	CO	17	C7
DUNNBURY WY	CO	12	C2
DUNSMIUR CT	CO	79	B3
DUNSTER WY	CO	56	B4
DUPONT WY	CO	56	C7
DUPONT WY	CO	58	C1
DURAN CIR	CO	38	B3
DURANGO	CO	97	B6
DURANGO CT	CO	43	A5
DURANTA ST	ROS	16A	D2
DURANTA ST E	ROS	16A	D2
DURANTA ST W	ROS	16A	D2
DURER PKWY	CO	73	D5
DURFEE WY	SAC	72	B5
DURHAM WY	CO	17	C4
DURLAND WY	CO	40	A3
DURWARD CT	PLCO	16C	C2
DURYEA DR	CO	79	A3
DUSENBERG CT	CO	79	A3
DUSTIN RD	SJCO	154	A4
DUSTY CT	CO	56	E6
DUSTY LN	PLCO	14A	C3
DUSTY TRAIL WY	EDCO	24	C4
DUTCH CT	PLCO	13C	A3
DUTCH WY	CO	41	C1
DUTCHESS	CO	59	B3
DUTCHESS CT	CO	18	C7
DUTCHESS WY	CO	59	B3
DUTCH FLAT DR	CO	12	E1
DUTCH HAVEN BL	CO	9	C5
DUTCH HAVEN DR	CO	9	C6
DUTCHMANS MN RD	PLCO	13D	A2
DUTCH RAVINE CT	CO	42	C2
DUTCH RAVINE RD	PLCO	13C	A4
DUTRA AV	CO	8	E2
DUTRA BEND DR	SAC	72	C7
DUTRA BEND DR	SAC	74	C1
DUVAL ST	CO	16A	D6
DUXBURG CT	CO	58	E2
DUZEL ROCK PL	CO	56	E6
DWIGHT RD	CO	93	D1
DYE ST	CO	143	C5
DYE WY	CO	56	E1
DYE WY	CO	59	A1
DYER CT	CO	76	D7
DYER CT	PLCO	13B	C3
DYER LN	PLCO	9	C3
DYMICO CT	CO	40	A2
DYRELL WY	FOL	22	E5
E			
E AV	PLCO	13B	A3
E PKWY	CO	76	A5
E ST	CO	8	B6
E ST	CO	11	A6
E ST	CO	12	A7
E ST	GALT	148	C7
E ST	GALT	150	C1
E ST	ISLE	162	E3
E ST	ROS	16A	D4
E ST	SAC	51	E2
E ST	SAC	52	A2
E ST	SAC	55	A4
E ST	WSAC	51	C2
EAGLE CT	ROCK	15B	A3
EAGLE LN	EDCO	26A	B2
EAGLE RD	CO	39	D3
EAGLE PARK DR	CO	76	C7
EAGLE RIDGE WY	CO	12	B1
EAGLE RIVER CT	CO	42	A2
EAGLE ROCK BLVD	PLCO	14B	C3
EAGLE ROCK CT	SAC	76	C1
EAGLES NEST RD	CO	60	C6
EAGLES NEST RD	CO	62	C4
EAGLES NEST RD	CO	81	C6
EAGLESON CT	CO	56	C5
EAGLE VIEW DR	EDCO	26A	E6
EAGLE VIEW LN	PLCO	15C	E5
EAGLE VIEW WY	CO	12	E3
EAGLE VIEW WY	CO	17	A3
EARHART AV	AUB	13B	C1
EARHART DR	CO	4	A4
EARL AV	ROS	16A	D3
EARLCORT CIR	CO	12	D3
EARLS CT	SAC	53	C5
EARLY TIMES LN	CO	86	E7
EARLY TIMES LN	CO	104	E1
EARNELL ST	CO	39	B1
EARNSCLIFF AV	CO	40	C5
EAST DR	PLCO	16A	B2
EAST LN	CO	38	C6
EAST PKWY	CO	73	E5
EAST ST	ROS	16A	E4
EASTBREEZE CIR	CO	77	B7
EASTERN AV	CO	36	C7
EASTERN AV	CO	38	C4
EASTERN AV	CO	56	C2
EASTGATE AV	CO	17	E7
EASTGATE AV	CO	18	A7
EASTGATE AV	CO	39	E1
EASTGATE AV	CO	40	A1
EASTHAVEN WY	CO	17	C2
EASTMAN CT	CO	78	E2
EASTMONT CT	CO	41	B3
EASTRIDGE DR	CO	12	E5
EASTRIDGE DR	CO	17	A5
EASTSIDE CT	CO	18	D4
EASTVIEW CT	CO	18	D4
EASTWIND CT	SAC	72	C6
EASTWOOD RD	CO	38	B1
EASTWOOD ST	CO	40	C5
EASY LN	EDCO	24	B1
EASY WY	CO	38	E3
EASY WY	AUB	13D	C1
EATON CT	SAC	32	D6
EATON TER	CO	62	A2
EBANO CT	CO	17	D5
EBBTIDE CT	SAC	71	E4
EBBTIDE CT	SAC	72	A3
EBE ST	CO	58	C3
EBONY	SAC	73	C6
EBONYWOOD CT	CO	16A	B7
EBONYWOOD CT	CO	17	B1
EBURY LN	CO	40	B5
ECHO CT	FOL	22	C6
ECHO WY	CO	37	D2
ECHO GLENN CT	CO	18	A1
ECKARD WY	AUB	13B	D5
ECKERMAN RD	PLCO	16B	D5
ECKERT CT	SAC	75	E3
ECKLON CT	FOL	22	D5
ECLIPSE CT	CO	56	D7
ECOLOGY LN	CO	61	A1
ECON CT	CO	18	C7
ECONOME CT	FOL	22	D5
ECTON RD	CO	18	A2
EDDIE DR	PLCO	16A	D6
EDDIE DR	ROS	16A	D6
EDDINGTON WY	SAC	75	E3
EDDINGTON WY	SAC	78	A3
EDDY AV	WSAC	53A	E4
EDDYLEE WY	SAC	73	A7
EDE LN	CO	131	B5
EDEN CT	CO	38	D3
EDENOAKS AV	CO	21	A2
EDEN RIVER CT	CO	42	A3
EDEN ROC LN	CO	37	C7
EDEN VIEW DR	SAC	75	E4
EDEN VIEW DR	SAC	78	A5
EDENWOODS CT	CO	78	D2
EDEVA WY	CO	100	A2
EDGECLIFF CT	CO	16B	B6
EDGEHILL LN	CO	41	C2
EDGEHILL LN	PLCO	13B	E2
EDGEMONT CT	CO	12	C3
EDGEMONT WY	ROS	16B	B6
EDGER LN	CO	41	C2
EDGERLY WY	CO	39	B1
EDGERTON WY	CO	39	B1
EDGEVALE CT	CO	40	C6
EDGEWATER CT	ROS	16B	B6
EDGEWATER RD	SAC	34	C3
EDGEWOOD AV	SAC	34	E3
EDGEWOOD LN	PLCO	14B	D4
EDGEWOOD RD	PLCO	13B	B5
EDGEWOOD WY	ROCK	15B	B6
EDINBURGH DR	CO	9	C7
EDINBURGH DR	CO	11	C1
EDINGER AV	SAC	73	B3
EDISON AV	CO	36	A7
EDISON AV	CO	37	C2
EDISON AV	SAC	37	C2
EDITH CIR	SAC	57	D1
EDITH ST	CO	38	B5
EDITH ST	CO	41	A3
EDITH ST	CO	76	E4
EDITH ST	CO	77	A4
EDMONTON	ROS	16B	B5
EDMONTON DR	SAC	34	A2
EDMUNDS WY	CO	39	A1
EDNA ST	SAC	54	B7
EDNA ST	SAC	73	B1
EDNA WY	SAC	57	D2
ED RAU RD	CO	120	A4
EDUARDO CT	SAC	72	B6
EDUCATION ST	PLCO	13B	A2
EDWARD CT	CO	55	C2
EDWARD CT	PLCO	16C	C5
EDWIN WY	CO	37	C5
EDWIN WY	SAC	37	C5
EEL CT	CO	12	E6
EEL RIVER CT	CO	42	B1
EGGLESTON	ROS	16A	E1
EGMONT WY	CO	59	A5
EGRET DR	CO	97	A4
EHBORN WY	CO	55	C3
EHRHARDT AV	SAC	75	E4
EHRHARDT AV	SAC	78	A4
EICH RD	CO	17	E2
EICHLER ST	SAC	72	D2
EIDER WY	SAC	71	E4
EIGHTH ST	WSAC	51	C1
EINSTEIN CT	SAC	75	E3
EISENBEISZ ST	CO	97	D7
EISENHOWER DR	CO	56	D7
EISENHOWER DR	CO	58	D1
ELAINE DR	CO	77	A5
EL ARADO WY	SAC	53	E7
EL ARADO WY	SAC	54	A7
EL ARROYO RD	CO	83	A6
ELBERT WY	CO	12	E6
ELBO CT	CO	97	B5
EL BOLSILLO WY	SAC	53	E6
EL BURLON CIR	CO	59	B1
ELBY LN	SAC	54	C2
EL CABO CT	CO	17	D5
EL CAJON WY	CO	56	B7
EL CAMINO AV	CO	37	D4
EL CAMINO AV	CO	38	C4
EL CAMINO AV	CO	41	A4
EL CAMINO AV	SAC	34	D4
EL CAMINO AV	SAC	37	B4
EL CAMINO AV W	SAC	33	C4
EL CAMINO AV W	SAC	34	A4
EL CAMPO WY	CO	12	B7
EL CANTO CIR	CO	41	B7
EL CAPITAN CT	CO	40	B3
EL CAPRICE DR	CO	59	C1
EL CARRILO CT	CO	97	C7
EL CEDRO CT	CO	41	C7
EL CEJO CIR	CO	59	B1
EL CENTRO RD	CO	5	A5
EL CENTRO RD	CO	7	A2
EL CENTRO RD	CO	33	A3
EL CENTRO RD	SAC	7	A7
EL CENTRO RD	SAC	31	A5
EL CENTRO RD	SAC	33	A3
EL CERCO CT	CO	41	C7
EL CERRITO WY	CO	54	D4
EL CERRO CT	CO	56	E3
EL CERRO CT	CO	59	A3
EL CHAPUL WY	CO	40	E2
EL CHAPUL WY	CO	43	A2
EL CHICO CIR	CO	41	B7
EL CHORLITO DR	CO	59	B1
EL CHORRO WY	CO	56	B3
EL CID DR	ROCK	15B	E4
EL CINO CT	CO	59	C1
EL CONDE CT	SAC	33	D2
ELDER DR	WSAC	51	C1
ELDER ST	CO	8	E2
ELDER ST	PLCO	6	B1
ELDERBERRY LN	CO	56	C3
ELDERBERRY TR	PLCO	15D	A3
ELDER CREEK RD	CO	77	B1
ELDER CREEK RD	CO	80	A2
ELDER CREEK RD	SAC	76	A1
ELDER CREEK RD	SAC	77	B1
ELDERGLEN WY	SAC	76	D1
ELDON AV	LMS	14A	E5
EL DON DR	ROCK	15B	E4
EL DORADO	ROS	16A	E1
EL DORADO FRWY	CO	42	B4
EL DORADO FRWY	CO	43	C6
EL DORADO FRWY	CO	45	A1
EL DORADO FRWY	CO	47	D5
EL DORADO FRWY	EDCO	26B	A3
EL DORADO FRWY	EDCO	48	B3
EL DORADO FRWY	FOL	44	D5
EL DORADO ST	AUB	13D	E1
EL DORADO WY	SAC	55	A5
EL DORADO HI BL	EDCO	25	E5
EL DORADO HL BL	EDCO	48	A1
EL DOURO DR	SAC	74	D1
ELDRIDGE AV	SAC	37	B2
ELEANOR AV	SAC	34	D3
ELECTION LN	SAC	76	A1
ELECTRIC AV	CO	6	C6
ELECTRIC ST	AUB	13B	D7
ELECTRIC ST E	AUB	13B	D7
ELEFA ST	ROS	16A	D1
EL ENCANTO RD	EDCO	26A	E7
EL ENCANTO WY	SAC	72	D4
EL ENCINO WY	CO	56	A3
ELEVATOR RD	SOL	136	B4
ELEVEN OAKS DR	CO	36	A3
EL FELIZ WY	CO	37	C4
ELFRIEDE WY	CO	76	A7
ELGIN CT	CO	18	C1
ELGIN RIVER CT	CO	42	A3
EL GRANDE CT	CO	59	D1
EL GRANERO WY	SAC	53	E7
EL GRANERO WY	SAC	54	A7
ELI CT	CO	38	D1
ELINORA WY	CO	12	B6
ELISA WY	ROS	16A	E4
ELISABETH CT	ROS	16A	D5
ELITE DR	SAC	73	C3
ELIZA ST	SAC	34	B7
ELIZA ST	SAC	52	A1
ELIZABETH AV	CO	38	C2
ELIZABETH LN	CO	18	A7
ELIZABETH ST	WSAC	51	C1
EL JARDIN CT	CO	39	D5
ELK WY	CO	97	A4
ELK CREEK CT	CO	97	A6
ELK CREST DR	CO	97	A4
ELK GLEN CT	CO	99	C2
ELK GROVE BLVD	CO	93	E6
ELK GROVE BLVD	CO	96	B6
ELK GROVE BLVD	CO	97	A6
ELK GROVE BLVD	CO	100	A6
ELK GRV FLOR RD	CO	58	B6
ELK GRV FLOR RD	CO	77	B7
ELK GRV FLOR RD	CO	79	B6
ELK GRV FLOR RD	CO	97	B3
ELK GRV FLOR RD	CO	99	B3
ELK GRV FLOR RD	SAC	58	B6
ELKHORN AV	CO	27	B2
ELKHORN BLVD	CO	3	C4
ELKHORN BLVD	CO	4	C4
ELKHORN BLVD	CO	7	A5
ELKHORN BLVD	CO	8	A5
ELKHORN BLVD	CO	11	A5
ELKHORN BLVD	CO	12	A4
ELKHORN BLVD	SAC	7	A5
ELKHORN PZ	WSAC	51	C1
ELKO CT	CO	73	D2
ELK RIDGE WY	CO	97	A7
ELKTREE WY	CO	97	C7
ELKTREE WY	CO	99	C1
ELKUS LN	PLCO	13B	D1
ELKWOOD CIR	SAC	73	C7
ELKWOOD CIR	SAC	75	C1
ELLEN LN	CO	17	E2
ELLEN LN	CO	18	A2
ELLEN ST	SAC	34	E3
ELLEN ST	SAC	37	A3
ELLENBROOK DR	CO	41	C7
ELLENBROOK DR	CO	59	C1
ELLENMERE DR	CO	38	A3
ELLEN ROSE CT	SAC	72	A2
ELLENWOOD AV	CO	59	B5
ELLERSLEE DR	CO	39	A1
EL LIMON CT	SAC	73	D6
ELLINGTON CIR	CO	37	E5
ELLIOT	WSAC	51	B1
ELLIOT RD	SJCO	155	B5
ELLIOT RANCH RD	CO	93	A5
ELLIOT RANCH RD	PLCO	H	E3
ELLIOTT DR	CO	62	A2
ELLIS CT	CO	12	B7
ELLIS CT	CO	36	B1
ELLISON DR	CO	41	D4
ELLITHORPE LN	PLCO	14A	D2
EL LOMA WY	FOL	22	D4
ELLSWORTH CIR	CO	39	D4
EL LUJO WY	CO	41	B7
ELLWOOD AV	SAC	73	C7
ELM AV	AUB	13B	C7
ELM AV	AUB	13D	C1
ELM AV	CO	18	D4
ELM AV	CO	21	A4
ELM AV	GALT	148	D5
ELM ST	ROS	16A	C2
ELM ST	SAC	34	C3
ELM ST	SAC	35	A6
ELM ST	WSAC	51	A2
EL MACERO WY	SAC	72	B4
EL MANGO WY	SAC	73	D6
ELMANTO DR	CO	41	E3
ELMANTO DR	CO	42	A3
EL MARIDO CT	CO	41	C7
ELMCREST LN	CO	42	B3
EL MEASA CT	CO	97	C7
ELMER WY	SAC	53	C6
EL MERCADO DR	CO	59	D4
ELMGROVE CT	CO	58	D3
ELMHURST CIR	SAC	55	C6
ELMIRA CIR	CO	56	E4
EL MIRADOR DR	CO	97	C7
ELMO DR	CO	12	B7
EL MODENA AV	CO	6	D7
EL MODENA AV	PLCO	6	D3
ELMONT AV	CO	6	D7
EL MONTE AV	SAC	34	C5
EL MONTE DR	PLCO	14B	D7
EL MORRO CT	SAC	74	D1
ELMRIDGE WY	SAC	32	A7

SACRAMENTO CO.

INDEX

1988 SACRAMENTO COUNTY STREET INDEX

STREET	CITY	PG. NO.	SEE	STREET	CITY	PG. NO.	SEE	STREET	CITY	PG. NO.	SEE	STREET	CITY	PG. NO.	SEE	STREET	CITY	PG. NO.	SEE
ELMWOOD AV	CO	6	D7	EMERALD CRST DR	CO	97	A3	ESCALANTE WY	CO	18	B3	EVROS RIVER	SAC	72	A6	FALCON WY	ROS	16B	B3
ELMWOOD CT	EDCO	26	B3	EMERALD GRV DR	CO	99	C2	ERLE RD	YUB	G	D3	EWING WY	CO	76	C5	FALCON CK CIR	CO	99	D2
ELMWOOD CT	ROCK	15B	C5	EMERALD HLLS CT	EDCO	26	B4	ESCALLONIA DR	CO	18	C4	EXA CT	CO	38	B1	FALCONER WY	CO	54	E7
EL NIDO CT	EDCO	23	E2	EMERALD OAK DR	CO	97	B7	ESCHINGER RD	CO	99	C7	EXCALIBUR AV	CO	16B	D7	FALCON HILL CT	CO	99	D2
EL NIDO WY	CO	56	A1	EMERALD OAK DR	GALT	148	C6	ESCHINGER RD	CO	120	D3	EXCELSIOR AV	CO	21	A2	FALCON MDW DR	CO	97	C7
ELOAH WY	SAC	72	D7	EMERALD PARK DR	CO	97	B7	ESCHINGER RD	CO	121	B2	EXCELSIOR RD	CO	60	A7	FALCON MDW DR	CO	99	C1
ELOISE AV	CO	6	C6	EMERALD PARK DR	CO	99	C1	ESCOBAR WY	CO	56	A4	EXCELSIOR RD	CO	61	D6	FALCON RIDGE LN	CO	43	B3
EL ORO DR	AUB	13B	C5	EMERLD PINES DR	PLCO	13D	C7	ESCUELA DR	CO	88	C2	EXCELSIOR RD	CO	62	A1	FALDA LN	CO	40	D5
EL ORO ST	CO	12	B7	EMERLD PINES DR	PLCO	14C	D1	ESMERALDA ST	SAC	57	A6	EXCELSIOR RD	CO	80	D6	FALKLAND WY	CO	56	D5
EL ORO ST	CO	36	B1	EMERALD VIS DR	CO	96	E4	ESPANA CT	CO	39	B4	EXCELSIOR RD	CO	82	D4	FALL WY	CO	96	B4
EL ORO PLAZA DR	CO	97	C7	EMERALD VIS DR	CO	97	A4	ESPERANZA DR	SAC	55	B5	EXCHANGE ST	SAC	32	D2	FALL BREEZE CT	CO	96	B4
EL PARAISO AV	CO	73	E1	EMERALD VIS DR	CO	97	A6	ESPERANZA DR	CO	56	B1	EXECUTIVE CT	CO	35	E7	FALLBROOK ST	WSAC	51	B5
EL PARAISO AV	CO	76	A1	EMERALD VIS DR	GALT	148	D3	ESPLANADE	SAC	55	B5	EXETER CT	ROS	16B	C4	FALLBROOK WY	SAC	56	A7
EL PARAISO AV	SAC	76	A1	EMERSON RD	SAC	57	C5	ESQUIRE DR	CO	17	A6	EXETER ST	CO	56	C4	FALL CREEK WY	SAC	34	A3
EL PARQUE CIR	CO	59	B2	EMERSON ST	CO	6	D7	ESRIG WY	CO	39	A3	EXETER SQ LN	CO	55	D3	FALLEN LEAF RD	EDCO	26B	A1
EL PASEO DR	SAC	57	B7	EMERSON ST	CO	8	D1	ESSEN WY	SAC	78	B4	EXMOOR CIR	CO	56	B4	FALLEN LEAF WY	CO	56	C3
EL PASEO DR	SAC	76	B1	EMERSON ST	PLCO	6	A1	ESSENCE WY	CO	12	D3	EXPLORER DR	CO	59	B5	FALLEN OAK CT	CO	12	B1
EL PASEO LN	SAC	37	D5	EMERSON ST	ROCK	15B	C5	ESSEX AV	WSAC	51	B1	EXPOSITION BLVD	SAC	34	E7	FALLEN TREE CT	CO	56	E6
EL PATIO CT	CO	97	C7	EMERY CT	SAC	34	C1	ESSEX AV	WSAC	53	B1	EXPOSITION BLVD	SAC	37	A7	FALLS CIR	SAC	55	C1
EL PAVO WY	CO	59	B1	EMIGRANT GAP DR	CO	42	D2	ESSEX CT	CO	40	E1	EXPRESS CT	SAC	78	B3	FALLON LN	SAC	52	E4
EL PINZON CT	CO	59	B1	EMILY ST	CO	97	B4	ESSEX CT	ROS	16B	C5	EYE ST	CO	11	C5	FALLON LN	SAC	55	A4
EL PORTAL CT	SAC	57	B7	EMINENT CT	CO	12	D3	ESSEX LN	CO	18	A7	EYE ST	CO	12	A5	FALLOW DR	SAC	75	D1
EL PORTAL ST	SAC	76	B1	EMMA NEVADA CT	CO	42	C2	ESTABROOK LN	FOL	25	A7	EYE ST	SAC	51	E2	FALL RIVER DR	FOL	21	D5
EL PORTO LN	CO	17	D6	EMMATON RD	CO	170	A6	ESTABROOK LN	FOL	47	A1	EYE ST	SAC	52	A3	FALL RIVER WY	CO	76	C1
EL PRADO WY	CO	37	C6	EMMONS CIR	CO	62	A1	ESTABROOK WY	FOL	22	E5	EYE ST	SAC	55	A5	FALLWIND CIR	SAC	72	C6
EL RANCHO CT	ROS	16A	E5	EMMONS ST	SAC	35	B5	ESTANCIA CT	CO	99	B1	EYE ST	WSAC	51	E2	FALLWOOD WY	CO	16A	D7
EL RANCHO CT	WSAC	51	C3	EMPEROR	CO	59	B3	ESTATES CT	ROS	16A	E2	F				FALWORTH ST	CO	17	C4
EL RAY WY	SAC	37	A2	EMPEROR DR	CO	40	D6	ESTATES DR	CO	56	B3	F AV	PLCO	13B	A3	FARALLON CIR	SAC	72	A5
EL REY WY	SAC	34	E1	EMPIRE WY	CO	39	B6	ESTATES DR	ROS	16A	E2	F PKWY	CO	73	E5	FARGO LN	PLCO	16C	B3
EL RENO AV	CO	6	D7	EMPRESS ST	SAC	34	E5	ESTEEM DR	CO	12	D2	F ST	GALT	148	D7	FARGO WY	CO	12	B4
EL RENO AV	CO	8	D1	ENCINA CT	EDCO	23	D3	ESTEPA DR	EDCO	26A	C4	F ST	GALT	148	B6	FARGO WY	FOL	22	B6
EL RICON WY	CO	38	B7	ENCINA DR	EDCO	23	D3	ESTES WY	SAC	32	C5	F ST	ISLE	162	E3	FARID CT	CO	38	E1
EL RICON WY	CO	56	A1	ENCINAL AV	ROS	16A	D1	ESTE VISTA DR	EDCO	26A	E6	F ST	SAC	51	E2	FARLEY WY	CO	40	E3
EL RIO AV	CO	6	B7	ENCINAL AV	SAC	54	B7	ESTRELLITA WY	CO	37	C5	F ST	SAC	52	A2	FARM LN	CO	61	A5
EL RIO AV	CO	8	B1	ENCINAL AV	SAC	73	B1	ESTUARY CT	SAC	72	A5	F ST	SAC	55	A5	FARM DALE WY	SAC	75	D4
EL RITO WY	SAC	72	D1	END ST	YCO	51A	D3	ET RD	PLCO	14B	D6	F ST	WSAC	51	C2	FARMER WY	CO	12	B6
EL RITO WY	SAC	74	D1	ENDRES CT	SAC	72	E4	ETHAN WY	SAC	37	B5	FABERGE WY	CO	58	E1	FARMGATE WY	CO	17	E7
EL ROCCO WY	CO	41	C7	ENFIELD ST	CO	17	B7	ETHAN WY	SAC	55	B1	FAGER HILL RD	PLCO	14A	D1	FARMGATE WY	CO	18	A7
ELROY	CO	6	C7	ENGBERG CT	CO	56	D1	ETHEL DR	EDCO	26	C2	FAIR WY	CO	16A	E7	FARMHOUSE CT	CO	17	E7
ELSDON CIR	CO	38	E4	ENGELHART DR	FOL	21	E1	ETHEL WY	CO	54	E6	FAIR WY	PLCO	16A	E7	FARMINGTON WY	CO	76	C3
EL SEGUNDO DR	CO	59	C1	ENGLE RD	CO	36	D7	ETHEL WY	CO	54	E6	FAIR WY	SAC	57	A1	FARNELL WY	SAC	75	D2
EL SERENO CIR	SAC	72	D1	ENGLE RD	CO	39	A7	ETHING CT	SAC	75	E2	FAIRBAIRN DR	CO	12	A7	FARNSWORTH WY	CO	41	D4
ELSIE AV	CO	78	C1	ENGLE RD	CO	41	A1	ETNA CT	CO	39	B4	FAIRBANKS AV	SAC	34	C2	FARO DR	SAC	76	B2
ELSINORE WY	CO	39	D2	ENGLEWOOD ST	SAC	32	C5	EUCALYPTUS LN	CO	16B	B7	FAIRCHILD DR	CO	38	E6	FARR CT	CO	17	E5
EL SOBRANTE WY	CO	18	E1	ENGLSH COLNY WY	PLCO	M	A1	EUCALYPTUS RD	CO	39	D5	FAIRFAX WY	CO	12	A6	FARR CT	CO	18	A5
EL SOL WY	CO	17	D7	ENGLSH COLNY WY	PLCO	14A	C1	EUCLID AV	SAC	53	D5	FAIRFIELD ST	ROS	16A	D5	FARRIS LN	CO		A2
ELSTER CT	SAC	75	E3	ENGLSH COLNY WY	PLCO	14B	A1	EUCLID ST	WSAC	51	B6	FAIRFIELD ST	SAC	34	D5	FARRON ST	ROCK	15B	B4
EL SUR PL	EDCO	23	E3	ENGLISH OAK WY	CO	16B	A7	EUGENE AV	CO	43	C1	FAIRGATE DR	AUB	13D	C2	FARSCHON PL	PLCO	16B	E3
EL SUR WY	CO	56	D4	ENID WY	SAC	57	D1	EULA WY	CO	21	A4	FAIRGATE DR	CO	55	D4	FASHION DR	CO	58	B1
EL SUTTON LN	CO	37	D3	ENNIS CT	CO	12	B3	EULER WY	SAC	75	E4	FAIRGROUNDS DR	SAC	54	E2	FAST WATER CT	CO	17	B5
EL TEJON CT	EDCO	26A	C4	ENRICO BLVD	CO	54	D6	EULER WY	SAC	78	A4	FAIR HILL DR	CO	39	E7	FAUSSET CT	FOL	22	C5
EL TEJON WY	CO	56	A1	ENRIGHT DR	CO	17	C3	EUNICE WY	CO	36	C6	FAIR HILL RD	CO	39	E7	FAUSTINO WY	SAC	71	E1
EL TERRAZA DR	CO	77	A7	ENSENADA AV	CO	34	E4	EUREKA LN	CO	17	A2	FAIRLAKE AV	CO	55	C2	FAUSTINO WY	SAC	72	A1
ELTON CT	SAC	56	A6	ENSIGN ST	CO	39	C2	EUREKA RD	PLCO	16B	D4	FAIRLANE CT	CO	55	C5	FAWN CIR	SAC	75	D2
EL TONAS WY	CO	41	A4	ENTERPRISE BLVD	WSAC	51A	C5	EUREKA RD	PLCO	16C	A4	FAIRLAWN CT	CO	77	A7	FAWN CT	ROS	16A	E5
EL TOREADOR WY	CO	97	B4	ENTERPRISE DR	AUB	13B	C7	EUREKA RD	ROS	16B	C3	FAIRMONT CT	ROS	16B	C5	FAWN WY	CO	76	B5
EL TORO WY	CO	56	C1	ENTERPRISE DR	CO	55	C5	EVA AV	CO	97	C6	FAIRMONT WY	CO	40	D1	FAWN CREEK CT	CO	10	A6
ELUDE CT	CO	12	D4	ENTRADA RD	CO	56	C2	EVA LN	PLCO	16A	A3	FAIR OAKS BLVD	CO	18	C6	FAWN HILL CT	PLCO	13A	C6
ELVA WY	CO	36	C6	ENTRANCE ST	CO	40	A5	EVALITA WY	SAC	75	D3	FAIR OAKS BLVD	CO	38	E7	FAWN HILL LN	PLCO	13A	C6
EL VADO CT	SAC	74	D1	ENVOY WY	CO	18	A7	EVANDA DR	CO	59	D1	FAIR OAKS BLVD	CO	39	B7	FAY CIR	SAC	72	C3
ELVAS AV	SAC	52	E2	ENWOOD RD	ROS	16B	A1	EVANS DR	LMS	14A	E7	FAIR OAKS BLVD	CO	40	A6	FEATHER CT	CO	12	C1
ELVAS AV	SAC	55	B7	EPIC CT	CO	41	E5	EAST SHORE DR	SAC	72	C7	FAIR OAKS BLVD	CO	41	A3	FEATHER RIV WY	CO	56	C6
ELVAS AV	SAC	57	B1	EPPERLE LN	AUB	13B	D7	EVANS ST	CO	34	E1	FAIR OAKS BLVD	CO	55	D4	FEATURE DR	CO	55	C4
ELVAS FRWY	SAC	52	D5	EQUESTRIAN CT	CO	100	C4	EVA RETTA CT	CO	16A	E7	FAIR OAKS BLVD	CO	56	B3	FEDERAL ST	CO	36	C1
EL VERANO AV	CO	6	D5	EQUESTRIAN DR	CO	100	C4	EVCAR WY	CO	8	C4	FAIR OAKS BLVD	SAC	55	C4	FEDERALIST LN	SAC	55	B4
EL VERANO AV	CO	8	D1	EQUINOX WY	SAC	75	D3	EVELYN AV	ROCK	15B	C4	FAIR PLAY DR	CO	12	E1	FEE DR	SAC	34	C6
EL VERANO AV	PLCO	6	D3	ERIC CIR	GALT	150	C1	EVELYN AV	ROS	16A	E2	FAIRSITE CT	GALT	148	D7	FEE DR	SAC	37	A6
EL VERDE CT	ROCK	15B	E4	ERIC RD	CO	38	D5	EVELYN CT	ROS	16A	E2	FAIRSITE CT	GALT	150	D1	FEGAN WY	SAC	53	E4
ELVERTA RD	CO	2	E6	ERIC WY	SAC	57	D1	EVELYN LN	CO	55	D2	FAIRVALE WY	CO	21	A7	FEGAN WY	SAC	54	A4
ELVERTA RD	CO	5	D6	ERICKSON ST	SAC	34	E5	EVELYN WY	FOL	22	C5	FAIRVALE WY	CO	43	A1	FEICKERT DR	CO	97	A4
ELVERTA RD	CO	6	A6	ERICWOOD CT	CO	16A	B7	EVENING WY	CO	16A	D7	FAIRVIEW CT	CO	37	C2	FELDSPAR CT	CO	18	D1
ELVERTA RD	CO	9	A6	ERIEL LN	CO	21	A4	EVENING WY	ROS	16A	D5	FAIRVIEW DR	PLCO	16B	C6	FELICE WY	CO	57	D1
ELVERTA RD	CO	10	A4	ERIKA JEAN WY	CO	18	D7	EVENING STAR CT	CO	43	A1	FAIRVIEW LN	PLCO	14B	C1	FELICITER WY	CO	18	A5
ELVERTA MDWS CT	CO	6	C4	ERIN DR	PLCO	13B	C3	EVENT WY	CO	12	D2	FAIRWAY CT	ROCK	15B	A3	FELIPE CT	CO	17	D3
ELVIES LN	FOL	22	B4	ERIN DR	SAC	34	A4	EVEREST WY	CO	12	E6	FAIRWAY DR	EDCO	26A	D6	FELL ST	SAC	35	A6
EL VITA WY	CO	38	E4	ERINBROOK WY	CO	56	A6	EVERGLADE DR	SAC	57	E1	FAIRWAY DR	GALT	148	E7	FELTHAM WY	CO	59	B4
EL VITA WY	CO	41	A4	ERLA CT	CO	42	A4	EVERGLADE DR	SAC	58	A1	FAIRWAY DR	ROCK	15B	A3	FEN CT	SAC	73	D7
ELVYRA WY	CO	37	D4	ERLEWINE CIR	SAC	52	E2	EVERGREEN CT	WSAC	51A	E4	FAIRWAY DR	WSAC	51	C1	FENNWOOD CT	SAC	53	C7
ELWYN AV	CO	6	C4	ERMINA DR	SAC	37	A2	EVERGREEN PL	PLCO	13B	C5	FAIRWAYS CT	CO	38	A2	FENTON CT	CO	97	B5
ELWYN WY	CO	8	C4	ERNEST WY	SAC	37	C5	EVERGREEN ST	SAC	34	E5	FAIRWAY TWO AV	CO	39	E3	FENWICK WY	CO	12	C6
EMBARCADERO DR	EDCO	23	E7	ERNESTINE WY	CO	12	C6	EVERGREEN ST	WSAC	51	A4	FAIRWEATHER DR	SAC	34	A4	FERGUSON CT	WSAC	33	C7
EMDEE CT	CO	38	D7	ERNST RD	SAC	7	D7	EVERGREEN ST	WSAC	51A	E4	FAIRWOOD WY	CO	39	D6	FERGUSON RD	PLCO	13B	E5
EMERALD CT	CO	37	E7	ERNST RD	SAC	31	C2	EVERGRN OAKS CT	CO	39	C1	FAIRYTALE ST	CO	17	E3	FERIGO LN	SAC	36	D3
EMERALD CT	GALT	148	C6	ERWIN AV	CO	21	C7	EVORA CT	SAC	34	A2	FAITH LN	CO	76	D7	FERN ST	SAC	52	E3
EMERALD DR	GALT	148	C7	ERWIN AV	CO	43	C1	EVROS RIVER	SAC	71	E6	FALCON RD	CO	39	D7	FERN ST	ROS	16A	D3

STREET	CITY	PG. NO.	SEE
FERNANDEZ DR	SAC	54	B7
FERNANDO WY	CO	6	C5
FERNBROOK CT	CO	17	B7
FERNBROOK CT	EDCO	26A	B7
FERNBROOK CT	EDCO	26B	B1
FERNCREEK CT	CO	16A	C6
FERN CREST WY	CO	97	A4
FERNDALE AV	SAC	73	B6
FERNDALE CIR	WSAC	51	B5
FERNDALE CT	ROS	16B	C5
FERN LEAF DR	PLCO	16C	B6
FERNLEY AV	SAC	34	D5
FERNRIDGE DR	CO	76	D7
FERNWOOD CIR	ROS	16B	C4
FERNWOOD DR	FOL	16C	C7
FERNWOOD DR	FOL	21	E1
FERNWOOD DR	FOL	22	A1
FERNWOOD ST	ROCK	15B	D4
FERNWOOD ST	WSAC	51	B4
FERNWOOD WY	CO	12	E7
FERRAN AV	SAC	72	E7
FERRAN AV	SAC	73	A7
FERRARI CT	CO	40	A6
FERRIER CT	SAC	73	A3
FEUSI CT	SAC	54	E5
FIDDLETOWN CT	CO	56	E6
FIDDYMENT RD	PLCO	10	D1
FIELD ST	CO	36	A2
FIELDCREST DR	CO	37	E3
FIELDGATE LN	CO	36	B2
FIELDING CIR	CO	58	C2
FIELDPOPPY	CO	76	D7
FIELD STONE LN	CO	40	B4
FIELDWOOD LN	CO	43	B2
FIELLEN CT	CO	37	D5
FIESTA CT	SAC	54	E2
FIESTA CT	SAC	57	A1
FIESTA LN	CO	21	B5
FIFTH PKWY	CO	73	E4
FIFTH PKWY	CO	76	A4
FIG RD	CO	86	D6
FIG ST	ROS	16A	D2
FIG ST	SAC	35	A6
FIGUEROA ST	FOL	21	E6
FIGUEROA ST	FOL	22	A6
FIGWOOD WY	CO	38	C5
FILAREE CT	ROCK	15B	D3
FILAREE WY	CO	12	D5
FILBERT AV	CO	21	B6
FILBERT AV	CO	43	B3
FILMORE LN	CO	42	A3
FINCH DR	ROS	16B	B4
FINCH RD	CO	39	D3
FINDLEY WY	CO	39	D1
FINE GOLD CT	CO	40	C7
FINISTERRE CT	CO	40	C6
FINLANDIA WY	CO	56	D2
FINLEY ST	AUB	13D	D1
FINNEY CT	CO	39	B2
FINNING MILL RD	PLCO	H	E3
FINSBURY AV	CO	36	E3
FINTOWN CT	CO	79	A5
FIR AV	ROS	16A	C6
FIR CREST CT	CO	96	E4
FIR CREST CT	CO	97	A4
FIR TREE LN	CO	18	C5
FIREFLY CT	SAC	72	B6
FIREHOUSE AL	SAC	51	C3
FIREHOUSE ST	SAC	32	E7
FIRE KING CT	CO	56	E7
FIRE LEAF CT	SAC	32	E2
FIRELIGHT WY	CO	56	C7
FIRE OPAL CT	CO	59	B2
FIRESIDE WY	CO	59	C3
FIRE STICK CT	CO	17	B5
FIRESTONE DR	ROS	15A	C6
FIRE WATER CT	CO	17	A4
FIREWOOD CT	CO	18	C4
FIRGROVE CT	CO	58	D2
FIRST PKWY	CO	73	E3
FIRST DRAW WY	CO	78	E6
FISCHER CT	ROS	16A	E4
FISHER AV	WSAC	71	C3
FISHER DR	PLCO	13B	D4
FISKE CT	CO	41	C7

STREET	CITY	PG. NO.	SEE
FITCH WY	CO	56	B1
FITCH WY	EDCO	23	E2
FITE CIR	CO	59	B4
FITZGERALD RD	CO	60	C2
FITZWILLIAM WY	SAC	75	E1
FITZWILLIAM WY	SAC	76	A7
FITZWILLIAM WY	SAC	78	A1
FLAGSTAFF DR	CO	85	E2
FLAGSTONE ST	CO	39	C2
FLAMNG ARROW DR	CO	17	B4
FLAMINGO WY	CO	76	C4
FLANDERS WY	CO	12	D3
FLAUM CT	SAC	75	E4
FLEDGLING CT	CO	18	C7
FLEET CT	EDCO	26A	C3
FLEET CT	SAC	72	A4
FLEETWOOD DR	CO	39	E1
FLEISHACKER DR	CO	40	C7
FLEMING AV	CO	76	B6
FLETCHER CT	CO	12	D7
FLETCHR FARM DR	CO	77	A5
FLINT CT	EDCO	26A	E3
FLINT WY	PLCO	14B	A1
FLINT WY	SAC	51	D7
FLINTLOCK CT	CO	17	B7
FLINTRIDGE WY	CO	43	C2
FLINTSTONE CT	CO	78	E1
FLINTWOOD WY	SAC	72	C4
FLOOD LN	PLCO	13B	E5
FLOOD RD	PLCO	13B	E6
FLOOD RD S	PLCO	13B	E6
FLORABELLE AV	CO	17	C2
FLORADALE LN	PLCO	13B	D4
FLORADORA DR	CO	56	D7
FLORADORA DR	CO	58	D1
FLORAL DR	CO	12	A4
FLORAL DR	SAC	31	A5
FLORAL LN	PLCO	13C	A2
FLORAL HILLS WY	CO	42	C5
FLORA VISTA LN	SAC	53	E6
FLORENCE AV	CO	17	B6
FLORENCE PL	SAC	52	A7
FLORENCIA LN	CO	77	B7
FLORES WY	SAC	73	B6
FLORIDA CT	SAC	55	E7
FLORIDA CT	SAC	57	E1
FLORIN RD	CO	73	B4
FLORIN RD	CO	76	A4
FLORIN RD	CO	77	B4
FLORIN RD	CO	80	A4
FLORIN RD	CO	81	A4
FLORIN RD	SAC	72	E4
FLORIN RD	SAC	73	B4
FLORINDA WY	CO	76	C5
FLORIN MALL DR	CO	76	A5
FLORIN PERKN RD	SAC	57	E5
FLORIN PERKN RD	SAC	76	E2
FLORIN PERKN RD	SAC	77	A2
FLORINTOWN WY	CO	76	D5
FLORINWOOD DR	CO	76	A5
FLOSSIE AV	WSAC	51	A3
FLOWER DR	FOL	22	C6
FLOWERDALE DR	SAC	73	D7
FLOWERDALE DR	SAC	75	D1
FLOWERS ST	CO	38	A6
FLOWERWOOD WY	SAC	72	B5
FLOXTREE CT	CO	78	E2
FLOYD AV	CO	21	B3
FLUME LN	PLCO	14C	A2
FLYING C CT	EDCO	26B	C4
FLYING C RD	EDCO	26B	C3
FOGG RD	CO	117	C4
FOGLE CT	CO	38	E2
FOLEY CT	CO	55	D5
FOLKLORE WY	CO	59	C4
FOLKSTONE WY	CO	96	B5
FOLLETT CT	CO	78	D2
FOLSOM BLVD	CO	41	D7
FOLSOM BLVD	CO	42	A5
FOLSOM BLVD	CO	43	E4
FOLSOM BLVD	CO	45	A1
FOLSOM BLVD	CO	56	D6
FOLSOM BLVD	CO	59	C2
FOLSOM BLVD	FOL	21	E7
FOLSOM BLVD	FOL	43	E4

STREET	CITY	PG. NO.	SEE
FOLSOM BLVD	SAC	52	D5
FOLSOM BLVD	SAC	55	A6
FOLSOM BLVD	SAC	57	C1
FOLSOM BLVD	SAC	58	A1
FOLSOM RD	ROS	16A	E2
FOLSOM-AUBRN RD	FOL	21	E4
FOLSOM-AUBRN RD	FOL	22	A4
FOLSOM DAM RD	FOL	22	A1
FOLSOM OAKS CT	PLCO	16C	C2
FONT ST	CO	38	A3
FONTAINE CT	CO	37	D1
FONTANA CT	CO	99	B1
FOOTBRIDGE PL	CO	41	B5
FOOTHILL BLVD	ROS	15A	B4
FOOTHILL BLVD	ROS	16A	C1
FOOTHILL DR	CO	38	D4
FOOTHILL RD	ROCK	15B	E5
FOOTHILL GDN CT	CO	36	E1
FOOTMAN WY	CO	17	D3
FORBS WY	CO	18	C3
FORBES RD N	PLCO	H	A5
FORBES RD S	PLCO	H	A5
FORD RD	ROCK	15B	A2
FORD RD	SAC	34	C1
FORDHAM WY	SAC	72	D2
FOREST CT	AUB	13D	C4
FOREST CREEK LN	CO	18	D5
FOREST GLEN WY	CO	18	B1
FORESTHILL AV	AUB	13B	D7
FOREST HILL CT	CO	39	C5
FORESTHILL RD	PLCO	J	A3
FORESTHILL RD	PLCO	13B	E5
FOREST KNOLL	ROS	16B	A1
FORESTLAKE DR	CO	41	E3
FOREST LAKE RD	SJCO	147	C5
FOREST LAKE RD	SJCO	150	A6
FOREST OAK WY	CO	16B	A7
FOREST OAK WY	CO	18	C1
FOREST VISTA WY	CO	96	B5
FORESTWOOD DR	CO	12	E4
FORESTWOOD DR	CO	17	A4
FORGETMENOT CT	CO	16B	A7
FORGOTTEN RD	AUB	13D	B2
FORGOTTEN RD	PLCO	13D	B2
FORMAN WY	CO	76	B3
FORREST ST	SAC	34	D6
FORRESTAL ST	CO	40	C3
FORSTER LN	PLCO	13A	D7
FORSYTH CT	CO	9	C7
FORSYTH CT	CO	11	C1
FORTADO CIR	SAC	72	C1
FORT PITT WY	CO	76	C5
FORT POINT DR	CO	42	D2
FORT SUTTER WY	CO	12	E7
FORTUNA WY	CO	18	E6
FORTUNA WY	CO	21	A6
FORTUNE CT	PLCO	13B	A2
FORT WORTH WY	CO	56	D4
FORTY NINER CIR	CO	40	C7
FOSTER CIR	CO	62	A2
FOSTER WY	CO	38	D1
FOTOS CT	SAC	57	B4
FOULKS RANCH DR	CO	96	B5
FOUNTAIN LN	CO	12	A5
FOURNESS DR	WSAC	33	B7
FOURNESS DR	WSAC	51	B1
FOURTH PKWY	CO	73	E4
FOUTZ CT	CO	36	C7
FOWLER AV	SAC	76	B2
FOWLER LN	ROS	16A	E3
FOXBORO WY	SAC	33	E2
FOXBORO WY	SAC	34	A2
FOXBOROUGH AV	PLCO	16A	B2
FOX CREEK DR	CO	96	A4
FOXFIRE DR	CO	18	C5
FOXFORD CT	CO	96	B5
FOXGLOVE CT	ROS	16B	A5
FOXHALL WY	SAC	72	C2
FOX HOLLOW LN	CO	38	B6
FOX OAK CT	SAC	72	D7
FOX OAK CT	SAC	74	D1
FOXRIDGE DR	FOL	21	E3
FOXRUN LN	ROS	16A	B1
FOX RUN WY	CO	96	A5
FOXTAIL CT	CO	12	C4

STREET	CITY	PG. NO.	SEE
FOYERS CT	CO	96	B5
FOYNES WY	CO	79	B5
FRAMINGHAM WY	FOL	44	C1
FRANCES AV	PLCO	16A	D6
FRANCES DR	ROS	16B	A3
FRANCIS CT	SAC	53	E4
FRANCIS DR	LMS	14A	D5
FRANCIS WY	CO	38	D4
FRANCISCAN WY	SAC	78	A3
FRANCISCO DR	EDCO	23	D4
FRANCISCO DR	EDCO	25	E1
FRANCO LN	CO	37	C4
FRANELA WY	CO	17	D4
FRANK CT	CO	54	C7
FRANKLIN BLVD	CO	54	B4
FRANKLIN BLVD	CO	73	D3
FRANKLIN BLVD	CO	75	E5
FRANKLIN BLVD	CO	93	E7
FRANKLIN BLVD	CO	95	D6
FRANKLIN BLVD	CO	117	E2
FRANKLIN BLVD	CO	119	E5
FRANKLIN BLVD	CO	122	A6
FRANKLIN BLVD	CO	144	A4
FRANKLIN BLVD	SAC	54	B4
FRANKLIN BLVD	SAC	73	C2
FRANKLIN BLVD	SAC	75	E5
FRANKLIN BLVD	SJCO	144	A4
FRANKLIN RD	SJCO	146	B3
FRANKLIN ST	ROS	16A	E3
FRANKLIN WY	WSAC	51	A3
FRANKLIN SCH RD	PLCO	15C	C3
FRANKWOOD DR	FOL	22	C6
FRANMOR	CO	55	E2
FRANSTON ST	GALT	148	E6
FRANUSICH AV	CO	76	C4
FRASER RIVER CT	CO	42	A3
FRASINETTI RD	CO	76	E5
FRATES WY	SAC	71	E3
FRATES WY	SAC	72	A3
FRAWLEY WY	CO	73	E2
FRAWLEY WY	CO	76	A2
FRAZIER CT	CO	37	C2
FRECKLES CT	CO	96	B3
FREDERIC AV	CO	58	B2
FREDERICK WY	CO	37	D2
FREDLENA LN	EDCO	24	B1
FREEBOARD DR	WSAC	51A	E4
FREEDOM LN	CO	17	B6
FREEHAVEN DR	SAC	72	C3
FREEMAN RD	CO	100	C6
FREEMAN RD	CO	102	D1
FREEMAN RD	CO	103	A2
FREEMAN WY	SAC	52	E7
FREEPORT BLVD	CO	74	E2
FREEPORT BLVD	SAC	52	A7
FREEPORT BLVD	SAC	53	E5
FREEPORT BLVD	SAC	54	A5
FREEPORT BLVD	SAC	72	E2
FREEPORT BLVD	SAC	74	E2
FREE RIVER CT	SAC	71	E4
FREE RIVER CT	SAC	72	A4
FREEWAY BLVD N	CO	32	A6
FREEWAY CIR	CO	36	C3
FREMANTLE CT	CO	77	A4
FREMONT AV	ROS	16A	D1
FREMONT BLVD	WSAC	51	B1
FREMONT CIR	CO	12	E6
FREMONT WY	SAC	51	D7
FRENCH AV	CO	36	A7
FRENCH AV	CO	38	A1
FRENCH AV	WSAC	53	A4
FRENCH AV	WSAC	53A	E4
FRENCH RD	CO	76	E6
FRENCH RD	CO	77	A6
FRENCH CREEK RD	EDCO	M	C4
FRENCH MDWS RD	PLCO	J	A5
FRENSHAM WY	CO	56	D7
FRENSHAM WY	CO	58	D1
FREON CT	SAC	72	A5
FRESNO CT	CO	17	D3
FRIARS CT	CO	56	E2
FRIAR TUCK CT	PLCO	16C	C2
FRIAR TUCK WY	CO	40	D2
FRIDA MARIA CT	CO	39	D6
FRIDAY CIR	CO	12	B5

STREET	CITY	PG. NO.	SEE
FRENCH AV	CO	38	A1
FRIENDLY CT	CO	41	B2
FRIENZA AV	SAC	34	E4
FRIENZA AV	SAC	37	A4
FRINGECUP CT	CO	78	E2
FRITZI CT	CO	40	C1
FRIZELL AV	CO	36	C2
FRONT ST	CO	8	D1
FRONT ST	CO	16A	A7
FRONT ST	CO	17	A1
FRONT ST	ROCK	15B	C4
FRONT ST	SAC	51	D4
FRONT ST	WSAC	51	A4
FRONTIER CT	PLCO	13C	A7
FRONTIER RD	PLCO	13A	E5
FRONTIER WY	CO	41	A5
FROOM CIR	CO	59	B3
FROSSES CT	CO	79	B5
FROST LN	LMS	14A	D6
FROST WY	CO	76	C5
FRUITA CT	SAC	32	C5
FRUITRIDGE RD	CO	54	D6
FRUITRIDGE RD	CO	58	B6
FRUITRIDGE RD	SAC	53	E6
FRUITRIDGE RD	SAC	54	A6
FRUITRIDGE RD	SAC	57	B6
FRUITRIDGE RD	SAC	58	B6
FRUITWOOD CT	CO	40	E4
FRYE CREEK DR	CO	75	E7
FRYE CREEK DR	CO	93	E1
FUCHSIA CT	SAC	73	E6
FUEGO WY	CO	96	B4
FUENTE DE PAZ	CO	88	D2
FULLER DR	PLCO	16C	C3
FULLER WY	CO	36	B6
FULLERTON CT	SAC	55	C4
FULTON AV	CO	37	D5
FULTON AV	CO	55	D3
FULTON AV	SAC	35	D7
FULWEILER AV	AUB	13B	C7
FULWEILER AV	AUB	13D	C1
FUNSTON DR	SAC	33	E2
FURMINT WY	CO	41	D6
FUSILIER WY	CO	56	C7
FUSILIER WY	CO	58	C1
G			
G PKWY	CO	73	D6
G PKWY	SAC	73	D6
G ST	CO	11	A6
G ST	GALT	148	D7
G ST	GALT	150	D1
G ST	ISLE	162	E3
G ST	SAC	51	E2
G ST	SAC	52	A2
G ST	SAC	55	A5
G ST	WSAC	51	C2
GABELI DR	CO	78	E2
GABILAN WY	CO	38	C1
GABLE ST	FOL	22	E5
GABRIEL CT	CO	38	E4
GABRIELLI DR	ROS	16B	A5
GADDI DR	CO	54	D6
GADE LN	LMS	15C	A1
GADSTEN WY	CO	42	A5
GADWALL CT	WSAC	53A	E1
GADWALL LN	CO	17	A2
GAFTON CT	CO	99	C1
GAGE ST	CO	97	C6
GAGEMONT CT	SAC	54	E2
GAGEMONT CT	SAC	57	A2
GAGLE WY	SAC	72	D3
GAIL WY	CO	39	D2
GAIL WY	SAC	57	D1
GAINES AV	CO	18	D5
GAINSBORO WY	CO	58	C3
GAINSBOROGH CIR	FOL	21	E4
GAINSBROUGH CIR	FOL	22	A4
GAINSFORD LN	CO	79	A1
GAINSPORT LN	CO	79	A2
GAINSWOOD LN	CO	79	A1
GALAXY CT	CO	17	B5
GALAXY PKWY	CO	73	E4
GALAXY PKWY	CO	76	A4
GALBRATH DR	CO	12	B2
GALENA DR	PLCO	13B	A1

SACRAMENTO CO.

INDEX

1988 SACRAMENTO COUNTY STREET INDEX

STREET	CITY	PG. NO.	SEE
GALENA DR	PLCO	14B	B6
GALENA WY	CO	18	D1
GALEWOOD WY	CO	39	D5
GALLAGHER CT	EDCO	14C	E7
GALLAGHER CT	FOL	22	D5
GALLAGHER RD	EDCO	M	C1
GALLAGHER RD	EDCO	14C	E7
GALLANT CIR	CO	17	E4
GALLERY WY	SAC	72	C3
GALLEY CT	SAC	72	A2
GALTY WY	CO	79	B5
GALVESTON ST	WSAC	51A	E3
GALWAY CT	CO	17	E7
GALWAY CT	CO	18	A7
GAMAY WY	CO	97	D7
GAMBAN DR	PLCO	13A	D1
GANDY WY	CO	36	C2
GANDY DANCER	SAC	78	B4
GANNET WY	CO	12	D4
GANNON DR	CO	37	D7
GANNON DR	CO	55	D1
GANZAN WY	CO	41	D7
GARAVENTA WY	SAC	34	A3
GARBER GRNS CT	CO	78	E1
GARCIA AV	ROS	16A	D4
GARCIA CT	SAC	71	E4
GARCIA WY	CO	88	B5
GARDEN CIR	EDCO	26B	D2
GARDEN CT	CO	39	B7
GARDEN CT	ROS	16A	E2
GARDEN HWY	CO	1	E6
GARDEN HWY	CO	3	C5
GARDEN HWY	CO	27	E2
GARDEN HWY	CO	28	C4
GARDEN HWY	CO	30	D2
GARDEN HWY	SAC	33	D5
GARDEN HWY	SAC	34	A5
GARDEN ST	SAC	34	D6
GARDEN BAR RD	PLCO	H	A6
GARDENDALE AV	SAC	73	B5
GARDENDELL RD	SAC	31	A5
GARDEN GATE DR	CO	17	C2
GARDENGLEN WY	SAC	56	A7
GARDENGLEN WY	SAC	58	A1
GARDEN HOME PL	CO	93	D6
GARDENIA AV	WSAC	51	A5
GARDENIA WY	CO	36	C3
GARDENIA WY	ROS	16B	A5
GARDEN PARK CT	CO	17	B7
GARDEN PARK DR	EDCO	M	D1
GARDEN TOWNE WY	CO	21	B7
GARDEN VLY RD	EDCO	M	D1
GARDEN VIEW WY	SAC	78	B4
GARDENVINE AV	CO	17	C1
GARDENWOOD WY	CO	59	A5
GARDNER AV	CO	77	B5
GARFIELD AV	CO	12	E7
GARFIELD AV	CO	17	A7
GARFIELD AV	CO	36	E7
GARFIELD AV	CO	38	E4
GARFIELD AV	CO	39	A6
GARFIELD AV	CO	41	A4
GARFIELD ST	AUB	13D	C1
GARIBALDI ST	CO	54	D7
GARFIELD WY	ROS	15A	C7
GARINO LN	CO	16B	A7
GARLAND CT	CO	12	B5
GARLAND CRST CT	CO	97	A4
GARNET CT	CO	97	B4
GARNET CT	ROCK	15B	B5
GARNET ST	WSAC	51A	D3
GARNET WY	PLCO	13B	A1
GARNET CREST CT	CO	97	A4
GARRETT WY	CO	41	C7
GARRETT WY	CO	59	C1
GARRYANNA DR	CO	16B	A7
GARRY OAK DR	CO	16B	A7
GARRY OAK DR	CO	18	C1
GARTH LN	PLCO	13B	E4
GARTH LN	SAC	57	D2
GARWOOD CT	CO	12	E7
GARWOOD CT	CO	17	A7
GARY CT	WSAC	53A	E1
GARY ST	GALT	148	D6
GARY WY	CO	38	E7

STREET	CITY	PG. NO.	SEE
GARY WY	CO	41	A7
GARY WY	CO	56	E1
GARY WY	SAC	34	D4
GASTMAN WY	CO	40	A3
GAS WELL RD	ISLE	162	E3
GATE WY	ROCK	15B	D3
GATEHOUSE CT	SAC	56	A6
GATES WY	SAC	75	C1
GATESHEAD CT	CO	18	D3
GATEWAY DR	EDCO	26A	B2
GATEWAY OAKS DR	SAC	33	C3
GAVERN LN	CO	80	A6
GAVILAN CT	SAC	72	B4
GAY RD	CO	101	A7
GAY WY	CO	12	B6
GAYLE WY	CO	36	A1
GAYLOR WY	CO	39	C6
GAYLORD CT	CO	56	B4
GAYWOOD DR	CO	41	E4
GAZELLE CT	CO	38	D2
GEARING WY	SAC	78	B4
GEARNY DR	SAC	78	A2
GEM AV	CO	76	B6
GEM CREST WY	CO	97	A4
GEMINI WY	CO	59	B6
GEMSTONE CT	CO	97	B6
GENA CT	CO	39	B1
GENE AV	SAC	32	E4
GENE AV	SAC	35	A4
GENESEE CT	CO	56	D1
GENEVA CT	EDCO	25	E3
GENEVA PL	CO	37	D6
GENOA AV	CO	21	A7
GENTRY CT	CO	59	A4
GEOFFWOOD CT	CO	17	B1
GEORGE LN	ROS	16A	E4
GEORGE RD	CO	39	A6
GEORGETOWN DR	CO	41	D4
GEORGETOWN RD	EDCO	M	D1
GEORGETTE CT	CO	17	C2
GEORGIA DR	CO	12	B7
GEORGIA DR	CO	36	A1
GEORGIAN AV	CO	36	C7
GEORGIAN AV	CO	38	C1
GEORGIANA CT	ISLE	162	D4
GEORGIANA DR	ISLE	162	D4
GEOWOOD WY	CO	18	A3
GERALD AV	CO	37	E6
GERALD AV	CO	38	A6
GERALD LN	PLCO	13A	C3
GERALDSON RD	PLCO	13C	E3
GERARD WY	CO	39	D1
GERBER AV	SAC	52	C7
GERBER RD	CO	76	C7
GERBER RD	CO	77	C7
GERBER RD	CO	80	B7
GERHARDT PL	CO	43	A2
GERMAN DR	CO	77	A6
GERMANY RD	CO	100	D6
GERRY CT	PLCO	13B	B4
GERRY WY	ROS	16B	A3
GERTZ CT	SAC	75	E1
GETAWAY CT	CO	18	D5
GETTYSBURG CT	ROS	16B	C5
GETTYSBURG LN	CO	17	B6
GHIRARDELLI CT	CO	40	C7
GIBBONS DR	CO	36	D7
GIBBONS DR	CO	39	A7
GIBSON LN	CO	11	E1
GIBSON PL	PLCO	16C	A1
GIBSON ST	SAC	34	D5
GIBSN RCH PK RD	CO	9	C5
GIFFORD WY	SAC	55	D6
GIGI PL	CO	76	D5
GILA WY	CO	38	A5
GILARDI RD	PLCO	14B	B2
GILA RIVER CT	CO	42	A3
GILBERT AV	CO	62	A2
GILBERT ST	SAC	76	E1
GILBERT WY	CO	41	C7
GILBERT WY	CO	59	C1
GILCREST AV	SAC	72	D5
GILGUNN WY	SAC	53	E6
GILLESPIE ST	SAC	34	C1
GILLINGHAM WY	CO	12	B3

STREET	CITY	PG. NO.	SEE
GILMAN WY	CO	12	B7
GILMOUR CT	CO	76	C3
GILPEN WY	SAC	75	E2
GILSTON CT	CO	18	C5
GIMBEL WY	CO	17	D4
GINA CT	CO	36	E3
GINA CT	CO	39	A3
GINA LN	PLCO	16C	D2
GINA LOUISE LN	PLCO	13C	E7
GINA LOUISE LN	PLCO	13D	A7
GINGER CT	SAC	56	A7
GINGER DR	AUB	13D	D4
GINGERBLOSSM DR	CO	17	D2
GINGERLOOP CT	CO	12	D5
GINGERWOOD WY	CO	42	A5
GINGHAM CT	CO	18	C5
GIN MILL RD	PLCO	13A	E7
GIOTTO WY	EDCO	23	C3
GIRONA CT	CO	56	D7
GISELLE CT	CO	36	C6
GITTA RIA CT	CO	40	B1
GIUSEPPE CT	ROS	16A	C5
GIUSTI CT	CO	54	D4
GIUSTI RD	CO	129	D7
GIVET WY	CO	41	E3
GLACIER DR	ROCK	15B	A5
GLACIER ST	CO	37	D3
GLACKEN WY	CO	77	A7
GLADE CT	CO	39	D5
GLADEMONT CT	CO	41	B2
GLADSTONE DR	CO	56	A1
GLADSTONE LN	EDCO	26A	A7
GLADSTONE LN	EDCO	26B	A1
GLADYS AV	WSAC	53A	D5
GLADYS CT	CO	39	C3
GLANCY DR	CO	38	E6
GLASCOW DR	CO	12	B5
GLASER LN	PLCO	16A	A4
GLASSBORO WY	CO	12	C7
GLASSBORO WY	CO	36	C1
GLASS SLIPPR WY	CO	17	D4
GLEN CT	ROCK	15B	B2
GLEN LN	PLCO	10	E3
GLEN LN	PLCO	16A	A3
GLENACRE WY	CO	17	E3
GLENACRE WY	CO	18	A4
GLEN ALDER WY	CO	58	B2
GLEN ALTA WY	CO	16B	A7
GLEN ARBOR WY	CO	16B	A7
GLEN ARVEN WY	SAC	34	A4
GLEN AULIN CT	CO	56	D1
GLENBAR WY	CO	40	B4
GLEN BRIAR DR	CO	18	B1
GLENBROOK AV	ROS	16A	D6
GLENBROOK LN	CO	41	B3
GLENBROOK WY	EDCO	25	E2
GLENBURN WY	SAC	76	C1
GLENBURY CT	CO	96	B2
GLEN CANYON CT	CO	16B	B7
GLENCOE CT	CO	17	A3
GLENCOE WY	SAC	56	A6
GLEN COVE WY	CO	79	B4
GLEN CREEK WY	CO	16B	A7
GLENCREST LN	CO	43	D1
GLENDA CT	SAC	34	A2
GLENDALE AV	GALT	148	E7
GLENDALE AV	GALT	150	E1
GLENDALE LN	CO	37	C7
GLENDORA CT	CO	76	A6
GLENEAGLE WY	CO	17	A2
GLEN ECHO ST	CO	16B	A7
GLEN ECHO ST	CO	18	B1
GLEN EDEN CT	SAC	72	C5
GLEN ELLEN CIR	SAC	54	A7
GLEN ELLEN CIR	SAC	73	A1
GLEN EVA WY	CO	18	B1
GLENEYRE CT	CO	41	D4
GLENFAIRE DR	CO	41	E5
GLEN FIELD	CO	16B	A7
GLENFIELD CT	CO	18	B1
GLEN FOREST WY	CO	16B	A7
GLEN GROVE CT	CO	99	C2
GLENHAVEN WY	CO	41	E6
GLENHAVEN WY	CO	42	A5
GLENHILLS WY	SAC	76	C1

STREET	CITY	PG. NO.	SEE
GLEN HOLLY WY	SAC	53	C7
GLENHURST WY	CO	17	B2
GLEN INNES WY	CO	58	C3
GLEN IVY CT	CO	78	E2
GLEN IVY CT	CO	79	A2
GLENMONT WY	CO	11	E1
GLENMONT WY	CO	12	A1
GLENMOOR DR	CO	59	C4
GLENN AV	CO	16A	E7
GLENN DR	FOL	22	B6
GLEN OAK CT	CO	38	C2
GLENOLIVE CT	CO	38	B1
GLEN PARK AV	CO	16B	A7
GLEN PARK AV	CO	18	B1
GLEN RIDGE CT	EDCO	25	D7
GLEN RIDGE CT	EDCO	47	D1
GLENRIDGE DR	CO	39	D5
GLEN RIDGE WY	EDCO	25	D7
GLEN RIDGE WY	EDCO	47	D1
GLENRIO WY	SAC	33	D3
GLENROSE AV	SAC	34	E4
GLENROSE AV	SAC	37	B3
GLENROY WY	SAC	56	A6
GLENSHIRE CT	ROS	16B	C4
GLENSIDE CT	CO	21	D7
GLEN STONE AV	CO	16B	A7
GLEN STONE AV	CO	18	B1
GLEN TREE CT	ROS	16B	B6
GLEN TREE DR	CO	16B	A7
GLEN TREE DR	CO	18	B1
GLEN VALLEY CIR	CO	16B	A7
GLENVIEW RD	PLCO	13C	E6
GLENVIEW RD	PLCO	13D	A5
GLENVIEW WY	CO	59	D1
GLENVILLE CIR	SAC	56	A6
GLEN VISTA ST	CO	36	E5
GLENWOOD RD	CO	56	A1
GLIDDEN AV	SAC	72	E7
GLIDE AV	WSAC	51	A3
GLIDE CT	CO	12	E7
GLIDE WY	WSAC	51	A2
GLOBE AV	SAC	34	C6
GLORIA DR	SAC	53	C7
GLORIA DR	SAC	72	A4
GLORIETA CT	CO	97	C5
GLORY LN	CO	63	E7
GLOVER WY	CO	39	A5
GLOVER WY	SAC	36	E5
GLOW CT	SAC	72	C2
GLYNIS FALLS CT	SAC	72	A5
GOBI CT	CO	16A	B7
GODDARD WY	CO	12	B3
GODLEY RD	PLCO	H	A6
GOES PKWY	CO	73	D5
GOETHE RD	CO	56	E7
GOETHE RD	CO	58	E1
GOETHE RD	CO	59	A7
GOETHE RD	CO	61	A1
GOFF CT	SAC	32	C4
GOINYOUR WY	CO	59	C4
GOLD CT	SAC	37	C2
GOLD DR	PLCO	15C	D5
GOLD ST	AUB	13D	D2
GOLD BLOSSOM LN	PLCO	13C	C1
GOLD CAMP DR	CO	42	A7
GOLD CANAL DR	CO	42	B7
GOLD CENTER DR	CO	42	A7
GOLD COUNTRY BL	CO	40	C7
GOLD COUNTRY BL	CO	42	B1
GOLD CREEK CIR	FOL	21	D4
GOLD CREEK LN	CO	56	E7
GOLD CREEK LN	CO	58	E1
GOLD DREDGE WY	CO	60	C2
GOLDEN CIR	CO	88	B6
GOLDEN DR	CO	43	C1
GOLDEN ASPEN DR	CO	12	C3
GOLDEN CREST WY	CO	18	C5
GOLDEN DAWN CIR	CO	12	E7
GOLDEN EAGLE WY	CO	59	B6
GOLDENEYE CT	WSAC	53A	E2
GOLDENEYE LN	CO	17	A2
GOLDEN FIELD WY	SAC	78	A2
GOLDEN GATE AV	CO	21	A1
GOLDEN HILL CT	ROS	16B	C4
GOLDEN INN WY	CO	42	C5

STREET	CITY	PG. NO.	SEE
GOLDEN MDW DR	CO	78	E3
GOLDEN OAK WY	SAC	72	D6
GOLDEN RAIN CT	CO	18	B5
GOLDENROD AV	PLCO	13B	B6
GOLDEN ROD LN	CO	76	C7
GOLDEN SPUR DR	PLCO	16C	A4
GOLD EXPRESS DR	CO	42	B2
GOLDFINCH WY	CO	9	E7
GOLDFINCH WY	CO	11	E1
GOLD FLAKE CT	CO	63	C6
GOLD FLOWER CT	CO	36	E6
GOLD HILL CT	CO	42	C1
GOLD HILL RD	EDCO	M	D2
GOLDILOCKS WY	CO	58	C1
GOLD LEAF WY	CO	58	B2
GOLD MEADOW WY	CO	42	C2
GOLD MINE CT	FOL	21	D4
GOLD NUGGET PL	CO	40	C7
GOLD OAK LN	CO	17	B4
GOLD PAN CT	CO	42	B7
GOLD POINT WY	CO	56	D5
GOLD RIVER RD	CO	42	C3
GOLD ROCK CT	FOL	21	D3
GOLD RUN AV	CO	12	E4
GOLD RUSH DR	CO	42	C1
GOLD RUSH WY	PLCO	13C	A6
GOLDSBORO CT	CO	59	B6
GOLDSMITH CT	CO	58	C4
GOLD SPRINGS CT	CO	42	B2
GOLD SPUR RD	EDCO	26B	E5
GOLD TAILNGS CT	CO	42	B6
GOLD TRAIL WY	LMS	15C	B1
GOLD VALLEY DR	CO	60	C1
GOLDWOOD WY	CO	18	D3
GOLF CLUB CT	CO	76	C7
GOLF VIEW DR	SAC	73	A3
GOLINA CT	EDCO	26A	C5
GOLLER CT	CO	42	A5
GOMEZ CT	CO	73	D2
GONCE WY	FOL	25	B7
GONCE WY	FOL	44	B1
GONDOLA CT	SAC	72	A4
GONZAGA CT	SAC	57	E1
GONZALEZ WY	CO	59	C4
GOOD CT	CO	38	D1
GOODELL AV	WSAC	53A	C5
GOODELL RD	FOL	22	E5
GOODRICH ST	CO	55	C2
GOODVIEW WY	SAC	78	B2
GOODWIN CIR	SAC	75	E3
GOODWIN CIR	SAC	78	A3
GOODYEAR DR	CO	39	D3
GOOSE FLAT RD	EDCO	14C	C7
GOOT WY	CO	39	C6
GOPHERGLEN CT	CO	93	C4
GORANO AV	CO	16A	D7
GORDIAN WY	CO	18	D5
GORDO CT	EDCO	23	D4
GORDON DR	CO	54	E7
GORDON DR	CO	57	A7
GORDON LN	CO	56	D2
GORDON WY	CO	39	B7
GORE RD	CO	59	A4
GORGE RIVER CT	CO	42	A2
GORMAN DR	CO	38	D7
GOSHEN WY	CO	78	D3
GOSS CT	SAC	35	B6
GOSSONIA PARK	AUB	13D	D1
GOTHAM CT	CO	76	B4
GOTHBERG AV	CO	12	B4
GOULART RCH RD	PLCO	13C	B7
GOULD WY	CO	59	B4
GOVAN WY	SAC	53	E1
GOVERNOR DR	EDCO	25	E6
GOVERNOR LN	SAC	76	B2
GOVERNORS CIR	CO	73	E4
GOVERNORS CT	SAC	57	A2
GOYA PKWY	CO	73	D6
GRACE AV	SAC	32	C4
GRACE AV	SAC	35	A4
GRACE LN	SAC	57	D2
GRACE ST	AUB	13B	D7
GRACEY WY	CO	36	E7
GRACEY WY	CO	38	E1
GRADY DR	CO	17	D7

GRAEAGLE

1988 SACRAMENTO COUNTY STREET INDEX

199

HARPER WY

STREET	CITY	PG. NO.	SEE
GRAEAGLE	ROS	15A	E7
GRAEAGLE WY	SAC	75	E4
GRAEAGLE WY	SAC	78	A4
GRAHAM CIR	CO	17	E5
GRAHAM CT	ROCK	15B	B4
GRAHAM LN	AUB	13D	D2
GRAHAM RD	SJCO	155	C7
GRAMONT WY	SAC	76	A7
GRAMONT WY	SAC	78	A1
GRANADA CT	EDCO	26A	C4
GRANADA DR	EDCO	26A	C4
GRANADA LN	PLCO	15C	E1
GRANADA WY	SAC	52	C4
GRANBY DR	CO	59	A6
GRANBY DR	CO	61	A1
GRAND AV	CO	40	B6
GRAND AV	CO	142	C2
GRAND AV	CO	143	C4
GRAND AV	SAC	32	D7
GRAND AV	SAC	35	B7
GRANDBALL WY	CO	17	E3
GRANDE WY	CO	97	B7
GRAND ISLAND RD	CO	115	B7
GRAND ISLAND RD	CO	137	A6
GRAND ISLAND RD	CO	138	E7
GRAND ISLAND RD	CO	160	A6
GRAND ISLAND RD	CO	162	A1
GRAND OAKS BLVD	CO	16A	D7
GRAND OAKS BLVD	CO	17	D1
GRAND RIO CIR	SAC	55	E6
GRAND RIVER DR	SAC	74	C1
GRANDSTAFF DR	SAC	78	B2
GRAND VIEW RD	CO	82	D1
GRAND VISTA AV	WSAC	51	A5
GRANGE CT	SAC	75	D2
GRANGER AV	SAC	32	D5
GRANGERS DAIRY	SAC	72	A1
GRANITE AV	CO	16B	E7
GRANITE AV	CO	21	B1
GRANITE DR	ROCK	15B	D3
GRANITE DR E	PLCO	16C	D2
GRANITE DR W	PLCO	16C	D2
GRANITE LN	AUB	13B	D6
GRANITE WY	CO	37	C4
GRANITE CK LN	FOL	21	D5
GRANITE DELL CT	LMS	14A	D5
GRANITEHILL LN	PLCO	14B	B1
GRANITE LAKE CT	FOL	16C	B7
GRANITE OAK LN	LMS	14A	D6
GRANITE OAKS DR	PLCO	16C	D3
GRANITEWOOD DR	FOL	16C	C7
GRANITEWOOD DR	FOL	21	E1
GRANITEWOOD DR	FOL	22	A1
GRANT AV	CO	38	E1
GRANT AV	CO	41	C1
GRANT CT N	FOL	22	A4
GRANT LN	SAC	53	D6
GRANT LN N	FOL	22	A4
GRANT LN S	FOL	22	A4
GRANT ST N	ROS	16A	D2
GRANT ST S	ROS	16A	D2
GRANT LINE RD	CO	46	A7
GRANT LINE RD	CO	63	E5
GRANT LINE RD	CO	65	D5
GRANT LINE RD	CO	81	D7
GRANT LINE RD	CO	83	A5
GRANT LINE RD	CO	84	A4
GRANT LINE RD	CO	99	C5
GRANT LINE RD	CO	100	A7
GRANT PARK DR	CO	41	A1
GRANTWOOD WY	CO	41	C1
GRAPE ST	ROS	16A	D2
GRASS VALLEY CT	CO	78	E7
GRASSWOOD CT	FOL	21	E3
GRATIA AV	CO	38	A1
GRATTAN WY	CO	12	A5
GRAVES AV	SAC	34	C1
GRAY ST	CO	39	E6
GRAYBILL LN	CO	82	E7
GRAY EAGLE CT	CO	42	C1
GRAY FEATHER CT	CO	78	E2
GRAYLING WY	CO	56	B6
GRAYLOCK LN	CO	12	B5
GRAYLODGE CT	CO	78	E2
GRAYSON WY	CO	41	E7

STREET	CITY	PG. NO.	SEE
GRAYSTOCK CT	ROS	16B	C5
GRAYSTONE AV	CO	17	B1
GREAT CT	CO	97	B5
GREAT DOME CT	CO	43	B1
GREAT FALLS WY	SAC	57	E1
GREAT HOUSE WY	CO	9	E6
GREAT OAK WY	CO	40	E2
GREAT SMOKEY ST	SAC	78	A2
GREELEY WY	CO	39	B2
GREEN CT N	CO	36	E6
GREEN RD	CO	101	D4
GREEN RD	CO	104	A4
GREEN ST	SAC	34	E5
GREEN ACRES LN	PLCO	14B	B7
GREENACRES WY	CO	43	B1
GREEN ASH CT	CO	18	B5
GREENBACK LN	CO	17	D6
GREENBACK LN	CO	18	B6
GREENBACK LN	CO	21	B6
GREENBACK LN	FOL	21	E5
GREENBACK LN	FOL	22	A6
GREEN BAY WY	CO	56	D5
GREENBERRY DR	CO	39	A3
GREEN BLOSSM CT	CO	41	D5
GREEN BLUFFS CT	CO	42	C2
GREENBOROUGH DR	ROS	16B	A5
GREENBRAE RD	PLCO	15B	D5
GREENBRAE RD	ROCK	15B	D5
GREENBRAE RD	SAC	53	C6
GREEN BRANCH CT	SAC	33	D1
GREENBRIAR LN	PLCO	16C	B2
GREENBRIER WY	CO	40	C1
GREENBROOK CIR	CO	17	D7
GREENCREEK WY	CO	17	C7
GREEN CREST CT	CO	38	B2
GREEN EYES WY	CO	21	A6
GREENFIELD AV	PLCO	13B	E7
GREENFIELD WY	CO	38	D4
GREENGLEN AV	CO	39	E1
GREEN GLEN CT	EDCO	26A	C7
GREEN GLEN RD	EDCO	26A	C7
GREEN GLEN WY	CO	12	C7
GREEN GROVE	CO	76	B7
GREENHALGH LN	CO	21	A6
GREENHAVEN DR	SAC	72	C1
GREENHEAD CT	CO	12	D3
GREEN HERON LN	CO	39	E3
GREEN HILL DR	ROS	16B	A5
GREENHILL LN	PLCO	14B	E7
GREENHILL LN	PLCO	15D	C1
GREENHILLS RD	CO	56	A1
GREENHILLS WY	PLCO	16B	E2
GREENHOLME DR	CO	12	C7
GREENHOLME DR	CO	36	C1
GREENHURST WY	SAC	72	C3
GREENLAND CT	CO	18	C1
GREENLAWN WY	CO	36	B2
GREENLEA AV	SAC	34	A4
GREENLEAF DR	CO	17	C7
GREEN LEAF LN	PLCO	H	D5
GREEN MEADOW AV	WSAC	51A	E4
GREEN MIST CT	SAC	72	C5
GREENMORE WY	ROS	15A	C7
GREENMORE WY	ROS	16A	C1
GREEN MOSS DR	SAC	72	B5
GREEN OAK CT	CO	43	B4
GREEN OAKS DR	CO	21	A3
GREEN PARK LN	CO	41	A1
GREEN RAVINE LN	CO	43	B2
GREENRIDGE AV	ROS	16A	C6
GREENRIDGE WY	CO	40	A3
GREEN RIVER WY	CO	21	A6
GREENSBORO CIR	CO	59	A5
GREEN SPRING CT	CO	9	B5
GREEN SPGS CT	EDCO	26	C2
GREEN SPGS RD	EDCO	24	C7
GREEN SPRINGS S	EDCO	26	C2
GREENSTAR WY	SAC	72	C3
GREENSTONE PL	CO	40	B7
GREENSTONE PL	CO	42	B1
GREENSTONE RD	EDCO	M	D3
GREEN TOP WY	CO	21	B6
GREEN TREE DR	CO	73	D4
GREENVALE RD	CO	40	C5
GREEN VALLEY RD	EDCO	24	B6

STREET	CITY	PG. NO.	SEE
GREEN VALLEY RD	EDCO	25	A3
GREEN VALLEY RD	EDCO	26A	A1
GREEN VALLEY RD	FOL	22	E3
GREEN VALLEY RD	FOL	25	A3
GREENVIEW CT	ROS	16A	D6
GREENVIEW LN	CO	38	A2
GREENVIEW LN	PLCO	14B	B7
GREENWAY CIR	SAC	72	C3
GREENWICH CIR	CO	73	D3
GREEN WING WY	CO	59	B1
GREENWOOD AV	CO	38	C4
GREENWOOD AV	WSAC	51	C1
GREENWOOD CT	PLCO	15C	D7
GREENWOOD CT	PLCO	16C	D1
GREENWOOD LN	EDCO	26B	B2
GREENWOOD ST	AUB	13D	C1
GREGG CT	SAC	72	A5
GREGORY AV	WSAC	53A	E6
GREGORY AV	WSAC	71	E1
GREGORY CT	ROS	16B	A4
GREGORY LN	PLCO	14B	C7
GREGORY WY	CO	38	E7
GREGORY WY	ROS	16B	A4
GRENDEL WY	SAC	33	E2
GRENDEL WY	SAC	34	A2
GRENNAN CT	CO	42	B4
GRENOBLE DR	FOL	22	C7
GRENOBLE WY	CO	58	D1
GRENOLA WY	CO	17	D3
GREY DR	PLCO	16B	E2
GREYCALLS CT	WSAC	53A	E1
GREY CANYON DR	FOL	21	E4
GREY HACKLE CT	SAC	72	C7
GREYHAWK CT	CO	76	C5
GREYMERE WY	SAC	34	A4
GREY OAK CT	CO	16A	B6
GREYWELL WY	CO	56	B4
GREY WOLF DR	CO	12	C1
GRICE CT	PLCO	10	C4
GRIDER CT	ROS	15A	E7
GRIDER DR	ROS	15A	E7
GRIFFIN LN	CO	40	B5
GRIFFITH DR	SAC	53	D4
GRIFFITH LN	PLCO	14B	A1
GRIGGS WY	SAC	72	A6
GRIMES WY	FOL	22	E5
GRIMSBY CT	CO	97	A5
GRINDNG ROCK PL	CO	42	C1
GRINNELL WY	SAC	57	E1
GRITS CT	SAC	75	E2
GRIZZLY FLAT CT	AUB	13D	C5
GRIZZLY HILL CT	CO	42	D2
GROFF DR	CO	43	A4
GROSSE POINT CT	CO	17	B5
GROTON CT	CO	56	C4
GROUSE CT	CO	12	C4
GROUSE CREEK CT	CO	99	C1
GROUSE MDW DR	CO	97	C7
GROUSE MDW DR	CO	99	C1
GROVE AV	SAC	34	D5
GROVE CT	ROCK	15B	C4
GROVE ST	CO	97	C6
GROVE ST	CO	143	C6
GROVE ST	ROCK	15B	C3
GROVE ST	ROS	16A	D1
GROVE WY	FOL	21	E2
GROVE WY	FOL	22	A2
GROVE ST S	ROCK	15B	C4
GROVEHILL WY	CO	77	A5
GROVER LN	CO	39	D6
GROVESNOR CT	CO	56	B4
GROVETREE WY	CO	97	B7
GROVEWOOD LN	CO	79	A2
GRUWELL WY	CO	97	D6
GUADALUPE DR	CO	88	D3
GUADALUPE DR	EDCO	23	D3
GUAVA WY	SAC	34	A1
GUENIVERE WY	CO	18	A7
GUILD ST	GALT	148	C7
GUILDFORD CT	CO	56	C4
GUILDWOOD ST	SAC	73	C6
GULFPORT WY	CO	56	B5
GULFWIND WY	SAC	72	B6
GULL WY	CO	9	E7
GUM LN	AUB	13D	D2

STREET	CITY	PG. NO.	SEE
GUMTREE DR	CO	42	B3
GUMWOOD CIR	CO	16A	C7
GUMWOOD CIR	CO	17	C1
GUNDERSON WY	CO	39	D6
GUNN LN	CO	38	E3
GUNN RD	CO	38	E5
GUNNER WY	CO	40	E2
GUNNISON AV	SAC	32	C4
GUNTHER WY	SAC	55	B5
GUSTINE WY	CO	78	D3
GUTHRIE ST	CO	12	C5
GWEN DR	CO	37	D4
GWENDOLYN WY	CO	59	E1
GYAN WY	CO	76	D7
GYAN WY	CO	78	D1
GYPSUM WY	SAC	78	A3
GYPSY WY	CO	56	D7
H			
H PKWY	CO	73	E5
H ST	GALT	148	D7
H ST	GALT	150	D1
H ST	ISLE	162	E3
H ST	SAC	51	E2
H ST	SAC	52	B3
H ST	SAC	55	B5
HAASS DR	CO	40	A4
HACIENDA RD	EDCO	26A	E7
HACIENDA WY	CO	37	D5
HACKAMORE DR	ROS	16B	B3
HACKBERRY LN	CO	39	A4
HACKNEY WY	CO	17	E3
HACKOMILLER RD	EDCO	M	D1
HADDEN WY	CO	62	A2
HADDINGTON RD	EDCO	47	E5
HADLY LN	CO	41	A2
HAGGIE RD	CO	103	C2
HAGGIN AV	SAC	34	B4
HAGGIN GROVE WY	CO	38	E7
HAGUE WY	CO	9	C6
HAIG WY	SAC	72	D3
HAIGHT CT	EDCO	26	B5
HAINES RD	PLCO	13B	E1
HAINESPORT WY	SAC	76	C1
HALBRITE WY	CO	78	D1
HALDIS WY	SAC	54	A5
HALE CT	SAC	55	B3
HALE ST	AUB	13D	D1
HALESWORTH CT	CO	18	D3
HALEY DR	PLCO	16C	D1
HALF MOON CT	SAC	37	C1
HALFWAY RD	CO	82	E6
HALIBURTON CT	CO	18	D3
HALIFAX ST	CO	17	C5
HALKEEP WY	SAC	75	E3
HALKEEP WY	SAC	78	A3
HALL LN	CO	39	B7
HALLBORO CT	CO	77	A5
HALLELUJAH CT	CO	41	A1
HALLENOAK LN	CO	21	C7
HALLIDEE WY	CO	40	C7
HALLIFORD CT	ROS	16B	C4
HALLMARK DR	CO	55	C1
HALLOW OAK DR	EDCO	26	E7
HALLOW OAK DR	EDCO	26A	A6
HALLOW OAK DR	EDCO	48	E1
HALSTED AV	CO	38	E5
HALTER CT	CO	36	B7
HALTER CT	CO	38	B1
HALVERSON DR	CO	97	B4
HALYARD DR	WSAC	51A	E4
HAMBERBEE CT	CO	12	E2
HAMAN WY	ROS	16A	C1
HAMDEN PL	CO	12	D1
HAMIL CT	CO	77	A6
HAMILTON ST	CO	12	C7
HAMILTON ST	CO	36	C4
HAMLET PL	CO	41	A6
HAMLIN DR	CO	12	C2
HAMMOND CT	CO	39	D1
HAMMOND DR	PLCO	13B	E4
HAMPSHIRE CT	ROS	16B	B2
HAMPSHIRE DR	CO	37	E4
HAMPTON CT	AUB	13D	B1
HAMPTON CT	EDCO	26A	B6
HAMPTON CT W	CO	43	B2

STREET	CITY	PG. NO.	SEE
HAMPTON DR	ROS	16A	D4
HAMPTON LN	CO	12	C1
HAMPTON LN	CO	18	A7
HAMPTON LN	EDCO	26A	B6
HAMPTON RD	CO	55	E2
HANCOCK DR	CO	38	B2
HANCOCK DR	FOL	22	D4
HANCOCK DR	ROS	15A	C7
HANDBALL CT	CO	60	C6
HANDEL WY	CO	56	C7
HANDLY WY	SAC	72	E6
HANFORD WY	ROS	15A	B6
HANFORD WY	SAC	78	B2
HANISCH CT	ROS	15A	E7
HANISCH DR	ROS	15A	E7
HANKS ST	CO	59	A7
HANNA CT	CO	38	E2
HANNUM CT	CO	143	C3
HANOVER CT	EDCO	26	B3
HANOVER ST	CO	16A	C6
HANS WY	CO	97	C7
HANS WY	CO	99	C1
HANSEN RD	PLCO	14B	C7
HANSEN RD	PLCO	15C	E1
HANS ENGLE WY	CO	40	D4
HANSON AV	CO	16B	A7
HANSON AV	CO	18	B1
HANWORTH CT	ROS	16B	C4
HAP ARNOLD LOOP	PLCO	10	C4
HAPPY CIR	SAC	73	C4
HAPPY CT	GALT	148	E7
HAPPY CT	GALT	150	E1
HAPPY LN	CO	59	B6
HAPPY LN	CO	61	B2
HAPPY RD	PLCO	14B	A7
HAPPY WY	SAC	73	C4
HAPPY HOLLOW LN	PLCO	13C	E7
HAPPY PINES DR	PLCO	H	D5
HARBER CT	CO	55	E5
HARBOR BLVD	WSAC	51	A1
HARBOR BLVD	WSAC	51A	E5
HARBOR LIGHT WY	SAC	71	E5
HARBOR LIGHT WY	SAC	72	A5
HARBOR VIEW DR	SAC	51	C6
HARBOURGLEN WY	CO	93	C4
HARBOURWOOD DR	CO	18	D6
HARDING AV	CO	62	A3
HARDING AV	SAC	34	B5
HARDING BLVD	ROS	16A	E3
HARDING BLVD	ROS	16B	A1
HARDISON CT	CO	40	C3
HARDROCK CT	FOL	21	D5
HARDWICK WY	CO	12	C5
HARDWOOD CT	CO	18	C4
HARDY DR	WSAC	51	C1
HARDY LN	PLCO	16C	A1
HARDY ST	CO	18	E2
HAREBELL CT	CO	12	D5
HARGER CT	CO	38	A2
HARIAN WY	SAC	53	E5
HARKNESS AV	CO	113	D7
HARKNESS ST	SAC	52	A7
HARKNESS ST	SAC	53	E1
HARKNESS ST	SAC	54	A1
HARLAN WY	EDCO	24	D5
HARLEN CT	CO	12	C6
HARLEQUIN WY	CO	12	C4
HARLEY WY	CO	76	B3
HARLIN DR	CO	58	D4
HARMAR DR	CO	38	E1
HARMON AL	SAC	52	D4
HARMON AV	WSAC	53	A4
HARMON AV	WSAC	53A	E3
HARMON DR	SAC	71	E3
HARMON DR	SAC	72	A2
HARMONY	CO	43	A2
HARMONY LN	CO	36	A7
HARMONY LN	CO	37	E1
HARMONY LN	CO	38	A1
HARMONY LN	PLCO	13B	C4
HARMONY WY	ROS	16A	D5
HARMONY OAKS WY	CO	77	A7
HARMS WY	CO	76	A3
HAROLD WY	SAC	54	A6
HARPER WY	CO	16A	E6

SACRAMENTO CO.

INDEX

1988 SACRAMENTO COUNTY STREET INDEX

STREET	CITY	PG. NO.	SEE
HARRINGTON WY	CO	56	E2
HARRIS AV	SAC	32	D6
HARRIS AV	SAC	35	B6
HARRIS LN	PLCO	13B	A5
HARRIS RD	PLCO	13B	A5
HARRISON AV	AUB	13D	D1
HARRISON ST	CO	36	B2
HARROGATE CT	PLCO	16C	D3
HART AV	WSAC	53A	E2
HARTE WY	SAC	54	A5
HARTFORD CT	CO	59	D3
HARTMAN WY	CO	43	A3
HARTNELL PL	SAC	55	C5
HARTSELLE WY	CO	59	C4
HARTWICK WY	CO	76	C6
HARVARD CT	ROS	16B	B2
HARVARD ST	SAC	37	A5
HARVARD WY	EDCO	26	A5
HARVEST WY	CO	56	C6
HARVST FALLS DR	CO	11	B1
HARVST WOODS DR	CO	78	D5
HARVEY RD	CO	145	D7
HARVEY RD	CO	147	D2
HARVEY RD	CO	148	B6
HARVEY WY	SAC	72	B5
HASKELL AV	CO	36	E5
HASKELL AV	CO	39	A5
HASKELL WY	PLCO	16B	D5
HASKIN RANCH RD	PLCO	14C	A2
HASLETT ST	WSAC	51	D3
HASTING CT	ROS	16B	B6
HASTINGS CT	SAC	55	E7
HASTINGS CT	SAC	57	E1
HASTINGS LN	PLCO	13A	B1
HASWELL CT	AUB	13B	E7
HATBORO CT	CO	77	A5
HATFIELD CT	CO	18	D3
HATHAWAY CT	CO	56	A5
HATHAWAY RD	PLCO	13C	D3
HATTERAS WY	SAC	71	E6
HATTERAS WY	SAC	72	A6
HAUSCHILDT RD	CO	126	E7
HAVELOK ST	CO	40	E3
HAVEN CT	SAC	72	C3
HAVEN DR N	CO	12	A7
HAVEN DR S	CO	36	A1
HAVENHILL CT	ROS	16A	E6
HAVEN HILL LN	PLCO	13A	C3
HAVENHURST DR	SAC	72	C4
HAVENSIDE DR	SAC	72	B5
HAVENWOOD CIR	SAC	72	B3
HAVERHILL ST	WSAC	51	B5
HAWAII LN	CO	76	D6
HAWAII WY	SAC	57	E6
HAWK AV	SAC	34	A5
HAWKEYE LN	PLCO	16A	A7
HAWKINS CT	CO	97	C7
HAWKINS LN	GALT	148	A4
HAWK POINT CT	FOL	21	E1
HAWK VIEW RD	EDCO	26	D7
HAWK VIEW RD	EDCO	48	D1
HAWTHORNE RD	CO	55	E4
HAWTHORNE ST	SAC	34	D5
HAYCOCK ST	CO	85	E4
HAYCOCK ST	CO	88	A4
HAYDEN WY	CO	40	D5
HAYER CIR	CO	11	A7
HAYES AV	SAC	32	D7
HAYES AV	SAC	34	D1
HAYES DR	PLCO	14C	A2
HAYFIELD CIR	CO	76	D7
HAYFIELD CIR	CO	78	D1
HAYFORD WY	CO	36	C1
HAYER CIR	CO	8	E7
HAYSTACK DR	CO	76	D7
HAYSTACK DR	CO	78	D1
HAYWARD DR	CO	77	A5
HAYWOOD ST	SAC	32	E7
HAYWOOD ST	SAC	35	A7
HAZEL AV	CO	16B	D7
HAZEL AV	CO	21	A4
HAZEL AV	CO	43	A6
HAZEL AV	PLCO	16B	D5
HAZEL CREST CT	CO	97	A3
HAZEL HILL CT	CO	21	A7
HAZELHURST CT	CO	18	C6
HAZELMERE DR	FOL	44	C1
HAZEL NUT LN	CO	76	C6
HAZEL OAK CT	CO	21	B3
HAZELWOOD AV	CO	38	C4
HAZELWOOD WY	CO	38	D4
HEALDSBURG CT	SAC	72	B4
HEALY CT	CO	79	B3
HEARTWOOD WY	CO	59	A5
HEATH WY	SAC	78	B2
HEATHCLIFF DR	CO	39	B3
HEATHER LN	PLCO	13A	B2
HEATHER RD	CO	39	E4
HEATHERBRAE CIR	CO	12	D2
HEATHERBROOK CT	CO	16B	A7
HEATHERDALE LN	CO	38	D3
HEATHER GLEN LN	CO	41	D5
HEATHER HILL WY	CO	12	B6
HEATHERMOOR WY	SAC	78	B5
HEATHERPACE LN	CO	80	B7
HEATHER TREE DR	CO	12	C3
HEATHERWOOD WY	SAC	72	C2
HEAVENS GATE LN	PLCO	14B	C2
HEAVYTREE CT	CO	42	D1
HEBERT CT	LMS	14A	D5
HECTOR CT	PLCO	14C	C4
HECTOR RD	PLCO	14C	A4
HEDERA CT	CO	18	D4
HEDGE AV	CO	58	C5
HEDGE AV	CO	77	C3
HEDGE LN	CO	86	A6
HEDGEROW CT	ROS	16B	A6
HEDGEROW CT	SAC	73	D7
HEDGEWOOD DR	CO	17	A4
HEFLEA CT	CO	12	E2
HEFLIN CT	CO	76	D6
HEGSETH CT	CO	40	E6
HEIDELBERG CT	SAC	55	E7
HEIDI CT	CO	39	E7
HEIDI WY	PLCO	13A	D1
HEIGHTS DR	EDCO	26A	D7
HEIGHTS DR	EDCO	26B	D1
HEIN RD	CO	117	E6
HEINZ ST	SAC	57	C2
HEIRLOOM WY	CO	56	D7
HELAMAN CT	CO	39	A3
HELEN LN	PLCO	14B	A5
HELEN WY	SAC	53	E5
HELEN WY	SAC	54	A5
HELENA AV	CO	37	C3
HELENA AV	SAC	37	B3
HELIO DR	CO	58	E2
HELIOTROPE LN	CO	76	B7
HELIX CT	CO	97	A5
HELLER PL	CO	55	C2
HELMSDALE DR	CO	79	B3
HELMSMAN WY	SAC	33	E4
HELMSMAN WY	SAC	34	A4
HELVA LN	CO	39	B3
HEMET DR	CO	16A	C6
HEMINGWAY DR	CO	78	D1
HEMLOCK DR	PLCO	13B	C1
HEMLOCK ST	CO	12	E7
HEMLOCK ST	CO	36	E2
HEMLOCK ST	WSAC	51	B4
HEMLOCK WY	ROCK	15B	B6
HEMPHILL WY	ROS	15A	C7
HEMPHILL WY	ROS	16A	C1
HEMPSTEAD RD	CO	55	E2
HENDERSON WY	CO	36	E7
HENDERSON WY	CO	39	A7
HENDERSON WY	FOL	22	B6
HENDRICKS WY	ROS	15A	C7
HENLEY WY	CO	58	D3
HENNA CT	SAC	34	A1
HENNESSY CT	CO	77	A4
HENNING DR	CO	17	C2
HENRIETTA DR	SAC	72	E7
HENRY WY	SAC	52	E6
HEPPNER CT	CO	97	A5
HERALD RD	CO	149	E4
HERBERT ST	ROS	16A	C2
HERBERT WY	CO	37	D3
HERBOSA VIS CT	SAC	76	B1
HERDAL DR	AUB	13D	C4
HERITAGE DR	CO	39	B2
HERITAGE LN	CO	40	D4
HERITAGE LN	PLCO	14B	B1
HERITAGE LN	SAC	37	A7
HERITAGE GN LN	CO	42	B4
HERITAGE OAK CT	CO	21	B3
HERITAGE OAK PL	PLCO	13B	A2
HERITAGE WD CIR	SAC	72	C6
HERLONG WY	CO	12	A2
HERMES CIR	SAC	73	D7
HERMES CIR	SAC	75	D1
HERMITAGE CT	ROS	16B	A5
HERMITAGE WY	SAC	78	B6
HERMOSA CT	CO	42	A3
HERMOSA ST	SAC	73	B2
HERNANDEZ LN	ROS	16A	D4
HERNANDEZ SQ	CO	88	B5
HERNANDO RD	CO	37	D5
HERNDON CT	CO	78	E4
HERON WY	CO	37	C3
HERR WY	AUB	13B	D6
HERRILL CT	FOL	44	D1
HERRING AV	CO	8	E2
HERRINGTON DR	AUB	13D	D4
HERSHAM CT	ROS	16B	C4
HERSHBERGER CT	CO	18	B3
HERZOG RD	CO	118	C7
HESBY WY	SAC	78	B2
HESKET WY	CO	37	D7
HESKET WY	CO	55	D1
HESPER WY	CO	17	B7
HESPER WY	CO	39	B1
HESPERIAN CIR	CO	42	C2
HIALEAH CT	CO	18	D6
HIAWATHA WY	CO	10	A7
HIAWATHA WY	CO	12	A1
HIBISCUS DR	CO	40	C2
HICKEY LN	PLCO	14B	B7
HICKOK RD	EDCO	24	C5
HICKORY AV	CO	18	E5
HICKORY AV	SAC	57	D4
HICKORY ST	ROS	16A	C2
HICKORY WY	ROCK	15B	B5
HICKORY WY	WSAC	51	A4
HICKORYWOOD WY	CO	17	D7
HIDALGO WY	CO	12	B7
HIDDEN CT	ROS	16B	B5
HIDDEN LN	PLCO	15C	D7
HIDDEN LN	SAC	55	A5
HIDDEN ACRES DR	EDCO	25	D1
HIDDEN BROOK LN	CO	17	B4
HIDDEN COVE CIR	SAC	72	A5
HIDDEN CREEK DR	AUB	13D	C1
HIDDEN CREEK LN	CO	43	C2
HIDDEN HILLS DR	ROS	16B	B6
HIDDEN LAKE WY	SAC	71	E5
HIDDEN LAKE WY	SAC	72	A4
HIDDEN LKS DR E	PLCO	16C	D2
HIDDEN LKS DR W	PLCO	16C	D2
HIDDEN OAK CT	CO	37	E1
HIDDEN OAKS DR	PLCO	16C	C1
HIDDEN OAKS LN	PLCO	13B	A5
HIDDEN OAKS LN	PLCO	15D	A1
HIDDEN VLY CIR	CO	40	D4
HIDDEN VLY PL	PLCO	15B	E7
HIDDENVIEW LN	ROS	16B	B6
HIDEOUT CT	SAC	72	B2
HIGGINS RD	WSAC	53	A2
HIGGINS RD	WSAC	53A	C2
HIGGINS ST	CO	17	B7
HIGH CT	PLCO	16B	E2
HIGH ST	AUB	13D	D1
HIGH ST	ROCK	15B	C3
HIGH ST	ROS	16A	D2
HIGH ST	SAC	35	A6
HIGH ST	SAC	37	A1
HIGH CLIFF RD	LMS	14A	E7
HIGH CLIFF RD	LMS	14B	A7
HIGHCREST DR	EDCO	26B	E5
HIGH HILL DR	CO	84	B4
HIGHLAND AV	CO	17	E4
HIGHLAND AV	CO	18	A4
HIGHLAND AV	ROS	16A	E4
HIGHLAND AV	SAC	54	B1
HIGHLAND DR	AUB	13B	D5
HIGHLAND DR	PLCO	13B	D5
HIGHLAND RD	PLCO	15C	E6
HIGHLAND WY	PLCO	14B	A1
HIGHLANDER WY	CO	9	E7
HIGHLEY CT	CO	55	E5
HIGH OAK CT	CO	43	B4
HIGHRIDGE DR	CO	37	E5
HIGH SIERRA CT	CO	21	B3
HIGH SUN CT	CO	17	B4
HILL VIEW CT	EDCO	25	D1
HILL VIEW DR	EDCO	25	D1
HIGHVIEW LN	CO	39	E1
HIGHWAY 40	PLCO	13B	E7
HIGHWAY 49	AUB	13B	C7
HIGHWAY 49	AUB	13D	C1
HIGHWAY 49	PLCO	13D	E1
HIGHWAY 49	PLCO	13B	B2
HIGHWAY 65	PLCO	15A	C2
HIGHWAY 65	ROS	15A	C4
HIGHWAY 65	ROS	16A	D1
HIGHWAY 80	AUB	13B	D7
HIGHWAY 80	AUB	13D	C2
HIGHWAY 80	ROCK	15C	A1
HIGHWAY 80	PLCO	13B	E2
HIGHWAY 80	PLCO	13C	D4
HIGHWAY 80	PLCO	13D	C2
HIGHWAY 80	PLCO	14B	B3
HIGHWAY 80	PLCO	15B	C5
HIGHWAY 80	ROCK	15B	D3
HIGHWAY 193	PLCO	13C	A4
HIGHWOOD WY	CO	18	C4
HIGHWIND WY	SAC	72	B6
HILARI WY	CO	21	B7
HILARY AV	WSAC	53	A5
HILDALGO CIR	ROS	16A	B2
HILDALGO CIR E	ROS	16A	C2
HILDALGO CIR W	ROS	16A	B2
HILL AV	ROS	16A	D1
HILL CT	WSAC	51	B1
HILL DR	CO	18	C3
HILL DR	PLCO	16C	D3
HILL RD	PLCO	16C	D3
HILL ST	CO	40	E6
HILLARD WY	SAC	53	E5
HILLBRAE DR	CO	12	D7
HILLBRAE DR	CO	36	D1
HILLBROOK LN	PLCO	13D	A3
HILLBROOK RD N	PLCO	13D	A3
HILLCREST AV	CO	40	D4
HILLCREST AV	ROS	16A	E3
HILLCREST DR	EDCO	26A	B3
HILLCREST DR	PLCO	13B	E4
HILLCREST LN	CO	36	B6
HILLCREST WY	CO	41	A5
HILLDALE RD	CO	37	D7
HILLFIELD CT	CO	83	E1
HILLFIELD CT	CO	86	A1
HILLGLEN WY	CO	39	C3
HILLGROVE ST	PLCO	16B	E2
HILLGROVE WY	CO	39	D7
HILLHURST DR	CO	39	C2
HILLMON CT	CO	77	A5
HILLMONT AV	AUB	13D	D3
HILLMONT LN	CO	73	C1
HILLMONT WY	ROS	16B	B6
HILLOCK DR	FOL	22	B6
HILLRIDGE WY	CO	39	C3
HILLRISE DR	CO	39	B3
HILLSBORO LN	SAC	53	D5
HILLSBOROUGH RD	EDCO	26A	D7
HILLSBOROUGH RD	EDCO	26B	D1
HILLSDALE BLVD	CO	12	C7
HILLSDALE BLVD	CO	36	C1
HILLSDALE RD	PLCO	H	C5
HILLSIDE DR	CO	39	C7
HILLSIDE DR	ROCK	15B	C1
HILLSIDE LN	ROS	16B	B6
HILLSIDE TER	PLCO	13B	D6
HILLSIDE WY	CO	38	E4
HILLSIDE WY	CO	41	A4
HILLSPIRE CT	CO	17	C3
HILLSWOOD DR	CO	36	B6
HILLSWOOD DR	FOL	21	E5
HILLSWOOD DR	FOL	22	A4
HILLTOP CIR	ROS	16A	B5
HILLTOP DR	CO	17	A7
HILLTOP DR	PLCO	13B	D6
HILLTOP PL	PLCO	14B	D4
HILLTREE AV	CO	17	C7
HILLVIEW CT	ROS	16B	B6
HILL VIEW RD	PLCO	13C	E4
HILLVIEW WY	SAC	53	D5
HILLWOOD LN	CO	79	A2
HI LO LN	CO	41	B5
HILO WY	SAC	73	C3
HILTON WY	CO	40	D1
HILTS AV	CO	73	D1
HIMALAYA WY	CO	17	A3
HINCHMAN WY	SAC	75	E2
HINCHMAN WY	SAC	78	A2
HINCKLEY CT	CO	17	A4
HINDON WY	CO	39	E1
HING AV	SAC	73	B3
HINMAN WY	CO	38	E3
HIRSHFELD WY	CO	42	A5
HISPERRY LN	SAC	73	C4
HITCHCOCK WY	SAC	78	B3
HITCHING POST CT	CO	11	B1
HIXON CIR	CO	36	E4
HIXON CIR	CO	39	A4
HOBART CT	CO	55	E5
HOBBLE CT	ROS	16B	B3
HOBBS LN	CO	17	A2
HOBDAY RD	CO	125	E3
HOBDAY RD	CO	128	A3
HOBNAIL WY	CO	73	E1
HOBSON AV N	WSAC	33	A7
HOBSON AV N	WSAC	51	A1
HOBSON AV S	WSAC	51	A1
HOCK FARM DR	CO	40	C7
HODGE PL	CO	18	E4
HODGES CT	FOL	21	E2
HOFFMAN AV	AUB	13B	D7
HOFFMAN AV	AUB	13D	D1
HOFFMAN CT	EDCO	25	E1
HOFFMAN LN	CO	18	C7
HOFFMAN BLUF WY	CO	41	B4
HOGAN CT	ROS	15A	E7
HOGAN DR	SAC	73	A3
HOGARTH DR	CO	59	B4
HOLBROOK WY	CO	12	B2
HOLIDAY WY	CO	12	A5
HOLIDAY COVE CT	SAC	72	A1
HOLLAND AV	CO	17	D2
HOLLAND DR	WSAC	33	B7
HOLLAND RD	YCO	92	A6
HOLLAR CT	CO	12	E2
HOLLENBECK LN	PLCO	13B	E4
HOLLINGSWRTH WY	CO	58	E2
HOLLINS CT	SAC	57	E1
HOLLIS CT	CO	12	C3
HOLLISTER AV	CO	39	D7
HOLLOWAY LN	CO	39	A7
HOLLOW LOG RD	PLCO	H	E4
HOLLOW VIEW CT	CO	43	A6
HOLLOW WOOD CT	CO	36	D6
HOLLY	LMS	14A	D6
HOLLY S	LMS	14A	D6
HOLLY DR	CO	16A	D7
HOLLY DR	CO	17	E1
HOLLY DR	CO	56	A3
HOLLY LN	CO	39	D2
HOLLY ST	WSAC	51	A2
HOLLY BLOSOM WY	CO	78	E2
HOLLY BRANCH CT	SAC	33	D1
HOLLYCREST WY	CO	40	C3
HOLLYDALE WY	CO	41	D4
HOLLYGROVE CT	CO	58	C3
HOLLY HILL CT	ROS	16B	A5
HOLLY HILL LN	PLCO	14B	D6
HOLLY HILL RD	AUB	13B	C6
HOLLY HILLS LN	EDCO	26A	D7
HOLLY HILLS LN	EDCO	26B	D1
HOLLYHOCK CT	CO	17	C2
HOLLYHURST WY	SAC	78	A4
HOLLY JILL WY	SAC	78	A4
HOLLYOAK	CO	18	C1
HOLLYOAK ST	CO	16B	B7
HOLLY SPRINGS	CO	17	C6
HOLLY VISTA WY	PLCO	13B	C5

1988 SACRAMENTO COUNTY STREET INDEX

STREET	CITY	PG. NO.	SEE
HOLLYWOOD WY	SAC	54	A5
HOLMBY CT	CO	38	B1
HOLMES LN	CO	39	C7
HOLMES WY	CO	41	C7
HOLM OAK WY	CO	16B	A7
HOLSCLAW RD	PLCO	14B	A5
HOLSTEIN WY	SAC	53	D7
HOLSTEIN WY	SAC	72	D1
HOLT LN	CO	41	B2
HOLT WY	CO	37	E7
HOLTON RD	CO	41	B1
HOLWORTHY WY	CO	12	C2
HOLYOKE WY	CO	36	E3
HOME CT	CO	38	E5
HOME COUNTRY WY	CO	78	D1
HOMEFIELD WY	CO	76	D7
HOMEFIELD WY	CO	78	D1
HOME RANCH CT	CO	41	D5
HOMESTEAD CT	ROS	16B	B2
HOMESTEAD WY	AUB	13B	C5
HOMESTEAD WY	SAC	76	C1
HOMESWEET WY	CO	41	A2
HOMETOWN WY	SAC	76	C2
HOMEWOOD LN	AUB	13D	B1
HOMEWOOD WY	CO	38	E5
HONDO CT	SAC	78	B1
HONEY LN	PLCO	13D	B2
HONEY WY	SAC	72	B7
HONEY BEE CT	SAC	56	A7
HONEY BEE CT	SAC	58	A1
HONEYSUCKLE LN	LMS	14A	D7
HONEYSUCKLE LN	LMS	15C	A1
HONEYSUCKLE WY	SAC	56	A7
HONEYWOOD CT	CO	43	C2
HOOD RD	CO	37	C7
HOOD RD	CO	55	C1
HOOD FRANKLN RD	CO	94	D7
HOOD RIVER CT	SAC	72	B4
HOODS MEMORY LN	CO	21	B4
HOOKE WY	SAC	54	A5
HOOPA CT	SAC	57	C4
HOOPES DR	CO	18	B3
HOOTON CT	CO	56	E1
HOOVER ST	CO	36	B2
HOPE	GALT	148	D6
HOPE LN	CO	36	D6
HOPI CT	CO	10	B7
HOPI CT	EDCO	26A	E3
HOPKINS RD	CO	55	E4
HOPKINS ST	SAC	72	E1
HOPLAND CT	SAC	72	B4
HOPPE LN	PLCO	13D	A2
HOPPER LN	FOL	25	A7
HOPPER LN	FOL	47	A1
HOPSON WY	SAC	78	A1
HORGAN WY	CO	36	C6
HORIZON WY	CO	39	E3
HORN CT	FOL	21	D5
HORN RD	CO	59	B3
HORNET RD	SAC	57	C1
HORSLSS CRGE LN	CO	80	A3
HORSESHOE CIR	PLCO	14C	A7
HORSESHOE DR	CO	37	D1
HRSESHOE BAR RD	LMS	14A	E6
HRSESHOE BAR RD	PLCO	14B	A7
HRSESHOE BAR RD	PLCO	14C	A7
HRSESHOE HLL RD	PLCO	14B	C7
HORTON LN	CO	39	A7
HOSAC WY	CO	17	D7
HOSKINS LN	PLCO	13B	B6
HOSPENTHAL WY	CO	96	E5
HOSPENTHAL WY	CO	97	A5
HOTCHKISS CT	EDCO	26A	E2
HOT SPRINGS CT	ROS	16B	A6
HOUSE WORKS DR	CO	38	E7
HOUSTON ST	WSAC	51A	E3
HOUSTON WY	CO	76	A3
HOVEY WY	ROS	16A	C1
HOWARD AV	CO	54	E4
HOWARD DR	EDCO	26	E3
HOWARD DR	EDCO	26A	A3
HOWARD LN	LMS	14A	D7
HOWARD ST	CO	40	B6
HOWDY LN	CO	125	E5
HOWE AV	CO	37	C5
HOWE AV	CO	55	C3
HOWE AV	SAC	55	D7
HOWE AV	SAC	57	D1
HOWELL LN	PLCO	13C	D5
HOWERTON DR	SAC	72	A7
HOXSIE CT	FOL	22	B7
HOYER LN	PLCO	13D	A5
HOY LAKE CT	SAC	33	E4
HUBER CT	SAC	34	C2
HUCKLEBERRY LN	CO	76	C6
HUDSON CT	PLCO	14B	E6
HUDSON CT	PLCO	14C	A6
HUDSON WY	FOL	21	E3
HUDSON WY	FOL	22	A3
HUDSON WY	SAC	37	C1
HUFF WY	CO	38	A2
HUGHES AV	SAC	53	E7
HUGHES AV	SAC	72	E1
HUGO CT	CO	97	B5
HULL WY	CO	76	A2
HULLIN WY	SAC	53	D1
HUMBOLDT WY	CO	56	A2
HUMBUG WY	AUB	13D	C5
HUME CT	CO	97	A5
HUMMINGBIRD TR	PLCO	15D	A4
HUMMINGBIRD WY	CO	97	A4
HUMPHREY RD	LMS	14A	D4
HUMPHREY RD	PLCO	14A	D4
HUNNICUT LN	CO	37	E1
HUNT DR	CO	41	E7
HUNT RD	CO	97	C7
HUNT ST	SAC	57	C2
HUNT CLUB DR	ROCK	15B	B5
HUNTER LN	CO	38	E1
HUNTINGTON DR	ROS	16B	B3
HUNTINGTON RD	CO	55	D4
HUNTINGTN SQ LN	CO	17	E4
HUNTLEY AV	AUB	13B	D7
HUNTRIDGE LN	CO	39	E3
HUNTSMAN DR	CO	58	D2
HUNTSVILLE DR	CO	77	A4
HURLEY WY	CO	55	D1
HURON ST	SAC	35	A6
HURST WY	ROS	16B	C5
HUSKER ST	CO	21	A7
HUSS AV	CO	54	C6
HUSSEY DR	CO	39	D6
HUSTON CT	SAC	55	A3
HUTCHINS WY	CO	12	B2
HUTTON DR	CO	96	B5
HYACINTH CT	CO	43	C1
HYACINTH CT	ROS	16A	C5
HYANNIS WY	CO	59	A3
HYATT LN	PLCO	13B	E6
HYDE WY	CO	56	A1
HYDE PARK LN	PLCO	13B	C3
HYDRAULIC DR	CO	60	C2
HYSSOP CT	CO	17	D1
I			
I PKWY	CO	73	E5
I ST	CO	11	E5
I ST	CO	12	A5
I ST	SAC	52	A3
IAN CT	CO	17	A4
IBERIAN DR	SAC	34	A2
IBEX WOODS CT	CO	16A	C6
ICARUS CT	SAC	75	D1
ICELAND PONY CT	CO	79	E3
IDA ST	AUB	13B	E7
IDAHO DR	SAC	75	E4
IDLE WY	CO	39	D4
IDLEWILD WY	SAC	72	D5
IDLEWOOD LN	CO	37	E3
IDRIA CT	CO	17	A3
IJAUNA LN	CO	125	E7
IJAUNA LN	CO	128	A7
ILIFF CT	CO	59	D1
ILLINOIS AV	CO	18	E7
ILLINOIS AV	CO	40	E2
ILLONA CT	PLCO	13A	D1
IMAGE WY	CO	12	D3
IMAI WY	SAC	72	B6
IMPALA WY	CO	38	D2
IMPERIAL WY	CO	58	C2
IMRAN DR	CO	55	C2
IMRAN WOODS CIR	CO	16A	C6
IN CT	CO	18	A7
INCA CT	SAC	34	B3
INCLINE DR	AUB	13B	C5
INCLINE WY	ROS	16B	B5
INCLINE WY	SAC	78	B4
INDEPENDENCE AV	WSAC	53	A2
INDEPENDENCE AV	WSAC	53A	E2
INDEPENDENCE LN	CO	36	B3
INDEPENDENCE WY	ROS	16A	B1
INDIAN LN	SAC	73	C4
INDIANA AV	SAC	34	B3
INDIAN ARROW CT	CO	18	D1
INDIAN CREEK DR	CO	16B	C7
INDIAN CREEK DR	CO	18	E1
INDIAN CREEK DR	LMS	15C	B1
INDIAN HILL CT	CO	18	E1
INDIAN HILL RD	PLCO	13C	D5
INDIAN HILL RD	PLCO	13D	A5
INDIAN KNOLL DR	CO	16B	C7
INDIAN KNOLL DR	CO	18	D1
INDIAN OAKS CT	CO	36	C4
INDIAN OAKS LN	PLCO	15C	B6
INDIAN RIVER DR	CO	17	B5
INDIAN ROCK LN	PLCO	13B	B3
INDIAN SPGS RD	PLCO	15C	B5
INDIAN SPGS WY	CO	16B	C7
INDIAN SPGS WY	CO	18	D1
INDIAN WELLS CT	CO	33	B5
INDIGO CT	CO	39	D2
INDIO DR	CO	85	D5
INDIO DR	CO	88	A5
INDUSTRIAL AV	ROS	15A	B4
INDUSTRIAL BLVD	WSAC	51	A5
INDUSTRIAL BLVD	WSAC	51A	E5
INDUSTRIAL CT	PLCO	13B	B4
INDUSTRIAL DR	PLCO	13B	B4
INDUSTRIAL PKWY	SAC	76	D1
INDUSTRY DR	CO	36	A5
INEZ WY	SAC	53	C5
INGALLS WY	SAC	72	B6
INGE CT	CO	55	E1
INGLESIDE WY	CO	76	D6
INGLEWOOD DR	WSAC	51	C1
INGLEWOOD LN	CO	79	A2
INGLIS WY	ROS	16A	D5
INGRID WY	CO	40	E2
INGRID WY	CO	43	A2
INISHEER WY	CO	79	B4
INLET CT	SAC	33	E3
INMAN WY	CO	36	C7
INNSBROOK WY	CO	18	D5
INSKIP DR	CO	78	D4
INSPIRATION LN	SAC	73	C4
INTERNATIONL DR	CO	59	E4
INTERNATIONL DR	CO	60	A2
INTERSTATE HY 5	CO	3	B7
INTERSTATE HY 5	CO	4	D7
INTERSTATE HY 5	YCO	3	B7
INTRSTATE HY 80	CO	16A	D6
INTRSTATE HY 80	ROS	16A	D6
INTERSTATE ST	CO	36	C2
INVERNESS CT	CO	38	B2
INVERRARY CT	CO	18	D5
INVESTMENT CIR	CO	41	D7
INVESTMENT CIR	CO	59	D1
INWOOD RD	FOL	21	E2
INWOOD RD	FOL	22	A2
INYO AV	CO	54	D5
INYO CT	ROCK	15B	A5
IONA WY	CO	78	D1
IONE RD	CO	91	C5
IONE RD	CO	109	B2
IONE ST	CO	38	B5
IOWA AV	CO	54	D6
IOWA CT	PLCO	16C	C1
IPSWITCH CT	CO	39	D3
IRELAND ST	CO	36	B6
IRENE AV	ROS	16A	D3
IRENE LN	CO	12	C3
IRIS AV	SAC	37	B3
IRIS DR	CO	17	E5
IRIS PL	PLCO	16C	C3
IRIS CREST WY	CO	97	A4
IRISH LN	PLCO	13C	C6
IRISH MIST WY	CO	56	D7
IRMA WY	CO	55	D2
IRONBARK CT	CO	17	B3
IRON HORSE WY	SAC	78	B3
IRON RIVER CT	SAC	72	B5
IRONWOOD WY	SAC	72	A1
IRONWOOD WY	WSAC	53	B3
IROQUOIS CT	CO	9	E7
IRVIN WY	SAC	53	E5
IRVIN WY	SAC	54	A5
IRVINDALE WY	CO	11	E1
IRVING AV	SAC	32	E2
IRWIN WY	EDCO	26	B5
ISABEL ST	SAC	34	A7
ISABEL ST	SAC	52	A1
ISABELLA AV	CO	39	E4
ISABINE WY	CO	41	E5
ISHI CIR	SAC	33	E2
ISLAND WY	SAC	72	A6
ISLES CT	CO	39	E4
ISLETON RD	CO	139	E7
ISLETON RD	CO	142	A3
ISLETON LVEE RD	CO	161	C5
ISLETON LVEE RD	CO	163	A1
ITALIA WY	CO	41	E6
ITCHY ACRES RD	PLCO	16C	C1
ITHACA CT	CO	12	D4
IVA WY	CO	37	E1
IVANHOE WY	CO	38	E7
IVANHOE WY	CO	41	A7
IVIE RD	CO	127	E6
IVIE RD	CO	152	A4
IVY LN	ROCK	15B	D2
IVY ST	ROS	16A	C2
IVY ST	SAC	35	B7
IVY ST	SAC	37	B1
IVY ST W	ROS	16A	D3
J			
J PKWY	CO	73	E5
J PKWY	CO	76	A6
J ST	SAC	51	E2
J ST	SAC	52	B3
J ST	SAC	55	A6
JACARANDA CT	CO	76	C7
JACNTH RAPZO LN	CO	10	B4
JACNTH RAPZO LN	PLCO	10	B4
JACINTO RD	CO	78	C6
JACK LONDON CIR	CO	12	D5
JACKLYN CT	CO	58	E7
JACKS LN	SAC	54	B6
JACKSON BLVD	CO	162	C4
JACKSON BLVD	ISLE	162	C4
JACKSON BL EXT	CO	162	D4
JACKSON BL EXT	ISLE	162	D4
JACKSON RD	CO	58	B3
JACKSON RD	CO	61	B6
JACKSON RD	CO	62	A7
JACKSON RD	CO	80	E1
JACKSON RD	CO	81	B1
JACKSON RD	CO	84	B3
JACKSON RD	CO	85	B5
JACKSON RD	CO	88	A4
JACKSON RD	CO	89	A6
JACKSON RD	SAC	57	E2
JACKSON ST	CO	36	B3
JACKSON ST	CO	51	C4
JACKSON SLGH RD	CO	162	C6
JACKSON SLGH RD	CO	172	C4
JACK TONE RD	SJCO	153	D7
JACK TONE RD	SJCO	155	D7
JACOB CIR	SAC	57	D1
JACOB LN	CO	56	D1
JACOBS CT	FOL	21	D5
JACOBS LN	AUB	13D	D3
JACQUELYN CT	CO	36	B3
JACQUELYN LN	WSAC	53A	E1
JADE CT	CO	38	A1
JADE COVE CT	CO	37	E1
JADE CREST CT	CO	97	A4
JADESTONE CT	CO	97	B7
JAEGER RD	CO	65	B4
JAMERSON DR	ROCK	15B	D2
JAMES DR	PLCO	15C	A3
JAMES DR	ROS	16A	E2
JAMES PL	PLCO	16C	D2
JAMES ST	WSAC	51	C1
JAMES WY	SAC	54	A6
JAMESON CT	CO	39	A4
JAMES RIVER WY	SAC	72	A7
JAMESTOWN DR	ROS	16B	C5
JAMESTOWN DR	SAC	37	B6
JAMESTREE WY	CO	18	A3
JAMIE CT	CO	8	D5
JAMIEWOOD CT	CO	56	E2
JAN DR	CO	39	B5
JANA CT	CO	39	A5
JANA CT	ROS	16A	E4
JAN DRA CT	CO	21	C5
JANE CT	CO	39	A6
JANE DR	EDCO	26	D4
JANELL WY	CO	38	E1
JANET CT	PLCO	13A	B7
JANET CT	PLCO	13C	B1
JANET DR	CO	17	D4
JANET DR	WSAC	53A	E1
JANETTE WY	SAC	34	E3
JANETTE WY	SAC	37	A3
JANEWOOD CT	FOL	22	C6
JANEY WY	SAC	55	A6
JANICE AV	SAC	37	C2
JAN MARIE WY	CO	97	C6
JANON CT	CO	77	A5
JANRICK AV	SAC	74	E1
JANSEN	FOL	22	B6
JANSEN DR	SAC	57	A6
JASMINE AV	WSAC	33	A7
JASMINE ST	SAC	35	B7
JASMINE CRST CT	CO	97	A4
JASON LN	EDCO	24	C7
JASON WY	CO	38	E1
JASPER CT	CO	39	B5
JASTRAUB WY	CO	76	B3
JAY CT	CO	41	A6
JAY LN	PLCO	16C	C4
JAY WY	CO	38	E6
JAYANNE WY	CO	38	E1
JAYTREE WY	CO	40	E1
J-BAR-B DR	PLCO	15B	E7
JEAN AV	SAC	32	E6
JEAN AV	SAC	35	A6
JEANETTE WY	PLCO	16B	E2
JEANEVA WY	CO	100	B2
JEANINE DR	CO	12	D7
JEANINE WY	CO	12	D7
JEANNIE CT	PLCO	15C	D1
JEDEDIAH RD	FOL	21	C5
JED SMITH DR	SAC	55	C6
JED SMITH DR	SAC	57	C1
JEFF WY	CO	39	A5
JEFFCOTT RD	CO	101	D6
JEFFERSON	ROS	16A	E2
JEFFERSON AV	ROCK	15B	A5
JEFFERSON AV	SAC	34	B5
JEFFERSON BLVD	WSAC	51	B5
JEFFERSON BLVD	WSAC	53	A3
JEFFERSON BLVD	WSAC	53A	E4
JEFFERSON BLVD	WSAC	71	C2
JEFFERSON BLVD	YCO	113	B4
JEFFERSON LN	CO	38	D4
JEFFREY AV	SAC	54	B4
JEFFREY LN	CO	41	A7
JEFFREY WY	SAC	54	B4
JELA WY	CO	36	B4
JEN FONTES WY	CO	77	A5
JENICH CT	SAC	75	E5
JENNA WY	CO	77	A5
JENNER CT	CO	18	D3
JENNESS WY	CO	36	C1
JENNEY CT	SAC	72	B4
JENNIFER CIR	ROS	15A	D7
JENNIFER WY	GALT	148	C5
JENNINGS WY	SAC	52	E2
JENNY CT	LMS	14A	D4
JENNY LIND AV	CO	36	A4
JENNYWOOD CT	SAC	53	E5
JERAE CT	SAC	33	E2
JEREMY CT	CO	39	B3
JEROME WY	SAC	55	B3
JERRANDY CT	CO	77	A5
JERRETT WY	CO	36	C2

SACRAMENTO CO.

INDEX

1988 SACRAMENTO COUNTY STREET INDEX

STREET	CITY	PG. NO.	SEE
JERRILYN CT	CO	56	D1
JERRON PL	CO	37	D7
JERRY WY	CO	76	D5
JERRY WY	SAC	55	A4
JERSEY WY	CO	37	E4
JESSE AV	ROS	16A	C2
JESSICA CT	CO	40	E2
JESSIE AV	CO	16A	E7
JESSIE AV	SAC	32	D5
JESSIE AV	SAC	35	A5
JESSIE LN	PLCO	15C	D2
JESTER CT	CO	97	A5
JET AV	CO	39	C2
JETMAR WY	CO	100	A5
JETWAY CT	CO	35	E5
JEWEL WY	CO	16A	E6
JIB CT	SAC	72	B2
JIBBOOM ST	SAC	33	D6
JIBBOOM ST	SAC	51	D1
JILL WY	CO	37	D2
JIMOLENE DR	SAC	76	A2
JO CT	ROS	16B	B5
JOAN ST	WSAC	33	B7
JOAN WY	CO	37	C5
JOAN WY	LMS	14A	D5
JOAN WY	SAC	37	C5
JO ANN DR	CO	38	A2
JO ANNE LN	ROS	16A	E4
JOAQUIN WY	SAC	54	A5
JOBY LN	CO	38	C7
JOE AV	CO	73	D3
JOEGER RD	PLCO	H	B6
JOEGER RD	PLCO	13A	D2
JOEL CT	SAC	53	E6
JOEL LN	CO	41	D6
JOELLIS WY	SAC	34	E6
JOELLIS WY	SAC	37	A6
JOERGANSON RD	FOL	22	E4
JOERGER ST	CO	59	C2
JOE RODGERS CT	PLCO	16C	C1
JOE RODGERS RD	PLCO	16C	B2
JOHANNE CT	CO	17	C2
JOHANSON CIR	CO	12	D6
JOHN DR	PLCO	14B	B5
JOHN LN	AUB	13D	D1
JOHNFER WY	SAC	72	C1
JOHN MUIR WY	CO	99	C3
JOHN RICHARD CT	CO	41	A3
JOHNS DR	SAC	54	A6
JOHNSON AV	CO	62	A2
JOHNSON DR	CO	39	D4
JOHNSON LN	CO	39	B6
JOHNSON LN	PLCO	16C	A2
JOHNSON RD	WSAC	51	A4
JOHNSON RNCH DR	ROS	16B	B4
JOHN STILL DR	SAC	75	A1
JOHNSTON CT	FOL	22	C6
JOHNSTON RD	CO	96	D7
JOHNSTON RD	SAC	34	D6
JOINER CT	CO	40	D3
JOLA CIR	SAC	73	C7
JOLAL DR	PLCO	14B	B1
JOLANA LN	CO	36	B3
JOLINE	CO	36	E3
JOLLY CT	CO	40	C1
JO MARR LN	CO	40	D2
JON WY	PLCO	16C	D2
JONALAN DR	CO	37	E4
JONAS AV	CO	55	E2
JONELL CT	CO	97	C6
JONES CIR	WSAC	51	C1
JONES CT	WSAC	33	C7
JONES RD	CO	36	C5
JONES ST	PLCO	13B	B3
JONES WY	SAC	51	D7
JONES WY	SAC	53	D1
JONKO AV	CO	36	A3
JONNIE WY	CO	40	E1
JONNIE WY	CO	43	A1
JONOTHAN WY	CO	12	A3
JONQUIL WY	CO	18	D2
JORDAN CT	SAC	55	E7
JORDAN DR	ROS	16B	A3
JORDAN WY	SAC	55	B6
JORDAN WY	SAC	57	C1

STREET	CITY	PG. NO.	SEE
JORDAN RIVER CT	CO	42	B2
JORDELL CT	CO	18	D2
JORDON LN	AUB	13D	D1
JORGER CTO RD	EDCO	48	B3
JOSE CT	EDCO	26A	E5
JOSEPH AV	CO	55	E2
JOSEPH WY	FOL	22	C5
JOY DR	GALT	150	D1
JOY LN	CO	39	D6
JOY LN	PLCO	16C	B4
JOYCE LN	AUB	13D	C3
JOYCE LN	SAC	35	A2
JOY RIVER CT	SAC	72	A4
JUAN WY	CO	40	A2
JUANITA LN	CO	37	D5
JUANITA WY	ROS	16A	D4
JUAREZ WY	CO	40	A2
JUBILEE WY	CO	8	D5
JUDAH CT	FOL	21	D3
JUDAH ST	ROS	16A	D2
JUDAH ST	SAC	37	B2
JUDAH WY	SAC	55	B6
JUDETTE AV	CO	76	D6
JUDISTINE DR	CO	17	C7
JUDISTINE DR	CO	39	C1
JUDY CT	CO	36	D3
JUGLANS DR	CO	18	D4
JULEP WY	CO	39	E4
JULIA CT	CO	16A	C7
JULIA CT	CO	17	D1
JULIAN DR	WSAC	51	B1
JULIEN LN	CO	17	D2
JULIESSE AV	SAC	37	C2
JULLIARD DR	SAC	57	E1
JUMP CT	CO	58	D3
JUNCTION BLVD	ROS	15A	D7
JUNCTION BLVD	ROS	16A	C1
JUNE CT	CO	36	C6
JUNEAU WY	CO	12	B5
JUNEVEL CT	SAC	57	A4
JUNEWOOD CT	PLCO	14B	E4
JUNE WOOD LN	CO	43	B2
JUNIPER LN	CO	37	D6
JUNIPER LN	PLCO	15C	E6
JUNIPER CK CT	CO	42	D2
JUNIPERO ST	SAC	76	D3
JUNO WY	CO	38	C6
JUPITER DR	CO	59	B5
JURATA CT	CO	88	B6
JURGENS LN	CO	16A	E7
JUSTAMERE LN	CO	100	B1
JUSTICE	SAC	32	D4
JUSTIN WY	CO	58	D3
JUTEWOOD CT	CO	56	E6
K			
K PKWY	CO	73	E6
K ST	CO	8	D4
K ST	SAC	51	E3
K ST	SAC	52	A3
K ST	SAC	55	A6
KACHINA WY	CO	59	E1
KADEMA DR	CO	55	E6
KADEMA DR	SAC	55	E6
KADOTA WY	CO	18	A2
KAESTNER CT	CO	16A	B6
KAESTNER CT	CO	17	C1
KAHALA CT	CO	40	C2
KAHARA CT	SAC	53	D7
KAHLIA CT	SAC	72	D3
KAHN ST	CO	39	C3
KAHUNA CT	CO	78	E1
KAHUNA CT	CO	79	A1
KAISER WY	CO	38	D2
KALAMAZOO DR	CO	39	E1
KALO CT	CO	43	A4
KALWANI CIR	CO	78	D1
KAMARI ST	CO	97	B6
KAMET CT	CO	12	E6
KAMMERER RD	CO	98	C5
KAMMERER RD	CO	99	B5
KAMSON CT	SAC	33	E2
KANACKE VLY RD	EDCO	M	C2
KANAI AV	CO	17	D2
KANDY ST	GALT	150	C2
KANGAROO CT	CO	58	B3

STREET	CITY	PG. NO.	SEE
KANIHAN ST	CO	40	A6
KANNASTO ST	ROCK	15B	C4
KANOB CT	CO	12	D4
KANSAS WY	CO	56	D4
KANTURK CT	CO	79	A4
KAPLAN WY	CO	17	D3
KAPPA CT	CO	36	B3
KARA DR	CO	76	D5
KARBET WY	SAC	53	C5
KARCHNER RD	PLCO	G	E5
KAREN LN	CO	12	A7
KAREN RAE CT	CO	17	E3
KAREN RAE CT	CO	18	A3
KARL DR	CO	12	A7
KARLA WY	AUB	13B	D6
KARM WY	CO	12	E4
KASEBERG CIR	ROS	16A	C2
KASEBERG CT	ROS	16A	C2
KASEBERG DR	ROS	15A	C7
KASHMIR WY	SAC	33	D2
KASSER RD	CO	9	B4
KATE LN	CO	17	B4
KATENA LN	CO	105	A5
KATHARINE AV	SAC	35	A5
KATHERINE PL	ROS	15A	D6
KATHERINE ST	AUB	13D	C4
KATHLEEN AV	SAC	37	B2
KATHRYN CT	PLCO	13A	B4
KATHRYN WY	CO	37	C4
KATHY WY	LMS	14A	D4
KATHYWOOD CT	CO	40	C4
KATO CT	EDCO	26A	C2
KATY WY	SAC	57	D1
KATZ AV	SAC	72	C3
KAUAI WY	CO	40	C2
KAULA DR	CO	40	C2
KAVOORAS DR	SAC	72	B7
KAWEAH CT	EDCO	26A	E3
KAYLAR DR	SAC	53	D6
KAYLES LN	PLCO	13A	E1
KAYO DR	PLCO	14B	A1
KAYWOOD CT	CO	42	B4
KEABLES LN	EDCO	48	B5
KEANA CT	CO	40	E2
KEANE DR	CO	38	E7
KEANE DR	CO	56	D2
KEARNEY WY	CO	38	E1
KEATING RD	CO	104	A2
KEATS CIR	CO	21	D7
KEEHNER AV	ROS	16A	E4
KEEL CT	SAC	72	B3
KEELY CT	SAC	32	C4
KEEMA AV	CO	12	C5
KEENA DR	PLCO	13B	E2
KEENEY WY	CO	55	E1
KEGIN RD	PLCO	15B	E7
KEGLE DR	WSAC	33	B6
KEGLE DR	WSAC	51	B1
KEITH DR	ROS	16A	E6
KEITH WY	CO	37	B6
KEITH WY	SAC	37	B5
KELLEN CT	CO	38	D7
KELLER CT	PLCO	15B	D5
KELLEY CT	SAC	35	B5
KELLIE LN	PLCO	13B	E4
KELLINGWORTH CT	CO	56	E4
KELLOGG RD S	PLCO	13C	C7
KELLOGG RD S	PLCO	14B	C1
KELLOGG ST	PLCO	13C	D6
KELLOGG WY	CO	41	E3
KELLY LN	PLCO	13C	C7
KELLY WY	CO	54	E7
KELLY WY	CO	57	A7
KELLY WY	FOL	21	E7
KELLY WY	FOL	22	A7
KELLY LAKE RD	PLCO	J	A1
KELLY RYAN CT	CO	42	A5
KELSE CT	ROS	16B	C4
KELSEY DR	CO	97	B5
KELSO CIR	SAC	33	E1
KELSO CIR	SAC	34	A2
KELTON WY	SAC	32	C4
KELTY CT	CO	79	B3
KELWOOD WY	CO	77	A4
KEM LN	CO	39	A5

STREET	CITY	PG. NO.	SEE
KEMBLE ST	SAC	51	E6
KEMP WY	CO	12	A5
KEMPER RD	PLCO	13B	A4
KENDALE WY	CO	38	D3
KENDRA CT	CO	40	A3
KENDRICK WY	CO	21	B7
KENDRICK WY	CO	43	B1
KENEBEE RIV CT	CO	42	D5
KENEFICK RD	SJCO	151	D4
KENELWORTH WY	SAC	78	A2
KENMAR RD	CO	32	B3
KENMAR RD	SAC	32	B2
KENMASS AV	AUB	13D	D1
KENNADY LN	SAC	53	D5
KENNEDY CT	ROCK	15B	C2
KENNELFORD CIR	SAC	78	B3
KENNETH AV	CO	18	D7
KENNETH AV	CO	38	E4
KENNETH AV	CO	40	D3
KENNETH AV	CO	41	B4
KENNETH AV	CO	95	E4
KENNETH CK LN	CO	40	D2
KENNINGTON DR	CO	36	E3
KENORA WY	CO	8	C4
KENROY LN	ROS	16A	D4
KENROY WY	CO	40	E3
KENROY WY	CO	43	A3
KENSINGTON DR	CO	18	A7
KENSINGTON DR	ROS	16A	E5
KENSTON WY	SAC	53	D4
KENT DR	CO	37	E4
KENT PL	ROS	16B	A3
KENT ST	CO	97	C7
KENT ST	CO	99	C1
KENT ST	GALT	150	C1
KENT ST	ROS	16B	A3
KENTFIELD DR	CO	38	A4
KENTS CT	WSAC	53A	E1
KENTSHIRE WY	CO	79	B4
KENTUCKY LN	CO	39	E3
KENTCKY FLAT RD	EDCO	H	E6
KENTWAL DR	SAC	75	E2
KENTWAL DR	SAC	78	A2
KENWOOD ST	SAC	37	B1
KENWOOD WY	PLCO	10	D1
KENWORTHY WY	SAC	73	B7
KENYON CT	CO	39	E6
KEONCREST CIR	CO	12	E7
KEONCREST CIR	CO	17	A7
KERMES AV	CO	40	E1
KERMIT LN	CO	17	D7
KERMIT LN	CO	39	D1
KERN ST	SAC	35	B7
KERN RIVER CT	CO	42	A3
KERR CT	FOL	22	C5
KERRIA WY	CO	37	E1
KERRY LN	CO	125	B7
KERSEY LN	CO	38	A6
KERSTEN ST	CO	17	D3
KERWOOD WY	SAC	73	E7
KESNER AV	SAC	32	D7
KESWICK WY	CO	58	C2
KETCH CT	CO	17	A2
KETCHAM DR	CO	59	B3
KETCHERSIDE LN	CO	101	C7
KETTERING CIR	CO	39	D3
KEVIN CT	AUB	13B	D5
KEVIN CT	CO	38	A1
KEVINBERG DR	SAC	75	E4
KEVINBERG DR	SAC	78	A4
KEVINGTON CT	CO	56	B3
KEWANEE ST	CO	40	E5
KEYESPORT WY	CO	18	C1
KEYNTEL ST	CO	17	D7
KEYSTONE AV	CO	36	E2
KEYSTONE CT	ROCK	15B	B2
KEY WEST WY	CO	56	C5
KEZAR ST	CO	21	C1
KIEFER BLVD	CO	58	B2
KIEFER BLVD	CO	61	B3
KIEFER BLVD	CO	62	B5
KIEFER BLVD	CO	65	B6
KIEFER BLVD	CO	85	A2
KIEFER BLVD	SAC	57	E2
KIEFER BLVD	SAC	58	B2

STREET	CITY	PG. NO.	SEE
KIEFER BLVD N	CO	58	E2
KIEKEBUSCH CT	CO	39	D7
KIEKEBUSCH CT	CO	41	D1
KIERNAN DR	CO	41	B2
KIES WY	CO	12	D7
KIESSIG AV	CO	73	C2
KIFISIA WY	CO	18	C7
KIKER LN	PLCO	13C	C7
KILAGA SPG RD	PLCO	H	A6
KILBEGGAN WY	CO	96	B5
KILBORN DR	CO	39	D2
KILCHER CT	CO	36	E5
KILCOLGAN WY	CO	96	B5
KILCONNELL DR	CO	96	B5
KILDARE CT	CO	36	C7
KILDARE CT	CO	38	C1
KILEEN CIR	CO	37	E3
KILEY LN	SAC	75	C1
KILGORE RD	CO	42	B6
KILGORE RD	CO	60	B1
KILKENNY CT	CO	97	B7
KILKENNY DR	CO	12	E4
KILKENNY DR	CO	17	A4
KILLAM CT	PLCO	13B	E6
KILLAM RD	PLCO	13B	E6
KILLARNEY LN	CO	37	D7
KILLARNEY WY	PLCO	13B	D3
KILLDEE CT	CO	18	E3
KILLDEE CT	CO	21	A3
KILMER CIR	CO	78	D1
KILSBY WY	FOL	22	E7
KILSBY WY	FOL	47	B1
KILTS CT	CO	9	E7
KILTS CT	CO	11	E1
KILWOOD CT	CO	21	D7
KIM AV	SAC	73	B7
KIM AV	SAC	75	B1
KIMBERLY CT	ROS	16A	E6
KIMBERLY CT	WSAC	53A	E1
KIMBERLY RD	EDCO	26A	C6
KIMBERLY RD	EDCO	26B	C1
KIMBERLY WY	CO	36	D7
KIMBERLY HLL CT	CO	39	A5
KIMBLEWICK WY	CO	12	C2
KIMMEL DR	CO	12	B3
KIMMIE CT	SAC	72	C4
KIMSUE CT	CO	38	E1
KIMWOOD LN	CO	42	A3
KIMWORTH LN	EDCO	26A	C6
KINCAID WY	CO	37	E6
KIND CT	CO	97	B6
KINDRED LN	ROS	16A	E4
KING	CO	59	B3
KING RD	LMS	14A	B5
KING RD	PLCO	14B	B5
KING RD	ROS	16A	E4
KING ARTHUR PL	CO	36	E3
KINGBIRD CT	SAC	71	E4
KINGBIRD WY	CO	12	C5
KINGDALE AV	CO	18	E5
KINGDALE AV	CO	21	A5
KING EDWARD CT	EDCO	25	E1
KING EDWARD DR	EDCO	25	D4
KINGFISHER WY	CO	59	B1
KING GEORGE CT	EDCO	25	D4
KING GEORGE WY	EDCO	25	D4
KING HENRY CT	EDCO	25	D3
KING HENRY WY	EDCO	25	D3
KINGHORN CT	SAC	75	D2
KINGHURST DR	ROS	16B	A5
KING JAMES WY	EDCO	25	D3
KING JOHN WY	EDCO	25	D3
KINGLET WY	CO	9	E7
KINGLET WY	CO	11	E1
KINGMONT CT	PLCO	14B	E5
KINGMONT DR	PLCO	14B	E5
KING OAK CT	CO	97	A5
KING RICHARD CT	EDCO	25	E2
KING RICHARD DR	EDCO	25	E2
KINGS WY	CO	38	A4
KINGSBURY	CO	43	B1
KINGSBURY CT	CO	43	B1
KINGS CANYON DR	EDCO	47	E4
KINGS COURT LN	CO	40	D2
KINGSDALE WY	SAC	75	E3

203
KINGSFORD DR
1988 SACRAMENTO COUNTY STREET INDEX
LARKSPUR AV

STREET	CITY	PG. NO.	SEE
KINGSFORD DR	CO	56	E2
KINGSLEY ST	CO	76	E4
KINGSMEN AV	CO	17	E3
KINGSMILL WY	CO	18	D3
KINGSPORT WY	CO	58	D2
KINGS RIVER CT	CO	42	B1
KINGSTON CT	ROS	16B	C4
KINGSTON WY	SAC	53	C6
KINGSTREE LN	CO	42	A3
KINGSWOOD DR	CO	18	B7
KINGSWOOD DR	CO	40	A1
KINGWOOD CIR	ROCK	15B	C5
KINNAIRD WY	SAC	34	C2
KINNEY ST	CO	21	C3
KINO ST	CO	38	B3
KINROSS RD	CO	38	D2
KINSELLA LN	CO	36	D3
KINSEY CT	CO	12	D2
KINSINGTON ST	WSAC	51	B7
KINSINGTON ST	WSAC	53	B1
KIOWA CT	CO	18	E2
KIPLING DR	CO	56	D2
KIPP WY	CO	39	C2
KIPPERKOPPER LN	CO	104	C7
KIPPING WY	SAC	57	B3
KIPPS LN	EDCO	25	C1
KIRK CT	PLCO	16C	D2
KIRK WY	SAC	72	E7
KIRK WY	SAC	73	A7
KIRKBY WY	CO	12	C6
KIRKCADY DR	CO	96	B6
KIRKLAND WY	CO	38	E1
KIRKTON CT	CO	79	B3
KIRKWOOD DR	ROS	15A	C7
KIRKWOOD RD	CO	129	D7
KIT CT	SAC	35	B5
KIT LN	SAC	35	B5
KIT RD	SAC	35	B5
KIT WY	SAC	32	C4
KIT CARSON ST	SAC	51	D6
KIT CARSON WY	ROS	16B	A3
KITCHNER RD	SAC	53	E7
KITCHNER RD	SAC	72	E1
KITTERY AV	CO	17	C4
KITTY LN	CO	36	C5
KITTY HAWK ST	CO	43	A3
KIVA DR	CO	36	E4
KIVA DR	CO	39	A4
KIWI CIR	CO	97	A4
KLAMATH CT	EDCO	26A	E2
KLAMATH DR	CO	12	E5
KLAMATH RIV CT	CO	42	A2
KLAMATH RIV DR	CO	42	A3
KLEIN WY	SAC	72	B6
KLIEVER WY	CO	97	D6
KLIMECKI CT	CO	18	A5
KLINGON CT	CO	76	A3
KNABE CT	CO	38	E4
KNAPP WY	CO	38	D5
KNICKERS CT	CO	59	A7
KNIGHT	CO	59	B3
KNIGHT CT	CO	59	B3
KNIGHT WY	SAC	54	A6
KNIGHTLINGER ST	SAC	32	D7
KNIGHTS LN	EDCO	25	E7
KNIGHTS LN	EDCO	48	A1
KNIGHTVIEW	CO	82	A4
KNIGHTWOOD WY	CO	41	E5
KNIGHTWOOD WY	CO	42	A5
KNISLEY CT	CO	17	D2
KNOLL DR	LMS	14A	E5
KNOLL DR E	CO	40	C1
KNOLL ST	AUB	13D	D2
KNOLL ST	SAC	37	A5
KNOLLCREST CT	CO	39	B2
KNOLLCREST DR	ROS	16B	B6
KNOLL TOP CT	CO	36	E6
KNOLLWOOD CT	CO	38	B2
KNOLLWOOD CT	EDCO	26A	B7
KNOLLWOOD CT	EDCO	26B	B1
KNOLLWOOD DR	EDCO	26A	B7
KNOLLWOOD DR	EDCO	26B	B1
KNOLLWOOD DR	PLCO	13D	C3
KNOX RD	CO	80	B4
KNUDSEN WY	CO	17	D2

STREET	CITY	PG. NO.	SEE
KOA WY	PLCO	13B	B1
KOBERLEIN RD	ROCK	15B	C2
KOBROCK WY	CO	38	E2
KODIAK WY	CO	12	A1
KOHLER AV	CO	36	E1
KOHLER GARDN LN	CO	36	E2
KOKANEE WY	CO	56	B6
KOKILA CT	ROCK	15B	C4
KONA WY	CO	18	E7
KONA WY	CO	21	A7
KON TIKI DR	CO	18	E4
KON TIKI DR	CO	21	A4
KORDES WY	CO	58	C1
KORN RD	CO	117	C7
KOROPP CT	CO	12	D3
KOROVO CT	CO	56	D7
KOST RD	CO	147	C2
KOST RD	CO	150	A2
KOST RD	GALT	150	A2
KOVANDA AV	CO	38	E4
KRAG LN	PLCO	13A	B6
KRANHOLD WY	CO	59	A6
KREST RD	CO	40	C4
KOSTER WY	CO	96	B5
KRETH RD	CO	39	E4
KRIS WY	ROS	16A	E6
KRISTA LN	PLCO	13B	C3
KRISTEN	CO	17	C6
KROEGER CT	CO	40	D3
KROGH CT	CO	18	E3
KROY WY	SAC	57	B3
KRUEGER DR	PLCO	13B	E3
KRUTHOF WY	CO	43	A4
KUBEL CIR	CO	37	D6
KURTS CT	CO	18	E4
KURTS CT	CO	21	A4
KURTZ WY	CO	62	A3
KURZ CIR	CO	38	D2
KWAJALEIN ST	SAC	76	E1
KYBURZ CT	SAC	75	E4
KYBURZ CT	SAC	78	A4
KYMPER CT	SAC	73	D5
L			
L PKWY	CO	73	E6
L ST	CO	8	D4
L ST	CO	11	A4
L ST	CO	182	D5
L ST	SAC	51	E3
L ST	SAC	52	A4
L ST	SAC	55	A6
LA ALEGRIA DR	CO	59	B1
LA ALMENDRA WY	SAC	78	A4
LA BANDERA	CO	78	C1
LA BANDERA WY	CO	76	C7
LA BELLA CIR	CO	12	B2
LA BONITA CT	ROCK	15B	E4
LA BOUNTY CT	CO	16B	B7
LA BOUNTY CT	CO	18	D1
LA BREA WY	CO	56	A4
LACAM CIR	SAC	57	C4
LA CAMPANA WY	SAC	53	E7
LA CAMPANA WY	SAC	54	A7
LA CANADA CT	CO	40	B6
LA CANADA CT	EDCO	26A	C1
LA CANADA DR	EDCO	26A	C1
LA CARNACION WY	CO	79	B2
LA CASTANA CT	SAC	78	A4
LACEY RD	CO	125	D5
LACH CIR	CO	62	A4
LA CHOVA CT	CO	59	B1
LA CIENEGA CT	EDCO	26A	E3
LA CIENEGA DR	CO	12	B5
LA CIENEGA WY	EDCO	26A	E3
LA CIMA CT	CO	17	D5
LA CLAIR RD	CO	104	A7
LA COLINA WY	CO	38	E3
LACONIA CT	ROS	16B	B6
LA CONTENTA WY	SAC	72	B4
LA CONTERA CT	SAC	33	E1
LA CORUNA DR	SAC	75	D2
LA COSTA LN	CO	17	D4
LACOTA CT	SAC	73	C5
LA CRESCENTA DR	EDCO	26A	D1
LA CUESTA LN	CO	17	D5
LA CUEVA WY	SAC	72	D7

STREET	CITY	PG. NO.	SEE
LA CUEVA WY	SAC	74	D1
LA CUMBRA CIR	CO	59	C1
LACY LN	CO	37	E3
LADEFONOS CT	CO	12	E3
LADERA WY	CO	39	D5
LADD CT	CO	10	A6
LADD LN	PLCO	13B	B3
LA DESA WY	PLCO	14B	D3
LA DIANA CT	CO	97	C5
LADINO RD	CO	38	B7
LADY JANE WY	CO	18	E5
LA ESPOSO CT	CO	41	C7
LA ESPOSO CT	CO	59	C1
LAFAYETTE DR	CO	37	D3
LAFAYETTE DR	ROS	15A	C7
LA FIELD DR	CO	39	D1
LA FIESTA WY	CO	76	C7
LA FIESTA WY	CO	78	C1
LAFITTE CT	CO	40	D2
LA FRANCE DR	CO	38	D4
LA FRESA CT	SAC	73	D5
LA GLORIA WY	CO	59	B1
LAGO CIR	CO	88	E2
LAGO DR	CO	88	C3
LAGO DI COMA WY	CO	40	B4
LA GOLETA WY	CO	56	B3
LAGOMARSINO WY	SAC	55	A4
LAGOON LN	WSAC	53	A2
LAGOON LN	WSAC	53A	E2
LA GRAMA DR	CO	41	B7
LA GRANDE BLVD	CO	73	C2
LAGUNA BLVD	CO	96	C3
LAGUNA CT	PLCO	15D	A5
LAGUNA RD	CO	130	C1
LAGUNA WY	CO	38	B7
LAGUNA CREEK DR	CO	97	C5
LAGUNA GLEN DR	CO	96	A4
LAGUNA KNOLL CT	CO	96	A4
LAGUNA OAKS DR	CO	96	A4
LAGUNA PARK DR	CO	96	A4
LAGUNA SECA CT	SAC	72	B5
LAGUNA SHORE WY	CO	96	A4
LAGUNA STATN RD	CO	75	D6
LAGUNA STATN RD	CO	93	D1
LAGUNA TRAIL WY	CO	96	A4
LAGUNA VILLA WY	CO	96	A4
LAGUNA VISTA CT	CO	97	C4
LAGUNA WOODS DR	CO	93	E4
LAGUNITA CT	CO	56	B3
LA HABRA WY	CO	56	A2
LA HAYA DR	CO	97	B5
LAHINA CT	CO	40	E3
LAHOMA CT	CO	39	A1
LA HONDA WY	CO	39	E7
LAIRD CT	SAC	72	E5
LAIRD RD	LMS	15C	C2
LAIRD RD	LMS	14A	E7
LAIRD RD	PLCO	15C	C2
LAIRD ST	LMS	14A	E5
LA JACQUE CT	SAC	75	E4
LA JACQUE CT	SAC	78	A4
LA JOLLA CT	ROS	16A	E5
LA JOLLA WY	SAC	53	D3
LA JUNTA DR	CO	18	E5
LAKE CIR N	PLCO	15C	E6
LAKE CIR S	PLCO	15C	E6
LAKE CT	PLCO	16C	D3
LAKE DR	CO	38	D2
LAKE LN	CO	86	A5
LAKE WY	WSAC	51A	C4
LAKE COVE LN	CO	17	B4
LAKECREST DR	EDCO	23	D5
LAKE CREST WY	SAC	53	C7
LK ELSINORE CT	CO	99	C3
LAKEFAIR CT	CO	43	C2
LAKE FOREST DR	PLCO	15D	B1
LAKE FOREST DR	SAC	55	E7
LAKE FOREST DR	SAC	57	D1
LAKE FOREST WY	FOL	43	E3
LAKE FRONT DR	SAC	72	B7
LAKE FRONT DR	SAC	74	B1
LAKE GLEN WY	SAC	53	C7
LAKE GROVE CT	CO	99	C2
LAKEHAVEN CT	CO	40	D4
LAKEHILL CT	CO	83	E1

STREET	CITY	PG. NO.	SEE
LAKEHILL CT	CO	86	A2
LAKEHILLS DR	EDCO	23	E4
LAKEHURST CT	CO	17	C2
LAKEKNOLL CT	PLCO	14B	E7
LAKEKNOLL CT	PLCO	14C	A7
LAKE KNOLL RD	CO	40	A2
LAKELAND DR	PLCO	16C	D2
LAKE NATOMA DR	CO	21	C7
LAKE NIMBUS DR	CO	40	E5
LAKE NIMBUS DR	CO	43	A5
LAKE OAK CT	CO	56	C3
LAKE PARK DR	SAC	72	C1
LAKEPORT CIR	CO	9	C7
LAKERIDGE CIR	CO	83	E1
LAKERIDGE CT	EDCO	25	A1
LKRIDGE OAKS DR	EDCO	25	C1
LAKES END DR	ROCK	15B	C4
LAKE SHORE BL N	PLCO	14B	E7
LAKE SHORE BL N	PLCO	14C	A7
LAKESHORE CIR	SAC	72	B2
LAKESHORE DR	PLCO	16C	D3
LAKESIDE CT	PLCO	14C	A7
LAKESIDE DR	ROCK	15B	C4
LAKESIDE WY	CO	40	D4
LAKESIDE WY	FOL	22	A1
LAKESIDE WY	FOL	16C	C7
LAKETRAIL CT	PLCO	16C	C4
LAKE TREE LN	CO	17	B4
LAKE VALLEY RD	PLCO	J	A1
LAKEVIEW DR	CO	39	C5
LAKE VIEW DR	PLCO	16C	B6
LAKEVIEW LN	CO	86	A5
LAKE VISTA CT	PLCO	14C	A7
LAKE VISTA CT	SAC	72	B2
LAKE VISTA LN	EDCO	24	B3
LAKE VISTA RD	PLCO	K	A1
LK WILHAGGIN DR	CO	56	B3
LAKEWOOD DR	WSAC	51	A5
LAKEWOOD RD	CO	77	A7
LAKEWOOD RD	CO	79	A1
LAKEWOOD ST	ROCK	15B	D4
LAKEWOOD WY	CO	18	C4
LAKEWOOD PK DR	CO	77	A7
LA LEITA CIR	CO	56	B3
LA LOMA DR	CO	41	B7
LA LOMA DR	CO	59	B1
LA LOMA DR W	CO	59	B1
LA LUNA CT	CO	17	D7
LAMADA CT	CO	38	E2
LA MANCHA WY	CO	76	A6
LA MANCHA WY	SAC	76	A6
LA MANCHA WY	SAC	78	B1
LAMAR CT	EDCO	26A	E1
LA MARGARITA WY	CO	79	B2
LAMB RD	SJCO	143	B7
LAMBAY WY	CO	79	B4
LAMBERT RD	CO	116	B7
LAMBERT RD	CO	118	D1
LAMBERT RD	CO	119	A1
LAMBERT RD	CO	122	B1
LAMBETH WY	CO	38	E6
LAMBETH WY	CO	41	A6
LAMBORN LN	PLCO	13B	E6
LAMBRUSCA DR	CO	41	D5
LAMER WY	CO	76	C4
LA MESA WY	CO	37	D5
LA MIRADA CIR	CO	43	B5
LAMONT WY	CO	73	D3
LAMPASAS AV	SAC	34	D4
LAMPLIGHTER LN	CO	36	B3
LAMURE CT	CO	12	E2
LANA LN	GALT	148	C6
LANA ST	CO	39	C2
LANAI CT	CO	21	A4
LANATT ST	SAC	52	D2
LANCASTER WY	SAC	53	D4
LANCE AV	CO	21	A7
LANCE AV	CO	43	A1
LANCELOT DR	CO	17	A4
LANCER LN	CO	76	E6
LANCER LN	CO	77	A6
LANCRAFT DR	SAC	78	A5
LAND AV	SAC	37	A3
LANDAKER LN	CO	43	C1
LANDAU CT	SAC	33	E2

STREET	CITY	PG. NO.	SEE
LANDER CT	SAC	75	D2
LANDIS AV	CO	41	B1
LANDIS CIR	AUB	13B	D7
LANDOLT AV	CO	38	C1
LANDON LN	CO	37	E6
LAND PARK DR	SAC	51	E7
LAND PARK DR	SAC	52	A7
LAND PARK DR	SAC	53	E2
LAND PARK DR S	SAC	72	C6
LAND PARK DR W	SAC	53	E3
LANDSBOROUGH CT	CO	76	D5
LANDSDALE CT	CO	55	C2
LANDWOOD WY	CO	38	D4
LANE CT	SAC	73	C7
LANE DR	SAC	34	D3
LANG AV	CO	73	D2
LANGFORD RD	CO	127	E2
LANGFORD RD	CO	130	A2
LANGLEY ST	PLCO	16A	E6
LANGLEY WY	CO	11	E1
LANGRELL WY	SAC	71	E3
LANGRELL WY	SAC	72	A3
LANGS HILL RD	PLCO	13C	D4
LANGSHIRE CT	CO	97	B3
LANGSTON WY	SAC	71	E3
LANGTREE WY	SAC	78	A5
LANHAM WY	SAC	33	D2
LANI LN	CO	41	B1
LANIER CT	CO	56	B6
LANIER WY	CO	56	B6
LANKERSHIM WY	CO	12	A4
LANSDOWNE CT	CO	99	C1
LANSING WY	CO	37	C5
LANTANA AV	CO	54	D7
LANTERN CT	CO	56	D2
LANTERN VIEW CT	AUB	13D	B5
LANTERN VIEW DR	AUB	13D	B5
LANTZY CT	CO	56	C1
LA NUEZ DR	CO	97	C6
LANYARD CT	SAC	72	B6
LA PAENDA WY	CO	18	E1
LA PALMA WY	ROCK	15B	C2
LA PALOMA WY	CO	37	C5
LA PAMELA WY	SAC	75	E4
LA PAMELA WY	SAC	78	A4
LA PAZ WY	CO	38	B3
LA PERA CT	SAC	73	D5
LA PLACITA DR	CO	59	B1
LA PLATA WY	SAC	32	C5
LA PLAYA CT	PLCO	14B	D7
LA PLAYA WY	CO	38	A7
LA POZA CT	CO	17	D5
LA PRADA CT	CO	99	B1
LA PRESA WY	CO	41	C7
LA PURISSIMA WY	SAC	52	E4
LA QUINTA CT	ROS	15A	C6
LA QUINTA DR	CO	56	C7
LARA CT	ROCK	15B	B1
LARAMIE LN	SAC	37	B5
LARAMORE WY	SAC	75	B1
LARCH LN	CO	56	A3
LARCHMONT DR	CO	12	A2
LARCHMONT SQ LN	CO	38	A1
LARCHWOOD DR	SAC	32	B7
LARCHWOOD DR	SAC	34	B1
LARCHWOOD WY	CO	12	D7
LAREDO RD	CO	37	D5
LAREDO ST	WSAC	51	A5
LA REINA WY	CO	76	C7
LARGE OAK CT	CO	36	D4
LARIAT	GALT	148	C7
LARIAT	GALT	150	C1
LARIAT CT	CO	43	B2
LARIAT LOOP	GALT	150	E2
LARIAT LOOP	ROS	16B	B3
LARIAT RD	EDCO	26B	D3
LA RIVIERA DR	CO	56	C5
LA RIVIERA DR	SAC	55	E6
LARK AV	CO	97	D7
LARK LN	FOL	22	A1
LARK RD	CO	39	E2
LARKIN DR	ROS	16B	B4
LARKIN LN	PLCO	13A	D2
LARKIN WY	SAC	51	E6
LARKSPUR AV	CO	18	A4

SACRAMENTO CO.
INDEX

1988 SACRAMENTO COUNTY STREET INDEX

STREET	CITY	PG. NO.	SEE
LARKSPUR AV	PLCO	13B	B6
LARKSPUR LN	CO	18	D2
LARKSPUR LN	CO	55	D2
LARKSPUR LN	EDCO	26A	C7
LARKSPUR LN	EDCO	26B	C1
LARKSTONE CT	ROS	16B	C4
LA RONDA CT	CO	41	C7
LA ROSA CT	ROS	16A	D4
LA ROSA RD	SAC	37	A3
LARRY AV	CO	39	E1
LARRY LN	CO	38	E4
LARRY WY	CO	12	A5
LARSON AV	CO	11	E7
LARSON WY	SAC	54	A5
LARUE AL	ROS	16A	D4
LA RUE WY	CO	59	D1
LARWIN DR	CO	18	B5
LA SALIDA D SOL	CO	18	B3
LA SALLE DR	CO	56	C2
LA SANDIA WY	SAC	73	D6
LAS ANIMAS CIR	SAC	32	D5
LA SARA CT	SAC	33	D3
LAS CASAS WY	CO	59	B1
LAS COCHES WY	SAC	33	D3
LAS CRUCES WY	CO	38	B7
LS ENCINITAS DR	CO	43	A5
LA SERENA DR	CO	43	A4
LAS FLORES	CO	40	B5
LAS FLORES AV	ROS	16A	E1
LASH LARUE LN	CO	18	C2
LASICK CT	CO	12	A1
LA SIERRA DR	CO	38	B7
LA SIERRA DR	CO	56	B3
LA SIERRA DR	EDCO	23	E1
LA SIESTA DR	CO	21	C5
LAS LILAS CT	CO	17	B1
LAS LINDAS WY	CO	39	D4
LAS LOMITAS CIR	SAC	72	D3
LAS NINAS CT	CO	38	B2
LA SOLANA WY	SAC	75	E3
LA SOLIDAD WY	SAC	54	D3
LA SOMBRA WY	SAC	78	A4
LS PALAMITAS WY	SAC	72	D3
LAS PALMAS AV	SAC	34	D3
LAS PASAS WY	CO	38	C7
LAS PASAS WY	CO	56	A1
LAS POSITAS CIR	SAC	72	B5
LAS SALINAS WY	CO	56	A1
LASSEN LN	EDCO	48	A1
LASSEN WY	CO	37	D2
LASSEN WY	ROCK	15B	B5
LASSEN WY	ROS	15A	E7
LASSEN WY	ROS	16A	E4
LAS TUNAS CT	CO	59	C1
LAS TUNAS WY	EDCO	26A	D2
LASUEN DR	CO	38	B4
LA TARRIGA WY	SAC	75	D2
LATHAM DR	CO	55	E5
LATHAM DR	SAC	55	D5
LATHAM LN	EDCO	25	E6
LATHROP WY	SAC	34	C7
LATIMER WY	CO	40	E3
LATIN WY	CO	40	E1
LA TOUR DR	CO	12	D2
LATOUR LN	CO	17	D2
LATROBE RD	CO	69	B7
LATROBE RD	CO	70	B3
LATROBE RD	CO	85	D3
LATROBE RD	EDCO	48	A5
LATROBE RD	EDCO	50	D4
LAUDERDALE	SAC	32	C5
LAUFFER RD	SJCO	143	A3
LAUGHLIN LN	CO	39	D2
LAUPPE LN	CO	17	D2
LAURA CT	CO	36	C7
LAURALYN WY	CO	18	C1
LAUREL CT	ROCK	15B	B5
LAUREL DR	CO	55	E4
LAUREL DR	PLCO	13B	C1
LAUREL LN	CO	140	D2
LAUREL LN	PLCO	15C	E6
LAUREL LN	WSAC	51	B2
LAURELGLEN DR	SAC	32	B7
LAUREL HILLS DR	CO	36	E2
LAURELHURST DR	CO	59	D3
LAUREL OAK WY	CO	39	D1
LAURELRIDGE CT	CO	40	B2
LAURELVIEW AV	CO	36	D5
LAURELWOOD CT	ROCK	15B	D2
LAURELWOOD DR	FOL	22	A2
LAURELWOOD WY	CO	38	C5
LAURENCE AV	CO	38	D4
LAURIANN WY	CO	36	D1
LAURIE WY	SAC	73	C7
LAURIE WY	SAC	75	C1
LAURINE WY	CO	54	D7
LAURINE WY	CO	73	D1
LA VAL CT	CO	39	D7
LA VALENCIA CT	CO	97	C6
LAVELLE WY	CO	36	C3
LA VERNE WY	CO	38	B5
LAVERSTOCK WY	CO	56	C3
LA VERTA	CO	59	C1
LA VIA WY	CO	37	D5
LA VIDA LN	CO	104	C1
LA VISTA AV	CO	41	A2
LA VISTA DR	LMS	15C	B2
LAVONNE LN	CO	36	C7
LAW CT	CO	21	B2
LAW LN	PLCO	14B	B7
LAWNWOOD DR	CO	76	C3
LAWNWOOD DR	SAC	76	C3
LAWRENCE AV	CO	18	A5
LAWRENCE DR	PLCO	16B	D1
LAWRENCE DR	SAC	54	E6
LAWSON WY	CO	56	A4
LAWTON AV	ROS	16A	C1
LAYNE LN	CO	79	A1
LAYTON DR	CO	36	A1
LAZO CT	CO	38	C7
LAZO CT	EDCO	23	E2
LAZY J CT	CO	9	E6
LAZY RIVER WY	SAC	71	E4
LAZY TRAIL CT	CO	16B	C7
LAZY TRAIL CT	CO	18	E1
LEA WY	SAC	34	D5
LEADER AV	CO	12	E7
LEADER AV	CO	36	E1
LEAD HILL BLVD	ROS	16B	A2
LEAF AV	SAC	72	C1
LEAFCREST WY	CO	40	C1
LEAFMONT WY	CO	58	E3
LEAFWOOD DR	CO	41	B2
LEAFWOOD LN	FOL	16C	C7
LEAK LN	PLCO	14B	C7
LEAL CT	CO	93	D6
LE ANN DR	CO	41	E6
LE ANN DR	CO	42	A6
LEAOAK CT	CO	16A	C7
LEARY RD	CO	137	E5
LEARY RD	CO	139	D2
LEATHA WY	CO	37	E1
LEATHAM AV	CO	43	B4
LEATHERWOOD WY	CO	12	E4
LEAVITT WY	CO	39	D2
LEDGEWOOD WY	CO	17	B1
LE DONNE DR	CO	73	E3
LEE DR	CO	16A	E7
LEE DR	SAC	34	D2
LEE WY	CO	39	A4
LEE WY	ROS	16B	B5
LEEDS CT	CO	39	D1
LEEDY LN	CO	43	A1
LEES LN	PLCO	13D	A6
LEE SCHOOL RD	CO	104	B4
LEE SCH CRSS RD	CO	104	C2
LEEVER LN	CO	18	E1
LEEWARD WY	SAC	72	A3
LEEWILL AV	CO	8	C4
LE FLORE PL	PLCO	16C	C2
LE HAVRE WY	CO	17	D6
LEHI LN	PLCO	13C	B4
LEHIGH CT	CO	36	C5
LEHMAN WY	CO	12	D3
LEI ST	CO	40	C4
LEIBINGER LN	PLCO	16C	C1
LEIDESDORFF ST	FOL	22	A5
LEIGHTON WY	CO	62	A4
LEINEKE LN	CO	18	A2
LEISA LN	PLCO	14A	B2
LEISURE LN	SAC	34	D7
LEISURE LN S	CO	8	D1
LEITCH AV	SAC	34	D4
LEITRIM CT	CO	17	C6
LEJANO WY	SAC	33	C2
LELAND AV	CO	79	B1
LELAND ST	ROCK	15B	A2
LELANDHAVEN WY	SAC	72	A1
LELIA DR	CO	170	A5
LE MANS AV	CO	17	C6
LEMAR DR	ROS	16A	E3
LE MARR CT	CO	41	E6
LEMARSH WY	SAC	73	A7
LEMAS RD	CO	79	C2
LEMITAR WY	SAC	33	D2
LEMMING CT	CO	37	C7
LEMON ST	CO	40	A1
LEMON COVE CT	CO	78	D3
LEMON DROP CT	SAC	57	B7
LEMON HILL	SAC	76	A1
LEMON HILL AV	CO	54	D7
LEMON HILL AV	CO	57	B7
LEMON HILL AV	CO	73	D1
LEMON HILL AV	SAC	57	B7
LEMONHILL DR	ROCK	15B	C1
LEMON TREE CT	CO	43	C1
LEMONWOOD WY	CO	93	D6
LEN CT	CO	17	B1
LENHART RD	CO	78	C2
LENNANE DR	CO	31	E6
LENNANE DR	CO	32	A6
LENNOX WY	CO	96	B5
LENORE WY	CO	36	A3
LEO LN	CO	86	E6
LEOLA WY	CO	73	E1
LEOLETA WY	CO	38	D3
LEONA CIR	CO	31	A7
LEONA WY	PLCO	16B	E1
LEONA WY	PLCO	16C	A1
LEONARD AV	CO	17	E3
LEONOR DR	SAC	34	A3
LEOS LN	CO	39	B6
LEO VIRGO CT	CO	97	E6
LEPAGE CT	FOL	22	D5
LEQUEL WY	CO	36	E7
LEQUEL WY	CO	38	E1
LERNER WY	SAC	76	A7
LEROS CT	SAC	73	C7
LEROY CT	CO	40	A2
LERWICK RD	CO	35	E7
LERWICK RD	CO	36	A7
LERWICK RD	CO	37	D1
LESBOS CT	SAC	73	C7
LESLIE LN	CO	37	D4
LESLIE LN	WSAC	53A	E3
LESSER WY	CO	16A	C7
LESSER WY	CO	17	D1
LESTER LN	PLCO	13B	E2
LESTERFORD CT	CO	17	A3
LETA CT	PLCO	13C	B1
LETA LN	CO	38	C3
LETTY CT	SAC	33	E2
LEUE AV	CO	21	A3
LEVAGIN CT	CO	12	E1
LEVEE RD	CO	59	A1
LEVEE RD	CO	100	E7
LEVEE RD	YCO	30	C5
LEVEE RD	WSAC	33	C6
LEVEE RD	WSAC	51	D1
LEVEE RD E	CO	6	A4
LEVEE RD E	CO	8	A4
LEVEE RD E	SAC	8	A7
LEVEE RD E	SAC	32	B1
LEVEE RD E	SAC	34	B5
LEVEE RD E	SUT	5	E1
LEVERETT CT	CO	12	C2
LEVERING WY	SAC	78	B2
LEVI STRAUSS CT	CO	40	C7
LEVY RD	CO	44	B2
LEW WY	SAC	54	B4
LEWIS AV	CO	16A	A7
LEWIS ST	AUB	13D	D3
LEWIS CARROL WY	CO	12	D5
LEWISTON WY	CO	76	B4
LEWITT DR	CO	41	D3
LEXI WY	EDCO	24	D7
LEXINGTON CIR	PLCO	15D	A2
LEXINGTON DR S	FOL	44	E1
LEXINGTON DR S	FOL	47	A1
LEXINGTON PL	CO	12	C1
LEXINGTON ST	SAC	34	E5
LEYDEN ST	CO	9	C6
LIALANA WY	CO	18	A5
LIBBY WY	CO	38	C2
LIBERTY CT	PLCO	16A	A2
LIBERTY CT	ROS	16A	B7
LIBERTY RD	SJCO	151	A3
LIBERTY RD	SJCO	154	B3
LIBERTY RD	SJCO	155	C3
LIBERTY ST	CO	36	B1
LIBERTY BELL LN	CO	36	B3
LIBRA AV	CO	59	A6
LIBRARY DR	LMS	14A	E6
LICHEN DR	CO	16A	C7
LICHEN DR	CO	17	C1
LIDO CIR	SAC	55	D7
LIEDESDORFF ST	FOL	21	E6
LIENO LN	CO	37	E3
LIESEL CT	CO	39	C4
LIFE AV	SAC	57	B6
LIGGETT WY	CO	39	A6
LIGHT FOOT CT	CO	12	B1
LIGHT HOUSE WY	SAC	71	E5
LIGHT HOUSE WY	SAC	72	A4
LIGHTNER CT	SAC	34	C6
LIGHT SKY CT	SAC	77	B1
LILA LN	CO	12	A7
LILAC LN	CO	8	D5
LILAC LN	CO	55	E4
LILAC LN	PLCO	13B	B4
LILAC LN	WSAC	51	B2
LILIBET AV	CO	58	D2
LILLIAN LN	CO	17	E2
LILLIAN LN	CO	18	A2
LILLIAN LN	CO	38	E4
LILLIPUT LN	PLCO	15C	C5
LILLIVALE CT	CO	17	B3
LILY AV	PLCO	13B	B6
LILY ST	SAC	35	B7
LILY CROSS DR	ROS	15A	E7
LILY MAR LN	CO	12	A1
LIME COVE CT	CO	78	D3
LIME CREST CT	CO	97	A3
LIME GROVE WY	CO	39	D2
LIMERICK WY	CO	17	E7
LIMESTONE WY	SAC	73	D6
LIMITED CT	SAC	78	B3
LINCOLN AV	CO	39	B6
LINCOLN AV	ROCK	15B	A5
LINCOLN AV	SAC	54	A2
LINCOLN AV E	SAC	53	E2
LINCOLN AV W	SAC	53	E2
LINCOLN RD	PLCO	H	D2
LINCOLN ST	ROS	16A	D1
LINCOLN ST S	ROS	16A	E2
LINCOLN WY	AUB	13B	D7
LINCOLN WY	AUB	13D	D3
LINCOLN WY	CO	150	D1
LINCOLN WY	GALT	148	D6
LINCOLN WY	GALT	150	D1
LINCOLN WY	PLCO	13B	E3
LINCOLN WY E	AUB	13B	E6
LINCOLN CK CIR	CO	39	D6
LINCOLN HLLS WY	CO	39	A6
LINCOLN OAKS DR	CO	39	C1
LINCOLNSHIRE DR	CO	73	D4
LINCLN VILLA WY	CO	40	E2
LINCOLN VLGE DR	CO	59	A6
LINDA DR	PLCO	13A	E2
LINDA DR	ROS	16A	E2
LINDA LN	CO	8	D5
LINDA LN	CO	38	E7
LINDA LN	CO	41	A6
LINDA WY	CO	39	C5
LINDA BEE LN	CO	131	B4
LINDA CREEK CT	CO	16B	C7
LINDALE DR	CO	76	B5
LINDA LOU DR	CO	36	E6
LINDA OAK CT	CO	17	A3
LINDA RIO DR	CO	56	C5
LINDA SUE WY	CO	39	C1
LINDAUER DR	CO	17	B6
LINDA VISTA DR	CO	17	E3
LINDA VISTA DR	CO	18	A3
LINDA VISTA LN	SAC	53	E5
LINDBERG ST	AUB	13B	C1
LINDBERCH DR	CO	4	A4
LINDBROOK WY	SAC	78	B2
LINDEN AV	AUB	13D	D1
LINDEN AV	CO	16A	D6
LINDEN LN	CO	38	E3
LINDEN RD	WSAC	53	B2
LINDEN RD	WSAC	53A	E1
LINDENGROVE WY	CO	38	D6
LINDEN LIME CT	CO	18	B5
LINDENWOOD WY	CO	58	C2
LINDERO LN	CO	88	C4
LINDI CT	CO	41	C1
LINDLEY DR	SAC	34	D3
LINDSAY AV	SAC	32	D7
LINENFOLD CT	CO	12	D2
LINERAS WY	SAC	75	D2
LINES LN	CO	41	A2
LINGROVE WY	CO	39	C6
LINIER CT	ROS	16A	E4
LINK DR	CO	39	D1
LINKER CT	CO	17	D7
LINKER CT	CO	39	D1
LINN WY	CO	8	C5
LINNET CT	CO	56	B3
LIN OAK WY	CO	18	C1
LINTON PIKE	SAC	53	E5
LINUS WY	CO	36	E7
LINVALE CT	SAC	53	C5
LINWOOD	ROS	16A	E3
LINWOOD LN	EDCO	26A	D6
LINWOOD WY	CO	76	C4
LIONEL CT	SAC	78	B3
LION GATE WY	SAC	75	E3
LION GATE WY	SAC	78	A2
LIONS WY	FOL	22	E5
LIPPI PKWY	CO	73	D6
LIPPIT LN	SAC	57	C5
LIPPIZAN CT	CO	79	E3
LISA CIR	SAC	57	D2
LISA WY	SAC	73	B7
LISA WY	SAC	75	A2
LISA ANN CT	CO	76	C7
LISA MARIE WY	CO	39	D5
LISAWOOD DR	FOL	22	C6
LISBON AV	WSAC	33	A7
LISBON AV	WSAC	51	A1
LISBON WY	SAC	78	B3
LISCARNEY WY	CO	79	B5
LISMORE DR	CO	99	B1
LISSETTA AV	SAC	54	D3
LITTLE CT	CO	38	E7
LITTLE CT	CO	41	A7
LITTLE CT	FOL	21	D4
LITTLE ACRES LN	CO	106	A1
LITTLE ARROW CT	CO	17	B5
LITTLE BEAVR WY	CO	17	B5
LITTLE BROOK CT	CO	40	A5
LITTLE CHIEF CT	CO	12	A1
LITTLE CREEK CT	CO	16B	D6
LITTLE CREEK DR	CO	16B	D6
LITTLE HILL RD	PLCO	13A	A1
LITTLE OAK LN	CO	36	D3
LITTLE OAK LN	EDCO	26A	E1
LITTLE OAKS WY	CO	16A	C7
LITTLE RIVER CT	CO	17	B5
LITTLE RIVER WY	SAC	71	E6
LITTLE RIVER WY	SAC	72	A5
LITTLE ROCK DR	CO	12	B1
LITTLE SQUAW CT	CO	17	B4
LIVE OAK AV	CO	148	A3
LIVE OAK AV	GALT	148	C3
LIVE OAK CIR	ROS	16A	D4
LIVE OAK CT	FOL	21	E4
LIVE OAK LN	PLCO	13B	B5
LIVE OAK PL	PLCO	13B	B4
LIVE OAK RD	CO	86	E7
LIVE OAK ST	AUB	13D	C2
LIVE OAK ST	CO	36	E5
LIVE OAK ST	CO	39	A5

LIVE OAK ST

1988 SACRAMENTO COUNTY STREET INDEX

205
MANGRUM AV

STREET	CITY	PG. NO.	SEE
LIVE OAK ST	SJCO	154	C7
LIVE OAK WY	PLCO	13B	B4
LIVE PINE CT	ROS	16B	B6
LIVERMORE WY	FOL	22	D5
LIVINGSTON CT	ROS	16B	B5
LIVINGSTON WY	CO	73	E2
LIVINGSTON WY	ROS	15A	B7
LIVORNA WY	CO	40	B4
LIVOTI AV	CO	40	B3
LIVOTI AV	PLCO	16A	D6
LIVOTI AV	ROS	16A	D6
LIZWELCH AV	CO	58	D4
LLANO LN	CO	40	A4
LLEWELLYN CT	FOL	22	C5
LLOYD LN	CO	37	D5
LLOYD WY	AUB	13B	D6
LLOYD WY	CO	41	A3
LOAZELL CT	CO	56	C2
LOBATA ST	CO	16B	A7
LOBO	CO	88	D2
LOCHBRAE RD	SAC	34	D6
LOCHER WY	CO	18	A4
LOCH HAVEN WY	CO	12	C7
LOCHLEVEN WY	CO	12	B6
LOCH LOMOND DR	CO	38	D2
LOCHMOOR CIR	SAC	73	E7
LOCHMOOR CIR	SAC	75	E1
LOCHNESS CT	SAC	56	A6
LOCK AV	SAC	73	B4
LOCKBORNE DR	SAC	75	E4
LOCKBORNE DR	SAC	78	A4
LOCKHEED CT	EDCO	26A	D4
LOCKSLEY LN	PLCO	13B	B1
LOCKWOOD WY	CO	38	C1
LOCUST AV	CO	36	E5
LOCUST AV	CO	39	A5
LOCUST RD	PLCO	6	C3
LOCUST ST	CO	97	C6
LODESTAR ST	ROCK	15B	A3
LODESTAR WY	CO	75	E7
LODESTAR WY	CO	93	C3
LODESTONE CIR	CO	97	A7
LOGAN LN	PLCO	14B	B1
LOGAN ST	SAC	76	C1
LOGSTON CT	CO	36	B6
LOHSE WY	CO	16A	D7
LOI LINDA LN	CO	18	A2
LOIS AV	GALT	148	D6
LOIS LN	PLCO	13B	C3
LOLA WY	CO	36	E3
LOLA WY	CO	39	A3
LOLETA AV	CO	16A	F7
LOLETA AV	CO	18	A1
LOLITA ST	SAC	57	B7
LOLITA ST	SAC	76	B1
LOLL RD	CO	152	E4
LOMA LN	CO	21	C6
LOMA LINDA CT	CO	39	A3
LOMA MAR CT	SAC	76	B2
LOMA OAK CT	CO	12	E3
LOMA OAK CT	CO	17	A3
LOMA RIO LN	CO	12	B2
LOMAS WY	SAC	72	E6
LOMA VERDE CT	EDCO	23	E4
LOMA VERDE DR	EDCO	23	E4
LOMA VERDE WY	SAC	73	B5
LOMA VISTA DR	CO	37	D5
LOMBARD CT	SAC	35	B4
LO MIDA LN	PLCO	15D	A1
LOMITA WY	CO	8	E6
LOMITA WY	CO	11	A6
LOMITA WY	EDCO	24	A3
LOMITAS AV	ROS	16A	D1
LOMOND CT	CO	79	B3
LOMPOC CT	CO	17	D5
LONDON ST	SAC	53	E7
LONDONDERRY DR	CO	59	A3
LONE HILL CT	CO	40	A5
LONE LEAF DR	SAC	32	D3
LONELY OAK CT	CO	18	D7
LONE OAK LN	PLCO	15C	E3
LONE OAK RD	CO	17	E5
LONE PINE DR	CO	88	C5
LONE PINE PL	PLCO	15C	E4
LONE PINE RD	LMS	15C	B3

STREET	CITY	PG. NO.	SEE
LONE TREE CT	ROS	16B	B5
LONE TREE LN	ROS	16B	B5
LONE TREE RD	CO	4	D4
LONEWOOD WY	CO	17	B1
LONG ACRES CT	CO	18	D7
LONG BRANCH CT	SAC	33	D1
LONG BRANCH DR	CO	12	C6
LONG CANYON DR	CO	43	B2
LONGCROFT ST	WSAC	51	B5
LONGDALE WY	CO	12	C6
LONGDEN CIR	CO	16B	B7
LONGFELLOW WY	CO	12	D6
LONGFORD DR	CO	17	C6
LONGHORN ST	CO	36	E5
LONGHORN RDG RD	EDCO	26B	E3
LONG MEADOWS RD	PLCO	16C	B2
LONGMONT WY	CO	39	B2
LONGMORE WY	CO	40	E4
LONGMORE WY	CO	43	A4
LONG RAVINE CT	CO	42	D2
LONGRIDGE WY	SAC	72	D2
LONG RIVER DR	SAC	72	B4
LONGSHORE CT	SAC	35	A5
LONGS PEAK PL	CO	17	A4
LONG VALLEY DR	PLCO	14C	A2
LONGVIEW DR	CO	36	A4
LONGVIEW DR	PLCO	14B	E7
LONGVIEW DR	PLCO	14C	A7
LONGVIEW DR	SAC	36	A5
LONGVIEW LN	PLCO	14C	B1
LONGVIEW RD	EDCO	26B	E5
LONGWOOD RD	PLCO	13A	D6
LONGWOOD WY	CO	40	A1
LONICERA DR	CO	18	D4
LONON CT	CO	18	D5
LONSDALE DR	SAC	53	C6
LOOKOUT CT	SAC	72	A2
LOORZ CT	SAC	78	A2
LOPES LN	PLCO	14A	E2
LORA WY	ROS	16B	B6
LORADO RD	CO	37	D5
LORAY LN	PLCO	13A	E1
LORD	CO	59	B3
LORD CT	CO	56	E2
LORD ST	CO	143	D5
LORDSHIP WY	CO	96	B3
LORELLA WY	CO	17	A4
LORENZO LN	CO	38	B5
LORETO WY	CO	38	B3
LORETTO DR	ROS	16B	A3
LORI CT	SAC	72	C4
LORIJO WY	CO	36	B3
LORIN AV	CO	76	C4
LORNA CT	CO	97	A5
LORRAINE	ROS	16A	E3
LORRAINE CT	SAC	57	A1
LOS ALAMAS WY	CO	56	A1
LOS ALTOS AV	AUB	13B	D7
LOS ALTOS WY	SAC	72	D3
LOS AMIGOS DR	CO	59	C1
LOS BANOS WY	CO	97	B3
LOS CERROS DR	SAC	72	D4
LOS COCHES WY	CO	56	B2
LS ENCANTOS CIR	CO	99	B1
LOS FELIZ WY	CO	41	B4
LOS FLORES CT	GALT	148	D3
LOS FLORES RD	LMS	14A	E5
LOS GARCIAS LN	CO	6	B3
LOS GATOS CIR	SAC	72	B4
LOS LAGOS CIR N	PLCO	15C	E4
LOS LAGOS CIR N	PLCO	15D	A4
LOS LAGOS CIR S	PLCO	15C	E4
LOS LAGOS CIR S	PLCO	15D	A4
LOS LUNAS WY	SAC	34	B3
LOS MOLINOS WY	CO	38	B7
LOS MOLINOS WY	CO	56	B1
LOS NOGALOS WY	CO	42	A6
LOS OLIVOS WY	CO	39	D4
LOS PADRES WY	SAC	72	D3
LOS PALOS DR	CO	41	C7
LOS PUENTES RD	PLCO	14B	D2
LOS RANCHO WY	SAC	74	D1
LOS RIOS DR	CO	56	E2
LOS ROBLES BLVD	SAC	34	E1
LOS ROBLES BLVD	SAC	37	A1

STREET	CITY	PG. NO.	SEE
LOS SANTOS DR	EDCO	26A	E7
LOS SANTOS DR	EDCO	26B	E1
LOS SERRANOS WY	CO	18	D2
LOST AV	ROCK	15B	C5
LOST LN	CO	21	B5
LOST CAVERN CT	CO	16A	C6
LOST CREEK CT	CO	17	D2
LOST CREEK DR	FOL	21	D1
LOST MINE CT	CO	16A	C6
LOS TORRES DR	CO	97	A4
LOSTWOOD LN	CO	43	C2
LOS VEGAS AV	ROS	16A	D1
LOTUS AV	SAC	54	A4
LOTUS RD	EDCO	M	C2
LOU PL	PLCO	16C	C5
LOU PL W	PLCO	16C	B5
LOUCRETA DR	CO	76	C5
LOUGANIS WY	SAC	75	D3
LOUGHRIDGE WY	FOL	22	D5
LOUIS LN	ROS	16A	D6
LOUIS WY	SAC	55	B7
LOUISE ST	SAC	34	B7
LOUISIANA ST	CO	38	B4
LOURDES CT	SAC	72	B5
LOURINA CT	CO	40	A3
LOUTH WY	CO	17	C6
LOVAS DR	CO	12	E2
LOVATO CT	CO	17	D2
LOVE WY	CO	38	E2
LOVE WY	PLCO	13B	D3
LOVELAND WY	SAC	32	C4
LOVELLA WY	SAC	55	B4
LOVERS LN	EDCO	24	C5
LOVEWOOD CT	CO	16A	B7
LOWE LN	PLCO	13B	C4
LOWELL ST	PLCO	6	B1
LOWELL ST	SAC	57	C6
LOWLAND CT	CO	38	E6
LOWLAND CT	CO	41	A6
LOWNEY CT	FOL	47	B2
LOWRY DR	CO	36	A1
LOWTHER WY	CO	9	E6
LOWTHER WY	CO	10	A6
LOYOLA ST	SAC	56	A7
LOYOLA ST	SAC	58	A1
LOZANOS RD	PLCO	13C	E2
LUALAN LN	ROS	16A	D4
LUBECK RD	AUB	13D	D1
LUCAS CT	SAC	53	D4
LUCE AV	CO	11	E7
LUCE AV	CO	35	E1
LUCERO DR	CO	57	A7
LUCERO DR	CO	73	E1
LUCERO DR	CO	76	A1
LUCIA CT	CO	41	E4
LUCIE LN	CO	40	A5
LUCILE WY	CO	8	E2
LUCINIDA LN	CO	39	A3
LUCIO LN	SAC	53	D6
LUCKY LN	CO	17	E7
LUCKY LN	LMS	14A	C5
LUCKY WY	SAC	73	C4
LUCKY LINDY CT	CO	18	E5
LUCY LN	ROS	16A	D4
LUDELLE LN	CO	73	E1
LUELLA CT	CO	41	E3
LUJAN DR	CO	97	A4
LUJAN WY	CO	97	A4
LUJAN CREST CT	CO	97	A4
LUJO WY	CO	41	B7
LUJO WY	CO	59	B1
LUKE WY	CO	40	D3
LUMRY ST	CO	12	C4
LUNA LN	CO	39	B7
LUNA GRANDE CIR	SAC	33	E1
LUNAR LN	CO	55	D2
LUNARDI WY	ROS	16A	C1
LUND CT	CO	12	B3
LUND DR	ROS	16B	B6
LUNDY CT	SAC	53	C7
LUPIN LN	PLCO	16C	D3
LUPINE CT	ROCK	15B	D3
LUPINE WY	SAC	52	E3
LURA AL	CO	36	A1
LURLINE AV	CO	17	A6

STREET	CITY	PG. NO.	SEE
LUSCUTOFF CT	SAC	57	B2
LUSK DR	CO	38	A5
LUTHER DR	SAC	73	C5
LUTHER RD	PLCO	13B	C4
LUTHERAN CIR	CO	58	D2
LUVETA WY	CO	41	E6
LUX CT	CO	41	A6
LUXFORD CT	CO	12	C2
LUYUNG DR	CO	60	C1
LUZERN WY	CO	12	E1
LYCOMING CT	SAC	55	E7
LYLE ST	CO	38	C3
LYNETTE WY	SAC	72	D6
LYNHOLLEN WY	SAC	72	C4
LYNHURST AV	ROS	16A	C5
LYNHURST WY	CO	36	B4
LYNN LN	PLCO	13A	D2
LYNNADEANE CT	CO	39	B2
LYNNBROOK CT	CO	39	D7
LYNNDALE DR	CO	56	C2
LYNNE WY	CO	38	A2
LYNNETREE WY	CO	18	A3
LYNNMAR WY	CO	41	B1
LYNWOOD LN	PLCO	14A	D2
LYNWOOD WY	CO	38	A5
LYON AV	CO	55	D2
LYONIA WY	CO	18	D4
LYRA ST	CO	59	B6
LYTLE ST	SAC	72	E7
LYTLE ST	SAC	73	A7
LYTLE ST	SAC	74	E1
LYTLE ST	SAC	75	A1
M			
M ST	CO	8	C4
M ST	SAC	52	C5
M ST	SAC	55	A6
MABEL ST	SAC	34	C1
MACARGO CT	PLCO	16C	A2
MACARGO ST	PLCO	16C	A2
MACARIO CT	ROS	16B	A2
MACARLEN WY	SAC	34	E4
MAC ARTHUR ST	SAC	35	B5
MACAULAY CIR	CO	56	D1
MAC BRIDE CT	CO	41	E3
MAC BRIDE CT	CO	42	A3
MACDUFF CT	PLCO	16C	B5
MACDUFF DR	PLCO	16C	B5
MACEDO WY	CO	56	C7
MACE RIVER CT	CO	42	B2
MACEY DR	CO	36	C5
MAC FADDEN DR	CO	76	C6
MAC FINLEY WY	CO	76	C7
MACHADO LN	ROS	16A	D4
MACHADO WY	SAC	53	C7
MACIEL	ROS	16A	E2
MACK RD	SAC	75	D1
MACK RD	SAC	78	A1
MACKEY RD	CO	82	C7
MACKEY RD	CO	100	C2
MACKINAW WY	CO	56	B6
MACY PLAZA DR	CO	18	A7
MADDEN LN	ROS	16A	E4
MADDOX CT	CO	38	D5
MADEIRA PORT LN	CO	40	C1
MADELIA DR	SAC	34	B3
MADELINE WY	CO	18	A7
MADERA CT	CO	17	D5
MADERA RD	CO	37	D5
MADINAH CT	ROS	15A	C6
MADISON AV	CO	21	C7
MADISON AV	CO	36	B2
MADISON AV	CO	39	C1
MADISON AV	CO	40	D1
MADISON AV	CO	43	A1
MAD RIVER CT	SAC	72	B5
MADRONE AV	WSAC	51	B3
MADRONE ST	PLCO	6	B1
MAFIC CT	SAC	73	C5
MAGDELINA ST	CO	8	C6
MAGELLAN DR	PLCO	14B	E6
MAGGY RD	CO	106	B4
MAGIC CT	CO	17	D4
MAGICWOODS CT	CO	59	B4
MAGNOLIA AV	AUB	13D	D3
MAGNOLIA AV	CO	113	C7

STREET	CITY	PG. NO.	SEE
MAGNOLIA AV	LMS	14A	D6
MAGNOLIA ST	CO	40	A6
MAGNOLIA WY	ROS	16A	E4
MAGNUM CT	CO	9	B6
MAGOS RD	CO	101	E5
MAGPIE LN	CO	36	A3
MAGRA RD	PLCO	H	D3
MAHALA DR	CO	41	B4
MAHAN CT	ROS	16B	A2
MAHOGANY ST	SAC	35	B7
MAIDEN LN	CO	16A	D6
MAIDSTONE WY	CO	39	E1
MAIDU DR	AUB	13D	C5
MAIDU DR	PLCO	13D	D5
MAIDU WY	CO	42	C1
MAIN AV	CO	21	C5
MAIN AV	CO	43	B3
MAIN AV	SAC	32	C3
MAIN AV	SAC	35	A3
MAIN CT	SAC	32	C3
MAIN ST	CO	40	B5
MAIN ST	ISLE	162	E3
MAIN ST	PLCO	13C	D5
MAIN ST	ROS	16A	D2
MAIN SAIL CIR	ROS	16B	A6
MAINSAIL CT	FOL	22	D5
MAISON WY	CO	37	E7
MAITA CIR	SAC	57	C2
MAJAR CT	EDCO	26A	D2
MAJESTIC LN	SAC	35	B6
MAJESTIC RD	SAC	35	B6
MAJESTIC OAK WY	CO	16B	B7
MAJESTY	CO	59	B3
MAJO CT	CO	41	B7
MAJO CT	CO	59	B1
MAJOR WY	CO	39	A3
MAJORCA CIR	SAC	78	A3
MAKABE LN	ROCK	15C	A1
MALAGA WY	CO	41	D7
MALAGA WY	CO	59	C1
MALAY DR	CO	36	C3
MALBEC CT	CO	41	E6
MALCOLM DIXN DR	EDCO	24	A6
MALDIVE ST	CO	8	D1
MALDONADO CT	SAC	57	A4
MALEVILLE AV	CO	39	A1
MALEZA LN	PLCO	13D	C6
MALIA CT	CO	17	C1
MALIBU WY	CO	58	C2
MALINO CT	SAC	75	E4
MALINO CT	SAC	78	A4
MALLARD DR	ROS	16B	B4
MALLARD LN	CO	17	A2
MALLARD LN	ROS	16B	B4
MALLEY DR	CO	62	A3
MALONE CT	SAC	57	B4
MALORY CT	CO	76	C7
MALOS WY	CO	59	D3
MALT CT	CO	76	D7
MALVASIA DR	CO	41	D6
MAME CT	CO	17	B5
MAMMOTH RD	PLCO	14B	D5
MAMMOTH WY	EDCO	47	E3
MAMMOTH RIV CT	CO	42	A2
MANACOR DR	SAC	75	E2
MANANA WY	CO	18	D7
MANAND ST	CO	41	A2
MANASSERO WY	SAC	57	B2
MANCEL CT	CO	38	E2
MANCHESTER DR	EDCO	47	E5
MANCHESTER PL	CO	12	D1
MANCHESTER RD	SAC	37	B5
MANCHESTER ST	WSAC	53	B1
MANDAN CT	CO	18	E2
MANDARIN CIR	CO	18	C3
MANDARIN CT	WSAC	53A	E1
MANDEVILLE LN	CO	77	A6
MANDEVILLE WY	WSAC	53A	E1
MANDY DR	SAC	73	D5
MANET PKWY	CO	73	E6
MANETTE WY	CO	21	C3
MANGER WY	CO	16B	A7
MANGO TREE WY	CO	17	B1
MANGROVE CT	CO	21	D7
MANGRUM AV	SAC	73	A2

SACRAMENTO CO.

INDEX

206
MANHART WY
1988 SACRAMENTO COUNTY STREET INDEX
MEADOW OAK CIR

SACRAMENTO CO.

STREET	CITY	PG. NO.	SEE
MANHART WY	CO	9	C5
MANHATTAN CIR	CO	73	D3
MANHATTN BAR RD	PLCO	14C	B2
MANILA AV	CO	39	C2
MANITOBA AV	CO	17	A6
MANITOU ST	SAC	32	C5
MANLEY CT	SAC	57	B4
MANLOVE RD	CO	56	B7
MANLOVE RD	CO	58	B2
MANMAR WY	CO	76	A2
MANN RD	CO	103	B3
MANNERLY WY	CO	16A	C6
MANNING ST	SAC	37	A5
MANON WY	SAC	75	E1
MANOR CT	CO	38	B5
MANOR DR	PLCO	13B	D5
MANOR DR N	SAC	73	B5
MANOR DR S	SAC	73	B5
MANOR WY	AUB	13B	D5
MANORCREST WY	SAC	73	A7
MANORSIDE DR	SAC	73	A7
MANORSIDE DR	SAC	75	A1
MANSFIELD DR	CO	18	D3
MANTECA CT	SAC	72	B4
MANUEL ST	CO	8	E2
MANUFCTURERS DR	CO	60	C1
MANZANILLO ST	CO	40	D3
MANZANITA AV	AUB	13B	D7
MANZANITA AV	CO	17	A7
MANZANITA AV	CO	39	A7
MANZANITA AV	ROS	16A	E1
MANZANITA AV	ROS	15A	E7
MANZANITA DR	ROCK	15B	D3
MANZANITA WY	WSAC	51	B2
MANZNITA CEM RD	PLCO	G	E6
MANZANO WY	SAC	72	D7
MANZANO WY	SAC	74	D1
MAPEL LN	CO	39	C5
MAPES CT	CO	38	C2
MAPLE AV	CO	17	E3
MAPLE DR	ROS	16A	E3
MAPLE DR	SAC	73	C5
MAPLE ST	AUB	13D	C1
MAPLE ST	GALT	148	D7
MAPLE ST	PLCO	6	B1
MAPLE ST	ROCK	15B	C3
MAPLE ST	WSAC	51	A3
MAPLE GLEN RD	CO	38	B6
MAPLE GROVE CT	CO	77	A7
MAPLEGROVE WY	SAC	32	B7
MAPLEHURST WY	CO	93	C2
MAPLE LEAF LN	CO	76	C7
MAPLERIDGE CT	CO	40	B2
MAPLERIDGE CT	ROCK	15B	B5
MAPLES ST	CO	56	A7
MAPLES ST	CO	58	A1
MAPLE TREE WY	SAC	72	D6
MAPLEVIEW WY	CO	96	B4
MAPLEWOOD LN	CO	38	A6
MAPOLA WY	CO	42	A4
MAPPLE LN	PLCO	14B	E7
MARABOU CT	CO	12	D4
MARACOPA CT	EDCO	26A	E3
MARALEE WY	SAC	76	C1
MARANI WY	SAC	72	A5
MARANTA CT	CO	17	B3
MARATHON CT	SAC	73	D7
MARATHON CT	SAC	75	D1
MARBLE WY	CO	39	B5
MARBLE MTN RD	EDCO	48	E4
MARBLE RIDGE RD	EDCO	26B	A4
MARBLE RIDGE RD	EDCO	48	E5
MARBLE VLY RD	EDCO	26B	A3
MARBLE VLY RD	EDCO	48	E4
MARBURN CT	CO	73	E3
MARCEL WY	CO	59	D1
MARCELLA DR	PLCO	13A	D1
MARCH RD	ROS	16A	B5
MARCH WY	CO	96	B4
MARCHANT DR	FOL	22	B5
MARCHITA WY	CO	38	E5
MARCIA LN	CO	37	D7
MARCI LEE WY	CO	42	A5
MARCLIFF WY	PLCO	13A	E2
MARCO WY	CO	41	B3
MARCOB WY	PLCO	14B	A4
MARCOLA CT	CO	58	D1
MARCONI AV	CO	37	E3
MARCONI AV	CO	38	A3
MARCONI AV	CO	41	A3
MARCONI AV	SAC	37	C3
MARCUS CT	SAC	37	C2
MARDELL LN	PLCO	14A	D2
MARDELLE WY	CO	97	C6
MARDEN DR	EDCO	26	D1
MARECA WY	WSAC	53A	E2
MARENGO RD	CO	149	A6
MARENGO RD	GALT	127	A7
MARESBOROUGH PL	PLCO	14B	E7
MARETHA ST	CO	18	A3
MARGARET DR	LMS	14A	D4
MARGARET LN	SAC	57	D2
MARGARET WY	CO	36	A4
MARGARET WY	ROS	16A	E2
MARGATE WY	CO	59	C2
MARGERY JANE LN	PLCO	15C	B6
MARGO DR	CO	21	D6
MARGUERITE WY	CO	56	D1
MARGUERTE MN RD	AUB	13B	C6
MARIA WY	CO	26A	A7
MARIAN AV	ROS	16A	E3
MARIAN WY	SAC	53	E1
MARIANAS AV	SAC	57	E7
MARIANAS AV	SAC	76	E1
MARIANAS AV	SAC	77	A1
MARIBEL WY	AUB	13B	E7
MARICOPA WY	SAC	33	C2
MARIE WY	CO	38	D5
MARIEMONT AV	CO	56	C1
MARIETTA WY	CO	36	E4
MARIETTA WY	CO	39	A4
MARIETTI WY	ROS	16A	E3
MARINO CT	CO	75	D7
MARINO CT	CO	93	C2
MARIGOLD AV	PLCO	13B	B6
MARIGOLD LN	CO	55	D1
MARIGOLD ST	WSAC	51A	D4
MARILONA DR	CO	38	B3
MARILYN CIR	CO	17	B7
MARILYN CIR	SAC	32	C4
MARIMOORE WY	CO	56	E1
MARIN AV	SAC	57	C4
MARINA AV	AUB	13D	D2
MARINA GRNDE CT	SAC	71	E5
MARINA GREENS W	SAC	55	E6
MARINA PARK DR	EDCO	23	D7
MARINA PARK WY	SAC	71	E5
MARINA VIEW DR	EDCO	23	D6
MARINDELL ST	CO	6	C7
MARINDELL ST	CO	8	C1
MARINER PT WY	SAC	72	A6
MARINVALE DR	CO	17	C2
MARINWOOD CT	CO	77	A7
MARION CT	SAC	53	E4
MARION WY	AUB	13D	E2
MARIONE DR	CO	38	E7
MARIPOSA AV	CO	17	E7
MARIPOSA AV	CO	18	A3
MARIPOSA AV	CO	39	E1
MARIPOSA AV	PLCO	16A	E6
MARIPOSA ST	ROS	16A	E1
MARIPOSA GN WY	CO	18	A5
MARIS LN	CO	97	E3
MARJORAM	SAC	72	A6
MARJORIE WY	SAC	57	B3
MARK ST	CO	97	B4
MARKET BLVD N	CO	31	E5
MARKET BLVD N	CO	32	A5
MARKET CT S	CO	32	B5
MARKET ST	CO	142	D3
MARKET ST	CO	143	C5
MARKET ST	FOL	22	B7
MARKET ST	GALT	148	D7
MARKHAM CT	EDCO	26	B5
MARKHAM WY	SAC	51	E7
MARKHAM WY	SAC	52	A7
MARKHAM WY	SAC	53	E1
MARKHAM WY	SAC	54	A1
MARK HOPKINS CT	SAC	51	D6
MARKLEY WY	CO	39	B1
MARKOS CT	CO	39	A2
MARK RIVER CT	SAC	72	B4
MARKSTON RD	CO	37	D7
MARK TWAIN AV	SAC	57	A4
MARKWOOD LN	CO	43	B2
MARL WY	CO	39	B6
MARLBOROUGH WY	CO	56	D2
MARLENE DR	CO	37	D1
MARLEY DR	CO	38	C1
MARLIN CIR	CO	17	B7
MARLIN DR	ROS	16A	E4
MARLOW CT	CO	36	E6
MARLTON CT	SAC	71	E6
MARLYNN ST	CO	41	B2
MARMITH AV	CO	36	E3
MARMON WY	CO	79	A4
MARMOR CT	SAC	56	A7
MARNICE RD	CO	8	B5
MARO WY	CO	40	C2
MARQUETTE DR	CO	55	D7
MARQUETTE DR	SAC	57	D1
MARS WY	CO	59	A5
MARSALA CT	CO	40	B1
MARSALLA CT	SAC	57	B4
MARSH ST	SAC	51	E6
MARSHALL AV	CO	39	C6
MARSHALL AV	CO	41	C2
MARSHALL AV	ROS	16A	D1
MARSHALL AV	SAC	57	D7
MARSHALL DR	CO	12	D6
MARSHALL RD	EDCO	M	D1
MARSHALL RD	WSAC	53A	C4
MARSHALL WY	AUB	13D	C1
MARSHALL WY	SAC	54	A1
MARSHWOOD CIR	SAC	73	C7
MARSHWOOD CIR	SAC	75	C1
MARSTON ST	WSAC	33	B7
MARTEL CT	SAC	56	A7
MARTIGNETTI CT	CO	12	C2
MARTIN CT	CO	56	C3
MARTIN DR	PLCO	13B	B5
MARTIN LN	LMS	14A	D7
MARTIN WY	CO	39	B3
MARTINA CT	PLCO	13A	D2
MARTINDALE LN	PLCO	13B	E3
MARTINIO CT	CO	59	C1
MARTSMITH WY	CO	40	E4
MARTSMITH WY	CO	43	A4
MARTY WY	SAC	51	E7
MARTY WY	SAC	52	A7
MARTY WY	SAC	53	E1
MARTY WY	SAC	54	A1
MARVIN WY	AUB	13D	D1
MAR VISTA WY	CO	17	B2
MARWICK WY	CO	39	B1
MARWOODS CT	CO	78	D5
MARY CT	FOL	21	E1
MARY CT	FOL	22	A1
MARY LN	CO	17	E2
MARY LN	CO	18	A2
MARY ST	AUB	13B	D7
MARYAL DR	CO	38	A5
MARY ANN WY	CO	17	D7
MARYE AV	CO	18	E5
MARY ELLEN WY	CO	97	B5
MARYETTA CT	EDCO	26A	C2
MARY KATE DR	CO	36	D1
MARYKNOLL CT	SAC	57	E2
MARYLAND AV	WSAC	51	B4
MARYLAND CT	WSAC	51	B7
MARYLOU WY	SAC	75	B1
MARYLYN AV	ROS	16A	A3
MARY LYNN LN	CO	39	B5
MARYLYNN ST	CO	41	B2
MARYSVILLE BLVD	CO	8	D4
MARYSVILLE BLVD	SAC	35	A7
MARYSVILLE BLVD	SAC	37	A2
MARYVALE WY	CO	41	D3
MARYWOOD CT	CO	41	A5
MASCOT AV	CO	54	C7
MASCOT AV	SAC	54	C5
MASON LN	CO	36	D5
MASONARY WY	CO	73	D2
MASONI WY	CO	41	E5
MASSACHUSETT ST	CO	39	A3
MASSIE CT	SAC	78	C1
MAST CT	SAC	72	B3
MASTERS CT	PLCO	13B	B3
MATADERO CT	SAC	33	D3
MAST CT	EDCO	23	D5
MATADOR WY	CO	56	D7
MATEO CT	CO	8	E6
MATHENY WY	CO	17	B6
MATHER BLVD	CO	60	A6
MATHER BLVD	CO	61	E4
MATHER BLVD	CO	62	A1
MATHER E RD	CO	63	D7
MATHER FIELD RD	CO	59	C3
MATHESON WY	CO	55	D2
MATHEWS WY	SAC	72	E5
MATHIS CT	CO	18	B3
MATILDA	CO	36	B2
MATSON DR	PLCO	13B	D3
MATSON DR	SAC	73	A6
MATTERHORN DR	CO	12	E6
MATTHEW CT	EDCO	25	E7
MATTOS LN	CO	77	E3
MAUANA WY	CO	18	A5
MAUDRAY WY	CO	36	E6
MAUER AV	CO	41	B3
MAUI WY	CO	40	C2
MAUL OAK CT	EDCO	25	A1
MAUNA LOA CT	CO	40	D2
MAUREEN DR	CO	38	A1
MAVERICK CT	CO	40	C4
MAVERICK CT	ROS	16B	B4
MAVIS AV	CO	18	E3
MAVIS AV	CO	21	A3
MAXINE WY	CO	41	C6
MAXWELL CT	CO	12	B2
MAY CT	FOL	22	C5
MAY CT	SAC	32	E7
MAY ST	SAC	34	E1
MAY ST	WSAC	33	A7
MAYBELLINE WY	SAC	78	B3
MAYBERRY WY	CO	75	D7
MAYBERRY WY	CO	93	C3
MAYER WY	CO	38	E2
MAYFAIR DR	CO	55	E2
MAYFAIR DR	ROS	16A	D4
MAYFLOWER CT	CO	37	E7
MAYHEW RD	CO	56	D6
MAYHEW RD	CO	58	E1
MAYHEW RD	CO	77	E1
MAYKIRK WY	SAC	33	D2
MAYNARD WY	CO	73	D3
MAYO CT	CO	41	E5
MAYRIS CT	CO	38	B4
MAYWOOD WY	CO	17	A5
MAZATLAN WY	CO	97	C5
MCADOO AV	SAC	55	B5
MCALLEN DR N	LMS	14A	D5
MCALLISTER AV	SAC	72	E1
MCAVOY CT	AUB	13B	D5
MCBETH WY	CO	76	C7
MCBRIDE DR	ROS	16B	C6
MCBRIDE WY	SAC	74	E1
MCCAIN WY	CO	12	A3
MCCALL DR	CO	62	B3
MCCARTHY CT	SAC	52	B1
MCCLAIN RD	CO	39	B6
MCCLAREN DR	CO	41	A7
MCCLAREN DR	CO	56	E1
MCCLATCHY WY	SAC	51	D6
MCCLELLAN DR	CO	36	A1
MCCLINTOCK LN	PLCO	13B	B5
MCCLINTOCK WY	CO	76	C6
MCCLOUD	AUB	13B	D6
MCCLOUD DR	CO	12	D6
MCCLUNG ST	AUB	13D	C1
MCCLUNG DR	CO	18	B3
MCCLURE CT	CO	76	C4
MCCOMBER ST	CO	76	E4
MCCONNEL DR	CO	18	C2
MCCORMACK ST	SAC	52	B1
MCCOWAN WY	CO	38	D1
MCCOY AV	CO	77	C6
MCCOY RD	EDCO	24	C6
MCCRACKON	CO	59	C2
MCCRONE CT	CO	16B	B7
MCCRONE CT	CO	18	D1
MCCURDY LN	CO	76	E4
MCDANIEL DR N	AUB	13D	D3
MCDANIEL DR S	AUB	13D	D4
MCDERMOTT DR	CO	12	C2
MCDONALD DR	CO	38	C2
MCEACHERN LN	PLCO	14B	E1
MCEACHERN LN	PLCO	14C	A1
MCFALL DR	PLCO	13A	A3
MCFARLAND DR	FOL	22	D5
MCFARLAND ST	CO	148	C4
MCFARLAND ST	GALT	148	C4
MCFERGUS CT	CO	76	C6
MCGLASHAN ST	SAC	54	E5
MCGOWAN WY	CO	37	C7
MCGREGOR DR	CO	41	E4
MCGREGOR DR	CO	42	A5
MCHENRY LN	CO	73	C1
MCHERN CT	CO	40	E2
MCINTOSH WY	ROS	16A	C1
MCKAY ST	CO	40	C1
MCKELLAR AV	CO	54	E7
MCKELLAR AV	CO	57	A7
MCKENZIE RD	CO	126	D4
MCKENZIE GLN CT	CO	38	E6
MCKIERMAN DR	FOL	22	B6
MCKINLEY BLVD	SAC	52	C3
MCKINLEY DR	ROS	16B	B5
MCKINLEY WY	WSAC	51	B2
MCKINNEY WY	CO	39	B2
MCLAIN RD	LMS	14A	C5
MCLAREN AV	SAC	53	E7
MCLAREN AV	SAC	72	E1
MCLAREN DR	ROS	16B	B4
MCLAREN DR	ROS	16B	C4
MCLIN WY	CO	18	A3
MCMAHON DR	SAC	57	A7
MCMILLAN DR	CO	40	C2
MCMILLAN RD	CO	98	E5
MCMULLEN WY	CO	76	C6
MCNAMARA WY	SAC	75	D3
MCNEELY WY	CO	21	A6
MCNEESE CT	CO	36	D4
MCNIE AV	CO	76	E4
MCQUILLAN CIR	SAC	57	C3
MCRAE WY	ROS	16A	C1
MCRAMAN CT	CO	57	E1
MCROBERTS WY	CO	62	B3
MCTAVISH CIR	CO	76	C7
MEAD AV	SAC	53	E5
MEADER AV	CO	76	B6
MEADOW CT	ROCK	15B	C2
MEADOW LN	CO	38	A6
MEADOW LN	CO	104	C3
MEADOW LN	EDCO	26B	B2
MEADOW LN	PLCO	14B	D2
MEADOW LN	ROS	16B	C5
MEADOW RD	WSAC	51	B4
MEADOW WY	ROCK	15B	C2
MEADOWAIR WY	SAC	73	B6
MEADW BREEZE CT	SAC	75	E2
MEADOW BROOK CT	PLCO	13A	E1
MEADOW BROOK DR	PLCO	13A	E1
MEADOWBROOK RD	CO	37	E4
MEADOWCREEK WY	CO	17	B7
MEADOWCREST CT	CO	99	C2
MEADOWDALE WY	CO	99	C2
MEADOW GATE DR	ROS	16B	A5
MEADOWGATE DR	SAC	73	D5
MEADOWGLEN AV	SAC	73	A7
MEADOWGREEN CIR	CO	56	E6
MEADOW GROVE DR	CO	97	D7
MEADOWHAVEN DR	CO	78	D4
MEADOWHILL CT	CO	41	B2
MEADOWLAND WY	CO	75	E7
MEADOWLAND WY	CO	93	C2
MEADOWLARK CT	AUB	13D	D3
MEADOWLARK LN	CO	37	C3
MEADOW LARK LN	PLCO	G	E5
MEADOWLARK LN	PLCO	16C	D3
MEADOWLARK WY	ROS	16B	A4
MEADOW MIST CT	CO	9	B6
MEADOWMONT CT	SAC	72	B5
MEADOW OAK CIR	CO	97	C2
MEADOW OAK CIR	CO	99	C2

INDEX

207
MEADOW OAKS DR — MONTE VALLO CT

1988 SACRAMENTO COUNTY STREET INDEX

STREET	CITY	PG. NO.	SEE
MEADOW OAKS DR	ROS	16B	A5
MEADOWOOD WY	CO	40	E4
MEADOW PARK WY	SAC	78	A3
MEADOWRIDGE CT	CO	40	B2
MEADOWRIVER WY	CO	18	A3
MEADOW ROCK WY	FOL	16C	C7
MEADOWSIDE CT	PLCO	15D	A2
MEADOWSTONE CT	SAC	73	D7
MEADOWSTONE DR	SAC	73	D7
MEADOWSWEET WY	CO	99	C2
MEADOWTREE CT	CO	99	C2
MEADOWVALE AV	SAC	73	B6
MEADOWVIEW CT	CO	16B	B7
MEADOWVIEW CT	CO	18	C1
MEADOWVIEW DR	GALT	150	C2
MEADOWVIEW RD	SAC	72	E7
MEADOWVIEW RD	SAC	73	C7
MEADOWVISTA DR	CO	39	B3
MEADOWVISTA WY	ROS	16B	C5
MEADOW WIND CT	CO	9	B6
MEADOW WOOD CIR	SAC	73	B6
MEADOWWOOD WY	CO	40	E4
MEALER LN	CO	143	D4
MEARS DR	PLCO	13A	B1
MEATH WY	CO	12	E1
MECCA RD	CO	82	D7
MECHANICAL DR	CO	60	C4
MECKEL WY	CO	36	E3
MEDALLION CT	CO	17	C6
MEDALLION WY	CO	56	D7
MEDER RD	EDCO	26A	E4
MEDFORD ST	CO	40	B3
MEDIA PL	SAC	34	D6
MEDINA WY	CO	36	B4
MEDITERRNEAN WY	SAC	55	E7
MEDORA DR	CO	12	B4
MEDUSA WY	CO	38	C6
MEEKER LN	CO	79	B1
MEER WY	SAC	53	E4
MEER WY	SAC	54	A4
MEGAN CT	SAC	32	C4
MEGHAN WY	CO	12	C7
MEIGGS CT	CO	17	B4
MEISS RD	CO	84	E5
MEISS RD	CO	87	B2
MEISS RD	CO	90	C4
MEISS RD	CO	109	A1
MEISTER WY	CO	3	D6
MEISTER WY	CO	4	C6
MEISTER WY	CO	7	A6
MEISTER WY	SAC	52	E3
MEL CT	CO	18	A5
MELADEE LN	GALT	148	E7
MELADEE LN	GALT	150	E1
MELANIE WY	SAC	72	B6
MELBEC CT	CO	41	E6
MELBOURNE WY	CO	17	C5
MELINDA WY	SAC	73	C5
MELISA CT	CO	39	D6
MELLO CT	CO	54	D4
MELLODORA DR	CO	18	C4
MELLOWDAWN WY	CO	18	E6
MELLOWDAWN WY	CO	21	A6
MELLOWOODS WY	CO	79	A1
MELODIC CT	CO	97	B7
MELODIC CT	CO	99	B1
MELODY LN	CO	130	A2
MELODY LN	ROS	16A	D6
MELROSE AV	CO	97	B7
MELROSE AV	ROS	16A	E3
MELROSE DR	CO	12	B5
MELSEE CT	CO	12	E2
MELVIN DR	CO	38	D5
MELWOOD LN	PLCO	16C	C2
MELZENDA WY	CO	36	B6
MEMORIAL LN	AUB	13D	C1
MEMORY LN	CO	40	E1
MEMORY LN	CO	55	D2
MEMORY LN	EDCO	M	C5
MEMORY LN	PLCO	13A	C2
MEMORY LN	PLCO	16C	A1
MEMORY WY	CO	40	E1
MENDEL WY	SAC	34	A4
MENDEZ WY	CO	38	A3
MENDOCINO BLVD	CO	54	D7

STREET	CITY	PG. NO.	SEE
MENDOCINO BLVD	SAC	54	D6
MENDONCA DR	CO	41	E6
MENDOTA WY	CO	38	D7
MENKE WY	CO	18	D3
MENLO AV	CO	38	D7
MENLO OAKS CT	CO	100	D3
MENSCH CT	CO	38	E2
MERAMONTE WY	CO	12	B7
MERCANTILE DR	CO	42	C5
MERCED AV	SAC	57	D4
MERCED WY	WSAC	53	B3
MERCEDES AV	CO	17	C6
MERCER WY	CO	18	C7
MERCER WY	CO	40	C1
MERCHANT ST	SAC	51	E3
MERCURY WY	CO	38	C6
MERCY CT	CO	39	C1
MEREDITH WY	CO	41	A7
MEREDITH WY	CO	56	E1
MERGANSER CT	CO	12	C3
MERGANSERS CT	WSAC	53A	E2
MERIDA CT	CO	43	B5
MERIDIAN CT	SAC	34	A3
MERIDIAN LN	CO	12	D1
MERING CT	CO	56	A5
MERKLEY AV	WSAC	51	B3
MERKLEY WY	SAC	51	D6
MERLINDALE DR	CO	18	A6
MERRIAM CT	EDCO	25	E5
MERRIAM LN	EDCO	25	E5
MERRIBROOK DR	SAC	56	A7
MERRICK SAN WY	CO	38	D2
MERRIHILL	CO	40	C1
MERRILY WY	CO	36	A6
MERRIMAC ST	CO	38	E2
MERRITT WY	CO	55	E6
MERROW CT	AUB	13D	C1
MERROW ST	AUB	13D	C1
MERRY LN	CO	41	B2
MERRYCHASE DR	EDCO	26B	B2
MERRY KNOLL RD	PLCO	13B	B6
MERRYWOOD CIR	EDCO	26B	A7
MERRYWOOD CT	PLCO	15C	C7
MERRYWOOD DR	CO	37	E5
MERRYWOOD DR	ROCK	15B	B5
MERRYWOOD LN	EDCO	26A	D7
MERRYWOOD LN	EDCO	26B	D1
MERTICE CT	CO	55	E5
MERTON WY	CO	12	D6
MESA CT	ROCK	15B	C2
MESA ST	CO	40	B6
MESA GRANDE CT	SAC	76	C2
MESA OAK WY	CO	16B	B7
MESA VERDE CIR	ROCK	15B	A4
MESA VERDES DR	EDCO	47	E1
MESAVIEW DR	CO	16A	B7
MESAVIEW DR	CO	17	B1
MESQUITE CT	FOL	22	D6
MESSINA DR	SAC	55	B4
META CT	CO	88	B3
METEOR DR	CO	59	B5
MEURET RD	CO	103	D4
MEYER LN	PLCO	13A	C2
MEYER WY	CO	39	C4
MEYERS LN	PLCO	15B	E7
MEYERS LN	PLCO	15C	A7
MI CT	CO	17	B5
MIA LINDA CT	PLCO	16C	D2
MIAMI ST	CO	36	C7
MIAMI ST	CO	38	C1
MICA WY	CO	18	D1
MICA WY	PLCO	16C	B3
MICHAEL CT	PLCO	16C	D2
MICHAEL LN	CO	55	E2
MICHAEL WY	ROS	16B	A3
MICHAEL WY	SAC	53	E6
MICHELE LN	SAC	53	E5
MICHELLE DR	CO	37	D2
MICHELLE DR	PLCO	13A	D5
MICHIGAN BLVD	WSAC	51	A2
MICHIGAN DR	CO	18	A3
MICHIGAN BAR RD	CO	70	C7
MICHIGAN BAR RD	CO	89	C5
MICHGAN BLFF RD	PLCO	H	E4
MICRO ST	ROS	16A	C1

STREET	CITY	PG. NO.	SEE
MICRON AV	CO	56	E6
MIDAS AV	ROCK	15B	B1
MIDAS AV E	ROCK	15B	C3
MIDAS AV W	ROCK	15B	C1
MIDAS CT	ROCK	15B	B1
MIDDLE ST	WSAC	51A	E3
MIDDLEBERRY RD	SAC	37	B6
MIDDLEBORO WY	CO	96	A5
MIDDLECOFF WY	SAC	73	A3
MIDDLE FOLK CT	FOL	21	E4
MIDDLE RIVER CT	CO	78	E1
MIDDLESAX WY	CO	78	E2
MIDDLESAX WY	CO	79	A2
MIDDLESBORO WY	CO	93	E4
MIDDLETON WY	CO	55	E6
MIDFIELD WY	SAC	56	A7
MIDFIELD WY	SAC	58	A1
MIDIRON AV	CO	39	E6
MIDLAND RD	PLCO	15C	E6
MIDLAND WY	CO	38	D4
MIDNIGHT WY	CO	17	D3
MIDSUMMER WY	SAC	75	E2
MIDSUMMER WY	SAC	78	B4
MIDTOWN DR	CO	11	E1
MIDTOWN DR	CO	12	A1
MIDWAY AV	AUB	13D	C3
MIDWAY AV	CO	126	B7
MIDWAY AV	CO	148	B2
MIDWAY AV	SAC	57	E7
MIDWAY AV	SAC	76	E1
MIDWAY CT	SAC	57	A1
MIGNON ST	CO	58	D1
MIGUEL WY	CO	6	C5
MIKE ARTHUR CT	CO	40	B1
MIKKELSEN DR	AUB	13B	D7
MIKON ST	WSAC	51	A1
MILAN WY	CO	12	B5
MILAZZO WY	CO	41	E5
MILBROOK WY	CO	73	D3
MILBURN ST	ROCK	15B	A1
MILDRED AV	GALT	148	D5
MILES LN	CO	39	C6
MILFORD ST	SAC	72	E5
MILKY WY	CO	18	D6
MILL ST	ROCK	15B	A2
MILL RD	PLCO	13B	D4
MILL ST	AUB	13D	D2
MILL ST	FOL	22	A6
MILL ST	WSAC	51	C4
MILLBRAE RD	EDCO	26A	C7
MILLBRAE RD	EDCO	26B	C1
MILLBROOK CIR	CO	77	B7
MILLBURN ST	CO	39	B1
MILLCREEK DR	SAC	33	E4
MILLDALE CIR	CO	8	E1
MILLDALE CIR	CO	11	A1
MILLER RD	CO	33	A6
MILLER RD	EDCO	25	D1
MILLER RD	SAC	33	A6
MILLER WY	FOL	21	D3
MILLER WY	SAC	52	C7
MILLER WY	SAC	54	D4
MILLERTOWN RD	PLCO	13B	A7
MILLERTOWN RD	PLCO	13D	A1
MILL ESTATE CT	ROS	16B	A6
MILLET WY	SAC	32	A7
MILLET WY	SAC	34	A1
MILLHOUSE PL	CO	12	E6
MILLHOUSE PL	CO	17	A6
MILLICAN CT	CO	58	D2
MILLICENT CT	CO	39	E3
MILLIE ST	CO	16B	D7
MILL OAK WY	SAC	33	E2
MILLPOND CT	CO	97	E3
MILLPOND CT	CO	100	A3
MILL POND RD	PLCO	13B	E3
MILLPORT WY	SAC	75	D2
MILLRACE RD	CO	38	C4
MILLROY WY	SAC	76	A7
MILLROY WY	SAC	78	A1
MILLS CT	CO	40	D7
MILLS CT	CO	42	D1
MILLS RD	CO	55	E5
MILLS ST	ROCK	15B	C3
MILLS ACRES CIR	CO	59	D1

STREET	CITY	PG. NO.	SEE
MILLS CROSSING	CO	58	E1
MILLS GAP CT	ROS	16B	A6
MILLS GAP WY	CO	76	D6
MILLS GROVE CT	CO	76	E6
MILLS PARK DR	CO	41	D7
MILLS PARK DR	CO	59	D1
MILLS RANCH WY	CO	41	D5
MILLS STATON RD	CO	59	C3
MILLS TOWER DR	CO	59	D1
MILL STREAM CT	SAC	75	E2
MILLVIEW CT	SAC	33	D4
MILLWOOD DR	CO	17	B2
MILMAR WY	CO	36	C6
MILNER WY	SAC	54	B6
MILNES AV	PLCO	16A	B2
MILO CT	CO	97	B5
MILPITAS CIR	SAC	75	E4
MILPITAS CIR	SAC	78	A4
MILROY LN	CO	39	D5
MILTON ST	WSAC	33	B7
MILTON ST	WSAC	51	B1
MILTON WY	CO	12	A4
MILWAUKEE CT	SAC	75	E4
MIMOSA CT	CO	16A	C7
MIMOSA CT	LMS	14A	D4
MIMUS LN	PLCO	15C	E6
MINARET WY	CO	39	B4
MINDAN WY	CO	17	E6
MINDANAO ST	SAC	57	E7
MINDT CT	CO	39	B6
MINDY LN	CO	101	A7
MINDY LN	CO	103	A1
MINER CT	ISLE	162	D3
MINER WY	SAC	57	A5
MINERS CIR	ROCK	15B	A1
MINERAL WY	CO	39	B6
MINERAL KING CT	CO	99	B3
MINERS DR	PLCO	14B	D7
MINERS WY	PLCO	13B	A1
MINERS MEADW CT	PLCO	16C	B1
MINERS RAVNE RD	PLCO	16C	C1
MINERVA AV	SAC	55	A3
MING WY	CO	18	A5
MINGO RD	CO	126	C4
MINNESOTA AV	CO	40	A7
MINNESOTA DR	CO	18	B2
MINNIE CIR	CO	97	B7
MINNIE WY	SAC	72	B5
MINORESS WY	CO	12	D3
MINT ST	SAC	34	A7
MINT ST	SAC	52	A1
MINT LEAF WY	SAC	32	D3
MINTON CT	CO	39	B4
MINUET WY	CO	17	D3
MINX WY	CO	38	E6
MIO CT	CO	8	E6
MIO CT	CO	11	A6
MIPATY LN	CO	56	D1
MIRA CT	CO	76	B3
MIRACLE DR	PLCO	13A	D1
MIRADA ST	CO	56	C7
MIRA DEL RIO DR	CO	56	E3
MIRA DEL RIO DR	CO	59	A3
MIRADERA ST	CO	36	C7
MIRADERA ST	CO	38	C1
MIRADOR WY	CO	76	C5
MIRAGE CT	CO	12	D2
MIRA LOMA DR	EDCO	26A	D3
MIRA LOMA DR	PLCO	13D	C6
MIRA LOMA WY	CO	36	C7
MIRAMAR RD	CO	37	E4
MIRAMONTE DR	SAC	33	E2
MIRANDA CT	SAC	53	C7
MIRANDY DR	CO	58	D2
MIRA RIVER CT	CO	42	A3
MIRAVALE CT	CO	17	B2
MIRA VISTA WY	CO	36	C7
MIRWOOD CT	CO	18	C4
MISSIE WY	CO	36	D1
MISSION AV	CO	36	C7
MISSION AV	CO	38	D3
MISSION AV	CO	56	D1
MISSION WY	ROCK	15B	C2
MISSION WY	SAC	52	E5
MISSION VIEW CT	CO	38	E2

STREET	CITY	PG. NO.	SEE
MISSISSPI BR DR	CO	43	D2
MISSOURI WY	CO	9	C6
MISTLETOE WY	CO	16A	C6
MISTY CREEK DR	CO	17	C3
MISTY HOLLOW RD	CO	24	B2
MISTY WOOD WY	CO	17	B4
MITCHELL CT	CO	17	E4
MITCHELL CT	CO	18	A4
MIWOK CT	CO	104	A5
MIX	CO	82	B6
MOBILE WY	SAC	32	B7
MOBILE WY	SAC	34	B1
MOBLEY AV	SAC	32	D6
MOCCASIN WY	CO	10	B7
MOCCASIN WY	CO	12	B1
MOCKING BIRD ST	CO	43	A5
MODDISON AV	SAC	52	E2
MODDISON AV	SAC	55	A3
MODELL WY	SAC	32	D7
MODERNA CT	CO	59	B2
MODESTO DR	CO	12	D5
MODLIN WY	SAC	32	D7
MODOC CT	EDCO	26A	B1
MODOC ST	PLCO	M	C7
MODOC WY	CO	12	E7
MOFFATT WY	CO	55	E5
MOGAN AV	SAC	35	C6
MOHAMMED CIR	CO	97	B7
MOHAWK WY	CO	40	E1
MOHAWK WY	CO	43	A1
MOHICAN WY	CO	10	B7
MOJAVE CT	EDCO	26A	E3
MOJAVE DR	CO	58	C2
MOJAVE DR	WSAC	53	B3
MOKELMNE SCH RD	CO	122	A5
MOLAKINI WY	CO	40	D2
MOLOKAI WY	CO	40	C2
MOMOLA CT	CO	41	D6
MOMTOMA LN	CO	107	A1
MOMTOMA RD	CO	107	A3
MONA WY	CO	39	A1
MONAGHAN CIR	SAC	78	A2
MONAL CT	CO	40	A6
MONALEE AV	SAC	55	B4
MONARCH AV	SAC	73	A7
MONARCH AV	SAC	75	A1
MONA WOODS LN	CO	38	D2
MONDEGO WY	CO	40	E2
MONDEGO WY	CO	43	A2
MONDON WY	CO	18	C5
MONET WY	CO	12	D5
MONIFIETH WY	SAC	73	A2
MONICA AV	CO	18	E7
MONIER CIR	CO	60	B2
MONIFIETH WY	SAC	73	A2
MONITOR AV	CO	38	E2
MONO WY	CO	9	E7
MONOGRAM DR	CO	12	D2
MONOWOOD DR	FOL	22	C6
MONTAGUE WY	CO	8	D5
MONTANA WY	CO	9	C5
MONTAZUMA CIR	CO	58	C1
MONTCLAIR CT	PLCO	16B	E2
MONTCLAIR RD	EDCO	26A	D6
MONTCLAIRE ST	CO	36	A7
MONTCLAIRE ST	CO	38	A2
MONTCURVE BLVD	CO	39	E4
MONTE WY	SAC	53	E5
MONTEAGLE CT	CO	36	C1
MONTE BELL CT	ROS	16B	A6
MONTEBELLO WY	EDCO	26A	C2
MONTE BRAZIL DR	SAC	72	C6
MONTE CASINO WY	CO	76	C4
MONTECELLO AV	CO	8	C5
MONTECILLO CT	CO	17	C5
MONTECITO WY	SAC	73	A5
MONTE CORITA CR	CO	39	D1
MONTE FLAT CT	CO	42	D2
MONTEGLEN CT	CO	41	B2
MONTEGO CT	CO	97	B4
MONTE PARK AV	CO	40	B4
MONTEREY CT	ROS	16A	E5
MONTEREY LN	FOL	22	A2
MONTEREY WY	SAC	53	E6
MONTE VALLO CT	CO	59	B4

SACRAMENTO CO.
INDEX

1988 SACRAMENTO COUNTY STREET INDEX

STREET	CITY	PG. NO.	SEE
MONTEVERDE LN	CO	17	D5
MONTEVIDEO DR	CO	104	B6
MONTE VISTA WY	SAC	72	D3
MONTEZ CT	CO	17	D5
MONTFORD RD	CO	131	B2
MONTGOMERY WY	SAC	54	B2
MONTIA CT	CC	43	C1
MONTICELLO LN	PLCO	15C	D2
MONTICITO CT	ROS	15A	D6
MONTIFLORA CT	CO	97	A7
MONTIFLORA CT	CO	99	B1
MONTOYA ST	CO	56	B6
MONTRIDGE WY	EDCO	47	D2
MONTRIL WY	SAC	75	E2
MONTROSE CT	FOL	22	C7
MONTROSE DR	FOL	22	C6
MONTROSE ST	SAC	37	B1
MONTROSE WY	EDCO	47	E5
MONTVIEW WY	SAC	34	A2
MONUMENT DR	CO	12	D2
MOODY LN	CO	38	E5
MOON AV	SAC	72	E6
MOONBEAM DR	CO	58	E1
MOONBEAM DR	CO	59	A7
MOONCREST WY	SAC	72	D6
MOONEY RD	CO	100	E2
MOONEY RD	PLCO	16C	D3
MOONLIGHT WY	CO	75	E7
MOONLIGHT WY	CO	93	C3
MOONLIT CIR	SAC	72	B2
MOON ROCK WY	CO	17	B4
MOONSHINE LN	PLCO	14A	E3
MOONTREE DR	SAC	33	D2
MOORBROOK WY	SAC	56	A6
MOORE LN	PLCO	14B	B7
MOORE LN	PLCO	15C	D1
MOORE RD	PLCO	G	E7
MOORE RD	PLCO	H	A7
MOORE WY	CO	38	D7
MOOREWOOD CT	CO	38	C2
MOORGATE CT	SAC	75	E1
MOORHAVEN WY	CO	76	D6
MOORHOUSE CT	CO	36	C1
MOORLAND CT	ROS	16B	C5
MOORPARK WY	CO	12	D7
MOOSE CREEK CT	CO	12	B1
MOOSE RIVER CT	CO	42	B1
MORA CT	CO	42	A3
MORAGA DR	CO	39	C4
MORAGA WY	ROS	16B	A6
MORAINE CIR	CO	41	C7
MORALES CT	CO	42	A3
MORAN CT	PLCO	13A	E6
MORAN DR	PLCO	13A	E7
MORAPP LN	PLCO	14B	D5
MORAVIAN CT	SAC	55	E7
MORAVIAN CT	SAC	57	E1
MORAZAN ST	CO	12	A6
MORELAND CT	CO	55	E5
MORELIA CT	CO	43	B5
MORELL ST	SAC	34	A5
MORENA WY	SAC	57	A5
MORETTI WY	CO	37	C4
MORETTO CT	CO	41	D7
MOREY AV	SAC	32	C7
MORGAN CT	AUB	13D	D1
MORGAN CT	EDCO	25	C2
MORGAN CT	ROCK	15B	A3
MORGAN PL	PLCO	15C	C5
MORGAN RIVER CT	CO	42	B2
MORIAH WY	CO	12	B4
MORILLAS LN	LMS	14A	E7
MORLEY WY	CO	55	D5
MORLEY WY	SAC	55	D5
MORMAN ISL DR	EDCO	25	D1
MORMON ST	FOL	21	E7
MORMON ST	FOL	22	A6
MORNING DOVE CR	SAC	33	E3
MORNING DOVE LN	FOL	21	D5
MORNING GLRY ST	WSAC	51A	D4
MORNINGLO LN	CO	43	D1
MORNINGSIDE DR	PLCO	15C	D7
MORNINGSIDE DR	PLCO	16C	D1
MORNINGSIDE WY	CO	16A	D7
MORNINGSIDE WY	CO	17	D1

STREET	CITY	PG. NO.	SEE
MORNINGSTAR DR	CO	73	E1
MORNINGSUN CT	SAC	72	C5
MORPHEUS LN	CO	38	C6
MORRIS RD	YCO	113	A6
MORRIS WY	CO	56	C3
MORRISON AV	SAC	32	C6
MORRISON CK DR	SAC	77	A2
MORRO CT	ROS	16A	E6
MORRO BAY DR	CO	38	E6
MORROW ST	CO	38	C1
MORSE AV	CO	37	E4
MORSE AV	CO	55	E2
MORSE CT	WSAC	51	B1
MORTENSEN CT	CO	9	C7
MORTENSON LN	CO	40	E5
MORTON CT	CO	55	E2
MORTON RD	WSAC	53A	C3
MOSBY AV	SAC	32	D7
MOSCANO WY	CO	41	D6
MOSES CT	SAC	75	D3
MOSHER RD	CO	99	D2
MOSS DR	SAC	53	D4
MOSS LN	PLCO	15C	D3
MOSS ST	CO	40	B6
MOSSBEACH CT	SAC	72	C5
MOSSBROOK CT	ROS	16B	A5
MOSS CREEK CIR	CO	18	C7
MOSSGLEN CIR	SAC	56	A6
MOSS OAK AV	CO	16B	B7
MOSS ROCK CT	FOL	21	D3
MOSSVIEW WY	CO	17	C3
MOSSWOOD CIR	FOL	21	E1
MOSSWOOD CIR	WSAC	51	B5
MOSSY BANK DR	SAC	33	E5
MOSSY OAKS CT	CO	59	B2
MOTHER LODE CIR	CO	40	B7
MOTHER LODE CT	AUB	13D	C5
MOTHER LODE DR	EDCO	M	D3
MOTHER LODE DR	ROS	16B	A6
MOTT CT	CO	21	B7
MOTT CT	PLCO	13B	D4
MOTT WY	PLCO	13B	D4
MOUNTAIN AV	CO	16C	A7
MOUNTAIN AV	CO	21	C1
MOUNTAIN AV	PLCO	13B	E5
MOUNTAIN DR	PLCO	16C	A4
MTN HOME CT	CO	99	B3
MOUNTAIN OAK CT	FOL	22	A4
MOUNTAIN OAK WY	CO	12	A2
MOUNTAINSIDE DR	CO	16A	C6
MOUNTAIN VIEW	FOL	22	D3
MOUNTAIN VW AV	CO	37	E2
MOUNTAIN VW CT	PLCO	13A	E2
MOUNTAIN VW CT	PLCO	13B	A2
MOUNTAINVIEW DR	PLCO	14B	E6
MOUNTAINVIEW DR	PLCO	14C	A6
MOUNTAIN VW DR	ROCK	15B	C2
MOUNTAIN VW LN	PLCO	13C	E7
MOUNTAINWOOD CT	SAC	73	C6
MT AUBURN CT	CO	12	C3
MOUNTBATTEN WY	CO	96	B3
MOUNT DIABLO CT	CO	40	A7
MT EVANS CT	CO	17	A3
MT EVEREST CT	CO	17	A3
MT HOOD CT	CO	17	A3
MT MCKINLEY CT	CO	17	A3
MT MURPHY RD	EDCO	M	D1
MT PLEASANT RD	PLCO	H	A6
MT PROSPECT CT	CO	17	A3
MT RAINIER DR	CO	12	E5
MT RAINIER WY	EDCO	47	E1
MT SHASTA CT	CO	17	A3
MT VERNON RD	PLCO	13A	C3
MT VERNON RD	PLCO	13B	A6
MT VERNON WY	CO	39	D3
MOUNT VIEW CT	EDCO	26A	B3
MOYNELLO CT	CO	97	B4
MUELLER CT	ROS	16B	C6
MUFFY CT	CO	97	D7
MUGHO CT	CO	17	B3
MUGLESTON LN	CO	86	E6
MUIR CT	ROCK	15B	A4
MUIR CT	ROS	16B	B4
MUIR WY	PLCO	16C	C4
MUIR WY	SAC	51	D7

STREET	CITY	PG. NO.	SEE
MUIR WY	SAC	53	D1
MUIRFIELD WY	SAC	73	A7
MUIRWOOD LN	PLCO	10	D1
MUIRWOOD WY	CO	18	A5
MUIR WOODS DR	EDCO	47	E1
MULBERRY CT	ROS	16B	A3
MULBERRY LN	PLCO	13B	D5
MULBERRY LN	SAC	53	D4
MULDROW DR	CO	39	A3
MULDROW RD	CO	39	A3
MULE CREEK CT	FOL	21	D2
MULFORD AV	CO	36	C7
MULFORD AV	CO	38	C1
MULHOLLAND WY	CO	38	C1
MUNGER WY	SAC	72	D2
MUNICIPAL DR	SAC	32	D4
MUNOZ AV	PLCO	14B	A1
MUNROE ST	CO	55	D5
MUNROE ST	SAC	55	D5
MUNSON WY	SAC	73	D4
MURATA AV	SAC	73	C5
MURCHISON WY	CO	38	D2
MURDOCK WY	CO	39	D6
MURICATIA DR	CO	18	D4
MURIETA DR	CO	88	C5
MURIETA PKWY	CO	88	E3
MURIETA WY	SAC	53	E6
MURIETA WY	SAC	54	A6
MURRAY CT	ROS	15A	E7
MURRAY PL	CO	18	C7
MURRAY WY	ROS	15A	E7
MUSCHETTO CT	CO	17	D2
MUSSO RD	PLCO	13B	E2
MUSTANG WY	CO	36	E5
MUTH LN	CO	17	E1
MYERS ST	ROCK	15B	C3
MYRNI CT	ROS	16A	E5
MYRNA WY	CO	36	C7
MYRTLE AV	CO	36	A3
MYRTLE AV	GALT	148	D6
MYRTLE AV	WSAC	33	A7
MYRTLE DR	LMS	14A	D5
MYRTLE LN	CO	41	A3
MYRTLE VISTA AV	SAC	72	D6
MYRTLEWOOD CT	CO	17	B1
MYRTUS CT	CO	18	C4
MYSTERY CK LN	PLCO	15C	B6
N			
N ST	CO	8	D3
N ST	SAC	51	E3
N ST	SAC	52	B4
N ST	SAC	55	A6
NACHEZ LN	CO	17	B6
NADA CT	CO	59	C3
NADIA WY	SAC	72	A7
NADINE ST	CO	38	E1
NAIFY ST	CO	38	A1
NAMPA WY	SAC	57	B7
NANCY LN	SAC	73	C3
NANCY WY	CO	38	D5
NANCY WY	ROS	16A	E2
NANCY WY	SAC	57	D1
NAOMI WY	SAC	37	B2
NAPA AV	SAC	57	D4
NAPIER WY	CO	77	A6
NAPLES ST	SAC	56	A7
NAPLES ST	SAC	58	A1
NAPOLEON DR	LMS	15C	C1
NARANJA WY	CO	21	A6
NARCISSUS AV	PLCO	13B	B6
NAREB ST	SAC	34	D1
NARROWGAUGE WY	SAC	78	B4
NARUTH WY	SAC	32	D5
NASCA WY	SAC	72	A6
NASH	SAC	35	C6
NASH WY	CO	79	A3
NASHUA WY	SAC	32	C4
NASREEN DR	CO	58	C2
NATCHEZ CT	CO	88	B6
NATHAN CT	ROCK	15B	C2
NATION DR	PLCO	13B	D5
NATIONAL DR	CO	31	E5
NATIONAL DR	CO	32	A5
NATIVE OAK LN	CO	37	C5
NATOMA AV	CO	40	C5

STREET	CITY	PG. NO.	SEE
NATOMA ST	FOL	22	A6
NATOMA ST	SAC	34	C2
NATOMA ST	SAC	35	B7
NATOMA ST E	FOL	22	B5
NATOMA WY	SAC	35	B7
NATOMAS RD	CO	60	A5
NATOMAS PARK DR	SAC	33	D5
NATUREWOOD CT	CO	43	A5
NAUTILUS CT	SAC	72	A2
NAVAHO WY	CO	9	E7
NAVAHO WY	CO	10	A7
NAVAJO CT	EDCO	26A	E2
NAVARRE CT	CO	39	B3
NAVARRO CT	CO	17	D6
NAVAS LN	PLCO	14B	B1
NAVION CT	EDCO	26A	D5
NAVION DR	CO	17	C2
NEAL RD	SAC	32	E1
NEAL RD	SAC	35	A1
NEAL ST	CO	40	B5
NEBRASKA LN	CO	39	E3
NEBULA WY	CO	59	B5
NEDRA CT	SAC	73	B7
NEEDLES WY	FOL	22	B6
NEGLEY LN	CO	39	B6
NEGRARA WY	CO	41	E5
NEIGHBORS LN	AUB	13D	D1
NEIHART AV	SAC	72	E7
NEIHART AV	SAC	74	E1
NEIL CT	SAC	72	B6
NEIRETTO CT	CO	41	D6
NELDA LN	CO	131	B5
NELLE PL	CO	40	E2
NELMARK ST	SAC	73	C5
NELROY WY	CO	38	D5
NELSON DR	PLCO	13B	B3
NELSON LN	CO	18	A3
NELSON ST	SAC	57	B6
NEPHI WY	CO	40	D5
NEPTUNE WY	CO	38	C6
NESCLIFFE	CO	41	A1
NESS CT	SAC	56	A6
NESS RD	CO	152	A4
NET LN	PLCO	13B	D3
NETA LN	PLCO	16A	B4
NETHERLANDS AV	YCO	92	A6
NETO CT	SAC	72	B6
NETTLE CT	CO	18	C3
NEUBURGER LN	CO	21	B3
NEVADA AV	ROS	16A	E2
NEVADA ST	AUB	13B	C7
NEVADA ST	AUB	13D	C1
NEVADA ST	PLCO	13B	C7
NEVADA ST	ROCK	14A	D7
NEVADA ST	ROCK	15B	C3
NEVAR CT	CO	88	C3
NEVAS LN	PLCO	14B	C3
NEVINS WY	CO	21	C3
NEVIS CT	SAC	53	D6
NEW AIRPORT RD	PLCO	13B	C2
NEWBOROUGH DR	SAC	33	E4
NEWBRIDGE WY	CO	16B	B7
NEWBURG WY	SAC	75	D2
NEWBURY WY	CO	41	A6
NEWCASTLE RD	PLCO	13C	D7
NEWCASTLE RD	PLCO	14B	E1
NEWCASTLE RD	PLCO	14C	A3
NEWCASTLE ST	SAC	32	C5
NEWCSTLE GAP DR	CO	42	C2
NEWCOMS CT	SAC	57	D1
NEW DAWN DR	CO	56	B7
NEW DAWN DR	CO	58	B1
NEWELL ST	CO	36	C6
NEW ENGLAND CT	ROS	16B	A6
NEW ENGLAND DR	ROS	16B	A6
NEW ENGLAND PL	CO	42	C2
NEWFIELD CIR	CO	76	D7
NEWFIELD CIR	CO	78	D1
NEWGATE DR	SAC	75	E2
NEWHALL DR	CO	58	C3
NEW HAVEN RD	SAC	37	B5
NEW HELVETIA DR	CO	40	C7
NEW HOPE RD	CO	146	D2
NEW HOPE RD	CO	147	B2
NEW HOPE RD	CO	150	A1

STREET	CITY	PG. NO.	SEE
NEW HOPE RD	GALT	150	A1
NEW HOPE RD	SJCO	146	D2
NEWINGTON WY	CO	96	B5
NEWKIRK DR	SAC	76	C1
NEWMAN CT	SAC	55	B5
NEWPORT AV	SAC	72	E5
NEWPORT AV	SAC	73	A5
NEWPORT LN	CO	17	A2
NEWPORT WY	ROS	16A	E5
NEWRIVER CIR	CO	42	A3
NEW SALEM	CO	39	B6
NEWSON CT	SAC	57	B3
NEWTON DR	CO	58	D6
NEWTON ST	PLCO	6	C1
NEWTON WY	CO	41	C7
NEWTON WY	WSAC	33	C7
NEWTON WY	WSAC	51	C1
NEW YORK AV	CO	40	A6
NIAGARA WY	CO	56	C5
NIANTIC WY	SAC	72	E5
NIANTIC WY	SAC	73	A5
NIBLICK CIR	PLCO	13B	C3
NIBLICK WY	CO	39	E6
NICE CT	CO	12	E2
NICHOLAS RD	SJCO	151	B3
NICHOLAS ST	CO	76	C4
NICHOLS AV E	CO	54	D4
NICHOLS AV W	CO	54	D4
NICHOLS LN	CO	87	A5
NICHOLS LN	SAC	76	B2
NICHORA WY	CO	39	A4
NICKELS WY	CO	38	D7
NICKENS CT	CO	18	E2
NICKENS CT	CO	21	A3
NICKLAUS CT	ROS	15A	E7
NICKLAUS PL	CO	39	D7
NICOLAUS RD	PLCO	G	E7
NIEGEL ESTS DR	PLCO	14C	A4
NIELSEN WY	SAC	57	B3
NIEMANN LN	CO	79	E6
NIEMANN LN	CO	82	A6
NIESSEN WY	CO	18	C7
NIESSEN WY	CO	40	C1
NIGHTFALL CT	ROS	16B	A6
NIGHTFALL WY	SAC	75	E5
NIGHTHAWK WY	SAC	33	E3
NIGHTHAWK WY	SAC	34	A3
NIGHTINGALE CT	CO	18	A6
NIHOA CT	CO	40	C2
NIKE CT	CO	59	B5
NIKOL ST	CO	56	C7
NILE CT	CO	36	E3
NILE CT	CO	39	A4
NILE RIVER CT	CO	42	B2
NILES AV	ROS	16A	D1
NIMBUS RD	CO	43	A7
NIMBUS RD	CO	45	B1
NIMBUS WY	CO	18	E7
NIMBUS WY	CO	21	A7
NIMITZ ST	SAC	35	B5
NINA WY	CO	54	E7
NINA WY	SAC	57	D1
NIPAWIN WY	CO	18	E1
NIPAWIN WY	CO	21	A1
NISENAN CT	CO	10	B7
NISENAN CT	CO	12	B1
NISENAN CT	ROCK	14A	A6
NIXOS WY	SAC	73	C7
NOAH CT	SAC	72	B3
NOAH LN	LMS	14A	D7
NOATAK RIVER CT	CO	42	B1
NOB CT	SAC	56	A6
NOBEL CREST LN	CO	42	C5
NOB HILL	AUB	13B	D5
NOB HILL CT	ROS	16A	E5
NOB HILL DR	CO	39	D7
NOB HILL LN	PLCO	15C	E6
NOBLE CT	CO	36	B6
NOEL DR	CO	18	D4
NOGALERA WY	CO	42	A6
NOGALES ST	SAC	34	E1
NOGALES ST	SAC	35	B7
NOGALES ST	SAC	37	A1
NOLDER WY	SAC	54	A6
NOMAD WY	CO	76	C4

NONA WY

1988 SACRAMENTO COUNTY STREET INDEX

209
ORANGE RD

SACRAMENTO CO.
INDEX

STREET	CITY	PG. NO.	SEE
NONA WY	CO	54	D7
NO NAME RD	LMS	14A	D4
NO NAME RD	PLCO	14A	C4
NONNIE AV	CO	39	A1
NOONAN DR	SAC	53	D6
NORA CT	SAC	34	B2
NORBECK WY	SAC	76	C1
NORBERT WY	SAC	34	B4
NORCADE CIR	CO	56	C6
NORCIA CT	SAC	34	B2
NORCREST AV	CO	36	E5
NORCROFT WY	SAC	34	B2
NORCROSS DR	SAC	34	A4
NORCUT CT	SAC	34	B4
NORDELL WY	SAC	34	B4
NORDIC CT	CO	17	E5
NORDIC CT	CO	18	A5
NORDLUND WY	SAC	34	B4
NORDYKE DR	SAC	34	B2
NOREEN LN	PLCO	14A	E1
NOREEN WY	CO	17	D4
NORFOLK AV	WSAC	51	B4
NORFOLK WY	SAC	72	D1
NORGARD CT	SAC	34	B4
NORLAND DR	SAC	34	B1
NORM CIR	SAC	53	D5
NORMA CT	SAC	34	B2
NORMAN WY	SAC	54	A6
NORMANDY LN	SAC	53	D5
NORMINGTON DR	SAC	34	B4
NORRIS AV	CO	36	B7
NORRIS AV	CO	38	B2
NORSID DR	CO	100	A1
NORSTROM WY	SAC	34	B2
NORTH AV	CO	38	C2
NORTH AV	CO	41	A2
NORTH AV	CO	143	D5
NORTH AV	SAC	32	E6
NORTH AV	SAC	35	A6
NORTH LN	CO	76	E4
NORTH PKWY	CO	73	E3
NORTH PKWY	CO	76	A3
NORTHAMPTON DR	CO	39	C5
NORTHBROOK AV	ROS	16B	B6
NORTHBROOK WY	CO	17	C7
NORTHBROOK WY	CO	39	C1
NORTH CNTRY DR	CO	12	B1
NORTHCREST CIR	CO	39	B4
NORTHEAST CIR	CO	40	A1
NORTH EDGE DR	CO	38	B1
NORTHEY DR	SAC	34	B4
NORTHFIELD DR	SAC	34	B5
NORTHGATE BLVD	CO	32	B5
NORTHGATE BLVD	SAC	32	B7
NORTHGATE BLVD	SAC	34	B6
NORTHGLEN ST	SAC	34	B4
NORTHGLENN ST	PLCO	16B	E1
NORTHGROVE WY	CO	17	E7
NORTHLAKE DR	FOL	16C	C7
NORTHLEA WY	CO	17	E7
NORTHLITE CIR	SAC	72	B3
NORTH POINT WY	SAC	71	E1
NORTH POINT WY	SAC	72	A1
NORTHPORT CT	CO	59	A5
NORTH RIDGE DR	CO	17	E7
NORTH RIDGE DR	CO	18	A7
NORTHRIDGE DR	ROS	16A	D5
NORTH RIVER WY	CO	56	C4
NORTHROP AV	CO	55	C3
NORTH SHORE BL	PLCO	J	E1
NORTHSHORE WY	SAC	72	A3
NORTHSTAR DR	PLCO	J	E1
NORTH STAR ST	ROCK	15B	B2
NORTH STAR WY	CO	18	D6
NORTHSTEAD DR	SAC	34	B2
NORTHVALE WY	CO	16B	B7
NORTHVIEW DR	SAC	34	B4
NORTHWIND WY	CO	18	C5
NORTHWOOD DR	FOL	16C	B7
NORTHWOOD RD	CO	38	A2
NORTON WY	SAC	54	B4
NORVAL CT	SAC	34	B2
NORWAY DR	CO	43	B1
NORWICH CT	ROS	16B	A5
NORWICH CT	SAC	34	B3

STREET	CITY	PG. NO.	SEE
NORWOOD AV	SAC	32	D6
NORWOOD AV	SAC	34	D1
NORWOOD BYPASS	SAC	34	D4
NOSLER CT	CO	59	D2
NOSTAW ST	CO	40	E1
NOSTAW ST	CO	43	A1
NOTRE DAME DR	SAC	55	E7
NOTRE DAME DR	SAC	57	E1
NOTTINGHAM CIR	CO	38	D5
NOTTINGHAM CT	ROS	16B	B2
NOVA PKWY	CO	73	E3
NOVEMBER DR	CO	96	B4
NUGGET CT	ROS	15A	E7
NUGGET DR	FOL	16C	C7
NUGGET DR	FOL	21	E1
NUGGET DR	FOL	22	A1
NUGGET RD	CO	40	E2
NUNES CT	SAC	78	A3
NUNEZ CT	WSAC	53A	E3
NUTE RD	LMS	15C	B3
NUTHATCH CT	CO	18	C7
NUT PLAINS DR	CO	59	C5
NUT TREE CT	CO	97	C6
NUTWOOD CIR	SAC	33	E3
NUTWOOD CIR	SAC	34	A3
NYGAARD LN	SAC	128	C2
NYODA WY	CO	36	E7
NYODA WY	CO	38	E1
O			
O ST	CO	8	D3
O ST	CO	11	A3
O ST	SAC	51	E3
O ST	SAC	52	A4
O ST	SAC	55	A7
OAHU DR	CO	40	C2
OAK AV	CO	18	D2
OAK AV	CO	21	A2
OAK AV	CO	41	A5
OAK AV	FOL	21	D2
OAK AV	GALT	148	D6
OAK AV	PLCO	16A	A2
OAK CT N	CO	99	C1
OAK CT W	CO	18	A4
OAK LN	CO	8	E4
OAK ST	AUB	13B	D7
OAK ST	CO	17	A1
OAK ST	LMS	14A	D6
OAK ST	PLCO	6	A1
OAK ST	ROCK	15B	C3
OAK ST	ROS	16A	D2
OAK ST	WSAC	51	A2
OAK TER	PLCO	13C	E7
OAK ACORN	CO	17	C7
OAK AVENUE PKWY	FOL	21	E3
OAK AVENUE PKWY	FOL	22	A4
OAK AVENUE PKWY	FOL	22	D5
OAK AVENUE PKWY	FOL	44	E1
OAKBANK DR	CO	12	D7
OAKBANK WY	CO	77	A4
OAKBERRY WY	CO	16A	C7
OAK BLUFF WY	SAC	33	D3
OAKBOROUGH AV	PLCO	16A	B2
OAKBOUGH WY	CO	39	C4
OAKBRIDGE CT	CO	17	C7
OAKBRIDGE DR	PLCO	16C	B6
OAKBROOK DR	CO	17	C7
OAK CANYON LN	CO	17	C7
OAK CANYON LN	CO	43	C2
OAK CANYON WY	FOL	21	D3
OAK CLIFF CIR	CO	41	C2
OAK CREEK CT	EDCO	26A	E1
OAK CREEK CT	PLCO	13A	E2
OAK CREEK CT	ROS	16B	B6
OAKCREEK DR	ROCK	15B	C2
OAK CREEK PL	PLCO	16C	A4
OAK CREEK WY	CO	17	B6
OAKCREST AV	CO	39	C2
OAKDALE CT	ROCK	14A	A7
OAKDALE CT	ROS	16B	B5
OAKDALE LN	ROCK	14A	A7
OAKDALE ST	FOL	21	E7
OAKDALE ST	FOL	43	E1
OAK DELL AV	CO	36	A4
OAKEN BUCKET CT	CO	56	E6
OAKENSHAW WY	CO	18	C3

STREET	CITY	PG. NO.	SEE
OAKFIELD CIR	CO	38	D2
OAKFIELD CT	ROS	16B	A5
OAK FORD WY	CO	12	D6
OAK FOREST ST	CO	16A	D7
OAK FOREST ST	CO	17	E1
OAK FRONT LN	CO	16B	B7
OAK GARDEN CT	CO	18	E7
OAK GLEN LN	PLCO	16C	C1
OAK GLEN WY	CO	40	C4
OAKGREEN CIR	CO	39	B3
OAK GROVE AV	CO	16A	E7
OAK HALL WY	SAC	53	D7
OAK HARBOUR CT	CO	40	D1
OAK HARBOUR DR	SAC	33	C5
OAKHAVEN CT	CO	39	B3
OAKHAVEN RD	PLCO	13B	E6
OAK HILL DR	CO	17	A6
OAK HILL DR	PLCO	15B	E7
OAK HILL DR	PLCO	16C	B7
OAKHILL WY	PLCO	13B	E5
OAK HILLS CT	CO	36	E6
OAK HILLS CT	CO	39	A6
OAKHILLS LN	EDCO	15D	D6
OAKHOLLOW CT	PLCO	16C	B6
OAKHOLLOW DR	CO	12	C7
OAK HOUSE CT	CO	18	E7
OAK HURST CIR	CO	40	B6
OAKHURST WY	SAC	72	E5
OAK KNOLL DR	CO	39	D6
OAK KNOLL DR	PLCO	16C	C2
OAK LAKES LN	CO	17	C4
OAKLAND AV	ROS	16A	D2
OAKLAWN WY	CO	39	C3
OAK LEAF AV	CO	38	D6
OAK LEAF AV	CO	40	A5
OAK LEAF DR	EDCO	26A	B3
OAK LEAF WY	PLCO	16C	B6
OAKLEY RD	CCCO	183	E6
OAK MEADOW CT	CO	18	B4
OAK MELLO CT	CO	93	D6
OAK MILL RD	FOL	22	E5
OAK MILL RD	FOL	25	A5
OAKMONT DR	EDCO	26	A3
OAKMONT DR	ROS	16B	B6
OAKMONT ST	ROCK	15B	C4
OAKMONT ST	SAC	34	D6
OAKMONT WY	WSAC	51	A4
OAKMORE WY	CO	21	A7
OAKMYRTLE WY	CO	16A	C7
OAK NOB WY	SAC	33	E3
OAK NOB WY	SAC	34	A3
OAK PARK CT	CO	17	B7
OAK PINE LN	PLCO	15C	C7
OAK PINE LN	PLCO	16C	C1
OAKPLACE E	FOL	21	E3
OAKPLACE E	FOL	22	A3
OAKPLACE W	FOL	21	E2
OAK POINT WY	CO	40	A2
OAK RANCH CT	SAC	74	D1
OAK RAVINE WY	FOL	21	E4
OAKRIDGE CT	CO	40	A2
OAK RIDGE DR	LMS	15C	B2
OAK RIDGE DR	ROS	16B	A3
OAK RIDGE RD	ROS	16B	A4
OAKRIDGE ST	ROCK	15B	D4
OAK RIDGE WY	CO	12	D5
OAK RIDGE WY	PLCO	13B	C4
OAKRIDGE WY	SAC	72	D1
OAK RIM WY	FOL	21	D3
OAK RIM WY	SAC	33	D3
OAK RIVER CT	CO	36	E3
OAK RIVER CT	CO	39	A3
OAK ROCK CIR	FOL	21	D5
OAK SHADE WY	CO	43	C2
OAKSHIRE CT	CO	38	D2
OAKSIDE DR	CO	17	C6
OAKSIDE LN	CO	16B	B7
OAKSIDE LN	CO	18	C1
OAK SPRING WY	CO	17	C1
OAK STONE LN	CO	43	B1
OAK STREAM CT	CO	41	A2
OAK TERRACE CT	CO	55	D1
OAKTON WY	CO	41	E3
OAK TOP WY	CO	39	E6
OAK TRAIL WY	CO	58	C4

STREET	CITY	PG. NO.	SEE
OAKTREE DR	PLCO	13B	D5
OAK TREE DR	ROS	16B	A4
OAK TREE LN	LMS	14A	E6
OAK TWIG WY	CO	39	C4
OAKVALE CT	CO	12	A2
OAK VALLEY DR	PLCO	13A	A1
OAK VALLEY LN	CO	17	B6
OAK VIEW	AUB	13D	C2
OAK VIEW	PLCO	15C	E5
OAKVIEW AV	CO	41	A2
OAKVIEW CT	ROCK	15B	C4
OAKVIEW DR	ROCK	15B	C4
OAKVIEW DR	ROS	16B	A5
OAK VIEW LN	CO	40	D6
OAK VIEW TR	AUB	13D	C4
OAK VILLA CIR	CO	36	E7
OAK VISTA DR	CO	56	D1
OAK VISTA DR	ROS	16A	E1
OAK VISTA WY	PLCO	14B	E7
OAKWIND CT	CO	18	D6
OAKWOOD CT	CO	40	E4
OAKWOOD CT	ROCK	15B	D4
OAKWOOD DR	AUB	13D	D1
OAKWOOD DR	ROS	16B	A5
OAKWOOD LN	CO	17	D2
OAKWOOD RD	EDCO	26A	B6
OAKWOOD ST	ROCK	15B	D4
OATES DR	CO	56	E4
OATES DR	CO	59	A4
OBERLIN CT	SAC	57	D1
OBERLIN DR	GALT	148	C6
OBERLIN WY	GALT	148	C5
OBERON AV	CO	36	C1
OBERUN RIVER CT	CO	42	B2
O'BRIEN CIR	CO	76	E6
OCCIDENTAL DR	SAC	55	E7
OCCIDENTAL DR	SAC	57	E1
OCEANFRONT CT	SAC	72	A6
OCEANIC WY	SAC	72	A6
OCONEE CT	CO	18	B3
OCONNELL CT	CO	97	A7
OCONNER WY	SAC	32	C5
OCTAVIA WY	CO	41	C6
OCTOBER DR	CO	96	C4
ODEA DR	CO	54	D6
ODESSA CT	ROCK	15B	B2
ODOM CT	SAC	75	E1
ODONNELL AV	SAC	32	E6
ODONNELL AV	SAC	35	A6
OFARRELL DR	SAC	37	B1
OFFHAM CT	CO	56	C3
OFFIELD CT	CO	17	A3
OFRIA DR	FOL	22	C4
OGDEN WY	CO	37	D5
OGDEN NASH WY	CO	12	D5
OGILBY WY	CO	39	B1
OHAVER DR	PLCO	14B	B5
OHIO LN	CO	36	A3
OHIO RIVER DR	CO	42	A3
OJAI CT	CO	17	A3
OKINAWA ST	SAC	76	E1
OKITA CT	SAC	73	A6
OLD AIRPORT RD	PLCO	13B	D1
OLD AUBURN RD	CO	16B	B7
OLD AUBURN RD	CO	17	E3
OLD AUBURN RD	CO	18	A2
OLD AUBURN RD	PLCO	16B	C6
OLD AUBURN RD	ROS	16B	C6
OLD BASS LK RD	EDCO	48	E3
OLD BLU CT	CO	21	B7
OLD BRIDLE CT	CO	56	E6
OLD CYPRESS LN	PLCO	13C	E1
OLD DUDE RD	PLCO	13B	B7
OLD FORSTHLL RD	PLCO	13B	E7
OLDHAM LN	CO	12	E7
OLDHAM LN	CO	17	A7
OLDHAM LN	PLCO	13C	D5
OLD HART RCH RD	ROS	16B	B6
OLD MEDER RD	EDCO	26A	D1
OLD MILL CIR	ROS	16A	C1
OLD MILL RD	EDCO	26B	E5
OLD MILL WY	CO	8	E1
OLD MILL WY	CO	11	A1
OLD MOSS LN	PLCO	15C	E3
OLD NAVE CT	CO	12	D3

STREET	CITY	PG. NO.	SEE
OLD OAK CT	CO	18	B4
OLD OAK RD	PLCO	13C	C3
OLD ORCHARD LN	PLCO	14B	D4
OLD PLACRVLE RD	CO	59	A7
OLD RANCH RD	CO	18	D3
OLD STATE HWY	LMS	14A	E4
OLD STATE HWY	PLCO	13C	D5
OLD STATE HWY	PLCO	14A	E4
OLD VILLA CT	CO	40	E2
OLD WLNT GRV RD	CO	142	C4
OLD WEST DR	SAC	33	E1
OLD WEST DR	SAC	34	A1
OLD WINERY PL	CO	59	A4
OLDWOODS WY	CO	79	A1
OLE CT	CO	58	E1
OLEAN ST	CO	43	A2
OLEANDER DR	CO	39	C3
OLEANDER VW WY	CO	42	B4
OLGA WY	ROS	16B	C6
OLIVE AV	CO	10	E6
OLIVE AV	CO	16A	A7
OLIVE AV	CO	40	C6
OLIVE CT	GALT	150	D1
OLIVE CT	WSAC	53A	E1
OLIVE LN	CO	39	B7
OLIVE ST	AUB	13D	D1
OLIVE ST	CO	40	A4
OLIVE GATE DR	CO	39	D5
OLIVE GLEN CT	CO	38	C2
OLIVE GROVE DR	CO	21	B4
OLIVE HILL CT	CO	18	C6
OLIVEHURST WY	CO	93	C2
OLIVE LEAF LN	CO	16B	B7
OLIVELEAF LN	CO	18	C1
OLIVE OAK WY	CO	38	D7
OLIVE ORCHRD DR	AUB	13B	E7
OLIVERA WY	SAC	34	E3
OLIVE RANCH RD	PLCO	16B	E1
OLIVE RANCH RD	PLCO	16C	A1
OLIVET CT	SAC	55	E7
OLIVET CT	SAC	57	E1
OLIVE TREE WY	CO	18	B4
OLIVEVIEW AV	CO	38	B2
OLIVEWOOD CT	CO	40	E4
OLIVINE AV	CO	18	D1
OLMSTEAD DR	SAC	34	C2
OLSON DR	CO	41	D7
OLY LN	PLCO	10	E5
OLYMPIA CT	CO	36	D6
OLYMPIC CT	EDCO	48	A1
OLYMPIC WY	CO	12	E5
OLYMPIC WY	CO	17	A5
OLYMPIC WY	CO	40	A3
OLYMPUS DR	CO	38	D7
OMAHA CT	SAC	76	B7
OMALLEY WY	SAC	34	A4
OMAR CT	CO	97	B7
OMEC CIR	CO	60	C4
OMEGA CT	CO	36	A1
OMNI DR	CO	39	A3
ON CT	CO	97	B5
ONAWA CT	CO	12	B1
O'NEIL WY	SAC	72	E6
O'NEIL WY	SAC	73	A6
ONEILL CT	FOL	22	D5
ONTARIO ST	SAC	57	C6
ONYX WY	CO	39	B5
OPAL DR	PLCO	13B	A1
OPAL LN	LMS	14A	C5
OPAL LN	SAC	34	E2
OPAL LN	SAC	37	A2
OPAL CREST CT	CO	97	A3
OPHELIA CT	CO	18	C1
OPHIR CT	CO	42	C1
OPHIR RD	PLCO	13C	E4
OPHIR RD	PLCO	13D	A3
OPPER AV	SAC	53	E6
OPPORTUNITY ST	SAC	32	C6
ORABELLE CT	CO	78	D2
ORACLE CT	SAC	75	D1
ORANGE AV	CO	17	E1
ORANGE AV	CO	40	A4
ORANGE AV	CO	76	A5
ORANGE DR	PLCO	14B	A1
ORANGE RD	CO	86	E7

1988 SACRAMENTO COUNTY STREET INDEX

STREET	CITY	PG. NO.	SEE
ORANGE ST	AUB	13D	D2
ORANGE ST	PLCO	13C	D5
ORANGE COVE CT	CO	78	D3
ORANGE CREST CT	CO	96	E4
ORANGE CREST CT	CO	97	A4
ORANGE GROVE AV	CO	35	E5
ORANGE GROVE AV	CO	36	A5
ORANGE GROVE WY	FOL	21	E7
ORANGE HILL LN	CO	41	B3
ORANGE HILL LN	PLCO	13C	B6
ORANGERIE WY	CO	39	D7
ORANGE TREE CT	CO	40	B2
ORANGEVALE AV	CO	21	B5
ORANGEVALE AV	FOL	21	C5
ORANGEWOOD DR	CO	40	A7
ORANMORE CT	CO	79	A4
ORBIT CT	CO	59	B5
ORCHARD CT	AUB	13B	E7
ORCHARD LN	CO	33	B4
ORCHARD LN	CO	38	B2
ORCHARD WY	WSAC	51	A4
ORCHARD WDS CIR	CO	76	C7
ORCHARD WDS CIR	CO	78	C1
ORCHID CT	ROS	16B	A5
ORCHID WY	CO	36	D3
ORE ST	FOL	21	D5
OREGON DR	SAC	53	E6
OREGON DR	SAC	54	A6
ORELLE CREEK CT	CO	16B	B7
ORENZA WY	SAC	75	E2
ORESTES WY	SAC	33	D4
ORIAL OAK CT	CO	16B	B6
ORIANA CT	CO	40	A7
ORILLA	CO	88	E1
ORINDA CIR	EDCO	26A	E6
ORINDA WY	CO	54	D4
ORIOLE CT	ROS	16B	B4
ORIOLE WY	CO	9	E7
ORIOLE WY	CO	11	E1
ORION WY	CO	38	C7
ORLANDO AV	ROS	16A	D5
ORLANDO WY	SAC	37	A4
ORLEANS WY	SAC	71	E3
ORLEANS WY	SAC	72	A3
ORLEANS RIV CT	CO	42	A2
ORO WY	CO	21	A7
ORONO CT	CO	39	C4
ORR RD	CO	145	C7
ORR RD	CO	147	C2
ORR RD	CO	148	B5
ORR ST	AUB	13B	D7
ORR CREEK RD	PLCO	H	B5
ORRIN DR	AUB	13D	C3
ORSI CIR	CO	39	B1
ORT WY	CO	12	A1
ORTEGA ST	SAC	57	B5
ORTIZ CT	CO	18	D4
ORTON ST	CO	97	B5
ORVAL WY	CO	39	A6
OSAGE AV	CO	58	C6
OSAGE AV	SAC	58	C6
OSAGE LN	PLCO	13B	E1
OSBORNE CT	CO	38	E2
OSBORNE RD	EDCO	26A	C6
OSMER LN	SAC	35	A7
OSPREY CT	CO	12	C4
O'SULLIVAN	CO	12	D6
OSUNA WY	SAC	33	C2
OTEROL CT	CO	38	B1
OTIS AV	WSAC	53A	D4
OTIS CT	CO	39	B5
OTTAWA WY	CO	10	B7
OTTO CIR	SAC	73	B2
OTTOMAN WY	CO	21	C3
OTTOMEYER CT	CO	12	B3
OUR WY	CO	18	A7
OUTFALL CIR	SAC	58	A4
OUTLOOK DR	CO	16A	B7
OUTLOOK DR	ROCK	15B	A1
OUT OF WAY PL	PLCO	13B	D3
OUTPOST CT	CO	43	B3
OUTRIGGER CT	ROS	16B	C5
OUTRIGGER DR	EDCO	23	D5
OUTRIGGER WY	SAC	71	E2
OVERBROOK DR	FOL	16C	C7

STREET	CITY	PG. NO.	SEE
OVERBROOK WY	CO	36	E2
OVERHILL RD	CO	18	D7
OVERLAND WY	CO	104	B5
OVERMILLER DR	PLCO	13B	A1
OVERWOOD CT	CO	21	D6
OWENS WY	CO	12	A3
OXBOW DR	CO	38	C5
OX BOW LN	PLCO	14B	E5
OXBOW CREEK PL	CO	40	D4
OXBOW MARINA LN	CO	163	B5
OXBOW RIDGE PL	CO	40	D4
OXFORD CT	EDCO	26A	D4
OXFORD CT	ROS	16B	B6
OXFORD RD	EDCO	26A	D4
OXFORD ST	SAC	34	D6
OXFORD ST	WSAC	51	B2
OXFORD HILL CT	CO	77	A7
OXFORD HILL CT	CO	79	A1
OXFORM LN	CO	80	A6
OX TRAIL WY	EDCO	24	D6
OXWOOD DR	CO	58	D3
OZARK CIR	SAC	32	B7
OZARK CIR	SAC	34	B1
OZRO CT	CO	58	E3
OZZIE CT	CO	38	D2
P			
P ST	SAC	51	D4
P ST	SAC	52	A5
P ST	SAC	55	A7
PABLO DR	CO	17	A4
PACE CT	SAC	57	E1
PACHBROOK LN	CO	42	B3
PACHECO CT	EDCO	26	B5
PACHECO WY	CO	18	A4
PACHECO PASS WY	CO	99	C3
PACIFIC	ROS	16A	E2
PACIFIC AV	AUB	13D	C3
PACIFIC AV E	SAC	54	B4
PACIFIC AV W	SAC	54	B4
PACIFIC CT	CO	41	E5
PACIFIC ST	ROCK	15B	C5
PACIFIC ST	ROCK	15B	C2
PACIFIC BCH CT	CO	78	E1
PACIFIC GRV CT	CO	78	E2
PACIFIC HLLS WY	CO	79	A1
PACFC HRSE R RD	CO	83	A7
PACIFIC PALM CT	CO	39	D2
PACKARD CT	CO	38	D1
PACO CT	CO	16A	B7
PADARO CT	CO	40	E3
PADDLE CT	SAC	33	E3
PADDOCK CT	CO	21	C5
PADDOCK CT	ROS	16B	B3
PADDOCK LN	PLCO	14B	E1
PADDOCK LN	PLCO	14C	A1
PAGE CT	CO	36	E1
PAGE ST	PLCO	13C	D5
PAGEANT DR	CO	58	D1
PAGEL CT	CO	39	C2
PAIGE CT	ROCK	15B	C4
PAINTER WY	CO	12	B3
PAISLEY WY	CO	56	D3
PAIUTE CT	EDCO	26A	C2
PAIUTE WY	CO	41	E7
PAIUTE WY	CO	59	E1
PAJARO CT	CO	56	B4
PALA WY	SAC	52	E4
PALA WY	SAC	55	A4
PALABRA CT	FOL	22	D4
PALACE CIR	CO	39	D2
PALACIO WY	CO	43	A5
PALADENA ST	CO	36	C4
PALADIN WY	CO	8	D3
PALATINE PL	CO	17	A4
PALERMO CT	SAC	76	C2
PALESTINE LN	CO	38	E1
PALIN AV	GALT	148	D6
PALISADE CT	ROS	16A	E5
PALISADE WY	CO	39	E5
PALLADAY RD	CO	6	E6
PALLADAY RD	CO	9	A5
PALLADAY RD	PLCO	6	E2
PALLADAY RD	PLCO	9	A2
PALM AV	AUB	13B	C7
PALM AV	CO	36	B1

STREET	CITY	PG. NO.	SEE
PALM AV	CO	39	A1
PALM AV	CO	39	D2
PALM AV	ROS	16B	A3
PALM CT	ROS	16B	A4
PALM DR	CO	41	B3
PALM ST	CO	6	A3
PALMA PKWY	CO	73	D6
PALMAIRE WY	CO	18	D5
PALMCREST LN	PLCO	14A	D1
PALMDALE WY	CO	36	C1
PALMDELL WY	CO	39	D2
PALMER DR	EDCO	26B	A1
PALMER ST	SAC	37	A1
PALMER HOUSE DR	CO	76	C4
PALM ESTATES CT	CO	41	B3
PALMETTO ST	SAC	32	E6
PALMGATE CT	CO	36	D1
PALM GROVE DR	CO	59	B6
PALMIAS CT	CO	40	E3
PALMIAS CT	CO	43	A3
PALM VIEW LN	CO	42	C6
PALMWOOD CT	CO	41	D5
PALMYRA DR	CO	40	A2
PALMYRA ST	AUB	13D	C3
PALOMA AV	CO	38	D7
PALOMA DR	LMS	14A	C5
PALOMAR AV	WSAC	51A	D4
PALOMAR CIR	ROCK	15B	A4
PALOMAR CIR	SAC	72	D4
PALOMINO CT	EDCO	25	C1
PALOMINO CT	PLCO	16C	C3
PALOMINO LN	CO	36	A4
PALOS VERDES CT	ROS	16A	E5
PALO VERDE AV	SAC	37	A2
PALO VISTA WY	CO	59	C1
PAMELA DR	SAC	37	A1
PAMELA LN	CO	37	C5
PAMLEE CT	CO	36	E6
PAMPAS WY	CO	39	D2
PANAMA AV	CO	41	A3
PANARAMA CT	ROS	16B	A5
PANAY CT	CO	41	A4
PANDORA CT	CO	43	C2
PANORAMA WY	PLCO	13A	E2
PANORAMA WY	PLCO	13B	A2
PANOS CT	SAC	78	A2
PANSY AV	SAC	54	C3
PANTAGES CIR	CO	41	E4
PANTANO DR	SAC	76	C1
PAPAGO WY	CO	9	E7
PAPAGO WY	CO	10	A7
PAPAYA DR	CO	39	D2
PAPOOSE CT	CO	17	B5
PAQUIN CT	CO	76	B3
PAR PKWY	CO	76	C7
PAR PL	ROCK	15B	A3
PARADE CT	SAC	54	E2
PARADE CT	SAC	57	A1
PARADISE CT	PLCO	15B	E5
PARADISE DR	CO	39	D6
PARADISE WY	WSAC	53	A2
PARAGON CT	ROCK	15B	B4
PARAGON ST	ROCK	15B	B3
PARAGON WY	CO	38	E3
PARAMOUNT CIR	SAC	78	A2
PARD DR	CO	40	B5
PARDAL CT	CO	18	A1
PARDE CT	PLCO	16C	C3
PARDILLO AV	CO	18	E2
PARDIS LN	CO	77	A6
PARFAIT DR	CO	58	D1
PARIS ST	CO	17	C6
PARISH CT	SAC	53	D6
PARISH WY	CO	17	D1
PARK AV	CO	40	C5
PARK AV	GALT	148	D5
PARK AV	PLCO	13C	D5
PARK BLVD	WSAC	51	B6
PARK CIR	WSAC	51	B6
PARK DR	CO	17	E4
PARK DR	EDCO	47	E2
PARK DR	PLCO	13B	A1
PARK DR	ROS	16A	E2
PARK DR N	CO	38	C3
PARK DR S	CO	38	C3

STREET	CITY	PG. NO.	SEE
PARK LN	CO	41	A1
PARK PL	PLCO	16C	C3
PARK PL	SAC	72	B4
PARK RD	CO	43	D4
PARK RD	SAC	32	E2
PARK RD	SAC	36	B5
PARK ST	AUB	13D	C2
PARK WY	AUB	13D	E2
PARK WY	CO	99	B1
PARK WY	FOL	43	E3
PARK CENTER DR	SAC	55	C5
PARK CIRCLE LN	CO	39	B7
PARKCITY DR	SAC	72	C5
PARKCREEK CIR	CO	17	B7
PARKCREST WY	CO	17	B6
PARKDALE LN	EDCO	26A	B1
PARKER AV	CO	54	D4
PARKER ST	ROCK	15B	A1
PARK ESTATES DR	CO	37	E5
PARKFAIR DR	CO	56	A4
PARKFIELD CT	SAC	53	C6
PARKGLEN CT	CO	99	C2
PARK GREEN CT	CO	36	C6
PARKGROVE CT	CO	99	C2
PARKHAVEN WY	SAC	72	B4
PARKHILL DR	ROS	16B	C4
PARK HILLS DR	CO	37	D4
PARKHURST CT	CO	99	B2
PARKINGTON CT	CO	55	C2
PARKLAKE WY	CO	99	C2
PARKLANDS	SAC	75	E6
PARKLANDS	SAC	78	B7
PARKLIN AV	SAC	72	B1
PARKLITE CIR	SAC	72	B3
PARKMEAD WY	SAC	53	E4
PARK MEADOW CT	ROS	16B	C5
PARK MEADOWS DR	CO	99	C1
PARKOAKS DR	CO	17	B7
PARK PLACE DR	CO	38	D7
PARK RANCH WY	SAC	72	C4
PARKRIDGE CT	CO	38	C5
PARKRIDGE RD	SAC	53	E4
PARK RIVIERA WY	SAC	71	E3
PARK RIVIERA WY	SAC	72	A3
PARKS LN	CO	41	B2
PARKSHORE CIR	SAC	72	C3
PARKSHORE CT	CO	43	E2
PARKSHORE DR	FOL	43	E2
PARKSIDE CT	SAC	53	D4
PARKSIDE DR	ROCK	15B	B4
PARKSIDE LN	CO	16B	B7
PARKSIDE LN	CO	18	C1
PARKSIDE TER	AUB	13D	D1
PARK SIERRA LN	CO	55	D4
PARKSTONE	FOL	16C	C7
PARKSTONE	FOL	21	E1
PARK TERRACE CT	CO	99	B2
PARKSTONE	FOL	22	A1
PARK TOWNE CIR	CO	38	A5
PARK TRAIL DR	CO	99	C2
PARKTREE WY	CO	97	B7
PARKVALE WY	CO	17	B3
PARKVIEW DR	ROS	16B	A4
PARKVIEW LN	ROCK	15B	C3
PARKVIEW WY	CO	17	B6
PARKVILLE CT	CO	12	E4
PARK VISTA CIR	SAC	72	C3
PARK VISTA DR	PLCO	16C	D3
PARKWAY	SAC	52	D4
PARKWAY BLVD	WSAC	51A	D5
PARKWAY PL	WSAC	51A	D5
PARK WEST CT	SAC	72	B4
PARKWOOD CT	CO	41	B3
PARKWOOD DR	CO	37	E5
PARLIAMENT CIR	CO	38	E6
PARLIAMENT CIR	CO	41	A6
PARODY WY	SAC	34	A2
PARQUE VISTA WY	CO	38	E5
PARRY ST	ROS	16A	E1
PARTRIDGE AV	WSAC	53	A4
PARTRIDGE AV	WSAC	53A	E6
PARUS WY	PLCO	15C	E6
PASADA CT	EDCO	26A	C5
PASADA RD	EDCO	26A	C5
PASADENA AV	CO	36	B4

STREET	CITY	PG. NO.	SEE
PASADENA AV	CO	36	B6
PASAROBLES DR	CO	36	C4
PASATIEMPO LN	SAC	37	E3
PASATIEMPO PL	CO	33	B5
PASEO DR	CO	59	C1
PASEO DL SOL WY	CO	96	A4
PASEO RIO WY	CO	59	A3
PASILLIO CIR	FOL	22	D5
PASO DEL CAMPO	CO	37	D2
PASSALIS LN	CO	77	C7
PASTURE CT	SAC	34	A1
PAT ST	SAC	32	C4
PATERO CIR	SAC	73	D5
PATHFINDER WY	CO	18	E5
PATHWAY CT	CO	40	B3
PATIENCE CT	CO	12	D3
PATIO AV	SAC	32	B7
PATKIRK CT	CO	41	E4
PATMOS CT	SAC	73	C7
PATRIC WY	CO	36	D6
PATRICIA PL	AUB	13B	D5
PATRICIA WY	CO	55	E2
PATRIOT LN	CO	59	B4
PATTE WY	CO	21	D7
PATTERSON LN	CO	18	A7
PATTERSON WY	CO	76	B3
PATTERSON WY	EDCO	25	D7
PATTERSON WY	EDCO	47	E1
PATTI JO DR	CO	39	C3
PATTON AV	CO	18	A1
PATTON AV	CO	16A	E7
PATTON CT	FOL	21	D3
PATTON DR	PLCO	10	C4
PATTON WY	SAC	51	E6
PATTYPEART WY	CO	39	B7
PATTYPEART WY	CO	41	B1
PAU HANNA CIR	CO	16A	C7
PAUL AV	SAC	35	C5
PAULA WY	CO	40	C4
PAVIA WY	SAC	78	A3
PAVICH LN	CO	100	B5
PAVILIONS LN	CO	55	C4
PAVILLION CT	SAC	54	E2
PAVILLION CT	SAC	57	A1
PAVILLION DR	CO	99	C1
PAWNEE WY	CO	10	A7
PAXTON CT	CO	39	B4
PAYDIRT CT	FOL	21	D5
PAYEN RD	CO	47	C7
PAYETTE DR	CO	56	C6
PAYNE WY	CO	36	A1
PAYNE RIVER CIR	SAC	72	A4
PAYTON ST	CO	36	C7
PEABODY CT	CO	12	C3
PEACE CT	CO	58	C1
PEACE SPGS RD	PLCO	15C	D5
PEACH CIR	PLCO	14B	E6
PEACH DR	PLCO	14B	E7
PEACH LN	CO	104	B2
PEACH LN	PLCO	13C	D5
PEACH LEAF CT	SAC	32	D3
PEACH LEAF WY	SAC	32	D3
PEACHTREE AV	CO	17	D7
PEACH TREE LN	PLCO	13C	B6
PEACOCK WY	SAC	57	C5
PEACOCK GAP CT	SAC	72	B5
PEALE DR	CO	12	D5
PEAR	YCO	92	B5
PEAR DR	PLCO	13B	B4
PEAR LN	CO	104	C1
PEAR RD	CO	104	D1
PEARL RD	SJCO	155	C7
PEARL WY	CO	16A	E6
PEARL CREST CT	CO	97	A3
PEARSON AV	LMS	14A	D5
PEARSON LN	CO	12	B5
PEAR TREE CT	PLCO	13D	B7
PEBBLE CT	SAC	72	B1
PEBBLEBEACH CT	ROS	15A	D6
PEBBLE BEACH DR	CO	40	B1
PEBBLEBROOK WY	CO	17	B3
PEBBLE CYN LN	CO	43	B3
PEBBLE CREEK DR	ROCK	15B	A2
PEBBLE RIV CIR	SAC	71	E4
PEBBLE RIV CIR	SAC	72	A4

1988 SACRAMENTO COUNTY STREET INDEX

STREET	CITY	PG. NO.	SEE
PEBBLESTONE WY	SAC	33	E3
PEBBLEWOOD DR	SAC	33	E2
PEBBLEWOOD DR	SAC	34	A2
PECAN AV	CO	21	A6
PECAN AV	CO	43	A1
PECAN CT	ROCK	15B	C1
PECAN ST	WSAC	51	A3
PECAN GROVE WY	CO	41	D5
PECANWOOD WY	CO	18	D6
PECK DR	CO	76	B4
PECKY CEDAR CT	CO	56	E6
PECOR WY	CO	21	B6
PECOS DR	CO	85	E6
PECOS RIVER CT	CO	42	B1
PEDERSEN WY	CO	39	C4
PEDESTRIAN LN	CO	57	E1
PEDRICK ST	SAC	78	A2
PEDRO WY	CO	41	E6
PEDRO HILL RD	EDCO	M	C1
PEER RD	PLCO	14A	E2
PEERLESS AV	CO	16B	E7
PEERLESS AV	CO	21	B1
PEEVEY WY	CO	73	E3
PEGASUS WY	CO	59	B5
PEGGY LN	CO	38	E4
PEGGY LN	EDCO	24	A7
PEGLER WY	SAC	78	A3
PEKINS CT	WSAC	53A	E2
PELICAN CT	SAC	34	A1
PELICAN WY	SAC	34	B3
PELL CIR	SAC	32	C5
PELL DR	SAC	32	C4
PELLANDINI RD	CO	123	D6
PELLANDINI RD	CO	145	D2
PELTON PL	CO	40	C7
PEMBROKE WY	CO	17	C4
PENARANDA DR	FOL	22	C7
PENASCO CT	SAC	34	B3
PENDLETON DR	EDCO	25	E2
PENDLETON DR	PLCO	16C	C3
PENDLETON ST	SAC	37	B2
PENDLETON ST	SAC	73	A3
PENDOLA DR	CO	40	D3
PENN CT	CO	37	E6
PENNELOPE CT	CO	56	D6
PENNEY WY	CO	39	C2
PENNINGTON WY	CO	18	A2
PENNLAND DR	CO	37	E6
PENNOCK CT	FOL	22	D6
PENNSYLVANIA AV	CO	40	A4
PENNSYLVANIA AV	WSAC	51	B7
PENNSYLVANIA CT	WSAC	51	B7
PENNY LN	PLCO	16C	B4
PENNYROYAL WY	CO	39	B3
PENNYWOOD CT	SAC	73	C6
PENROSE ST	SAC	35	A5
PENRYN PLAZA	PLCO	14B	A1
PENRYN RD	PLCO	14B	A2
PENRYN ESTS DR	PLCO	14B	A2
PENRYN PK SP RD	PLCO	14B	D3
PENSHURST CT	CO	56	C3
PENSTOCK TR	PLCO	13D	B1
PENWITH WY	CO	12	C5
PEONY CT	CO	17	D3
PEORIA DR	CO	17	D7
PEPITO WY	FOL	22	E5
PEPPER LN	CO	36	D4
PEPPER CRESS CT	CO	17	C1
PEPPERMILL CT	CO	39	A2
PEPPERMINT CT	CO	18	B4
PEPPERS OAKS DR	CO	56	D5
PEPPER TREE WY	CO	16A	B7
PEPPERTREE WY	CO	17	C1
PEPPERWOOD CIR	PLCO	13B	C1
PEPPERWOOD WY	CO	39	C2
PERA DR	CO	88	C4
PERALTA AV	SAC	34	B4
PERCEPTIVE WY	CO	12	D2
PERCH CT	CO	56	B6
PERCIVAL DR	CO	56	D7
PERCY LN	CO	12	C1
PERDETA LN	CO	40	C7
PERDEZ CT	CO	16A	E7
PERDEZ CT	CO	18	A1
PEREGRINE WY	CO	16B	A7
PERERA CIR	SAC	72	B5
PERFORMANCE DR	SAC	32	C6
PERINA WY	CO	36	B4
PERKINS CT	EDCO	26	B4
PERKINS RD	WSAC	53	A3
PERKINS WY	AUB	13D	C5
PERKINS WY	SAC	54	A2
PERKTEL ST	SAC	34	E3
PERKTEL ST	SAC	37	A3
PERMAR ST	SAC	73	A6
PERMENTER CT	CO	21	A7
PERRAUD CT	FOL	22	C5
PERRAUD DR	FOL	22	C6
PERRIN WY	CO	39	B4
PERRY AV	CO	54	D5
PERRY AV	SAC	54	D5
PERRY CT	FOL	21	D5
PERRYDISE LN	PLCO	15C	D1
PERRYMAN WY	SAC	57	A2
PERRY RANCH RD	PLCO	13D	A4
PERSHING AV	CO	18	E7
PERSHING AV	CO	21	A7
PERSHING AV	CO	40	E1
PERSIFER ST	FOL	22	A7
PERSIMMON AV	CO	76	A6
PERSIMMON DR	AUB	13B	C7
PERSIMMON LN	PLCO	14C	A1
PERTH WY	CO	41	B3
PESCADO CIR	CO	88	D4
PETALUMA CT	CO	12	E7
PETALUMA CT	CO	17	A7
PETER AV	CO	39	D5
PETERSON CIR	CO	62	A2
PETERSON LN	CO	21	A6
PETERSON RD	CO	17	E7
PETITE CREEK DR	CO	16B	C7
PETITE CREEK WY	PLCO	16B	C6
PETRILLI CIR	SAC	53	C7
PETTIGREW RD	PLCO	L	E1
PETTY LN	CO	38	E2
PEYTONA WY	SAC	72	A5
P F E RD	PLCO	16A	B5
P F E RD	ROS	16A	B5
PHEASANT LN	FOL	21	D5
PHEASANT LN	PLCO	13C	C4
PHEASANT RD	CO	39	D3
PHEASNT DWNS WY	CO	77	B7
PHEASANT HLL CT	CO	18	D4
PHELPS CT	CO	56	D1
PHILLIP CT	EDCO	25	E7
PHILLIPS CT	SAC	34	C1
PHILOMENE CT	CO	56	D1
PHINNEY DR	SAC	75	D3
PHLOX CT	CO	17	A4
PHOEBE WY	CO	16B	B7
PHOENIX AV	CO	40	D2
PHOENIX AV	CO	43	A2
PHOENIX LN	CO	18	A2
PHOENIX RDG PL	CO	43	A2
PHYLLIS AV	SAC	54	B5
PHYLLIS LN	PLCO	13B	C6
PIBROCK LN	CO	106	C1
PICCADILLY CIR	CO	56	D2
PICK N SHOVL CT	AUB	13D	B5
PICKOI CIR	CO	76	C5
PICKWICK CT	CO	41	B1
PICNIC CT	CO	16A	C7
PICNIC CT	CO	17	D1
PICO WY	SAC	52	E4
PICO WY	SAC	55	A4
PICTURE WY	CO	58	D1
PICTURE ROCK CT	CO	40	B7
PICTURE ROCK CT	CO	42	B1
PIEDMONT DR	SAC	53	C5
PIEDMONT WY	ROS	16B	B5
PIEDRA CT	ROCK	15B	C2
PIEDRA WY	CO	40	E1
PIEDRA WY	CO	43	A1
PIERCE ST	WSAC	33	B7
PIERCY WY	SAC	35	C6
PIERRE AV	SAC	73	A7
PIERRE AV	SAC	75	A1
PIKE AV	SAC	32	B7
PIKE AV	SAC	34	B1
PIKES PEAK WY	CO	17	A4
PILGRIM CT	SAC	37	B1
PILGRIMS DR	ROS	16A	B1
PILKERTON CT	CO	18	A3
PILOT HILL CT	CO	42	C1
PILOT VIEW DR	EDCO	M	C1
PIMA WY	CO	10	B7
PIMA WY	CO	12	B1
PIMENTEL WY	SAC	72	A5
PIMIENTA DR	CO	17	D2
PIMLICO AV	CO	36	E3
PINAFORE CT	CO	12	D6
PINATA WY	CO	56	C7
PINE AV	WSAC	51A	E3
PINE DR	CO	16A	E6
PINE LN	FOL	22	A2
PINE ST	AUB	13D	D1
PINE ST	CO	16A	A7
PINE ST	CO	17	A1
PINE ST	CO	143	D5
PINE ST	GALT	148	E7
PINE ST	ROCK	15B	C3
PINEACRE LN	CO	42	C5
PINEBROOK WY	CO	12	E5
PINEBROOK WY	ROCK	15B	B6
PINEBURR CT	CO	18	C5
PINECONE CT	CO	36	E1
PINECONE CT	CO	39	A1
PINE CONE RD	PLCO	15C	E6
PINE COVE CT	CO	78	D3
PINE CREEK CT	EDCO	26A	E2
PINECREST AV	AUB	13D	D3
PINE CREST CIR	CO	39	C5
PINE CREST CT	ROCK	15B	C5
PINECREEK WY	CO	17	B2
PINEDALE AV	SAC	32	D2
PINEDALE AV	SAC	35	A2
PINEFIELD DR	CO	9	E6
PINEFIELD DR	CO	10	A6
PINE GARDENS	CO	55	C4
PINE GATE WY	PLCO	15C	D7
PINEGROVE WY	FOL	21	E3
PINEGROVE WY	FOL	22	A3
PINEHURST WY	CO	93	C2
PINELL ST	SAC	35	B7
PINE MEADOW CT	CO	12	A2
PINERIDGE LN	CO	39	E4
PINE RIDGE LN	PLCO	13A	D3
PINETREE CT	CO	41	E3
PINETREE I	CO	86	A6
PINETREE II	CO	86	A6
PINETREE III	CO	86	A6
PINE VALLEY CIR	ROS	16B	A6
PINE VALLEY DR	CO	77	A7
PINE VALLEY DR	CO	79	A1
PINE VIEW DR	FOL	21	E3
PINE VIEW DR	FOL	22	A3
PINE VISTA WY	CO	96	A5
PINEWOOD CT	CO	38	C5
PINEWOOD ST	ROCK	15B	D4
PINIOS RIVER CT	SAC	71	E6
PINIOS RIVER CT	SAC	72	A6
PINNACLES DR	ROCK	15B	A5
PIN OAK CT	CO	39	D1
PINON WY	SAC	73	D7
PINOT WY	CO	41	D5
PINTADO CT	CO	39	D2
PINTAIL CIR	CO	17	A2
PINTAIL CT	WSAC	53A	E2
PINTAIL LN	CO	17	B2
PINTURO WY	CO	41	E4
PIONEER DR	FOL	22	D6
PIONEER LN	PLCO	15D	A1
PIONEER WY	CO	12	E7
PIONEER MINE RD	PLCO	H	E3
PIPER CT	CO	17	C2
PIPER CT	EDCO	26A	D5
PIPPIN WY	CO	17	D4
PISCES DR	CO	59	B5
PISTACHIO WY	CO	59	C4
PITALO WY	CO	18	D1
PITON WY	ROCK	15B	A5
PIT RIVER CT	CO	42	B1
PITT CT	CO	12	E5
PITTMAN LN	CO	21	A5
PITTSBURGH LN	CO	36	A3
PITZER WY	SAC	75	E3
PIUTE WY	PLCO	M	A1
PIVOT CT	SAC	78	A2
PIXCROFT CT	CO	12	E2
PIXIE CT	CO	38	E3
PIXLEY WY	CO	78	D3
PLACER ST	AUB	13D	C1
PLACER ST	ROS	16A	D1
PLACER ST E	AUB	13D	D1
PLACERADO	AUB	13D	D2
PLACER CYN PKWY	PLCO	15D	A1
PLACER GOLD CT	CO	40	C7
PLACER MINE RD	FOL	21	D5
PLACERVILLE RD	CO	44	D1
PLACERVILLE RD	CO	47	A4
PLACERVILLE RD	FOL	22	B7
PLACER WEST DR	ROCK	15B	A6
PLAID CIR	CO	11	E1
PLAINS CT	GALT	148	C7
PLAINS CT	GALT	150	C1
PLAINSFIELD WY	CO	36	C6
PLANET PKWY	CO	73	E3
PLANETA WY	EDCO	23	E4
PLANO CT	CO	88	C3
PLANTAIN CIR	CO	43	C1
PLANTATION DR	CO	39	D4
PLATER CT	CO	76	A7
PLATINA CT	CO	17	A4
PLATINUM CT	CO	41	E7
PLATTE RIVER CT	CO	42	B1
PLAYA BLANCA WY	CO	40	E2
PLAYA DEL REY	CO	88	E1
PLAZA AV	SAC	34	D4
PLAZA PARK DR	CO	97	C7
PLEASANT AV	AUB	13D	D2
PLEASANT DR	SAC	53	D6
PLEASANT RD	CO	120	A5
PLEASANT ST	ROS	16A	D1
PLEASANTGLEN WY	CO	93	C4
PLEASANT GRV RD	SUT	6	A2
PLEASNT GRV SCH	CO	100	B2
PLEASNT HLLS LN	CO	63	E7
PLEASANT VW DR	CO	18	C3
PLEASANT VISTA	PLCO	13B	E6
PLEASURE LN	SAC	73	C4
PLEIDES AV	CO	39	E1
PLOVER ST	SAC	37	B4
PLUM LN	CO	104	C1
PLUM LN	PLCO	13C	D5
PLUM RD	CO	86	C7
PLUMA CT	CO	42	A4
PLUMAS CT	CO	54	D4
PLUMBAGO CT	ROCK	15B	B3
PLUMBAGO PL	ROCK	15B	B3
PLUMBER WY	CO	12	B3
PLUME WY	CO	96	B4
PLUMERIA AV	CO	40	B4
PLUMGROVE WY	CO	58	C3
PLUMMER LN	FOL	47	B1
PLUM TREE CT	CO	18	B4
PLUMTREE RD	PLCO	H	C4
PLUMWOOD CT	CO	18	D6
PLUTO WY	CO	38	C7
PLYMOUTH DR	CO	12	A3
PLYMOUTH RCK LN	CO	17	B6
POCA MONTOYA DR	PLCO	15C	B6
POCKET RD	SAC	71	E3
POCKET RD	SAC	72	B7
POCONO CT	CO	43	A5
POET SMITH DR	AUB	13D	D4
POETT PL	CO	16A	C6
POINDEXTER PL	PLCO	15C	D4
POINT RD	CO	120	B4
POINT EAST DR	CO	42	B5
POINTER CT	SAC	75	C2
PT PLEASANT RD	CO	117	C7
POINT PRIM CT	CO	38	D2
POINT REYES WY	CO	56	C6
POINT WEST WY	SAC	37	A6
POIRIER WY	SAC	73	A6
POKER LN	CO	10	E7
POKER LN	CO	12	E1
POKER LN	CO	16A	A7
POKER LN	CO	17	A1
POKER FLAT DR	CO	42	D1
POKO LN	CO	148	C1
POLARIS DR	CO	59	A5
POLAR STAR ST	ROCK	15B	A3
POLHEMUS DR	CO	97	C5
POLK ST	CO	36	A3
POLLARD AV	CO	40	C4
POLLEN WY	CO	17	E4
POLLEY DR	ROS	16B	B5
POLLY AV	CO	21	B7
POLO CT	CO	40	D3
POLVADERA CT	SAC	72	B4
POMEGRANATE AV	CO	76	B6
POMEGRANATE AV	SAC	73	E6
POMEGRANATE AV	SAC	76	A6
POMEROL LN	CO	17	D2
POMEROY WY	CO	18	A4
POMO CIR	CO	43	A5
POMO CT	EDCO	26A	B2
POMONA WY	CO	40	C4
POMPEI CT	CO	17	B1
PONCHO CNDE CIR	CO	88	B6
POND LN	CO	104	A6
POND PL	PLCO	13A	D2
PONDEROSA CT	FOL	22	D6
PONDEROSA LN	SAC	34	D3
PONDEROSA RD	EDCO	M	C3
POND VIEW LN	PLCO	13C	C3
PONI CT	CO	21	B5
PONTIAC CT	CO	76	B3
PONTICELLI WY	CO	16B	C7
PONY BROWN RD	CO	91	C2
PONY EXPRESS DR	SAC	33	E1
PONY EXPRESS DR	SAC	34	A1
PONY TRAIL WY	SAC	76	C3
POOLE DR	CO	59	B3
POPE AV	CO	37	D1
POPE AV	CO	38	A2
POPE ST	PLCO	6	A1
POPLAR AV	WSAC	51	B4
POPLAR BLVD	CO	36	A2
POPLAR LN	CO	17	D2
POPLAR ST	GALT	148	D5
POPLAR HLLOW LN	CO	97	E3
POPPY LN	ROS	16A	E3
POPPY ST	CO	6	A3
POPPY WY	CO	16A	E7
POPPY WY	CO	17	E1
POPPY WY	CO	18	A1
POPPYFIELD WY	CO	18	C3
POPPY RIDGE RD	CO	98	C2
POPPY RIDGE RD	CO	99	A2
POQUITA ST	SAC	34	E3
PORT ST	WSAC	51	A4
PORTAGE RIV CT	CO	42	B2
PORT DR S	CO	58	D1
PORTER DR	ROCK	15B	B4
PORTER DR	ROS	16A	C2
PORTER WY	CO	37	D5
PORT GIBSON CT	CO	17	B6
PORTILLO CT	EDCO	26A	C4
PORTINAO CIR	SAC	71	E5
PORTLAND AV	AUB	13D	D3
PORTLAW WY	CO	96	C5
PORTO DR	FOL	22	D4
PORTOLA CIR	ROCK	15B	A4
PORTOLA WY	SAC	54	A1
PORTO ROSA DR	CO	97	D6
PORTO SANTO CT	SAC	71	E5
PORTRAIT WY	CO	56	D6
PORTSMOUTH AV	WSAC	51	B2
PORTSMOUTH DR	CO	59	C2
PORTSMOUTH ST	ROCK	15B	A1
PORTUGAL WY	CO	72	B5
PORTWOOD CT	CO	58	D3
POSADA WY	CO	56	C7
POSADA WY	CO	58	C1
POSADERA AV	CO	18	E4
POST RD	CO	40	C5
POSTEN WY	CO	16A	C7
POSTEN WY	CO	17	C1
POST OAK LN	CO	37	C5
POTOMAC AV	SAC	34	B2
POTOMAC LN	CO	36	B4
POTOMAC RIV CT	CO	42	A3
POTRERO WY	SAC	53	E5

212
POTRERO WY
1988 SACRAMENTO COUNTY STREET INDEX
RECYCLE RD

SACRAMENTO CO.

STREET	CITY	PG. NO.	SEE
POTRERO WY	SAC	54	A5
POTTER LN	CO	36	A7
POTTER LN	CO	37	E1
POTTER LN	CO	38	A1
POTTS CT	CO	18	E5
POULSON ST	CO	18	B3
POUNDS AV	CO	38	B1
POVERTY RD	CO	161	A5
POW WY	SAC	54	B4
POWDERHORN WY	SAC	31	E7
POWDERHORN WY	SAC	32	A7
POWDERHORN WY	SAC	33	E1
POWDER RIVER CT	CO	42	B2
POWELL DR	CO	62	A3
POWERHOUSE RD	PLCO	13C	D6
POWERHOUSE RD	PLCO	14B	E1
POWERHOUSE RD	PLCO	14C	A1
POWER INN RD	CO	76	D7
POWER INN RD	CO	78	D1
POWER INN RD	CO	78	D3
POWER INN RD	SAC	57	D7
POWER INN RD	SAC	76	D3
POWER LINE RD	CO	2	C5
POWER LINE RD	CO	4	C7
POWER LINE RD	CO	28	B4
POWERS CT	EDCO	47	E2
POWERS DR	EDCO	25	D7
POWERS DR	EDCO	47	E1
POWLES CT	ROS	16A	D6
PRADERA CT	FOL	22	C4
PRADERA MESA DR	SAC	76	B1
PRADO CT	SAC	33	D2
PRADO VISTA	CO	69	E7
PRAIRIE CIR	SAC	76	C2
PRAIRIE CT	GALT	148	D2
PRAIRIE CT	PLCO	13C	A7
PRAIRIE CITY RD	CO	44	B4
PRAIRIE CITY RD	CO	46	C2
PRAIRIE CITY RD	FOL	44	A1
PRAIRIE CK WY	SAC	75	E1
PRAIRIE HLLS CT	CO	10	A6
PRAIRIE ROSE PL	CO	42	D1
PRAIRIE TR WY	CO	58	C4
PRAIRIEWOOD DR	CO	77	A7
PRAIRIEWOODS DR	CO	79	A1
PRATT	ROS	16A	D3
PRATT AV	CO	17	E2
PRATT AV	CO	18	A2
PRATTON LN	CO	127	B6
PREAKNESS WY	CO	9	E6
PREDIAL WY	CO	12	D3
PREGO WY	SAC	34	A1
PREMIER WY	CO	56	D7
PRENTISS DR	CO	73	E2
PRENTISS DR	CO	76	A2
PRESCOTT WY	SAC	76	A7
PRESERVATION WY	CO	61	A2
PRESIDENT AV	CO	36	B1
PRESIDENTIAL LN	SAC	76	B2
PRESIDIO ST	SAC	35	B7
PRESIDIO WY	ROS	16B	A6
PRESTIGE LN	CO	42	B4
PRESTON WY	CO	78	D4
PRESTWICK CT	SAC	33	E4
PRETENSE CT	CO	43	A6
PRETENTIOUS WY	CO	12	C3
PRETTY BUSH CT	CO	17	B5
PRETTY GIRL CT	CO	17	B5
PREWETT DR	FOL	22	E7
PREWETT DR	FOL	25	A7
PREWETT DR	FOL	47	B1
PRICE CT	SAC	34	E3
PRICE WY	FOL	22	B6
PRIDES CROSSING	CO	16A	D6
PRIM CT	CO	54	D6
PRIMASING AV	CO	113	D6
PRIMA VERA	CO	78	C1
PRIMA VERA WY	CO	76	C7
PRIME WY	CO	18	C3
PRIMO WY	SAC	33	D4
PRIMROSE AV	PLCO	13B	B6
PRIMROSE DR	CO	18	A7
PRIMROSE DR	CO	40	A1
PRIMROSE LN	PLCO	16B	D5
PRIMROSE WY	SAC	52	E3

STREET	CITY	PG. NO.	SEE
PRINCE ST	CO	17	E4
PRINCE ST	CO	18	A4
PRINCE HENRY DR	SAC	34	A2
PRINCEPIO WY	CO	21	C7
PRINCESS CT	CO	17	D3
PRINCETON ST	SAC	37	A5
PRINCEVILLE CIR	SAC	72	B5
PRINGLE AV	CO	148	A4
PRINGLE AV	GALT	148	C4
PRIOR WY	CO	10	A6
PRISCILLA LN	SAC	57	C5
PRISON RD	FOL	22	B4
PRITCHARD AV	CO	2	A7
PRITCHARD RD	CO	76	E5
PRO-AM CT	CO	33	B5
PROCTOR AV	WSAC	51	B3
PROFESSIONAL DR	CO	38	A7
PROFESSIONAL DR	PLCO	13B	A2
PROFESSIONAL DR	ROS	16B	B3
PROGRESS CT	CO	42	A6
PROMONTORY WY	CO	43	B2
PROMONTRY PT CT	EDCO	23	D4
PROMONTRY PT LN	CO	40	C7
PROMNTORY PT LN	CO	42	C1
PROMONTRY PT RD	EDCO	23	D4
PRONGHORN CT	CO	16A	C6
PROPER CT	CO	12	D3
PROPITIOUS CT	CO	12	D3
PROSPECT CT	PLCO	16C	C1
PROSPECT DR	CO	39	C5
PROSPECT HLL DR	CO	42	D2
PROSPECTOR CT	FOL	21	D5
PROSPECTOR RD	PLCO	14B	E7
PROSPECTOR RD	PLCO	15D	B1
PROSPECTORS RD	EDCO	M	D1
PROSPECT PK DR	CO	42	A7
PROSPECT PK DR	CO	59	E1
PROSPECT PK DR	CO	60	A1
PROSPERITY CT	CO	76	D6
PROUTY RD	SJCO	153	D6
PROVIDENCE LN	PLCO	16C	C3
PROVIDENCE WY	CO	12	B6
PROVIDENCE WY	ROS	16A	B1
PROVO WY	SAC	73	B5
PROW CT	SAC	53	C6
PRUITT LN	CO	10	E7
PRUITT LN	CO	16A	A7
PRY CT	CO	36	E1
PUEBLA WY	ROS	16A	C2
PUEBLO CT	PLCO	16C	B4
PUEBLO ST	CO	36	E6
PUENTE WY	CO	56	C1
PUERTO DR	CO	88	E1
PUFFER WY	FOL	21	D4
PUKA WY	SAC	75	D2
PULLEN ST	ROS	16A	E1
PULLEN ST	ROS	16B	A1
PULLMAN DR	CO	58	E1
PULSAR CIR	SAC	73	B4
PUMA WY	CO	38	D7
PUMICE CT	SAC	73	C5
PUMPHOUSE RD	YCO	92	A1
PURDUE CT	SAC	55	E7
PURDUE CT	SAC	57	E1
PURDY LN	PLCO	16C	C4
PURINTON DR	CO	37	D3
PURSLANE WY	CO	17	C1
PUTCIE LN	CO	16B	A6
PUTNAM WAY	SAC	72	E5
PUTTER CT	ROCK	15B	A3
PUZZLEWOOD LN	PLCO	13A	A2
PYRACANTHA CT	CO	18	D4
PYRAMID WY	CO	37	C3
PYRITE LN	PLCO	13A	E7
PYRITES WY	CO	42	C3
Q			
Q ST	CO	8	C2
Q ST	CO	11	B2
Q ST	CO	12	A3
Q ST	SAC	51	D4
Q ST	SAC	52	A5
Q ST	SAC	55	A7
Q ST	SAC	57	B1
QUADRA AV	CO	8	D5
QUAIL CIR	ROS	16B	A4

STREET	CITY	PG. NO.	SEE
QUAIL LN	PLCO	16B	E4
QUAIL RD	CO	39	D2
QUAIL CREEK CT	CO	43	A4
QUAIL GLEN CT	CO	43	A3
QUAIL HILL DR	PLCO	13C	E6
QUAIL HILL WY	CO	43	A3
QUAIL HOLLOW CT	CO	43	A4
QUAIL MEADOW WY	CO	43	A3
QUAIL OAK WY	CO	18	C4
QUAIL OAKS DR	PLCO	16B	D2
QUAIL PARK WY	CO	9	E7
QUAIL POINT PL	CO	41	B6
QUAIL RUN LN	CO	98	B2
QUAIL RUN WY	CO	43	A3
QUAILWOOD WY	CO	18	D3
QUAKER CT	ROS	16A	B1
QUANAH WY	CO	18	D4
QUARRY CT	CO	42	B6
QUARRY LN	PLCO	14B	A1
QUARTZ CT	ROCK	15B	C1
QUARTZ CT	SAC	73	C6
QUARTZ DR	PLCO	13B	A1
QUARTZ HILL PL	CO	42	C1
QUARTZ MINE RD	PLCO	13A	C7
QUARTZ MINE RD	PLCO	13C	C1
QUARTZITE CIR	PLCO	16B	E3
QUARTZITE CIR	PLCO	16C	A3
QUASAR CIR	SAC	73	B4
QUAY CT	SAC	72	B1
QUAYMAS CT	CO	97	C6
QUEBEC WY	CO	8	E3
QUEBEC RIVER CT	CO	42	B2
QUEEN CT	CO	12	B6
QUEEN ANN CT	EDCO	25	D2
QUEEN MARY CT	EDCO	25	D4
QUEEN OAK CT	CO	97	A5
QUEENS CT	ROS	16B	B3
QUEENSBURY CT	CO	96	B5
QUEENSIDE LN	CO	36	B3
QUEENSTON CT	CO	39	B6
QN VICTORIA CT	EDCO	25	D4
QUEENWOOD DR	CO	42	A5
QUESADA WY	CO	56	D6
QUESTA CT	SAC	34	B3
QUICKSILVER DR	CO	63	B5
QUIESCIENCE LN	CO	39	C7
QUIET WY	CO	8	E2
QUIET MEADOW CT	CO	43	A5
QUIGGLE RD	CO	149	D2
QUIGGLE RD	CO	152	A2
QUINBY WY	SAC	73	E7
QUINBY WY	SAC	75	E1
QUINCE LN	CO	86	D6
QUINCEWOOD CIR	CO	17	B1
QUINCY AV	SAC	72	E6
QUINCY AV	SAC	73	A6
QUINLAN CT	CO	99	B1
QUINN AV	SAC	51	E6
QUINN AV	SAC	52	A6
QUINN PL	PLCO	15C	D4
QUINN WY	CO	12	A2
QUINTA CT	SAC	78	C1
QUONSET DR	SAC	57	C5
R			
R ST	SAC	51	D4
R ST	SAC	52	A5
RABENECK WY	CO	43	A2
RACE TRACK CIR	ROCK	15B	D3
RACE TRACK RD	CO	142	B6
RACE TRACK RD	CO	164	B3
RACE TRACK RD	ROCK	15B	D3
RACE TRACK ST	AUB	13D	C2
RACHEL DR	GALT	148	D3
RACHEL WY	CO	38	E5
RACOON HLLOW LN	PLCO	13B	B7
RACQUET CT	PLCO	13B	D3
RACQUET CLUB DR	PLCO	13B	D4
RADCLIFFE CT	SAC	55	E7
RADFORD ST	CO	16A	C6
RADIANCE CIR	CO	17	B4
RAFAEL DR	CO	6	B5
RAFFERTY AV	CO	11	E7
RAFFERTY AV	CO	12	A7
RAFFERTY AV	CO	35	E1
RAFTON CIR	CO	59	C4

STREET	CITY	PG. NO.	SEE
RAHERE CT	CO	12	E2
RAIL CT	SAC	54	E5
RAILROAD AV	ROCK	15B	C3
RAILROAD AV E	SAC	57	C3
RAILROAD AV W	SAC	57	C3
RAILROAD DR	SAC	34	C6
RAILROAD LN	CO	143	C7
RAILROAD ST	CO	97	C7
RAIMER WY	CO	38	E7
RAINBOW AV	CO	37	C3
RAINBOW LN	CO	101	A7
RAINBOW LN	PLCO	13C	B7
RAINBOW LKS CT	FOL	21	E2
RAINBOW RIV CT	CO	42	A2
RAINIER AV	ROCK	15B	A5
RAINIER CT	ROCK	15B	B6
RAIN MEADOW LN	CO	17	B6
RAINTREE CT	ROS	16B	A5
RAINTREE DR	CO	17	D3
RALDINA CT	CO	41	C2
RALEIGH WY	CO	36	D7
RALEY BLVD	SAC	35	B4
RALSTON LN	PLCO	13C	C3
RALSTON RD	CO	37	C3
RAMADA WY	SAC	73	C3
RAMBLEOAK CIR	SAC	72	C5
RAMBLER WY	CO	12	E7
RAMBLER WY	CO	36	E1
RAMBLEWOOD WY	CO	16A	B7
RAMBLING DR	FOL	22	E5
RAMEL WY	CO	56	B4
RAMO CT	CO	42	A4
RAMON CT	EDCO	23	E3
RAMON CT	GALT	148	C6
RAMON DR	CO	55	D2
RAMON DR	GALT	148	C6
RAMONA AV	SAC	57	C1
RAMONA LN	CO	17	E2
RAMONA ST	CO	40	C5
RAMONA VISTA WY	CO	38	E5
RAMOS CIR	CO	59	C4
RAMP WY	SAC	51	C5
RAMPART DR	CO	39	B5
RAMPART DR	ROS	16B	A4
RAMSEY DR	CO	12	B3
RAMSEY LN	PLCO	14B	E4
RAMSGATE WY	CO	59	C2
RAMSTAD AV	CO	43	A2
RAMWOOD WY	CO	18	C4
RANCH AV	CO	17	E7
RANCH AV	CO	39	E1
RANCH DR W	CO	16B	D7
RANCH RD	GALT	150	D2
RANCH RD E	SAC	55	D5
RANCHERIA DR	CO	101	B5
RANCHERIA RD	PLCO	13D	B5
RANCHERO WY	CO	41	A4
RANCH HOUSE RD	PLCO	G	E6
RANCHITA WY	CO	40	D4
RANCHITO	CO	42	A3
RANCHO CIR	AUB	13D	C4
RANCHO DR	AUB	13D	C4
RANCHO DR	CO	97	C5
RANCHO ADOBE DR	SAC	76	C2
RANCHO CAMPO CT	SAC	76	C3
RCHO GRANDE CT	CO	97	B4
RCHO GRANDE WY	SAC	76	B2
RCHO LAGUNA DR	CO	96	B4
RANCHO LOBO CT	SAC	76	B2
RANCHO LOMA CT	SAC	76	C2
RO LOS PAVOS LN	PLCO	15C	C7
RNCHO MADERA WY	SAC	76	B2
RNCHO MIRAGE CT	CO	17	D5
RANCHO PICO WY	SAC	76	B2
RANCHO PLAZA DR	SAC	76	B3
RANCHO RIO WY	SAC	34	A1
RANCHO ROBLE WY	SAC	34	B1
RCHO SIERRA RD	PLCO	13A	E1
RANCHO SILVA DR	SAC	34	A2
RCHO TIERRA CT	EDCO	26A	B5
RANCHO TORRE CT	SAC	76	C2
RANCHO VERDE CT	SAC	76	B2
RANCHO VERDE LN	PLCO	14B	A6
RANCHO VISTA WY	SAC	32	A7
RANCH PARK WY	CO	97	B5

STREET	CITY	PG. NO.	SEE
RANCH RIVER DR	CO	9	B7
RANCH RIVER DR	CO	11	B1
RANCHVIEW CT	CO	100	B3
RANCHWOOD CT	CO	40	E4
RAND LN	CO	56	C1
RAND RD	PLCO	13A	E1
RANDALL CT	FOL	22	D4
RANDALL DR	FOL	22	C4
RANDALL ISLE RD	CO	113	D5
RANDALL ISLE RD	CO	116	A4
RANDHURST WY	CO	40	E5
RANDOLPH AV	CO	38	E3
RANDOLPH RD	CO	101	C6
RANDOM LN	CO	38	A6
RANDOM OAKS LN	PLCO	15D	A1
RANDY RD	CO	77	B4
RANDY ST	CO	8	C5
RANELLS CT	CO	41	A5
RANGE WY	GALT	148	C7
RANGE WY	GALT	150	C1
RANGER WY	CO	39	B4
RANGEVIEW RD	CO	78	C2
RANIER WY	CO	12	E6
RANSOM AV	CO	55	C2
RAPID CT	CO	36	E1
RAPID RIVER CT	SAC	72	A6
RAPP LN	CO	16A	A6
RAPPAHANNOCK WY	CO	39	C4
RASCOMMON WY	CO	56	E4
RASHAWN DR	CO	42	A4
RASMUSSEN CIR	CO	9	C5
RASSMUSSEN RD	PLCO	14B	B6
RASSY WY	CO	37	C4
RATHMORE CT	CO	96	B5
RATTAN WY	CO	16A	C7
RATTLSNK BAR RD	EDCO	14C	E5
RATTLSNK BAR RD	EDCO	15D	E4
RATTLSNK BAR RD	PLCO	14C	A3
RAU RD	CO	98	D6
RAU RD	CO	120	D1
RAVENCREST WY	CO	16A	B7
RAVENNA WY	EDCO	23	C3
RAVENS WY	CO	59	B2
RAVENSTONE WY	CO	12	D6
RAVENWOOD AV	CO	38	C4
RAVENWOOD LN	EDCO	26A	B6
RAVINA CT	CO	40	B6
RAVINE CIR	CO	42	C6
RAVINE CT	PLCO	13C	A3
RAVINE LN N	CO	43	C2
RAVINE LN S	CO	43	C2
RAVINE CREEK WY	CO	96	A4
RAVINE VIEW DR	ROS	16B	A4
RAVINE VIEW LN	CO	43	C2
RAVINE VLLGE RD	ROCK	15B	D4
RAWHIDE CT	ROCK	14A	A6
RAWHIDE LN	CO	86	A5
RAWHIDE LN	PLCO	10	E4
RAWHIDE RD	ROCK	14A	A7
RAWHIDE RD	ROCK	15B	B1
RAWHIDE WY	CO	56	C5
RAWLINGS CT	FOL	22	D5
RAY ST	SAC	37	B5
RAYALL CT	PLCO	14B	C4
RAYAN WY	CO	62	A2
RAYBEL AV	CO	39	A1
RAYFEN LN	PLCO	14B	E1
RAYMOND LN	FOL	21	E1
RAYMOND LN	FOL	22	A1
RAYMOND WY	SAC	57	A3
READING ST	FOL	21	E7
REAMER ST	AUB	13D	D1
REAMS RD	PLCO	13C	B2
REARES LN	SAC	54	B1
REBA CT	CO	59	B4
REBA CT	PLCO	16C	B1
REBA DR	PLCO	16C	B1
REBA RD	PLCO	13B	B3
REBECCA CT	ROS	16B	B5
REBECCA WY	CO	38	C2
REBECCA WY	FOL	22	C5
REBEL CIR	CO	17	B6
REBEL HILL RD	CO	60	C3
REC DR	AUB	13D	C3
RECYCLE RD	CO	60	C4

INDEX

RED BARN CT

1988 SACRAMENTO COUNTY STREET INDEX

213
RIVIERA CIR

SACRAMENTO CO.
INDEX

STREET	CITY	PG. NO.	SEE
RED BARN CT	CO	56	E6
RED BRANCH	SAC	33	D1
RED BROOK WY	CO	41	D4
REDBUD DR	ROCK	15B	D3
RED BUD LN	CO	76	C6
REDBUD RD	PLCO	16C	D3
REDBURN LN	CO	41	D7
RED CEDAR CIR	CO	59	A5
REDCLIFF DR	CO	17	A6
REDCOAT LN	CO	59	B4
RED DEER WY	SAC	75	D1
REDDICK CT	EDCO	25	E7
REDDICK CT	EDCO	47	E1
REDDICK WY	EDCO	47	E1
REDDING AV	SAC	57	B3
RED DOG LN	AUB	13D	C5
RED EAGLE CT	CO	12	B1
RED ELK DR	CO	96	D4
RED FOX WY	CO	96	E4
REDGOLD WY	CO	58	D1
RED GULCH CT	CO	42	D1
RED HAWK WY	SAC	33	E3
REDHEAD WY	CO	12	D4
REDLANDS WY	CO	77	A7
REDLANDS WY	CO	79	A1
RED LEAF WY	CO	58	B1
RED MAPLE WY	CO	18	B4
RED MOUNTAIN RD	EDCO	24	C5
RED OAKS CT	CO	16A	C7
REDONDO AV	SAC	34	C3
RED PINE CT	CO	18	B4
RED RAVINE RD	PLCO	13C	C6
RED RIVER CT	SAC	72	C4
RED ROBIN LN	CO	37	C3
REDROCK CT	FOL	22	A4
RED SHERRY LN	CO	40	C1
RED RYDER LN	CO	18	C2
REDSKIN CT	CO	17	B4
REDSTONE DR	CO	59	B6
RED WILLOW ST	SAC	72	E7
REDWING CT	CO	18	E2
REDWOOD AV	SAC	34	C5
REDWOOD AV	WSAC	53	B4
REDWOOD LN	FOL	21	E2
REDWOOD LN	FOL	22	A2
REDWOOD WY	PLCO	13B	E6
REECEMAR	CO	18	E7
REED AV	WSAC	30	D7
REED AV	WSAC	51	A1
REED AV	WSAC	51A	E1
REED CT	SAC	55	E7
REED CT	SAC	57	E1
REEDLY WY	CO	78	D3
REEDSPORT CT	CO	58	D1
REEF CT	ROS	16A	E5
REEF CT	SAC	72	B3
REEL CIR	SAC	75	C1
REENEL WY	SAC	74	E1
REETEY AV	CO	18	E5
REEVES WY	FOL	44	E1
REEVES WY	FOL	47	A1
REFINED CT	CO	12	D3
REFINEMENT RD	CO	60	D5
REGAL CT	CO	77	A4
REGAN CT	CO	17	D4
REGARD WY	CO	12	D3
REGATTA DR	SAC	34	B2
REGENCY CIR	CO	56	D2
REGENCY DR	CO	17	D6
REGENT RD	CO	38	B1
REGENT ST	WSAC	51	B5
REGGIE WY	CO	36	E6
REGGINALD WY	SAC	32	D5
REGINA WY	SAC	51	E7
REGINA WY	SAC	52	A7
REGINA WY	SAC	53	E1
REGLI WOODS CT	CO	16A	C6
REICHMUTH WY	SAC	72	C4
REID WY	SAC	55	A3
REIGL RD	CO	103	E5
REIGL RD	CO	106	A5
REIMS WY	CO	12	E2
REINA CT	CO	17	B1
REINA WY	CO	78	C1
REINDEER WY	SAC	75	D2

STREET	CITY	PG. NO.	SEE
REINER WY	SAC	34	A4
REINHOLD ST	CO	18	C7
REINHOLD ST	CO	40	C1
REINO	CO	69	E7
REINO	CO	88	E1
REISLING WY	CO	40	B1
REITH CT	CO	58	B2
REMINGTON AV	CO	17	B7
REMINGTON CT	ROS	16B	B3
REMINGTON DR	FOL	22	D6
REMO WY	SAC	73	A4
RENE AV	SAC	35	C5
RENEE CT	WSAC	53A	E2
RENEE ANN ST	CO	21	B6
RENICK WY	CO	36	B2
RENKE RD	CO	149	D5
RENNER WY	CO	39	D7
RENO LN	CO	17	E1
RENO LN	CO	18	A1
RENOIR CT	CO	43	A5
RENSSELAER WY	SAC	57	D1
RENTON WY	CO	76	C6
REPRESNTATVE LN	SAC	76	A1
REPUBLIC CT	CO	12	B3
REQUA WY	CO	76	B5
RESCUE CT	CO	36	E1
RESEARCH DR	SAC	32	D6
RESERVE DR	CO	59	E3
RESERVOIR CT	PLCO	16C	B6
RESERVOIR DR	PLCO	16C	B6
RESERVOIR RD	CO	3	D2
RESPONSE RD	SAC	37	A7
RESSWOODS CT	CO	78	D5
RETA AV	SAC	57	C3
RETREAT WY	CO	38	E6
REUTER DR	WSAC	51	C1
REUTER RANCH RD	ROS	16A	E5
REVELSTOK DR	CO	12	D7
REVELSTOK DR	CO	36	C1
REVERE DR	ROS	15A	B7
REVERE DR	ROS	16A	B1
REVERE ST	SAC	51	E6
REX CT	SAC	53	D5
REXFORD WY	CO	39	C1
REYCRAFT DR	CO	36	B5
REYMAN LN	LMS	14A	C5
REYMOUTH AV	CO	59	D3
REYN OAKS WY	CO	12	D3
REYNOLDS WY	SAC	35	B3
RHINE WY	CO	9	C6
RHINE RIVER CT	CO	42	B2
RHOADES WY	FOL	22	E5
RHODA WY	CO	41	C6
RHODE ISLAND CT	CO	39	A2
RHODE ISLAND DR	CO	39	A3
RHODES DR	PLCO	13B	E3
RHODIN LN	SAC	51	E4
RHODORA CT	CO	18	C4
RHONDA WY	CO	38	A3
RIALTO CT	SAC	75	E4
RIBIER WY	CO	41	D6
RICE AV	WSAC	51	A2
RICE DR	CO	62	B3
RICH LN	CO	16A	A7
RICH ST	CO	33	B7
RICH ST	WSAC	51	B1
RICHARDS BLVD	SAC	33	E7
RICHARDS BLVD	SAC	34	A7
RICHARDS BLVD	SAC	52	A1
RICHARDS DR	ROS	15A	C7
RICHARDS RD	PLCO	13B	D2
RICHARDSON CIR	EDCO	26	B4
RICHARDSON DR	PLCO	13B	A1
RICHARDSON WY	CO	38	D3
RICH CREEK CT	CO	77	A7
RICH CREEK CT	CO	79	A1
RICHDALE WY	CO	43	D2
RICHEVE WY	CO	76	C3
RICHEY RD	CO	56	E6
RICHEY RD	CO	59	A6
RICH HILL DR	CO	21	B7
RICHION DR	SAC	78	A2
RICHMAN WY	CO	76	C3
RICHMOND ST	CO	38	A6
RICHON VISTA CT	CO	36	E6

STREET	CITY	PG. NO.	SEE
RICHWOOD CT	CO	40	B3
RICKENBACKER WY	AUB	13B	C1
RICKETY RACK RD	LMS	15C	B4
RICKEY DR	SAC	53	E6
RICK MARY CT	CO	40	D2
RICO CT	CO	21	A7
RICKY DICKY	CO	41	C2
RIDDIO ST	CO	18	A7
RIDDLE CT	CO	55	C2
RIDER CT	ROS	15A	C7
RIDGE DR	AUB	13D	C2
RIDGE DR	PLCO	14B	B7
RIDGE RD	PLCO	13C	A2
RIDGE ST	CO	40	B6
RIDGE WY	AUB	13D	E2
RIDGE WY	PLCO	16C	D3
RIDGECREST CT	CO	39	D7
RIDGECREST WY	PLCO	14B	E7
RIDGECREST WY	ROS	16B	C5
RIDGEDALE CT	ROS	16B	C6
RIDGEFIELD AV	CO	36	E6
RIDGEGATE WY	CO	40	B2
RIDGEGLEN WY	CO	40	B2
RIDGEGROVE WY	CO	40	B2
RIDGELINE LN	CO	43	B3
RIDGELY CT	CO	40	B2
RIDGEMARK CT	SAC	72	B4
RIDGEMONT DR	CO	40	B2
RIDGEMORE CT	CO	21	B7
RIDGEPARK CT	CO	39	E5
RIDGE PARK DR	LMS	15C	A5
RIDGEPASS DR	EDCO	26B	D2
RIDGE ROUTE RD	EDCO	H	E7
RIDGERUN DR	PLCO	16A	B2
RIDGESIDE CT	ROS	16B	C5
RIDGESIDE LN	CO	21	C7
RIDGETOP CT	CO	40	C2
RIDGEVALE WY	CO	40	B2
RIDGEVIEW CIR	AUB	13D	B6
RIDGE VIEW CIR	ROCK	15B	C5
RIDGEVIEW CT	CO	17	B7
RIDGEVIEW DR	EDCO	25	D7
RIDGEVIEW DR	EDCO	47	E1
RIDGEVIEW DR	ROS	16B	B6
RIDGEVIEW LN	PLCO	13C	A6
RIDGEVINE WY	CO	40	B2
RIDGE VISTA CT	CO	40	B2
RIDGEWAY DR	SAC	53	D5
RIDGE WILLOW CT	CO	76	C6
RIDGEWOOD CT	ROCK	15B	B6
RIDGEWOOD DR	PLCO	14B	C5
RIDGEWOOD WY	CO	36	B7
RIDGEWOOD WY	CO	38	B1
RIDING CLUB LN	CO	38	B6
RIDLEY WY	CO	12	A5
RIEGO RD	SUT	6	A1
RIESLING WY	CO	41	E6
RIFFLE CT	CO	56	E2
RIFLE RIDGE DR	CO	9	C5
RIGGING CT	CO	17	A2
RIGLER ST	CO	43	A4
RILEY RD	CO	102	D7
RILEY RD	CO	124	D5
RILEY ST	FOL	22	A6
RILEY ST	FOL	44	B1
RILL CT	ROCK	15B	A2
RIMMA WY	ROS	16B	B5
RIMMER AV	SAC	34	B1
RIMROCK DR	CO	76	C4
RIMWOOD DR	CO	40	B2
RINALDO WY	SAC	34	A3
RINCONADA DR	CO	18	A5
RINCON VILLA	CO	78	C1
RINDA DR	CO	41	C6
RINETTI WY	CO	8	C5
RING DR	SAC	76	C1
RINGGOLD ST	SAC	51	D6
RINGNECK CT	CO	12	C4
RINGTAIL RD	EDCO	H	E6
RINGWOOD RD	CO	101	E7
RIO CIR	CO	88	D2
RIO CT	ROCK	15B	C2
RIO LN	SAC	53	C5
RIO ADELANTO	SAC	32	A7
RIO ALTA WY	SAC	32	A7

STREET	CITY	PG. NO.	SEE
RIO BARCO WY	SAC	72	C7
RIO BARCO WY	SAC	74	C1
RIO BLANCO DR	CO	88	D2
RIO BONITO DR	CO	41	B5
RIO BRAVO CIR	CO	56	D5
RIO CAMINO	SAC	31	E7
RIO CAMINO	SAC	32	A7
RIO CAMINO ST	AUB	13D	E2
RIO CAMPO CT	SAC	31	E7
RIO CAMPO CT	SAC	32	A7
RIO CIDADE WY	SAC	74	C1
RIO CIDADE WY	SAC	72	C7
RIO CONSMNS CIR	CO	99	C1
RIO CRESTA WY	SAC	32	A7
RIO CUARTO CT	CO	17	D5
RIO DEL ORO LN	CO	55	D4
RIO DEL SOL WY	SAC	32	A7
RIO DEL SOL WY	SAC	34	A1
RIO DE ORO	SAC	55	E6
RIO ESTRADA WY	SAC	72	C7
RIO ESTRADA WY	SAC	74	C1
RIO GRANDE WY	CO	56	C5
RIO LARGO WY	SAC	32	A7
RIO LINDA BLVD	CO	6	B3
RIO LINDA BLVD	CO	8	D7
RIO LINDA BLVD	SAC	32	E6
RIO LINDA BLVD	SAC	34	E3
RIO LOMA WY	SAC	32	A7
RIO LOMA WY	SAC	34	A1
RIO MONDEGO DR	SAC	72	C6
RIO MONTE CT	CO	39	C5
RIO NORTE WY	SAC	32	A7
RIO OSO DR	CO	88	E2
RIO PACIFICA WY	SAC	32	A7
RIO PORTO CT	SAC	72	C7
RIO PORTO CT	SAC	74	C1
RIO ROSA WY	SAC	32	A7
RIO ROYAL WY	SAC	32	A7
RIO TINTO AV	CO	36	C6
RIO VERDE WY	CO	12	B7
RIO VISTA AV	CO	36	C7
RIO VISTA DR	PLCO	13B	E4
RIPLEY ST	SAC	35	C7
RIPON CT	CO	57	D1
RIPON CT	CO	57	E1
RIPON CT	SAC	55	E7
RIPON CT	SAC	57	E1
RIPPEY RD	PLCO	14B	A2
RIPPLE CT	SAC	72	A1
RIPPLEWOOD CT	CO	17	E2
RIPPLING WY	ROCK	15B	A6
RIPTIDE WY	SAC	72	A2
RISING RD	CO	103	E2
RISING RD	CO	106	A1
RISING RD	CO	107	A1
RISING OAKS CT	CO	43	A6
RISING STAR PL	CO	42	D2
RISKE LN	WSAC	51	C3
RISLEY CT	CO	12	D3
RISLEY PL	PLCO	16C	B4
RITA AV	CO	38	E1
RITA LOU WY	CO	17	E6
RITA LOU WY	CO	18	A6
RITTER CT	CO	39	B4
RITZ RD	SJCO	150	D4
RITZ WY	CO	40	E1
RIVA RIDGE CT	ROS	16A	E5
RIVA RIDGE DR	CO	43	A5
RIVER DR	CO	40	B7
RIVER RD	CO	74	E7
RIVER RD	CO	92	B3
RIVER RD	CO	94	D5
RIVER RD	CO	113	D5
RIVER RD	CO	115	B2
RIVER RD	CO	115	D6
RIVER RD	CO	116	A4
RIVER RD	CO	139	D7
RIVER RD	CO	140	B4
RIVER RD	CO	142	A2
RIVER RD	CO	143	C5
RIVER RD	CO	159	B7
RIVER RD	CO	161	D3
RIVER RD	CO	162	E3
RIVER RD	CO	170	B7
RIVER RD	CO	180	B5

STREET	CITY	PG. NO.	SEE
RIVER RD	ISLE	162	E3
RIVER RD	YCO	3	A6
RIVER RD	YCO	27	C1
RIVER RD	YCO	28	D6
RIVER RD	YCO	30	D3
RIVER WY	FOL	21	E6
RIVER WY N	CO	56	C4
RIVERA CIR	CO	55	D2
RIVERA DR	SAC	34	E1
RIVERA DR	SAC	37	A1
RIVER ACRES DR	SAC	71	E5
RIVERBANK PL	CO	41	B5
RIVERBANK RD	WSAC	33	A7
RIVER BEND CIR	SAC	51	D7
RIVER BEND CT	FOL	21	D6
RIVER BLUFF LN	CO	41	B5
RIVERBOAT WY	SAC	72	A3
RIVERBREA CT	SAC	72	B4
RIVERBROOK CT	CO	56	E6
RIVERBROOK WY	SAC	71	E3
RIVER CITY WY	SAC	33	E3
RIVER COLLGE DR	CO	36	D4
RIVERCOVE WY	SAC	71	E4
RIVERCREST DR	SAC	72	A1
RIVERDALE WY	CO	41	C1
RIVENDELL LN	PLCO	13D	B1
RIVER EDGE WY	CO	41	D5
RIVER FRONT	CO	40	B6
RIVER GARDEN CT	SAC	74	D1
RIVERGATE WY	SAC	71	E5
RIVERGATE WY	SAC	72	A4
RIVERGLADE CT	SAC	72	C4
RIVER GLEN CT	CO	41	A5
RIVERGREEN DR	CO	9	B6
RIVERHURST CT	CO	78	D2
RIVER ISLE WY	SAC	71	E6
RIVER ISLE WY	SAC	72	A5
RIVERKNOLL PL	CO	41	B5
RIVERLAKE WY	SAC	72	A1
RIVERLITE CT	CO	42	B2
RIVER LOOK LN	CO	43	B4
RIVERMEAD CT	SAC	72	A4
RIVER MIST WY	CO	59	B1
RIVERMONT CT	SAC	34	A4
RIVERMOOR CT	SAC	71	E4
RIVERMOOR CT	SAC	72	A4
RIVER OAK WY	CO	41	A6
RIVER OAKS LN	CO	21	C7
RIVER PARK DR	SAC	37	A7
RIVERPINE CT	CO	41	A4
RIVER PLACE WY	SAC	71	E5
RIVER PLACE WY	SAC	72	A5
RIVER PLAZA DR	SAC	33	C5
RIVERPORT CIR	SAC	72	C4
RIVER RANCH WY	SAC	72	D7
RIVER RANCH WY	SAC	74	D1
RIVER RIDGE CT	FOL	21	E3
RIVER RIDGE CT	SAC	72	A6
RIVER RIDGE WY	FOL	21	D3
RIVER ROCK DR	FOL	21	D6
RIVER RUN CIR	ROCK	15B	A2
RIVER RUN CIR	SAC	33	E3
RIVER RUN CIR	SAC	34	A3
RIVERSIDE AV	CO	113	C7
RIVERSIDE AV	ROS	16A	D5
RIVERSIDE BLVD	SAC	51	E7
RIVERSIDE BLVD	SAC	53	C6
RIVERSIDE BLVD	SAC	71	E4
RIVERSIDE BLVD	SAC	72	A2
RIVERSTAR CIR	SAC	72	B4
RIVERTON WY	SAC	72	B1
RIVER TRAIL CIR	CO	41	D5
RIVERTREE WY	SAC	71	E4
RIVERTREE WY	SAC	72	A4
RIVERVIEW CT	SAC	53	B5
RIVERVIEW DR	AUB	13D	D4
RIV VILLAGE DR	SAC	72	A7
RIV VILLAGE CT	SAC	72	A7
RIVER VISTA WY	CO	41	D4
RIVER WALK WY	CO	56	E2
RIVERWIND WY	SAC	71	E5
RIVERWIND WY	SAC	72	A5
RIVERWOOD CT	ROCK	15B	B5
RIVERWOOD WY	CO	41	D5
RIVIERA CIR	EDCO	26	B4

STREET	CITY	PG. NO.	SEE
RIZA AV	SAC	76	A2
RIZZO CT	CO	54	C6
ROAD 141	YCO	92	B7
ROAD 142	YCO	94	A5
ROAD 144	YCO	92	A7
ROAD 144	YCO	94	A4
ROAD 146B	YCO	92	A5
ROAD 159	YCO	112	A5
ROADS END PL	CO	56	E6
ROAN CT	CO	9	E6
ROANOKE AV	SAC	35	B7
ROANOKE RIV CT	CO	42	A1
ROARING CAMP DR	CO	42	D1
ROBANDER ST	CO	39	C3
ROBBINS RD	CO	79	C4
ROBERT CT	PLCO	16C	D2
ROBERT WY	CO	37	C4
ROBERTA CT	ROS	15A	C6
ROBERTA LN	CO	12	A1
ROBERTA WY	ROS	16A	C1
ROBERT CREEK CT	CO	16B	B7
ROBERT FROST WY	CO	12	D6
ROBERTS DR	CO	16A	E7
ROBERTS RD	FOL	21	E2
ROBERTSON AV	CO	38	B2
ROBERTSON AV	CO	41	A2
ROBERTSON DR	PLCO	H	A5
ROBERTSON WY	SAC	51	D7
ROBERTSON WY	SAC	53	D1
ROBERTSN FLT RD	PLCO	J	A4
ROBERTS RIV WY	SAC	72	A7
ROBIE DR	AUB	13D	E2
ROBIE DR	PLCO	13D	E2
ROBIE WY	CO	16A	E6
ROBIE WY	PLCO	16A	E6
ROBIE LEE WY	CO	36	C7
ROBIN CT	PLCO	15B	E4
ROBIN LN	CO	56	C3
ROBIN LN	FOL	22	A1
ROBIN RD	PLCO	13B	E3
ROBIN LN	PLCO	14B	E4
ROBIN RD	CO	39	D2
ROBIN HILL WY	CO	18	E7
ROBINA CT	CO	18	D4
ROBINETTE RD	CO	78	D1
ROBIN HOOD CT	SAC	37	B6
ROBIN HOOD WY	PLCO	16C	C2
ROBINRIDGE WY	SAC	73	D6
ROBINSON WY	ROCK	15B	D3
ROBLE WY	CO	12	E4
ROBLE WY	ROCK	15B	C2
ROBLES GRNDE DR	CO	88	E1
ROBMAR CT	CO	17	E2
ROB RIVER WY	SAC	72	A4
ROB ROY LN	PLCO	16C	C1
ROBSON RD	CO	145	E2
ROBSON RD	CO	148	A3
ROBUR WY	CO	16B	A7
ROCA WY	CO	17	A3
ROCHDALE DR	CO	36	E6
ROCHELLE WY	CO	39	D2
ROCHON WY	SAC	54	B1
ROCK CT	CO	21	D7
ROCK LN	EDCO	23	C4
ROCKBRIDGE RD	SAC	37	B5
ROCK CANYON CT	FOL	21	E3
ROCK CANYON WY	CO	21	B7
ROCK CREEK RD	EDCO	H	E6
ROCK CREEK RD	PLCO	13B	B1
ROCK CREEK WY	SAC	76	C1
ROCK CREST PL	PLCO	15C	D6
ROCKET CIR	CO	43	B7
ROCKFIELD CT	CO	40	C3
ROCKFORD WY	SAC	33	E2
ROCKGLEN RD	FOL	16C	C7
ROCKGLEN RD	FOL	21	E1
ROCKGLEN RD	FOL	22	A1
ROCKHAMPTON DR	SAC	33	E2
ROCKHAMPTON DR	SAC	34	A2
ROCK HILL CT	SAC	33	E2
ROCKHURST WY	CO	76	C5
ROCKINGHAM DR	CO	59	D3
ROCKINGHAM ST	ROS	16B	C5
ROCKINGHORSE WY	SAC	32	A7
ROCK ISLAND DR	CO	58	E1
ROCKLAND WY	CO	39	D3
ROCKLEDGE CIR	CO	96	B5
ROCKLIN RD	LMS	15C	A4
ROCKLIN RD	PLCO	15C	A4
ROCKLIN RD	PLCO	15C	C3
ROCKLIN RD	ROCK	15B	C3
ROCK OAK LN	CO	43	B2
ROCK RAVINE CT	FOL	21	E4
ROCKROSE RD	WSAC	51	B3
ROCK SPRINGS RD	PLCO	14B	B1
ROCKWELL DR	CO	36	A1
ROCKWOOD DR	CO	38	B6
ROCKWOOD ST	ROCK	15B	D4
ROCKY	PLCO	15D	A4
ROCKY LN	CO	21	C4
ROCKY BEND DR	SAC	33	E2
ROCKY HILLS LN	CO	42	B3
ROCKY COVE	FOL	22	D4
ROCKY KNOLL LN	CO	12	C3
ROCKY OAK LN	CO	12	C3
ROCKY POINT CT	CO	40	B1
ROCKY POINTE	ROS	16B	A1
ROCKY RIDGE DR	ROS	16B	B5
ROCKY RIDGE LN	PLCO	16C	A2
ROCKY RIDGE WY	EDCO	47	D1
ROCKY RIVER CT	SAC	72	A6
ROCKY SPGS RD	EDCO	24	B7
ROCKY TRAIL CT	CO	58	C4
RODANTE WY	CO	56	B4
ROD BEAUDRY DR	CO	59	B1
RODEO DR	SAC	73	C5
RODEO RD	EDCO	26B	E2
RODEO WY	SAC	52	E5
RODEO WY	SAC	55	A6
RODGERS RD	CO	79	E2
RODNEY CT	CO	76	B3
RODOLFO CT	CO	73	D2
ROE CT	SAC	53	C6
ROEDER WY	SAC	53	C5
ROEDIGER LN	CO	43	A3
ROEMER LN	SAC	54	E4
ROGER WY	SAC	55	B3
ROGERS LN	AUB	13D	B3
ROGERS LN	PLCO	13D	A3
ROGERS RD	CO	82	A2
ROGERS ST	WSAC	33	B7
ROGUE RIVER DR	CO	56	C5
ROHLFF AV	WSAC	53A	C7
ROLAND RD	CO	37	D2
ROL DO CT	SAC	73	C7
ROLLING WY	CO	39	B5
ROLLNGBROOK CIR	SAC	33	D2
ROLLING CK WY	CO	40	D2
ROLLING GLEN CT	CO	43	C1
ROLLNG GREEN WY	CO	40	D4
ROLLNG GRNS TER	PLCO	16C	A4
ROLLING HILL RD	CO	38	B7
ROLLNG HILLS DR	ROS	16B	A6
ROLLNG HILLS RD	PLCO	G	E5
ROLLING OAK DR	CO	39	A3
ROLLING OAKS DR	PLCO	16B	D2
ROLLNG RIVER LN	CO	42	C5
ROLLINGROCK WY	CO	39	B5
ROLLING TREE LN	CO	43	B1
ROLLINGWOOD BL	CO	16A	C7
ROLLINGWOOD BL	CO	17	D1
ROLLINS WY	CO	10	A6
ROLLS CT	EDCO	26A	C2
ROLLS DR	EDCO	26A	C2
ROLLS WY	CO	41	A6
ROLOFF WY	CO	18	E7
ROLOFF WY	CO	21	A7
ROLPH WY	EDCO	47	E1
ROMA CT	SAC	33	D2
ROMACK CIR	SAC	73	A2
ROMAN CT	CO	56	C7
ROMAN CT	CO	58	C1
ROMAN OAK WY	SAC	72	D7
ROMANY RD	CO	37	D4
ROMERO WY	CO	40	A2
ROMFORD WY	CO	59	B5
ROMONA LN	CO	17	E2
ROMULAN CT	CO	76	A3
RON DR	PLCO	16B	E2
RON WY	GALT	148	D4
RONK WY	CO	38	B1
RONNIE CT	ROCK	15B	A2
RONNIE LN	PLCO	14B	A5
RONNIE ST	CO	39	D2
ROOD AV	SAC	32	E2
ROOD AV	SAC	35	A2
ROOK LN	PLCO	16C	A1
ROOSEVELT AV	CO	54	D4
ROOSEVELT AV	SAC	54	D4
ROOSTER WY	CO	77	A7
ROOT AV	CO	38	D3
ROPER AV	CO	40	E2
ROSA CT	SAC	53	C7
ROSA DEL RIO WY	SAC	53	D7
ROSADO WY	CO	42	A4
ROSALIND ST	SAC	37	B1
ROSARIO BLVD	CO	12	A7
ROSA VISTA LN	CO	18	A4
ROSE CT	CO	38	D4
ROSE CT	PLCO	15C	B7
ROSE CT	PLCO	16C	B1
ROSE CT	WSAC	51	B4
ROSE LN	LMS	14A	C6
ROSE RD	YCO	74	C7
ROSE RD	YCO	92	B1
ROSE ST	CO	6	A4
ROSE ST	CO	8	E7
ROSE ST	SAC	32	E6
ROSE ACRES RD	CO	21	B5
ROSEANA CT	CO	39	D2
ROSEBUD LN	CO	17	A7
ROSEBURG CT	CO	58	E1
ROSEBROOK WY	CO	58	E3
ROSECLOVER WY	CO	148	A5
ROSECREEK CT	CO	58	E3
ROSECREST WY	CO	58	E3
ROSEDALE WY	SAC	53	C6
ROSEFIELD WY	CO	58	E3
ROSEHILL CT	CO	41	D5
ROSELAKE AV	CO	55	C2
ROSELEE WY	CO	55	C3
ROSELIN WY	CO	93	D6
ROSEMARY CIR	AUB	13D	C5
ROSEMARY CIR	CO	36	B7
ROSE MEAD CIR	SAC	72	D4
ROSEMONT DR	CO	56	C7
ROSEMONT DR	CO	58	C2
ROSEMONT LN	PLCO	14A	E1
ROSENE CT	PLCO	13B	D4
ROSENE WY	PLCO	13B	D4
ROSEPORT WY	CO	58	D3
ROSE RIVER CT	SAC	72	B4
ROSE RIVER WY	CO	58	E3
ROSE SPRINGS LN	PLCO	16C	A1
ROSE TREE WY	SAC	72	D6
ROSETTA CIR	CO	58	B2
ROSE VALLEY WY	CO	58	E3
ROSEVILLE BYPSS	ROCK	15B	A6
ROSEVILLE BYPSS	ROS	15A	D3
ROSEVILLE FRWY	CO	12	E7
ROSEVILLE FRWY	CO	16A	C7
ROSEVILLE FRWY	CO	17	A4
ROSEVILLE FRWY	ROS	16A	C7
ROSEVILLE PY W	ROS	16B	C3
ROSEVILLE RD	CO	12	C7
ROSEVILLE RD	CO	16A	A7
ROSEVILLE RD	CO	17	A3
ROSEVILLE RD	CO	36	A2
ROSEVILLE RD	ROS	16A	C5
ROSEVILLE RD	SAC	35	D5
ROSEVILLE RD	SAC	37	C1
ROSEVILLE ST	ROS	16A	E1
ROSE VINE LN	CO	40	C1
ROSEWHIT DR	PLCO	14A	D2
ROSEWOOD DR	CO	58	B1
ROSEWOOD DR	PLCO	13B	E5
ROSIN CT	SAC	32	B6
ROSITA WY	SAC	53	E6
ROSITA WY	SAC	54	A6
ROSLYN WY	CO	38	B4
ROSS AV	CO	39	B7
ROSS WY	CO	56	A4
ROSSI DR	CO	148	C5
ROSSLARE CT	CO	99	B1
ROSSMOOR DR	CO	41	D4
ROSSWOOD DR	CO	16A	C7
ROSSWOOD DR	CO	17	D1
ROSTO CT	SAC	75	D3
ROSWELL CT	CO	76	B3
ROTHERTON WY	SAC	76	A7
ROTHERTON WY	SAC	78	A1
ROTH HILL LN	CO	12	C3
ROTTERDAM DR	CO	9	C6
ROUGH RIDER CT	AUB	13D	B5
ROUNDHILL CT	CO	40	B2
ROUND HOUSE CT	CO	42	C1
ROUNDTABLE CT	CO	43	A6
ROUNDTREE CT	SAC	72	A3
ROUNDUP CT	CO	18	C5
ROUTIER RD	CO	59	B5
ROVANA CIR	SAC	76	E3
ROVEN CT	WSAC	53A	E2
ROWAN WY	CO	17	D7
ROWENA WY	CO	55	E1
ROXANNE CT	SAC	56	A7
ROXBURGH LN	CO	55	E2
ROXBURY CT	CO	38	E6
ROXIE WY	CO	38	D4
ROY AV	SAC	37	B5
ROYAL CT	GALT	148	C6
ROYAL DR	EDCO	26A	D7
ROYAL DR	EDCO	26B	D1
ROYAL ABBY CT	CO	97	A5
ROYAL ABBY CT	CO	96	E5
ROYAL COACH LN	CO	36	B2
ROYAL CREST CIR	CO	42	B4
ROYALE RD	SAC	37	B5
ROYL ENFIELD CT	CO	9	B6
ROYAL GARDEN AV	SAC	72	B2
ROYAL GATE WY	CO	96	B3
ROYALGLEN WY	SAC	56	A6
ROYAL GREEN AV	SAC	72	B1
ROYALL OAKS DR	PLCO	16C	B2
ROYAL OAKS DR	SAC	34	E6
ROYAL PALM WY	CO	41	B3
ROYAL PARK CT	EDCO	26A	E1
ROYAL PARK DR	EDCO	26A	C3
ROYAL VIEW CT	CO	79	B7
ROYAL VIEW CT	CO	97	B1
ROYAL VILLA DR	CO	36	D3
ROYALWOOD LN	CO	42	C5
ROYCE WY	CO	55	E5
ROYER ST	ROS	16A	D3
ROY ROGERS PL	CO	18	C2
ROYSTER CT	CO	96	B2
ROZAN CT	ROS	16A	C2
RUBENS PKWY	CO	73	E6
RUBENS PKWY	SAC	73	E6
RUBI LN	PLCO	14C	A4
RUBIA DR	CO	79	D6
RUBIA DR	CO	97	D1
RUBICON WY	CO	37	E2
RUBICON WY	WSAC	53	B3
RUBION CIR	CO	40	B1
RUBY CT	ROCK	15B	A3
RUBY CT	SAC	37	C2
RUBY ST	AUB	13B	D7
RUBY CREST CT	CO	97	A4
RUBY STONE CT	CO	97	B7
RUDAT CIR	CO	41	E5
RUDDY CT	CO	12	C4
RUDGER WY	SAC	34	A3
RUDWAY CT	CO	56	A4
RUDWAY CT	CO	59	A4
RUDYARD CIR	CO	11	E1
RUGBY CT	CO	41	D4
RUGER CT	CO	12	D5
RUGGLES CT	CO	40	D3
RUGOSA DR	FOL	22	C6
RUHKALA RD	ROCK	15B	C4
RUIZ CT	SAC	75	D2
RULA CT	CO	36	B4
RUMFORD AV	CO	17	B1
RUMSEY WY	FOL	22	A6
RUNDELAY WY	CO	56	C7
RUNDELAY WY	CO	58	C1
RUNNING BEAR WY	CO	10	B7
RUNNING BEAR WY	CO	12	B1
RUNNING WATR CT	CO	17	B5
RUNYON CT	CO	18	C1
RUSCAL WY	CO	40	E2
RUSCH DR	CO	16A	D7
RUSCH DR	CO	17	D1
RUSHDEN DR	CO	55	E1
RUSHING RIV CT	CO	9	B7
RUSHMORE DR	CO	12	E6
RUSH RIVER DR	SAC	72	A5
RUSH RIVER DR	SAC	72	B7
RUSKIN	CO	12	D7
RUSKIN CT	CO	36	D1
RUSKUT WY	CO	73	D3
RUSSELL LOOP	PLCO	13B	E6
RUSSELL RD	CO	115	D4
RUSSELL RD	CO	118	A3
RUSSELL RD	PLCO	13B	E6
RUSSELL WY	ROS	16B	A3
RUSSELL HLLW RD	EDCO	14C	E7
RUSSERT RD	PLCO	14A	C2
RUSSIAN RIV CT	CO	42	B1
RUSTIC LN	PLCO	16C	C2
RUSTIC RD	CO	39	C5
RUSTIC RD	EDCO	26B	D2
RUSTIC HILLS DR	ROCK	15B	C5
RUSTIC OAK CT	ROCK	15B	A5
RUSTIC OAK WY	CO	39	C4
RUSTICWOOD WY	CO	59	A5
RUTGERS WY	CO	36	C6
RUTH CT	EDCO	26A	C2
RUTH CT	FOL	22	C5
RUTH CT	SAC	55	A4
RUTHERFORD WY	CO	12	A2
RUTHWOOD WY	CO	18	C4
RUTLAND DR	CO	39	B2
RUTLAND WY	CO	39	B2
RUTTER CT	CO	76	D5
RUXTON CT	CO	79	B3
RYAN CT	ROCK	15B	A2
RYAN LN	CO	36	E7
RYAN LN	CO	39	A7
RYDE CT	CO	59	C2
RYE WY	CO	39	B3
RYER AV	YCO	112	B7
S			
S ST	CO	8	D2
S ST	SAC	51	D4
S ST	SAC	52	A5
S ST	SAC	55	A7
S ST	SAC	57	A1
SABANA DR	EDCO	26A	E7
SABANA DR	EDCO	26B	E1
SABINE WY	CO	41	E5
SABLE CT	SAC	55	D5
SABLE RIVER CT	CO	42	B2
SACRAMENTO AV	WSAC	51	B1
SACRAMENTO BLVD	CO	54	C6
SACRAMENTO BLVD	CO	73	C2
SACRAMENTO BLVD	SAC	54	C6
SACRAMENTO FY N	SAC	34	D6
SACRAMENTO RD	SJCO	150	E5
SACRAMENTO ST	AUB	13D	C2
SACRAMENTO ST	AUB	13D	C4
SACRAMENTO ST	CO	40	B5
SACRAMENTO ST	YCO	92	B4
SACRMNTO INN WY	SAC	37	A6
SADDLE CT	FOL	22	C5
SADDLE CT	GALT	148	C7
SADDLE LN	CO	43	B2
SADDLEBACK DR	EDCO	26	E7
SADDLEBACK DR	EDCO	26A	A6
SADDLEBACK DR	EDCO	48	E1
SADDLEBACK WY	SAC	76	A7
SADDLEBACK WY	SAC	78	A1
SADDLEBROOK CT	CO	78	E4
SADDLEHORN CT	CO	101	A1
SADDLEHORN WY	SAC	32	A7
SADDLEHORN WY	SAC	34	A1
SADDLE RIDGE WY	CO	43	B3
SADDLEROCK WY	CO	36	D3
SADDLE SPUR WY	PLCO	16C	B4
SADDLE TREE LN	ROCK	15B	A5
SADDLEWOOD ST	CO	36	E2
SADEK WY	CO	39	E6
SADRO ST	CO	17	E2
SAFARI CT	CO	38	D7
SAFFLOWER PL	WSAC	53	A2

SAFFRON WY
1988 SACRAMENTO COUNTY STREET INDEX
215
SELLERS WY

SACRAMENTO CO.
INDEX

STREET	CITY	PG. NO.	SEE
SAFFRON WY	CO	39	D1
SAGA WY	CO	76	D5
SAGAMORE WY	SAC	53	C5
SAGAR AV	CO	36	D6
SAGE DR	EDCO	26A	D6
SAGE ST	CO	16A	C6
SAGEBRUSH WY	CO	12	D6
SAGEHEN WY	SAC	31	E7
SAGEHEN WY	SAC	32	A7
SAGEHEN WY	SAC	33	E1
SAGEHEN WY	SAC	34	A1
SAGEL CT	CO	38	E6
SAGEMILL WY	SAC	33	E3
SAGEMONT WY	CO	18	A2
SAGE OAK CT	CO	17	C3
SAGE RIVER CIR	SAC	72	A4
SAGEWOOD CT	CO	59	C3
SAGINAW CIR	SAC	33	E2
SAGINAW WY	CO	18	B2
SAGITARIUS WY	CO	40	A1
SAGUARO WY	ROCK	15B	A5
SAHARA CT	CO	76	B5
SAIL CT	SAC	72	B2
SAILBOAT WY	SAC	72	A3
SAILFISH WY	SAC	72	A7
SAIL VIEW DR	EDCO	24	B6
SAILORS RVNE RD	PLCO	13A	B2
SAILWIND WY	SAC	72	A5
ST ALBANS CT	CO	16A	C6
ST ANDRE LN	CO	76	D7
ST ANDREWS AV	CO	38	B1
ST ANDREWS DR	EDCO	26	A5
ST ANDREWS DR	ROS	15A	E7
ST ANDREWS DR	ROS	16A	E1
ST ANN CT	CO	38	D6
ST ANNE'S PL	ROS	15A	C6
ST ANTHONY CT	CO	97	D1
ST ANTON CT	CO	38	E5
ST AUGUSTINE DR	CO	93	D5
ST BEDE WY	CO	12	E2
ST CHARLES CT	ROS	16B	C4
ST CHARLES DR	CO	39	C1
ST CLAIRE WY	CO	39	D1
ST DIXIER CT	CO	12	E3
ST FRANCIS DR	CO	37	D4
ST GEORGE DR	CO	38	B1
ST GREGORY WY	CO	96	B2
ST IVES LN	CO	17	C5
ST JAMES DR	CO	39	B3
ST JEANNE WY	CO	18	C2
ST JOHN WY	CO	21	C3
ST JOSEPHS DR	SAC	54	B6
ST JUDE CT	CO	97	C1
ST LO CT	CO	12	E2
ST LOUIS WY	CO	56	E4
ST LUKES WY	SAC	73	E7
ST LUKES WY	SAC	76	A7
ST LUZ CT	CO	12	E3
ST LYNN LN	CO	38	D5
ST MARIE CIR	SAC	73	E7
ST MARKS WY	CO	38	B5
ST MARTIN CT	CO	56	C3
ST MATHEWS DR	CO	38	A4
ST MORITZ CT	CO	12	E2
ST PATRICK CT	CO	17	C2
ST PATRICK LN	PLCO	13C	E1
ST PETER CT	SAC	73	E7
ST PHILOMENA WY	CO	18	C2
ST RUBEN CT	CO	38	E5
SAINTS WY	SAC	56	A7
SAINTS WY	SAC	58	A1
SAINT STORY CT	CO	12	E1
ST THOMAS DR	CO	40	E3
ST TROPEZ WY	CO	12	D2
SAKO CT	CO	12	D4
SAKURA CT	CO	76	C5
SAKURA LN	SAC	52	B7
SAKURA LN	SAC	54	B1
SALAS RD	CO	102	E7
SALAZAR DR	CO	12	B2
SALDANA CT	CO	104	B5
SALEM WY	CO	36	D7
SALFORD ST	SAC	73	C5
SALIDA CT	EDCO	26A	C4
SALIDA ST	SAC	32	C5
SALIDA WY	CO	12	B4
SALIDA WY	EDCO	26A	C4
SALINA WY	CO	56	D5
SALINGER CT	CO	78	D1
SALISBURY CT	ROS	16B	C4
SALISBURY RD	CO	42	C5
SALISHAN CT	CO	58	E2
SALIX WY	CO	37	D7
SALLY CT	CO	41	C6
SALLY WY	ROS	16B	B5
SALMAAN DR	CO	39	A6
SALMON DR	ROS	16A	E5
SALMON FALLS DR	CO	56	B6
SALMON FALLS RD	EDCO	24	A5
SALMON RIVER DR	CO	12	E3
SALT CT	SAC	73	D6
SALTANA WY	CO	41	D7
SALTON SEA WY	SAC	72	A5
SALVAGE CIR	CO	60	C5
SALVATOR WY	SAC	54	A6
SAMANTHA WY	CO	76	C4
SAMOA WY	CO	41	B1
SAMOA WY	ROS	16B	B5
SAMOS WY	SAC	73	C7
SAMPOLO CT	CO	18	B3
SAMPSON BLVD	CO	54	E7
SAMPSON BLVD	CO	73	E1
SAMPSON BLVD	SAC	54	E6
SAN ALTOS CIR	CO	17	D6
SAN ANGELO CT	CO	17	D5
SAN ANTONIO WY	SAC	52	D4
SAN ARDO WY	CO	12	B7
SAN AUGUSTNE WY	SAC	72	C4
SAN BENITO WY	CO	17	E6
SAN BENITO WY	CO	18	A6
SAN BRISTOL CT	CO	76	A6
SANBURY CIR	CO	59	D2
SAN CARLOS WY	SAC	54	D4
SAN CLEMENTE WY	SAC	72	D3
SAN COSME DR	CO	18	B3
SAND CT	SAC	72	B1
SAND ST	ROCK	15B	A1
SANDAGE AV	CO	97	E1
SANDAGE AV	CO	100	A1
SANDALWOOD DR	CO	16A	D7
SANDALWOOD RD	ROCK	15B	A1
SAND BAR CIR	CO	56	E2
SANDBROOK CT	SAC	56	A7
SANDBURG DR	SAC	55	B5
SANDCASTLE WY	SAC	33	E5
SANDCASTLE WY	SAC	34	A5
SANDCREST CT	CO	40	B2
SANDERS DR	CO	60	B1
SAND DOLLAR WY	CO	37	E1
SANDHILL CT	SAC	71	E4
SANDHURST CT	CO	38	C3
SANDI CT	CO	21	D7
SAN DIEGO WY	SAC	54	D2
SANDILANDS WY	CO	78	D2
SAN DIMAS CT	CO	17	D5
SANDLIN WY	SAC	55	B7
SANDMONT CT	ROS	16B	B6
SANDMONT DR	ROS	16B	B6
SAND PEBBLE CT	SAC	72	A7
SANDPIPER CT	CO	18	A6
SANDPIPER WY	EDCO	26A	B1
SANDPOINTE CT	SAC	72	C5
SANDRA CT	CO	36	A7
SANDRIDGE WY	CO	16A	A7
SANDRIDGE WY	CO	17	B1
SANDRINGHAM RD	CO	37	E4
SANDRINGHAM WY	ROS	16B	A6
SAND RIVER CT	SAC	72	C7
SAND RIVER CT	SAC	74	C1
SANDROCK WY	CO	76	C5
SANDSTONE CT	FOL	21	E4
SANDSTONE CT	FOL	22	A4
SANDSTONE CT	PLCO	16C	D3
SANDSTONE ST	CO	39	C2
SANDWOOD CT	CO	17	B1
SANDY RD	PLCO	14A	D2
SANDY BAR CT	CO	42	D1
SANDY BAY CT	CO	77	A5
SANDY COVE LN	CO	39	C7
SANDY LEE WY	CO	76	B5
SANDYWOOD CT	CO	56	E1
SAN FELICE CIR	SAC	73	B6
SAN FELIPE CT	CO	17	D5
SAN FERNANDO WY	SAC	52	B7
SAN FERNANDO WY	SAC	54	B1
SANFORD ST	CO	40	E4
SN FRANCISCO BL	SAC	54	E4
SN FRANCISCO BL	SAC	57	A4
SN FRANCISCO ST	ROCK	15B	C3
SAN GABRIEL CT	CO	17	A3
SANGAMON ST	CO	39	B6
SANGRIA WY	CO	97	B4
SANICLE WY	CO	43	B2
SAN IGNACIO WY	SAC	34	A2
SAN JACINTO CT	CO	17	D5
SAN JOAQUIN ST	SAC	57	B2
SAN JOSÉ WY	SAC	54	D3
SAN JUAN AV	CO	39	E4
SAN JUAN AV	ROS	16A	D1
SAN JUAN RD	CO	30	E1
SAN JUAN RD	SAC	33	D1
SAN JUAN RD	SAC	34	A1
SAN LORENZO WY	CO	41	C2
SAN LUCAS WY	CO	56	A4
SAN LUIS CT	SAC	51	D7
SAN LUIS CT	SAC	53	D1
SAN MARCOS WY	CO	12	B7
SAN MARQUE CIR	CO	38	D6
SAN MARTIN ST	CO	12	A6
SAN MATEO CT	SAC	53	D2
SAN MATEO WY	SAC	53	D2
SAN MIGUEL WY	SAC	52	D4
SAN NITA WY	CO	39	E4
SAN NOVADO WY	CO	36	B1
SAN PABLO WY	CO	18	A6
SAN PEDRO WY	CO	97	B7
SAN PEDRO WY	CO	99	B1
SAN RAFAEL WY	SAC	54	D2
SAN RAMON WY	CO	56	B2
SAN REMO WY	SAC	78	A3
SAN SEBASTAN WY	SAC	75	D3
SAN SIMEON DR	CO	17	E5
SAN SIMEON DR	CO	18	A5
SAN SIMEON DR	ROS	16A	E5
SAN STEFANO ST	CO	18	A5
SANTA ANA AV	SAC	32	D3
SANTA ANA AV	SAC	35	A3
SANTA ANITA DR	CO	37	C5
STA BARBARA CT	SAC	52	D5
SANTA BUENA WY	SAC	53	D1
STA CATARINA WY	CO	17	E6
STA CATARINA WY	CO	18	A6
SANTA CLARA DR	ROS	16B	A3
SANTA CLARA WY	SAC	54	D2
SANTA CRUZ CT	ROS	16A	E5
SANTA CRUZ ST	SAC	76	E1
SANTA CRUZ WY	SAC	54	D3
STA DOMINGO CT	SAC	34	A2
SANTA FE CIR	ROS	16A	C2
SANTA FE WY	CO	12	B7
SANTA FE WY	CO	36	B1
STA JUANITA AV	CO	16C	A7
STA JUANITA AV	CO	21	D4
SANTA LUCIA WY	CO	38	D6
SANTA MARIA WY	SAC	55	D6
SANTA MONICA	CO	54	D7
SANTANA WY	FOL	22	D4
SANTA PAULA CT	CO	37	E3
SANTA RIDGE CIR	CO	97	A6
SANTA RITA AV	CO	56	B3
SANTA ROSA AV	SAC	54	D2
SANTA ROSA CT	ROS	16A	E5
SANTA SUSANA WY	CO	39	E6
SANTA TERESA WY	SAC	72	B4
SANTA YNEZ WY	SAC	52	C6
SANTEE DR	CO	39	E3
SANTIAGO AV	SAC	34	C4
SANTIAM RIV CT	CO	42	A2
SANTINA WY	CO	9	C6
SANTINI LN	PLCO	13A	B7
SAN TOMAS DR	CO	17	D4
SANTOS CIR	EDCO	26A	E6
SANTOS CT	EDCO	26A	E6
SANTOS RD	PLCO	13C	B2
SAN VINCENTE WY	CO	12	B7
SANWOOD CT	CO	18	C4
SAN YSIDRO WY	CO	56	A1
SAO JORGE WY	SAC	72	B5
SAPPHIRE CT	CO	97	B6
SAPPHIRE DR	PLCO	13B	A1
SAPUNOR WY	CO	39	A1
SARA ST	CO	97	B5
SARABANDE DR	CO	58	B2
SARAH CT	CO	41	A5
SARAH ROYCE CT	CO	42	C1
SARA LYNN WY	CO	17	E2
SARAMENT CT	CO	59	B6
SARASOTA CT	CO	78	E4
SARATOGA CIR	SAC	55	D5
SARATOGA WY	EDCO	48	A3
SARAZEN AV	SAC	73	A3
SARDA WY	CO	41	D7
SARECO CT	CO	39	A7
SARGENT AV	CO	148	B5
SARGENT AV	CO	150	B2
SARINA CT	SAC	56	A7
SARTE CT	CO	56	D6
SASSY CT	CO	17	B4
SATELLITE PKWY	CO	73	E3
SATINWOOD WY	CO	12	C3
SATOW DR	CO	59	B4
SATURN DR	CO	59	B4
SAUK RIVER CT	CO	42	B2
SAUNDERS AV	LMS	14A	C6
SAVANNAH LN	SAC	73	D6
SAVANT DR	CO	12	D3
SAVERIEN DR	CO	56	C2
SAVOY AV	CO	8	D2
SAWBILLS CT	WSAC	53A	E2
SAWGRASS CIR	CO	18	B7
SAWMILL WY	CO	40	C7
SAWMILL WY	CO	42	C1
SAWTELL RD	ROS	15A	D7
SAWTELLE WY	CO	56	B6
SAWTOOTH CT	CO	12	E3
SAWTOOTH CT	CO	17	A3
SAWYER ST	AUB	13D	C1
SAXON WY	CO	12	E2
SAXONVILLE WY	CO	9	E7
SAXONVILLE WY	CO	10	A7
SAXTON CIR	CO	16A	C7
SAYBROOK DR	CO	17	B1
SAYONARA DR	CO	18	A5
SCALLOP CT	CO	36	A2
SCANDIA WY	CO	41	B3
SCARBOROUGH WY	SAC	73	E7
SCARBOROUGH WY	SAC	75	E1
SCARBOROUGH WY	SAC	76	A7
SCARBOROUGH WY	SAC	78	A1
SCARLET OAK CIR	CO	16B	B7
SCARSDALE CT	CO	59	A7
SCAUP LN	CO	17	B2
SCENIC CT	CO	40	A4
SCENIC ELK CT	CO	79	C7
SCENIC ELK CT	CO	97	C1
SCENIC HTS WY	CO	41	C3
SCENIC HILLS WY	CO	78	D3
SCENIC OAK CT	CO	39	C4
SCEPTRE CT	CO	77	A5
SCHATZ LN	ROCK	15B	E5
SCHAUER CT	CO	143	C4
SCHINDLER	PLCO	13A	A6
SCHIRO CT	SAC	53	D4
SCHMIDTS LN	CO	117	B6
SCHOEFFLER RD	CO	86	E5
SCHOFIELD WY	CO	12	B3
SCHOOL ST	CO	97	C6
SCHOOL ST	FOL	22	B6
SCHOOL ST	ISLE	162	D4
SCHOOL ST N	YCO	92	B4
SCHOOL HOUSE RD	CO	3	D5
SCHOONER DR	ROS	16B	A6
SCHOONER WY	CO	17	B3
SCHOONOVER DR	CO	9	C6
SCHREINER ST	SAC	72	E6
SCHULZ RD	CO	130	B6
SCHUMAKER WY	CO	61	E2
SCHUTT WY	SAC	35	C7
SCHUYLER DR	CO	39	B4
SCHWARTZ DR	CO	62	B3
SCOBEE WY	SAC	34	E1
SCOFIELD WY	PLCO	13B	A4
SCOLES CT	SAC	34	C2
SCONCE WY	SAC	34	C2
SCORPIO DR	CO	59	B6
SCOTIA WY	CO	12	B5
SCOTCH CT	CO	39	B3
SCOTER WY	CO	12	C4
SCOTLAND DR	CO	9	E7
SCOTLAND DR	CO	11	E1
SCOTLAND DR	CO	12	A1
SCOTSMAN WY	CO	42	A6
SCOTT CT	FOL	21	E1
SCOTT CT	FOL	22	A1
SCOTT RD	CO	46	E6
SCOTT RD	CO	49	B1
SCOTT RD	CO	64	E3
SCOTT RD	CO	69	C6
SCOTT RD	PLCO	14C	A3
SCOTT ST	FOL	22	A6
SCOTTSBORO DR	CO	58	D2
SCOTTSDALE DR	CO	76	C6
SCOTTS MILL CT	ROS	16B	C5
SCOTTY WY	CO	36	D6
SCRANTON CIR	CO	39	A6
SCRCH OWL CK RD	EDCO	48	C5
SCRIBNER AV	CO	16A	E7
SCRIBNER RD	CO	92	C6
SCRIPPS DR	SAC	55	C4
SEA CT	SAC	72	A1
SEABLER PL	CO	38	E5
SEABLER PL	CO	41	A5
SEABORG WY	CO	59	B5
SEA BREEZE WY	CO	42	C5
SEABROOK CT	WSAC	51	B2
SEA DRIFT WY	SAC	75	D3
SEA DUCK CT	CO	12	C3
SEAFARER CT	FOL	22	D4
SEA FOAM CT	SAC	72	A6
SEA FOREST WY	SAC	75	D3
SEA GULL CT	ROS	16B	B4
SEAGULL WY	SAC	72	A6
SEAL CT	CO	59	A5
SEA LION CT	SAC	72	A6
SEAL ROCK WY	SAC	72	A6
SEAMAS AV	SAC	53	C5
SEA MEADOW WY	SAC	75	D3
SEAMIST DR	SAC	33	E4
SEAMIST DR	SAC	34	A4
SEAN DR	CO	38	A1
SEAPORT BLVD	WSAC	51A	C6
SEASCAPE CT	CO	40	B1
SEA SHELL CT	CO	17	C7
SEASIDE CT	SAC	72	A6
SEASONS DR	CO	96	B4
SEASTONE WY	SAC	72	A1
SEAVEY CIR	SAC	51	D6
SEAVEY LN	PLCO	14B	D4
SEA VIEW CT	SAC	72	A7
SEAWIND DR	SAC	32	D4
SEAY LN	PLCO	13C	A7
SEBASTIAN WY	CO	56	A1
SEBRING CT	CO	93	D6
SECKEL CT	CO	97	B5
SECO CT	SAC	78	A1
SECOND PKWY	CO	73	E4
SECOND ST	CO	17	A1
SECOND ST	PLCO	13C	D5
SECRET CT	ROCK	15B	C5
SECRET RAVNE RD	PLCO	14B	A4
SECRET RAVNE WY	ROCK	15B	C5
SECRET RIVER DR	SAC	72	C4
SECRET TOWN CT	CO	42	C2
SECURITY PK DR	CO	63	C5
SEDONA CIR	CO	36	E5
SEDONA CIR	CO	39	A5
SEDONA CT	CO	36	E5
SEENO AV	PLCO	16B	E2
SEERGREEN WY	FOL	44	C1
SEGOVIA WY	CO	41	E4
SEINE CT	SAC	55	E7
SELBY LN	CO	16A	C6
SELBY RANCH RD	CO	56	A4
SELKIRK WY	CO	39	C4
SELLERS WY	WSAC	51	A4

1988 SACRAMENTO COUNTY STREET INDEX

STREET	CITY	PG. NO.	SEE
SELMA ST	SAC	34	E5
SELMA ST	SAC	37	A5
SELSEY CT	CO	56	D3
SEMILLON WY	CO	41	E5
SEMINOLE WY	SAC	34	A3
SEMPLE DR	CO	62	B3
SENATE AV	CO	36	B2
SENATOR AV	SAC	34	B2
SENATOR CT	EDCO	25	E5
SENATOR LN	SAC	76	B2
SENDERO ST	SAC	34	E1
SENECA WY	CO	9	E7
SENECA WY	CO	10	A7
SENIDA WY	SAC	33	E2
SENIDA WY	SAC	34	A2
SENIOR WY	SAC	72	B3
SENTIDO CT	SAC	73	C5
SENTINEL ST	CO	40	C5
SEPALO CT	SAC	73	C5
SEPTER	CO	59	B3
SEQUOIA CIR	CO	40	B1
SEQUOIA CT	EDCO	47	E2
SEQUOIA CT	ROCK	15B	C5
SEQUOIA DR	PLCO	15D	A2
SEQUOIA ST	ROS	16A	E1
SEQUOIA WY	SAC	73	D6
SEQUOIA PAC BL	SAC	33	E7
SERENA CT	CO	38	D4
SERENADE LN	CO	76	D6
SERENITY DR	SAC	73	C4
SERENITY DR E	SAC	73	C3
SERENITY DR W	SAC	73	C3
SERPENTINE CT	CO	40	C7
SERRA WY	SAC	52	C6
SERRANO CT	CO	17	B1
SERVICE DR	CO	41	E7
SESAME ST	CO	36	C6
SETON HILL CT	SAC	55	E7
SETON HILL CT	SAC	57	E1
SEVEN CEDARS PL	PLCO	16C	B5
SEVEN OAKS LN	CO	56	C2
SEVILLE CIR	PLCO	15C	E4
SEVILLE WY	SAC	52	E2
SEWAN AV	CO	17	A6
SEWARD CT	SAC	55	B3
SEYFERTH WY	SAC	76	B7
SEYFERTH WY	SAC	78	A1
SEYMORE AV	WSAC	53A	D3
SEYMOUR PL	PLCO	16B	D2
SHAD CT	CO	56	B6
SHADA WY	CO	78	D1
SHADLE WY	CO	40	E1
SHADOW LN	CO	17	B6
SHADOWBROOK DR	FOL	16C	C7
SHADOWBROOK DR	PLCO	16C	B6
SHADOW BROOK PL	PLCO	16C	B4
SHADOWBROOK WY	CO	17	C7
SHADOW CREEK DR	CO	39	A2
SHADOWCREEK WY	CO	39	B3
SHADOWFAX LN	EDCO	25	B2
SHADOWGLEN RD	CO	56	A1
SHADOW HAWK DR	CO	17	B5
SHADOW OAK DR	CO	17	C7
SHADOW OAKS LN	PLCO	15B	E7
SHADOW OAKS LN	PLCO	16B	E1
SHADOWOOD CT	PLCO	16C	D2
SHADOWOOD WY	CO	40	C3
SHADOW PINE CT	ROS	16B	A6
SHADOWRIDGE	ROS	16B	A1
SHADOW TREE DR	SAC	33	D1
SHADY LN	CO	38	A1
SHADY LN	CO	41	C1
SHADY LN	PLCO	16C	A2
SHADY CREEK LN	PLCO	15B	E7
SHADY CREEK LN	PLCO	16B	E1
SHADY CREST WY	CO	16A	D7
SHADYDALE CT	CO	55	C2
SHADY GLEN	AUB	13D	D1
SHADY GLEN RD	EDCO	26A	B5
SHADY GROVE CT	CO	18	B4
SHADY HOLLOW WY	CO	43	B3
SHADY LAKE CT	SAC	32	B7
SHADY LAKE CT	SAC	34	B1
SHADY LAKE LN	PLCO	15C	D6
SHADY LEAF WY	SAC	32	D3

STREET	CITY	PG. NO.	SEE
SHADY OAK DR	FOL	22	A2
SHADY OAK WY	CO	40	A5
SHADY RIVER CIR	SAC	72	B4
SHADY SPGS WY	CO	17	C3
SHADY TREE CT	CO	43	B2
SHADY VIEW CT	CO	99	C2
SHADY VISTA CT	CO	99	C2
SHAFTESBURY CT	CO	36	E5
SHAGGYTUFT CT	CO	78	E6
SHALE RIDGE LN	PLCO	13B	B1
SHALIMAR WY	CO	17	C6
SHALLOW WY	SAC	54	B5
SHALLOW CK RD	PLCO	14B	C5
SHAMBAUGH LN	LMS	15C	A4
SHAMROCK DR	CO	40	D3
SHAMUS CT	CO	17	B5
SHANDONEY AV	CO	5	E3
SHANDONEY AV	CO	6	A3
SHANE LN	CO	18	C2
SHANGRI LN	CO	55	C4
SHANGRILA DR	CO	40	B4
SHANLEY LN	PLCO	13A	D4
SHANLEY RD	PLCO	13A	E4
SHANNON ST	CO	38	C1
SHANNON WY	ROS	16A	D6
SHANNON BAY DR	ROCK	15B	B4
SHARIAN ST	WSAC	33	B7
SHARIAN ST	WSAC	51	B1
SHARIDGE CT	CO	40	A2
SHARKEY AV	CO	97	B5
SHARMEAD WY	CO	40	E4
SHARMEAD WY	CO	43	A5
SHARON CT	FOL	22	C5
SHARON CT	WSAC	53A	E1
SHARON LN	SAC	35	B7
SHARON LN	SAC	37	A2
SHARON WY	ROS	16A	E2
SHARON WY	SAC	72	D6
SHARON BEE LN	CO	131	C5
SHARP CIR	ROS	16B	A1
SHARPES LN	CO	142	C4
SHARPES LN	CO	143	C7
SHARPS CIR	CO	17	B7
SHARRMONT CT	CO	125	E4
SHARRMONT CT	CO	128	A3
SHARWOOD WY	CO	36	E6
SHASTA AV	CO	78	C5
SHASTA AV	SAC	78	C5
SHASTA CIR	EDCO	47	E3
SHASTA ST	ROS	15A	E7
SHASTA ST	ROS	16A	E1
SHASTA WY	CO	37	E2
SHASTA WY	WSAC	53	B3
SHAUNSETTA CT	PLCO	13B	B4
SHAVER CT	CO	36	E1
SHAW CT	ROCK	15B	D3
SHAW ST	CO	37	C4
SHAWN LN	CO	103	E1
SHAWN LN	CO	106	A1
SHAWN WY	CO	59	D1
SHAWNDA CT	CO	17	B3
SHAWNEE AV	CO	40	D4
SHAWNEE CT	EDCO	26A	E1
SHAWNEE RD	PLCO	13A	E5
SHAW RIVER WY	SAC	72	A4
SHEARER CT	ROS	16A	E4
SHEEHAN WY	CO	10	A6
SHEFFIELD WY	ROS	16B	B5
SHELATO WY	CO	56	E1
SHELBORN CT	CO	40	E3
SHELBORNE DR	PLCO	15C	C7
SHELBORNE DR	PLCO	16C	C1
SHELDEN ST	SAC	37	B1
SHELDON RD	CO	78	A7
SHELDON RD	CO	79	A7
SHELDON RD	CO	93	C1
SHELDON RD	CO	96	B1
SHELDON RD	CO	97	A1
SHELDON RD	CO	100	B1
SHELDON RD	SAC	78	A7
SHELDON RD	SAC	96	B1
SHELDON LAKE DR	CO	81	E7
SHELDON LAKE DR	CO	84	A7
SHELDON OAKS LN	CO	100	D2
SHELDON WDS WY	CO	100	E1

STREET	CITY	PG. NO.	SEE
SHELFIELD CT	CO	38	E6
SHELFIELD DR	CO	41	A5
SHELL ST	CO	36	B3
SHELLBROOK CT	CO	78	D1
SHELLDRAKE CT	CO	18	C7
SHELLEY CT	FOL	22	C5
SHELLEY WY	CO	38	E7
SHELLWOOD WY	SAC	72	C5
SHELTER POINT	SAC	72	B1
SHENANDOAH DR	CO	12	E6
SHENANDOAH DR	CO	17	A6
SHEPARD AV	SAC	55	A3
SHER CT	SAC	57	B2
SHERATON DR	CO	40	E1
SHERBURN AV	SAC	53	D3
SHEREEN CT	CO	39	A2
SHERICE CT	SAC	72	C3
SHERIDAN AV	ROS	16B	B5
SHERIDAN CT	PLCO	13A	D1
SHERIDAN RD	EDCO	26A	B7
SHERIDAN RD	EDCO	26B	B1
SHERIDAN WY	CO	38	C3
SHERI RIDGE WY	CO	42	C5
SHERLOCK WY	CO	56	D3
SHERMAN LN	CO	103	B1
SHERMAN WY	SAC	52	C7
SHERMAN WY	SAC	54	D1
SHERMAN ISLE RD	CO	170	A5
SHERMAN ISLE RD	CO	177	D7
SHERMAN LVEE RD	CO	169	B7
SHERMAN LVEE RD	CO	171	B7
SHERMAN LVEE RD	CO	180	A6
SHERMAN OAKS CT	CO	100	D3
SHERRILEE WY	CO	21	B7
SHERRY DR	CO	18	E6
SHERRY DR	CO	21	A7
SHERWOOD AV	SAC	53	E4
SHETLAND CT	CO	97	C5
SHETLAND CT	ROS	16B	A6
SHIELAH WY	SAC	53	E5
SHIELAH WY	SAC	54	A5
SHIELDS AV	AUB	13D	D1
SHIELDS CT	CO	55	E4
SHILOH WY	CO	12	E6
SHILOH WY	CO	17	A6
SHIPTON PL	CO	42	D2
SHIRLND TRCT RD	AUB	13D	C7
SHIRLND TRCT RD	PLCO	13D	C7
SHIRLND TRCT RD	PLCO	14C	B1
SHIMMER RIV LN	CO	18	B1
SHINGLE SPGS DR	EDCO	M	D3
SHIRE CT	CO	40	C1
SHIRLAND PK PL	PLCO	13D	B7
SHIRLEY AV	CO	39	B7
SHIRLEY DR	SAC	53	E6
SHIRLEY ST	AUB	13D	C1
SHIRLEY ST	WSAC	53A	E2
SHIRTTAIL CY RD	PLCO	H	D4
SHOAL CT	SAC	72	A2
SHOBAR AV	SAC	37	A3
SHOCKLEY CT	AUB	13B	D5
SHOCKLEY RD	PLCO	13B	D4
SHOEMAKER WY	CO	16B	B7
SHOO FLY RD	EDCO	M	D1
SHOP ST	CO	143	C6
SHORE CIR	CO	62	A3
SHORE ST	WSAC	51	A5
SHORELINE CIR	SAC	72	B2
SHORESIDE DR	SAC	72	A1
SHOREWOOD ST	CO	41	A5
SHORT	ROS	16A	E1
SHORT LN	PLCO	13B	B2
SHORT RD	CO	78	E5
SHORT RD	CO	79	A5
SHORT ST	WSAC	33	A7
SHORT ST	WSAC	51	A1
SHORT HILLS RD	CO	38	B7
SHORTHORN RD	CO	104	B4
SHORTLINE	CO	97	A1
SHORT OAK WY	CO	18	C3
SHORTWAY DR	SAC	75	E5
SHORTWAY DR	SAC	78	A5
SHOSHONE WY	CO	18	E2
SHOVELER CT	WSAC	53A	E2
SHOVELERS LN	CO	17	B2

STREET	CITY	PG. NO.	SEE
SHRADER CIR	SAC	75	C1
SHREWSBURY AV	CO	40	B4
SHRINE	CO	59	B3
SHUMAN LN	CO	17	E6
SHUMWAY DR	CO	43	C1
SHUPE DR	CO	17	D7
SHURWIN LN	CO	41	B2
SHUYLER DR	CO	39	B2
SHYLA WY	CO	59	A6
SIBLEY ST	FOL	21	E7
SIBLEY ST	FOL	22	A7
SIDESADDLE WY	ROS	16B	B4
SIDNEY DR	CO	17	E2
SIDNEY DR	CO	18	A2
SIEFKER CT	CO	100	D1
SIEGFRIED CT	CO	76	A7
SIERRA AV	PLCO	13B	E5
SIERRA BLVD	CO	55	C3
SIERRA BLVD	ROS	16A	E1
SIERRA DR	PLCO	16C	D3
SIERRA LN	CO	55	D4
SIERRA ST	CO	40	B6
SIERRA ST	CO	97	B6
SIERRA TR	PLCO	13B	D4
SRA BONITA WY	SAC	72	D3
SRA COLLEGE BL	LMS	14A	B2
SRA COLLEGE BL	PLCO	14A	B2
SRA COLLEGE BL	PLCO	15B	E3
SRA COLLEGE BL	PLCO	16B	D6
SRA COLLEGE BL	ROCK	15C	A4
SRA COLLEGE BL	ROS	16B	D3
SIERRA CREST WY	CO	59	D3
SIERRA FLAT DR	CO	42	D2
SRA GARDENS DR	ROS	16B	A4
SIERRA GLEN WY	CO	59	B2
SIERRA MADRE CT	CO	41	D6
SIERRA MADRE DR	CO	56	C1
SRA MEADOWS DR	ROCK	15B	D3
SIERRA OAKS CIR	PLCO	13C	E6
SIERRA OAKS DR	CO	55	E5
SIERRA OAKS DR	CO	56	A5
SIERRA POINT DR	CO	31	E5
SIERRA PONDS LN	PLCO	15C	C7
SIERRA SUNST DR	CO	78	E2
SIERRAVALE WY	CO	17	B3
SIERRA VLY LN	PLCO	15D	A1
SIERRAVIEW	ROS	15A	E7
SIERRAVIEW	ROS	16A	E1
SIERRA VIEW CIR	PLCO	13B	D4
SIERRA VIEW LN	CO	36	A7
SIERRA VIEW PL	PLCO	15C	C5
SIERRA VIEW TR	CO	41	B4
SIERRA VIEW WY	CO	40	C5
SIERRA VIEW WY	SAC	54	E2
SIERRA VIEW WY	SAC	57	A2
SIERRA VISTA AV	CO	54	D5
SIERRA VISTA DR	CO	42	B4
SIERRAWOOD CIR	FOL	22	C6
SIESTA LN	CO	40	D4
SIGNAL CT	CO	58	E1
SIGNAL CT	SAC	76	D1
SILBERHORN DR	FOL	25	B7
SILBERHORN DR	FOL	47	A2
SILICA AV	SAC	37	A5
SILK CT	SAC	73	C5
SILK OAK CT	CO	17	B3
SILK WOOD WY	CO	17	B3
SILKY CT	CO	76	A7
SILKY BEACH CT	CO	78	E6
SILLIMAN WY	SAC	72	B6
SILMARK CT	SAC	72	A6
SILVA CIR	SAC	72	B6
SILVA CT	FOL	21	E5
SILVANO ST	SAC	34	E1
SILVA VALLEY RD	EDCO	48	B2
SILVEIRA WY	SAC	71	E2
SILVER CT	SAC	37	C2
SILVER DR	CO	17	E1
SILVER ST	ROCK	15B	C1
SILVERADO CIR	ROS	15A	C6
SILVERADO ST	CO	40	A3
SILVER BEND WY	PLCO	13B	E4
SILVER CREEK LN	FOL	21	D5
SILVER CREST AV	CO	38	B2
SILVR CREST CIR	CO	8	D3

STREET	CITY	PG. NO.	SEE
SILVER DOVE WY	EDCO	48	D2
SILVER EAGLE RD	SAC	34	C1
SLVR EAGLE RD W	SAC	34	B1
SILVER FOX WY	CO	96	D4
SILVER GLEN WY	CO	8	D3
SILVER KNOLL ST	CO	8	D3
SILVER LAKE DR	SAC	72	C2
SILVER OAK CT	ROS	15A	E7
SILVER OAK CT	ROS	16A	E1
SILVER OAK WY	SAC	72	D6
SILVER PARK AV	CO	8	D3
SILVER RANCH WY	CO	38	D2
SILVER RIDGE WY	SAC	72	D5
SILVER ROCK CT	CO	16B	B7
SILVER SAGE CT	CO	10	A6
SILVER SKY CT	CO	8	D3
SILVER SPGS CT	CO	17	B5
SILVER SPUR CT	FOL	22	B5
SILVER SPUR WY	CO	36	B5
SILVER STRND WY	CO	12	E6
SILVER STRND WY	CO	17	A6
SILVRTHORNE CIR	CO	12	E5
SILVERTON WY	CO	39	B2
SILVERTON WY	SAC	32	C4
SILVER TREE CT	CO	8	D3
SILVERWOOD WY	CO	59	D1
SIMCOE CT	SAC	75	E2
SIMCOE CT	SAC	78	A2
SIMMERHORN RD	CO	148	E5
SIMMERHORN RD	CO	149	B5
SIMMERHORN RD	CO	152	B5
SIMMERHORN RD	GALT	148	E5
SIMON ST	CO	76	E4
SIMON TER	WSAC	51	B1
SIMONE PL	CO	43	A2
SIMONS ST	GALT	148	D6
SIMMONS WY	FOL	21	E3
SIMPSON CT	CO	76	C4
SIMS RD	CO	75	C7
SIMS RD	CO	93	D1
SIMS WY N	CO	39	D2
SINBAD CT	CO	78	E7
SINCLAIR RD	SAC	55	B7
SINGINGWOOD RD	CO	55	E2
SINGLE WY	CO	18	B3
SIOUX CT	CO	10	A7
SIRBUCK WY	CO	38	E2
SIR EDWARDS CT	CO	40	E3
SIR HENRY CT	CO	40	E3
SIRL WY	CO	21	C7
SISKIN CT	CO	12	D4
SISKIYOU AV	CO	54	D5
SISLEY RD	PLCO	14B	B1
SITKA ST	SAC	52	A1
SITTA LN	PLCO	15C	E6
SITTING BULL WY	CO	12	B1
SITTON WY	CO	73	E2
SITTON WY	CO	76	A2
SIX RIVERS CIR	SAC	72	C4
SIXTH PKWY	CO	73	E3
SIXTH PKWY	CO	76	A3
SIZEMORE LN	CO	41	B1
SKAGIT RIVER CT	CO	42	B1
SKAGWAY CT	CO	8	D3
SKANDER WY	CO	76	C6
SKELTON WY	SAC	73	A7
SKI CT	CO	97	B5
SKI PARK CT	CO	8	E7
SKI PARK CT	CO	11	A7
SKIPPER CIR	SAC	53	B5
SKIROS WY	SAC	73	C7
SKOKIE PL	CO	17	A3
SKUBE LN	CO	55	D4
SKY CT	EDCO	26A	D4
SKY PKWY	CO	73	E3
SKY PKWY	CO	76	A3
SKY WY	PLCO	16C	D3
SKY CREEK DR	SAC	77	A1
SKYCREST CT	CO	17	E7
SKYDOME CT	CO	97	B5
SKYE CT	PLCO	16C	B5
SKYLAKE WY	SAC	72	B3
SKYLANE DR	CO	17	C2
SKYLARK CT	CO	17	E7
SKYLINE CT	CO	17	E7

1988 SACRAMENTO COUNTY STREET INDEX

STREET	CITY	PG. NO.	SEE
SKYLINE DR	PLCO	13B	E1
SKY RIDGE DR	AUB	13D	C3
SKYRIDGE DR	CO	21	B7
SKYRIDGE DR	CO	43	B1
SKYSAIL CT	SAC	72	B1
SKYVIEW DR	CO	18	C5
SKY VIEW LN	PLCO	16B	E4
SKY VIEW LN	PLCO	16C	A4
SKY VIEW WY	PLCO	13C	B5
SKY VISTA CT	CO	17	B2
SKYWALKER CT	CO	78	E2
SKYWAY DR	CO	43	A3
SKYWIND CT	SAC	72	C6
SKYWOOD WY	CO	76	D7
SKYWOODS WY	CO	78	C1
SLADE LN	PLCO	13B	C4
SLATE WY	CO	39	B5
SLATE CREEK LN	FOL	21	D5
SLATER WY	FOL	21	D3
SLATE RIVER WY	SAC	71	E4
SLATE RIVER WY	SAC	72	A4
SLEEPY HOLLW LN	CO	82	D7
SLEEPY HOLLW WY	ROS	16B	B2
SLEEPY RIVER WY	SAC	72	C7
SLEEPY RIVER WY	SAC	74	C1
SLIGO CT	CO	18	D6
SLIPPERY CK LN	CO	17	B6
SLOAN DR	CO	12	B3
SLOAT WY	SAC	52	A7
SLOAT WY	SAC	54	B1
SLOBE AV	SAC	34	D7
SLOCUM CT	SAC	72	E5
SLOOP CT	CO	17	A2
SLOUGHHOUSE RD	CO	83	D2
SLOUGHHOUSE RD	CO	84	B7
SLUICE BOX CIR	AUB	13D	B5
SMALL HILL CT	CO	17	B5
SMALLWOOD LN	CO	40	C6
SMATHERS WY	CO	38	D2
SMILAX AV	WSAC	33	A7
SMILAX WY	SAC	34	A1
SMITH CT	AUB	13D	D4
SMITH LN	ROS	16A	E3
SMITHART ST	CO	18	D4
SMITHFIELD WY	CO	58	C3
SMITHLEE DR	CO	59	C4
SMOKE RIVER WY	SAC	72	D7
SMOKE TREE CT	CO	18	B5
SMOKETREE DR	SAC	33	D1
SMOKEWOOD CT	CO	43	B2
SMOKEY LEAF CT	SAC	32	D3
SMOKY CT	CO	56	D7
SMOLEY WY	CO	18	C1
SNIPES BLVD	CO	21	D7
SNIPES BLVD	CO	43	D1
SNOW BAR CT	FOL	22	D5
SNOWBERRY WY	CO	21	D7
SNOWBERRY WY	CO	43	D1
SNOWBIRD WY	CO	58	D1
SNOWCAP VW CIR	PLCO	13B	A1
SNOW GOOSE LN	CO	17	A2
SNOWMASS LN	ROCK	15B	A5
SNOW RIVER WY	SAC	72	A4
SNYDER DR	CO	62	A3
SOBRANTE WY	CO	59	B1
SOCORRO WY	SAC	34	A3
SODA SPRINGS WY	CO	42	D2
SOFTWOOD CT	CO	17	B1
SOLANO RD	EDCO	26A	B7
SOLANO RD	EDCO	26B	B1
SOLANO ST	WSAC	33	A7
SOLANO ST	WSAC	51	A1
SOLANO WY	CO	39	D4
SOLAR WY	CO	38	C2
SOLAR WY	CO	59	B6
SOLARI WY	CO	38	C1
SOLEDAD AV	CO	54	D5
SOLEDAD WY	CO	54	D5
SOLIDAY CT	FOL	22	E4
SOLITARY LN	CO	39	C7
SOLORA WY	SAC	76	C3
SOMBRERO WY	FOL	22	D4
SOMERSBY WY	CO	56	C3
SOMERSET CT	ROS	16B	A5
SOMERSET RD	CO	55	E1
SOMERSET WY	ROCK	15B	B6
SOMERSHIRE WY	CO	79	B3
SOMERSWORTH DR	CO	17	C4
SOMERTON WY	SAC	76	C2
SOMERVILLE RD	CCCO	182	B6
SOMERVILLE WY	CO	39	D2
SOMIS WY	SAC	76	C2
SONATA DR	CO	41	E4
SONGBIRD CT	SAC	78	B6
SONIA AV	CO	18	D6
SONNET PL	CO	12	C1
SONOMA AV	SAC	34	D2
SONOMA AV	SAC	37	A2
SONOMA WY	SAC	52	E5
SONORA AV	WSAC	51	B4
SONORA DR	CO	88	B5
SONORA WY	CO	39	C2
SOPHIA WY	SAC	57	A3
SOQUEL WY	CO	18	B2
SORENSON RD	CO	12	E1
SORENTO RD	CO	6	A6
SORENTO RD	CO	8	A6
SORENTO RD	SAC	8	A7
SORENTO RD	SAC	32	A1
SORRELL CT	CO	17	C1
SOTANO DR	SAC	34	B3
SOTHEBY CT	CO	40	E3
SOTNIP RD	SAC	32	B3
SOULE ST	WSAC	51	C4
SOULES WY	CO	76	A6
SOURDOUGH CT	FOL	21	C5
SOUTH AV	SAC	32	C7
SOUTH AV	SAC	34	D1
SOUTH AV	SAC	35	A7
SOUTH DR	PLCO	13B	B3
SOUTH PKWY	CO	73	E6
SOUTHAMPTON WY	CO	73	D3
SOUTH BAR LN	CO	100	E7
SOUTHBREEZE DR	CO	77	B7
SOUTHBROOK WY	CO	17	C7
SOUTHBROOK WY	CO	39	C1
SOUTHCLIFF DR	CO	40	A6
SOUTHCREEK CIR	FOL	16C	B7
SOUTHCREEK CIR	FOL	21	E1
SOUTHDALE CT	GALT	150	E1
SOUTHEAST PKWY	CO	73	E5
SOUTHEAST PKWY	CO	76	A5
SOUTHFIELDS CIR	CO	76	D7
SOUTH FORK WY	FOL	21	D4
SOUTHGATE DR E	CO	76	A5
SOUTHGATE RD	SAC	34	C6
SOUTH GATE RD E	CO	76	A5
SOUTHGLEN CT	CO	93	C4
SOUTHGROVE DR	CO	17	E7
SOUTHGROVE DR	CO	39	E1
SOUTH HAVEN DR	CO	36	A1
S LAND PARK DR	SAC	53	D7
S LAND PARK DR	SAC	72	D5
SOUTHLITE CIR	SAC	72	B4
SOUTHMONT WY	SAC	72	E5
SOUTH OAK WY	SAC	74	D1
SOUTHOLM CT	CO	43	A1
SOUTH PORT DR	CO	58	C2
SOUTHRIDGE DR	AUB	13D	C5
SOUTH RIVER RD	WSAC	51	C6
SOUTH RIVER RD	WSAC	53	A7
SOUTH RIVER RD	WSAC	53A	E7
SOUTH RIVER RD	WSAC	71	D3
SOUTH RIVER RD	YCO	74	D7
SOUTH RIVER RD	YCO	94	C1
SOUTH RIVER RD	YCO	113	C6
SOUTH RIVER RD	YCO	116	A3
S SHINGLE RD	EDCO	70	D2
SOUTHSIDE AV	CO	97	B6
SOUTHVIEW CT	CO	39	E1
SOUTH WALES WY	CO	93	E6
SOUTH WALES WY	CO	96	A5
SOUTHWEST AV	CO	54	E6
SOUTHWEST AV	CO	57	A6
SOUTHWICK WY	CO	56	C3
SOUTHWIND DR	SAC	73	C5
SOUTHWOOD CIR	FOL	16C	C7
SOUTHWOOD CIR	FOL	21	E1
SOUTHWOOD CIR	FOL	22	A1
SOUTHWOOD WY	CO	76	B4
SOUZA CIR	SAC	72	B5
SOVEREIGN CT	CO	17	E3
SOWLES RD	SJCO	154	E5
SPACE CT	SAC	72	C2
SPAFFORD DR	CO	55	E6
SPNISH CRRAL LN	PLCO	13A	E7
SPANISH FLAT RD	EDCO	M	D1
SPANISH GRNT RD	CO	83	A7
SPANISH OAKS LN	PLCO	15B	E7
SPANSH WELLS CT	CO	78	E4
SPANOS CT	CO	55	C3
SPAR CT	SAC	53	C6
SPARAS ST	LMS	14A	D4
SPARK ST	LMS	14A	D4
SPARKMAN CT	WSAC	33	C7
SPARKS WY	CO	56	D5
SPARROW CT	CO	38	D2
SPARROWOOD CT	SAC	73	C6
SPARTAN WY	CO	58	D1
SPARTAN WY	SAC	32	C4
SPATTERDOCK CT	CO	78	E6
SPAULDING WY	CO	59	D1
SPEATHS WY	LMS	14A	D4
SPECIALTY CIR	SAC	76	E3
SPECKLE WY	CO	12	C4
SPEILBERG WY	CO	78	D2
SPENCE RD	PLCO	14B	A4
SPENCER LN	CO	18	A2
SPENCER ST	FOL	22	B5
SPENCER WY	CO	36	C6
SPENGLER DR	CO	78	E3
SPERRY DR	CO	17	D7
SPERRY DR	CO	39	D1
SPICA PKWY	CO	73	E3
SPICE WY	SAC	75	E4
SPICE WY	SAC	78	A3
SPICER DR	CO	17	D7
SPICER DR	CO	39	D1
SPICEWOOD	SAC	72	A6
SPIKE CT	SAC	75	D1
SPILMAN AV	SAC	55	B3
SPINDRIFT LN	CO	43	D1
SPINNAKER WY	SAC	71	E5
SPINNAKER WY	SAC	72	A5
SPINNER PT CT	SAC	72	C7
SPIVA RD	CO	82	D1
SPOERRIWOOD CT	SAC	76	B2
SPOONER CT	PLCO	16C	D3
SPORE ST	CO	38	E5
SPORTS DR	CO	31	E4
SPORTSMAN CT	CO	41	C5
SPRAY CT	SAC	72	A1
SPREADNG OAK CT	CO	17	A4
SPREADNG OAK LN	CO	42	C6
SPREE CT	GALT	148	C6
SPRIG DR	CO	12	C4
SPRIG OAKS CT	CO	16A	D7
SPRING ST	CO	148	B1
SPRINGBROOK CIR	SAC	72	B2
SPRING CREEK WY	CO	96	A4
SPRINGDALE WY	ROS	16B	B2
SPRINGFIELD WY	CO	36	D1
SPG GARDEN RD	PLCO	H	D5
SPRINGARDEN WY	CO	78	D2
SPRING GLEN DR	CO	18	C7
SPRINGHAVEN	CO	12	C6
SPRINGHAVEN CIR	CO	12	C6
SPRINGLEAF CT	CO	17	B3
SPRINGMAN ST	SAC	73	B5
SPG MEADOW RD	EDCO	26B	E4
SPRINGMIST CT	SAC	72	B5
SPRINGMONT DR	CO	96	B5
SPRING RAIN WY	CO	18	C6
SPRINGVALE WY	CO	17	B2
SPRING VLY AV	CO	18	A4
SPRING VLY DR	ROS	16B	C5
SPRING VLY RD	ROCK	15B	B1
SPRINGVIEW DR	ROCK	15B	B5
SPRING WATER WY	FOL	21	D4
SPRINGWOOD DR	CO	17	A4
SPROULE AV	SAC	52	B1
SPRUCE AV	CO	12	E6
SPRUCE AV	CO	17	A6
SPRUCE AV	GALT	148	D6
SPRUCE CT	PLCO	13B	C1
SPRUCE WY	WSAC	53	B3
SPRUCE TREE CIR	SAC	72	D6
SPRUCEWOOD CT	CO	73	E3
SPUR WY	GALT	148	C7
SPUR WY	GALT	150	C1
SPURLOCK	SAC	71	E3
SPURLOCK CT	ROS	16B	B3
SPURLOCK WY	SAC	72	A3
SPUR OAK LN	CO	43	B2
SPYGLASS	ROS	15A	E7
SPYGLASS LN	CO	40	B1
SPYGLASS LN	EDCO	24	C6
SQUANAN RIV CT	CO	42	B2
SQUAW VALLEY RD	PLCO	J	D2
SQUAW VALLEY WY	CO	56	C6
SQUIRE CT	ROS	16B	B2
SQUIRE LN	PLCO	13B	C3
SQUIRES CT	SAC	53	D5
STABLER CT	CO	78	D1
STACEY HILLS DR	CO	18	C3
STACIA WY	SAC	53	E5
STACIA WY	SAC	54	A5
STACY AV	CO	76	B7
STADIUM LN	CO	32	B4
STADIUM WY	AUB	13D	D2
STAFFORD ST	FOL	22	B6
STAFFORD WY	CO	38	A3
STAGECOACH DR	CO	12	C6
STAGECOACH TR	PLCO	14B	C5
STAGE LINE CT	CO	43	B2
STAGGS WY	SAC	54	A4
STAINES CT	ROS	16B	C4
STALLINGS DR	SAC	76	C1
STALLON WY	CC	76	A7
STAMAS LN	CO	39	E3
STAMPEDE CT	SAC	33	E1
STAMPEDE CT	SAC	34	A1
STAMPEDE TR	GALT	150	E2
STAMPER WY	CO	76	C3
STANDISH RD	SAC	57	C6
STANDRICH ST	SAC	32	C4
STANFIELD CT	CO	76	D6
STANFORD AV	CO	16B	A7
STANFORD AV	ROS	16A	D1
STANFORD AV	SAC	34	C5
STANFORD LN	EDCO	25	E4
STANFORD OAK DR	CO	17	A4
STANFORD RCH RD	ROCK	15B	A2
STANHOPE WY	SAC	33	E2
STANISLAUS CIR	SAC	72	A5
STANISLAUS CT	CO	99	B2
STANLEY AV	CO	41	B2
STANSBERRY WY	CO	56	C5
STANTON CIR	CO	41	A2
STANTON CT	FOL	22	D7
STANWOOD WY	SAC	72	D5
STAPLETON DR	CO	77	A5
STAR CT	CO	37	E7
STAR LN	PLCO	13B	C4
STAR RD	CO	39	E4
STARBOARD DR	WSAC	51A	E4
STARBOARD WY	SAC	72	A3
STARBOTTLE CT	CO	42	D1
STARBUCK CT	EDCO	26A	C1
STARBUCK RD	EDCO	26A	C1
STARDUST ST	ROCK	15B	B1
STARDUST WY	CO	56	E7
STARDUST WY	CO	58	E1
STARDUST WY	CO	59	A7
STARFIRE DR	CO	56	C7
STARFLOWER DR	CO	17	C3
STARGLOW CIR	SAC	72	C2
STARINA WY	CO	56	C7
STARKVIEW PL	PLCO	15C	C5
STARLIGHT LN	LMS	14A	D7
STARLIGHT LN	LMS	15C	A1
STARLIGHT WY	CO	39	E5
STARLIT CIR	SAC	72	B1
STARMOUNT WY	EDCO	25	E2
STARRLYN WY	CO	41	D5
STARSTONE WY	SAC	73	C5
STAR THISTLE WY	SAC	75	E5
STAR THISTLE WY	SAC	78	A5
STARWOOD CT	CO	16A	B7
STATE AV	SAC	55	B3
STATE FRWY	CO	36	C2
STATE FRWY	CO	37	A5
STATE FRWY	SAC	37	A5
STATE LN	SAC	76	B2
STATEN ISLND RD	CO	164	D5
STATEN ISLND RD	CO	166	C6
STATEN ISLND RD	SJCO	142	D7
STATION ST	CO	58	E1
STATLER CT	CO	40	D1
STEAM CT	CO	58	E1
STEAMBOAT WY	SAC	72	A3
STEARMAN WY	CO	17	C2
STEDWAY CT	CO	58	E2
STEELE WY	CO	40	E3
STEELMAN CIR	CO	76	C4
STEEPLECHASE DR	FOL	44	B1
STEFANI RCH CT	SAC	56	B7
STEFANI RCH CT	SAC	58	B1
STEFFANO CT	CO	17	C6
STEHLIN AV	CO	18	E7
STEINBECK WY	CO	78	D1
STEINBRENNER CT	CO	38	D2
STEINER DR	CO	73	E2
STEINER DR	CO	76	A2
STEINER RD	CO	148	E5
STELLA WY	SAC	72	E6
STELLAR WY	CO	58	E1
STEM CT	CO	17	E4
STENCAR DR	CO	39	E5
STEPHANIE AV	SAC	35	A6
STEPHEN DR	CO	12	A6
STEPHENS DR	AUB	13B	D7
STEPHENS LN	EDCO	26	B4
STEPHINA CT	CO	59	B6
STERLING	CO	16A	B6
STERLING AV	AUB	13D	C1
STERLING CT	EDCO	48	A5
STERLING ST	SAC	53	E7
STERLING WY	EDCO	26A	B1
STERLNG WOOD WY	CO	59	E1
STERN CIR	SAC	53	C6
STETSON CT	CO	9	B7
STEVE WY	CO	18	E7
STEVE WY	CO	21	A7
STEVE WY	CO	40	E1
STEVE WY	CO	43	A1
STEVEN AV	CO	16B	D7
STEVENS RD	CO	78	C1
STEVENS RD	CO	78	D1
STEVENSON AV	CO	78	D3
STEVENSON AV	CO	79	A3
STEWART RD	CO	56	C1
STICKLES LN	PLCO	16A	A2
STILLMEADOW WY	CO	36	D6
STILLWATER RD	WSAC	51A	D2
STILLWATER ST	WSAC	30	E7
STILLWATER WY	CO	76	B4
STILLWELL CT	SAC	35	B5
STILLWIND	CO	42	B3
STILL WOODS CT	CO	77	A7
STINGRAY CT	CO	56	B6
STINSON WY	CO	17	C2
STIRLING ST	PLCO	16B	E2
STIRLING PK DR	CO	59	B2
STIRUP CT	GALT	148	C7
STIRUP CT	GALT	150	C1
STIRUP CT	ROS	16B	B4
STITES WY	CO	38	E2
STOCKBRIDGE AV	CO	36	C1
STOCKDALE ST	SAC	73	A5
STOCKER WY	CO	76	C3
STOCKTON BLVD	CO	54	D3
STOCKTON BLVD	CO	76	A2
STOCKTON BLVD	CO	78	D6
STOCKTON BLVD	CO	96	E2
STOCKTON BLVD	CO	97	A7
STOCKTON BLVD	CO	99	D6
STOCKTON BLVD	CO	126	B1
STOCKTON BLVD	SAC	52	D6
STOCKTON BLVD	SAC	54	D3
STOCKTON BLVD	SAC	57	A5
STOCKTON BLVD	SAC	76	A2
STODDARD LN	CO	17	E6
STODDARD ST	SAC	53	E7
STODDARD ST	SAC	72	E1

218
STODDARD WY
1988 SACRAMENTO COUNTY STREET INDEX
TAHITI ST

STREET	CITY	PG. NO.	SEE
STODDARD WY	PLCO	13B	D4
STOFFER WY	CO	18	E6
STOFFER WY	CO	21	A6
STOKE CT	CO	59	C2
STOKELY CT	CO	21	B7
STOKELY CT	CO	43	B1
STOKEWOOD WY	CO	42	A5
STOLLWOOD DR	CO	39	C5
STONE BLVD	WSAC	51	A6
STONE CT	CO	36	B6
STONE CT	WSAC	51	B6
STONE RD	LMS	14A	D7
STONEBRIDGE RD	EDCO	47	E6
STONEBRIDGE WY	ROS	16B	A5
STONEBROOK DR	FOL	16C	C7
STONEBROOK DR	FOL	21	E1
STONE CYN CIR	CO	18	B4
STONE CORRAL PL	CO	42	C1
STONECREEK	ROCK	15B	C4
STONECREEK DR	SAC	33	E3
STONECREST AV	SAC	74	E3
STONECROP CT	CO	16A	C7
STONECUTTER WY	CO	12	B2
STONEGATE DR	CO	93	D7
STONEGLEN WY	CO	93	C4
STONEHAND AV	CO	17	B1
STONEHAVEN DR	CO	56	E3
STONEHEDGE WY	CO	73	D3
STONE HILL CT	CO	12	B2
STONEHILL DR	PLCO	15B	E5
STONE HILL RD	EDCO	48	E1
STONE HOUSE CT	PLCO	13D	B1
STONEHOUSE CT	ROS	15B	B6
STONE HOUSE RD	CO	88	C3
STONE HOUSE RD	PLCO	13D	A1
STONEHURST WY	CO	12	D6
STONEHURST WY	CO	36	D1
STONE LAKE RD	CO	95	B7
STONE LAKE RD	CO	117	B3
STONEMAN DR	CO	12	B3
STONEMAN WY	EDCO	25	E4
STONE OAK WY	CO	99	C1
STONERIDGE WY	CO	17	B2
STONESIFER CT	CO	38	B2
STONEWALL DR	CO	39	E5
STONEWOOD CT	CO	40	C3
STONEWOOD CT	PLCO	16C	D1
STONEY RD	ROCK	15B	A2
STONEY WY	CO	39	B5
STONEYBROKE CT	CO	43	A1
STONEY END CT	SAC	36	C2
STONEY HILL DR	FOL	22	E6
STONEY HILL DR	FOL	25	A5
STONEY POINT WY	ROS	16B	C5
STONEY RIDGE RD	PLCO	13A	E5
STONYFORD LN	CO	17	A2
STORROW WY	CO	12	D2
STORZ RD	SAC	73	C5
STOUGHTON WY	CO	56	E4
STOVER WY	SAC	53	E5
STOVER WY	SAC	54	A5
STOWE WY	CO	56	C4
STRADER AV	SAC	37	A2
STRAIGHT RD	PLCO	9	E2
STRAIGHT RD	PLCO	10	A2
STRAND ST	CO	76	C4
STRASBOURG WY	CO	12	D2
STRATFORD CT	ROS	16B	C5
STRATFORD PL	CO	12	D1
STRATFORD ST	SAC	72	E5
STRATHMORE WY	CO	12	B2
STRATTON AV	CO	17	C7
STRATTON WY	AUB	13B	D7
STRATUS DR	CO	18	D6
STRAUCH DR	ROS	16B	B3
STRAUGH RD	CO	8	B2
STRAWBERRY LN	SAC	54	C6
STRENG AV	CO	18	C3
STREVEL WY	CO	38	A4
STRICKLAND DR	CO	62	B2
STRIKER AV	CO	32	B4
STROLLNG HLS RD	EDCO	26B	E4
STRONG AV	CO	18	D4
STRUM LN	PLCO	16C	C2
STUART CT	WSAC	51	B1

STREET	CITY	PG. NO.	SEE
STUCKEY LN	CO	106	A1
STUDARAS DR	CO	41	D5
STUDEBAKER PL	CO	40	C7
STUPPI WY	CO	38	C5
STURBRIDGE CT	CO	12	C7
STURGEON WY	CO	56	B6
STURGES CT	FOL	21	D1
STUTZ CT	CO	79	B3
SUANNE CT	CO	76	B4
SUBARU CT	CO	56	D6
SUBWAY RD	ROS	16A	C4
SUDBURY CT	EDCO	26A	E7
SUDBURY RD	EDCO	26A	E4
SUDBURY WY	CO	38	E7
SUDDEN WIND CT	CO	17	B5
SUDOR LN	PLCO	14B	D6
SUEDE HILL CT	CO	21	B6
SUEDA RANCH RD	PLCO	13C	E1
SUE PAM DR	CO	41	A1
SUFFEX CT	CO	12	D2
SUFFOLK WY	CO	41	A6
SUGAR LN	CO	38	D1
SUGAR LOAF CT	CO	42	C1
SUGRLOAF MTN RD	PLCO	14B	B4
SUGAR MAPLE WY	CO	18	B5
SUGAR PINE CT	CO	36	E2
SUGAR PINE CT	CO	39	A2
SUGAR PINE RD	PLCO	H	E3
SULLIVAN CT	WSAC	33	B7
SULLIVAN CT	WSAC	51	B1
SULLIVAN DR	CO	11	E1
SULLIVAN DR	CO	12	A1
SULLY ST	SAC	32	D3
SUMAC LN	SAC	54	C3
SUMERLIN CT	CO	97	A4
SUMMER AV	CO	16A	D7
SUMMER PL	PLCO	13B	C4
SUMMERBREEZE CT	CO	42	A4
SUMMERBROOK WY	SAC	75	E2
SUMMERBROOK WY	SAC	78	A1
SUMMER CREEK CT	CO	78	E2
SUMMERDALE	SAC	75	E1
SUMMERDALE	SAC	78	A1
SUMMER DAWN CT	CO	18	C7
SUMMERFIELD CT	CO	42	A4
SUMMERFIELD DR	WSAC	53A	E1
SUMMERGATE CT	SAC	75	E2
SUMMERGATE CT	SAC	78	A2
SUMMERHAVEN WY	SAC	75	E1
SUMMERHAVEN WY	SAC	78	A1
SUMMERHILL DR	ROS	16B	B6
SUMMERHILL LN	PLCO	14C	A1
SUMMERPLACE DR	CO	16A	B7
SUMMERPLACE DR	CO	17	B1
SUMMER RAIN WY	CO	17	C6
SUMMER RIDGE DR	PLCO	13B	C5
SUMMER RIM CIR	SAC	78	B5
SUMMERSET LN	CO	17	B4
SUMMER SHADE CT	FOL	21	D1
SUMMER SKY DR	CO	78	E2
SUMMER SUNST DR	CO	78	D2
SUMMERTIDE WY	SAC	78	B4
SUMMERTREE CT	CO	39	A3
SUMMERVIEW	SAC	75	E2
SUMMERVIEW	SAC	78	A1
SUMMERWIND WY	SAC	72	B6
SUMMERWOOD CIR	CO	36	D1
SUMMERWOOD CT	PLCO	16C	C1
SUMMIT DR	ROCK	15B	A2
SUMMIT ST	AUB	13D	C1
SUMMIT ST	CO	97	C6
SUMMIT WY	CO	54	D4
SUMMIT VIEW LN	CO	43	B3
SUMNER LN	CO	39	D6
SUMO CT	SAC	76	C3
SUMTER DR	CO	39	E5
SUN AV	CO	16A	D7
SUN ACER WY	CO	8	C4
SUNBEAM AV	SAC	34	B7
SUNBEAM AV	SAC	52	A1
SUNBEAM WY	CO	42	C5
SUNBIRD WY	SAC	78	B4
SUNBLAZE WY	SAC	78	A6
SUNBONNET DR	CO	18	C7
SUNBORG CT	SAC	32	D4

STREET	CITY	PG. NO.	SEE
SUN BRAE CT	CO	8	C4
SUNBURST WY	CO	17	B3
SUNBURY CT	ROS	16B	C4
SUN CENTER DR	CO	42	A7
SUNCO DR	CO	42	B5
SUNCREEK WY	CO	18	D3
SUNCREST WY	CO	40	B3
SUNDALE	CO	42	B3
SUNDALE WY	CO	18	C6
SUN DANCE CT	ROS	16B	B3
SUNDANCE DR	CO	18	C5
SUNDANCE WY	CO	18	C6
SUNDAY DR	CO	12	B6
SUN DIAL WY	SAC	78	A6
SUNDOWN CT	CO	39	C6
SUNDOWN DR	SAC	73	C4
SUNDOWN DR N	SAC	73	C3
SUNDOWN WY	ROS	16A	E4
SUNFISH CT	CO	56	A6
SUN FLORIN DR	CO	77	A4
SUNFLOWER CT	ROCK	15B	B5
SUNFLOWER RD	CO	101	D5
SUNGARDEN DR	CO	18	A3
SUNGLOW CT	CO	41	B2
SUNGOLD WY	CO	56	C7
SUN HILL DR	CO	18	A6
SUNLAND CT	CO	18	C1
SUNLAND VIS AV	SAC	72	D5
SUNLIT CIR	SAC	72	C2
SUN MAIDEN WY	CO	10	A7
SUN MAIDEN WY	CO	12	A1
SUNMEADOW CT	SAC	73	D7
SUNMEADOW DR	SAC	73	D7
SUNMIST WY	CO	17	B3
SUNNY LN	CO	41	C1
SUNNYBANK LN	CO	41	C2
SUNNY BRAE DR	SAC	78	B6
SUNNYBROOK LN	CO	43	A1
SUNNYDALE LN	PLCO	14B	B2
SUNNYFIELD WY	SAC	78	B6
SUNNY GLADE CT	CO	96	A5
SUNNY GLEN WY	SAC	56	A6
SUNNY HILLS DR	CO	42	B4
SUNNYHOLLOW CT	SAC	78	B4
SUNNY LAKE WY	SAC	78	A5
SUNNYSIDE WY	CO	79	A2
SUNNYSLOPE DR	CO	76	B4
SUNNYVALE AV	CO	36	B7
SUNNYVIEW LN	CO	9	F2
SUNNYVIEW LN	CO	12	A2
SUNNYWOOD LN	FOL	21	E2
SUN OAK LN	CO	43	C2
SUNOL DR	CO	59	C4
SUN PEARL CT	CO	18	C7
SUN RAY CT	CO	8	E2
SUNRIDGE CT	CO	40	B2
SUNRISE AV	AUB	13D	D2
SUNRISE AV	ROS	16A	E5
SUNRISE AV	ROS	16B	A5
SUNRISE AV N	ROS	16B	A2
SUNRISE BLVD	CO	16A	E7
SUNRISE BLVD	CO	16B	A7
SUNRISE BLVD	CO	18	B4
SUNRISE BLVD	CO	40	B3
SUNRISE BLVD	CO	42	B5
SUNRISE BLVD	CO	60	C4
SUNRISE BLVD	CO	62	D2
SUNRISE BLVD	CO	81	E5
SUNRISE TER	CO	40	B3
SUNRISE CK CT	CO	18	A6
SUNRISE EAST WY	CO	18	B7
SUNRISE GLD CIR	CO	42	B6
SUNRISE GRNS DR	CO	78	E2
SUNRISE HLLS DR	CO	40	A2
SUNRISE MIST WY	CO	78	E2
SUNRISE PARK DR	CO	42	B7
SUNRSE PINES DR	CO	59	B6
SUNRISE RDG DR	CO	40	B3
SUNRISE RDG RD	AUB	13D	B6
SUNRISE S DR	SAC	76	C1
SUNRISE VIS DR	CO	18	B7
SUNRISE WDS WY	CO	78	E1
SUN RIVER DR	SAC	76	C1
SUNROCK DR	FOL	21	E4
SUNROCK DR	FOL	22	A4

STREET	CITY	PG. NO.	SEE
SUN RUN LN	CO	43	B4
SUNSET AV	CO	39	D3
SUNSET AV	CO	40	C3
SUNSET AV	CO	43	A3
SUNSET AV	WSAC	51	A1
SUNSET BLVD	PLCO	15A	E1
SUNSET BLVD	PLCO	15B	A2
SUNSET BLVD	ROCK	15B	B4
SUNSET DR	AUB	13B	D7
SUNSET DR	GALT	148	D5
SUNSET DR	ROS	16A	E3
SUNSET DR	SAC	53	D5
SUNSET LN	PLCO	13C	E2
SUNSET LN	CO	86	A6
SUNSET RD	CCCO	181	C5
SUNSET TER	CO	40	B3
SUNSET TER	PLCO	13B	A2
SUNSET BAY CT	CO	78	E6
SUNSET DOWNS DR	CO	78	D1
SUNSET HILL CT	ROCK	15B	B2
SUNSET HILL RD	ROCK	15B	B2
SUNSET OAK CT	CO	12	E3
SUNSET OAK CT	CO	17	A3
SUN SHADOWS LN	CO	36	C7
SUNSHINE DR	GALT	148	C5
SUNSHINE LN	CO	36	D3
SUNSHINE WY	PLCO	13A	E1
SUNSWEPT CIR	CO	77	A4
SUN TERRACE WY	CO	18	C1
SUNTRAIL CIR	SAC	78	A5
SUN TREE CT	ROS	16B	A5
SUN TREE DR	ROS	16B	A5
SUN TREE LN	CO	18	B6
SUN VALLEY WY	SAC	78	A3
SUNVIEW AV	CO	37	E4
SUNVIEW WY	CO	8	D4
SUN VISTA CT	CO	8	E2
SUNWIND WY	SAC	72	C6
SUNWOOD CT	ROCK	15B	B5
SUNWOOD WY	CO	17	C3
SUNWOOD WY	SAC	72	C5
SUPERB CIR	CO	97	B6
SUPERIOR DR	CO	12	B4
SUPREME CT	CO	97	B5
SURBAUGH SQ	FOL	47	A2
SURETTE LN	PLCO	14B	A7
SURETTE LN	PLCO	15C	C1
SURF WY	SAC	53	C6
SURFSIDE WY	SAC	71	E2
SURITA ST	CO	38	C7
SURLE CT	CO	12	D2
SURREY CT	ROCK	15B	D2
SURREY RD	SAC	37	B5
SURREYGLEN WY	CO	93	C4
SURRY LN	EDCO	26A	C5
SURVEY RD	CO	99	C5
SUSAN CIR	ROS	16B	A4
SUSAN WY	CO	38	E7
SUSAN WY	CO	41	A7
SUSANNA CT	CO	17	D4
SUSSEX CT	ROS	16B	A6
SUSSEX CT	SAC	37	B6
SUTHERLAND DR	PLCO	13B	D5
SUTHERLAND WY	CO	96	C5
SUTLEY TAYLR LN	PLCO	14C	A1
SUTRO CT	CO	17	E4
SUTTENFIELD RD	SJCO	155	D7
SUTTER	ROS	16A	E2
SUTTER AV	CO	39	A7
SUTTER AV	WSAC	51A	E3
SUTTER RD	YCO	112	C7
SUTTER ST	AUB	13D	C1
SUTTER ST	FOL	21	E6
SUTTER ST	FOL	22	A6
SUTTER BUTES WY	CO	78	E2
SUTTER ISLND RD	CO	115	B7
SUTTER ISLND RD	CO	136	E1
SUTTER ISLND RD	CO	137	A4
SUTTR IS CRS RD	CO	114	E6
SUTTR IS CRS RD	CO	115	A6
SUTTR IS U C RD	CO	115	B1
SUTTER OAK CT	CO	12	E3
SUTTER OAK CT	CO	17	A4
SUTTERS FORT WY	CO	42	C1
SUTTERS GOLD DR	CO	58	B1

STREET	CITY	PG. NO.	SEE
SUTTERS MLL CIR	CO	40	C7
SUTTERS MLL CIR	CO	42	C1
SUTTRVLE BYPASS	SAC	54	A3
SUTTERVILLE RD	SAC	53	D3
SUTTERVILLE RD	SAC	54	A3
SUTTERWOODS WY	CO	56	E7
SUTTERWOODS WY	CO	59	A7
SUTTERWOODS WY	CO	61	A1
SUTTON WY	CO	43	B1
SUZETTE CT	CO	21	B7
SUZUKI LN	PLCO	15C	D1
SWAIM CT	SAC	34	C1
SWAIN SQ	FOL	47	A2
SWALE CT	SAC	34	A1
SWALE RIVER WY	SAC	72	B4
SWALLOW WY	CO	40	E5
SWALLOW WY	CO	43	A5
SWALLOW WY	ROS	16B	B4
SWALLOWS NST DR	CO	33	A5
SWAMPY LN	PLCO	15C	D3
SWAN RIVER CT	SAC	72	A4
SWANSEA WY	CO	59	D2
SWANSTON DR	SAC	51	D7
SWANSTON DR	SAC	53	D1
SWARTHMORE DR	SAC	55	C6
SWEET WY	CO	37	E4
SWEETBRIER WY	SAC	73	A7
SWEETBRIER WY	SAC	75	A1
SWEETFERN WY	SAC	73	B6
SWEET GUM CT	CO	18	B5
SWEETSAND CT	CO	78	E6
SWEET VALLEY RD	EDCO	24	D5
SWEETWATER AV	CO	54	D6
SWEETWATER CT	ROCK	15B	C1
SWEETWATER DR	ROCK	15B	C2
SWEETWOOD CT	CO	16A	C7
SWEETWOOD CT	CO	17	D1
SWENSON WY	SAC	72	D3
SWETZER RD	LMS	14A	E3
SWETZER RD	PLCO	14A	E3
SWETZER RD	PLCO	14B	A1
SWIFT WY	SAC	73	B5
SWIFT RIVER DR	FOL	21	E2
SWINGLE DR	FOL	22	E5
SWINGLE DR	FOL	25	A5
SWITCHMAN DR	ROS	16A	C2
SYBIL WY	CO	38	E3
SYCAMORE AV	CO	36	D5
SYCAMORE AV	WSAC	51	A4
SYCAMORE DR	CO	17	E2
SYCAMORE DR	CO	18	A2
SYCAMORE DR W	CO	17	E2
SYCAMORE PL	PLCO	15B	D5
SYDLING CT	CO	56	B4
SYLMAR LN	CO	17	A2
SYLVAN RD	CO	17	E5
SYLVAN GLEN WY	CO	17	E4
SYLVAN GLEN WY	CO	18	A4
SYLVAN GROVE WY	CO	17	E3
SYLVAN OAK WY	CO	16B	A7
SYLVAN OAK WY	CO	18	C1
SYLVAN VISTA DR	PLCO	13B	E4
SYLVESTER WY	CO	17	B7
SYLVESTER WY	CO	39	B1
SYLVIA LN	PLCO	13A	D1
SYLVIA WY	SAC	72	E7
SYMPHONY CT	SAC	56	A7
SYNTHIA CT	SAC	73	D6
SYRACUSE WY	SAC	34	A1
SYSTEMS PKWY	CO	59	C5
T			
T ST	SAC	51	D4
T ST	SAC	52	A5
T ST	SAC	54	E1
T ST	SAC	55	A7
TAAJANAR CT	CO	18	E3
TAB CT	CO	37	D7
TABARE CT	CO	17	D1
TABER ST	WSAC	33	B7
TACANA DR	FOL	22	D3
TACOMIC DR	CO	12	D5
TAD LN	CO	18	A2
TAFT ST	SAC	37	A4
TAHAMA ST	CO	36	E1
TAHITI ST	CO	21	A4

TAHOE AV

1988 SACRAMENTO COUNTY STREET INDEX

219

TRAIL END WY

STREET	CITY	PG. NO.	SEE
TAHOE AV	ROS	16A	E1
TAHOE ST	PLCO	13A	E1
TAHOE WY	SAC	57	A2
TAHOE WOODS CT	CO	77	A7
TAHOE WOODS CT	CO	79	A1
TAILINGS DR	CO	63	C6
TAILRACE DR	CO	40	C7
TAISLEY DR	CO	59	D2
TALBOT	CO	16B	C7
TALBOT	CO	18	D1
TALBOT RD	WSAC	53A	D2
TALBOT WY	CO	16B	B7
TALENT ST	SAC	35	D6
TALISMAN DR	CO	56	B7
TALISMAN DR	CO	58	B1
TALISMAN DR	FOL	22	C5
TALLAC ST	CO	37	C3
TALL BRAVE CT	CO	17	B4
TALL OAK LN	CO	43	B2
TALLOW WOOD WY	CO	16A	D6
TALL PINE LN	PLCO	16C	B1
TALL RIVER DR	CO	18	A5
TALL TREE CIR	CO	17	B5
TALLWOOD CIR	CO	16A	D6
TALLYHO DR	CO	58	D3
TALMAGE CT	CO	58	E2
TALUS WY	CO	39	B4
TAMALPAIS WY	CO	37	E1
TAMANGO WY	CO	56	C7
TAMARA DR	CO	40	A2
TAMARACK CT	ROCK	15B	D2
TAMARACK CT	ROS	16A	E5
TAMARACK DR	ROCK	15B	D3
TAMARACK RD	WSAC	53	B3
TAMARACK WY	CO	37	C4
TAMARISK CT	CO	12	D5
TAMI WY	CO	39	B6
TAM OSHANTER DR	EDCO	25	E4
TAM OSHANTER DR	EDCO	26	A3
TAM OSHANTER LN	PLCO	13B	C3
TAMOSHANTER WY	SAC	73	A4
TAMOSHANTER WY	SAC	73	A6
TAMPICO CT	CO	40	D3
TAMRA JEAN RD	CO	21	B7
TAMSEN CT	CO	56	E1
TAMWORTH WY	SAC	33	E2
TANA CT	CO	75	E7
TANA CT	CO	93	C3
TANAGER WY	CO	12	D4
TANAKA CT	CO	40	A3
TANANA RIVER CT	CO	16B	A7
TANANA RIVER CT	CO	18	B1
TANANGER CT	SAC	34	A1
TANBARK CT	CO	17	B3
TANBARK OAK CT	EDCO	25	A1
TANDEM CT	CO	17	D3
TANDY LN	CO	17	B4
TANFIELD CT	SAC	33	E2
TANFORAN CT	CO	18	D7
TANGERINE AV	CO	73	E7
TANGERINE AV	CO	76	A7
TANGERINE AV	SAC	73	E7
TANGERINE AV	SAC	75	E1
TANGERINE AV	SAC	76	A7
TANGLEWOOD CIR	CO	21	D7
TANGLEWOOD DR	AUB	13D	C5
TANGLEWOOD LN	ROS	16B	B3
TANGLEWOOD WY	PLCO	15D	A1
TANGO ST	CO	56	C7
TANGO ST	CO	58	C1
TANGORS WY	CO	18	B4
TANNAT WY	CO	41	D7
TANNER CT	PLCO	16C	B1
TANOAK WY	CO	16A	C7
TAN WOODS RD	PLCO	9	C4
TANYA CT	CO	56	C6
TANYA LN	CO	76	D7
TANYA WY	ROS	16B	B5
TANZANIA DR	ROS	16A	E5
TAPESTRY WY	CO	56	D7
TAPLEY RD	WSAC	53	A5
TAPLEY RD	WSAC	53A	C5
TAPO CT	SAC	76	C2
TARA LN	CO	38	A1
TARAMORE CT	CO	18	D5
TARBERT DR	CO	96	B6
TAREYTON WY	CO	17	C4
TARGA CIR	CO	18	B7
TARLETON DR	CO	12	C7
TAROCCO WY	CO	18	B4
TARRAGON	SAC	72	A6
TARRO WY	CO	41	A1
TARSHES DR	CO	41	B4
TARTAN DR	CO	11	E1
TARTANILLA CIR	CO	17	E3
TARWOOD WY	CO	17	A4
TASH CT	SAC	72	B6
TATE ST	SAC	35	C6
TATTERSHALL WY	SAC	73	E7
TATTERSHALL WY	SAC	76	A7
TAURUS CT	CO	40	A1
TAVERNOR RD	CO	104	C6
TAVERNOR RD	CO	106	B3
TAVERNOR TR LN	SAC	106	B1
TAVI AV	CO	36	B3
TAY WY	SAC	56	A6
TAYLOR LN	PLCO	13B	C4
TAYLOR RD	CO	181	D7
TAYLOR RD	LMS	14A	D7
TAYLOR RD	PLCO	13C	B7
TAYLOR RD	PLCO	14B	A2
TAYLOR RD	ROS	15B	B6
TAYLOR ST	ROS	16A	E2
TAYLOR ST	SAC	32	D6
TAYLOR ST	SAC	34	D1
TAYLOR WY	SAC	52	E3
TEAGUE LN	PLCO	16C	B1
TEAK CT	ROS	16A	E6
TEAK CT	SAC	73	D7
TEAKWOOD CT	CO	58	C2
TEAL DR	WSAC	53A	E2
TEAL WY	CO	39	C2
TEARPAK CT	SAC	78	A5
TEATER CT	CO	18	C1
TECH CENTER DR	CO	56	D6
TECK ST	CO	18	C7
TECK ST	CO	40	C1
TECOPA WY	CO	78	E3
TEEKAY WY	SAC	73	B7
TEEKAY WY	SAC	75	B1
TEGAN RD	CO	93	E3
TEGAN RD	CO	96	A3
TEICHERT AV	SAC	52	E3
TEICHERT AV	SAC	55	A3
TEJON AV	CO	8	D2
TELEGRAPH AV	CO	21	C1
TELEGRAPH HILL	EDCO	25	E1
TELESCO WY	CO	39	B3
TELFER WY	SAC	76	A7
TELL CT	CO	12	B7
TELSA WY N	CO	37	D6
TEMBROOK DR	CO	56	A2
TEMESCAL ST	CO	40	B6
TEMPLE	CO	59	B3
TEMPLE AV	SAC	54	C4
TEMPLE DR	PLCO	13B	E5
TEMPLE LN	CO	18	A7
TEMPLE PARK RD	CO	40	B2
TEMPLETON DR	CO	39	B1
TEMWOODS WY	CO	78	D5
TENABO CT	CO	56	D5
TENAYA AV	SAC	34	B2
TENEIGHTH WY	SAC	53	E2
TENNIS WY	AUB	13D	D1
TENNY CT	CO	39	B4
TENNYSON WY	CO	56	D2
TENWOODS CT	CO	59	B4
TERALBA WY	SAC	33	E2
TERESA CT	PLCO	13B	B5
TERESA LN	WSAC	53A	E3
TERESA WY	CO	99	B1
TERESITA CT	CO	76	C6
TERILYN ST	SAC	56	A7
TERILYN ST	SAC	58	A1
TERKEN PL	PLCO	13B	D5
TERMINAL ST	WSAC	51	A6
TERMINAL WY	SAC	52	A3
TERMINOUS RD	CO	162	D6
TERMINOUS RD	CO	172	E1
TERMINOUS RD	CO	173	A2
TERMON DR	CO	96	C6
TERN CT	SAC	72	B2
TERRA DR	ROS	16B	A5
TERRA WY	CO	18	A5
TERRA ALTA CT	SAC	72	C6
TERRACE CT	AUB	13D	E2
TERRACE DR	CO	38	A6
TERRACE DR	ROCK	15B	A1
TERRACE LN	GALT	148	D5
TERRACE PL	ROCK	15B	A2
TERRACE ST	AUB	13D	D2
TERRACE OAK CIR	CO	40	B2
TERRALAND CT	CO	18	C1
TERRA LINDA DR	CO	97	B5
TERRA LOMA DR	CO	59	B2
TERRAMORE DR	CO	21	B7
TERRA VISTA WY	CO	36	C7
TERRAZA CT	CO	96	B4
TERRELL DR	CO	17	D6
TERRENO DR	CO	88	D3
TERRIER WY	CO	59	B5
TERRY LN	PLCO	13B	E4
TERRY ST	GALT	150	C2
TERRY WY	CO	38	E2
TESLA WY	CO	37	D6
TESSA AV	SAC	37	A2
TETLOW CT	SAC	75	E5
TETLOW CT	SAC	78	A5
TETON WY	CO	10	A7
TEVIS RD	CO	37	D5
TEVRIN WY	CO	79	B4
TEXAS RIVER CT	CO	42	B3
THADDEUS CT	CO	96	B4
THAMES WY	CO	41	A6
THATCHER CIR	SAC	75	E1
THATCHER CIR	SAC	78	A1
THAYER WY	CO	18	E4
THE COURT	CO	36	C6
THELEN CT	CO	18	E7
THELMA AV	SAC	34	A5
THEO WY	SAC	53	D4
THEODORE AV	CO	77	A7
THERESA CT	CO	59	D2
THERZA CT	AUB	13B	E7
THETFORD CT	CO	97	A5
THETHYS WY	CO	16B	B7
THE UPHILL RD	EDCO	M	C1
THICKET CT	CO	96	B5
THIERY RD	SAC	72	E1
THILOW DR	CO	56	C7
THILOW DR	CO	58	C1
THIRD PKWY	CO	73	E3
THIRD ST	PLCO	13B	A2
THIS WY	CO	16A	D7
THISTLE CT	SAC	73	C6
THISTLE LN	PLCO	13C	C7
THISTLEDOWN DR	CO	43	A6
THISTLE DOWN DR	ROS	16B	C4
THISTLELOOP CT	CO	12	D4
THISTLEPATCH	PLCO	14B	E1
THISTLEWOOD WY	CO	56	E1
THODE WY	CO	36	B7
THOM WY	CO	56	C7
THOM WY	CO	58	C1
THOMAS	ROS	16A	E1
THOMAS CT	FOL	22	C6
THOMAS DR	CO	12	A3
THOMAS LN	CO	38	D5
THOMASINO WY	CO	12	E1
THOMPSON WY	SAC	73	A2
THOR WY	CO	38	C6
THORES ST	CO	41	C7
THORESON CT	CO	18	E4
THORNE CT	FOL	22	C6
THORNHILL DR	CO	58	C3
THORNLEY WY	CO	56	B4
THORNTON AV	SAC	52	B1
THORNWOOD DR	CO	38	A2
THORNWOOD DR	LMS	14A	E5
THOROE CT	CO	75	E7
THOROE CT	CO	93	C3
THOROUGHBRED WY	CO	97	D6
THORP RD	WSAC	53	A1
THORP RD	WSAC	53A	C1
THORPE WY	SAC	73	A6
THOUSND OAKS CT	CO	36	E3
THOUSND OAKS CT	CO	39	A3
THOUSND OAKS DR	PLCO	G	E5
THREE SISTRS CT	CO	17	D3
THRELKEL ST	PLCO	13C	D5
THRESHER CT	CO	96	B4
THRIFTY WY	CO	11	E1
THRUSH CT	CO	18	A7
THUNDER WY	CO	58	C3
THUNDERBIRD CT	CO	40	A3
THUNDERHEAD CIR	CO	18	C5
THURMAN WY	CO	54	E7
THURMAN WY	CO	57	A7
THYS CT	SAC	58	A7
TIARA WY	CO	18	A2
TIBER DR	CO	56	D5
TIBER RIVER DR	CO	42	A2
TIBURON WY	CO	12	E7
TICKERHOOF WY	CO	41	B1
TICONDEROGA LN	CO	36	B3
TIDE CT	SAC	33	E4
TIDE CT	SAC	34	A4
TIDEPOOL CT	FOL	22	D4
TIDEWATER CT	SAC	72	A6
TIEMPO CT	FOL	22	C4
TIERRA WY	PLCO	13B	E5
TIERRA WY	CO	39	E4
TIERRA ARBOR WY	SAC	76	C3
TIERRA EAST WY	SAC	76	C3
TIERRA GLEN WY	SAC	76	C3
TIERRA GRND CIR	CO	59	B2
TIERRA GREEN WY	SAC	76	C3
TIERRA LAWN CT	SAC	76	C3
TIERRAS	CO	69	D7
TIERRAS	CO	88	D1
TIERRA VERDE	CO	78	C1
TIERRA VERDE WY	CO	76	C7
TIERRA WOOD WY	SAC	76	C3
TIFFANY CIR	ROS	16B	A4
TIFFANY LN	CO	59	B2
TIFFANY WY	CO	40	C3
TIFFANY WEST WY	CO	59	B3
TIGER LILY RD	EDCO	14C	E3
TIKI LN	CO	76	D6
TILDEN WY	SAC	73	A5
TILLAMOOK WY	CO	58	E2
TILLMAN CIR	SAC	73	E7
TILLMAN CIR	SAC	75	E1
TILTON WY	CO	21	C4
TIMBER CT	CO	18	E6
TIMBERCREEK WY	CO	36	D1
TIMBERLAKE WY	SAC	78	C3
TIMBERLANE CT	AUB	13D	C2
TIMBERLANE PL	CO	9	E7
TIMBERLEAF WY	CO	18	E6
TIMBERLINE LN	AUB	13D	C2
TIMBERWOOD CT	SAC	33	E4
TIME CT	SAC	57	B6
TIMM AV	CO	43	A4
TIMMCO CT	CO	36	E7
TIMMCO CT	CO	38	E1
TIMMCO CT	CO	41	A1
TIMMERMAN WY	CO	39	D1
TIMOTHY WY	CO	40	C3
TIMSON CT	FOL	44	C1
TIMSON DR	FOL	44	C1
TINA CT	CO	17	B7
TINA CT	CO	39	B1
TINA WY	ROS	16A	E4
TINKER WY	SAC	35	B5
TINNEIL CT	SAC	33	E2
TINY WY	PLCO	10	E1
TINY WY	PLCO	16A	A2
TIOGA WY	CO	37	D2
TIOGAWOODS DR	CO	76	E7
TIOGAWOODS DR	CO	77	A7
TIOGAWOODS DR	CO	78	E1
TIOGAWOODS DR	CO	79	A1
TIPPERARY WY	CO	17	E7
TIPPWOOD WY	CO	12	C2
TIPTOE CT	CO	55	C2
TIPTON CT	CO	97	A5
TISDALE WY	SAC	73	C6
TITAN RD	CO	100	A5
TITIAN PKWY	CO	73	E7
TITIAN PKWY	SAC	73	E7
TIVERTON AV	SAC	72	E4
TIVOLI WY	SAC	52	E3
TOBARI CT	CO	38	B2
TOBIA WY	CO	40	A7
TODD CT	CO	12	E5
TODD VALLEY RD	PLCO	H	D5
TODHUNTER AV	WSAC	33	B6
TOKAY AV	CO	76	E4
TOKAY LN	CO	77	C2
TOKAYANA WY	PLCO	H	C4
TOLEDO WY	CO	37	E1
TOLENAS CT	CO	56	A3
TOLMAN LN	CO	9	E5
TOLUCA LN	CO	17	D6
TOLWORTH CT	ROS	16B	C4
TOMASINI WY	SAC	75	E2
TOMASINI WY	SAC	78	A2
TOMKI WY	CO	18	B1
TOMLINSON DR	FOL	21	E1
TOMMAR DR	CO	40	C3
TOMMY CIR	CO	76	D5
TONDELA WY	CO	40	E2
TONG RD	EDCO	48	C2
TONKIN DR	CO	21	C7
TONO WY	CO	36	E3
TONY CT	SAC	72	B5
TONYA WY	CO	39	C3
TOOMBS ST	CO	39	C1
TOPAM CT	SAC	33	D2
TOPANGA LN	CO	17	A2
TOPAZ AV	ROCK	15B	A3
TOPAZ CT	ROCK	15B	B3
TOPAZ CT	ROS	16A	E5
TOPAZ WY	CO	55	E1
TOPAZ HILLS CT	CO	59	B2
TOPEKA WY	CO	56	D5
TOPP CT	CO	41	A4
TOPSAIL CT	SAC	72	A3
TOPSIDE DR	PLCO	13A	E5
TORCHY CT	CO	58	E1
TORERO WY	EDCO	23	D3
TORMOLO WY	CO	41	D7
TORO CT	CO	59	B1
TORO CT	EDCO	23	E3
TORONTO RD	EDCO	26A	E7
TORONTO RD	EDCO	26B	E1
TORONTO ST	SAC	57	D5
TORRANCE AV	SAC	73	C6
TORRENTE WY	SAC	75	D3
TORREY WY	CO	97	B4
TORREY PINES CT	CO	38	E6
TORRINGTON PL	CO	12	D1
TORTOLA WY	SAC	76	C3
TORY LN	CO	59	B3
TOUCHSTONE PL	WSAC	53	A2
TOULON LN	CO	77	A6
TOURNEY WY	SAC	33	E2
TOWER AV	CO	37	D6
TOWER ST	WSAC	51	C4
TOWHEE WY	CO	36	C1
TOWN CIR	CO	37	D2
TOWN CT	PLCO	13B	A1
TOWNHALL WY	CO	76	D4
TOWNHOUSE DR	EDCO	26A	D6
TOWNSEND CT	CO	55	E5
TOY AV	SAC	73	B3
TOYAN ST	EDCO	23	E4
TOYON AV	CO	40	C5
TOYON DR	AUB	13B	E7
TOYON WY	ROS	16A	E3
TOYSA ST	CO	43	A2
TRABERT CT	CO	39	D5
TRACTION AV	SAC	34	C5
TRACY CT	CO	12	D6
TRACY LN	PLCO	13B	C3
TRACY LN	PLCO	14A	D3
TRACY TER	PLCO	16C	D2
TRADE CENTER DR	CO	42	A6
TRADE WIND AV	CO	37	D7
TRADEWINDS AV	SAC	53	E5
TRADEWINDS CIR	WSAC	51	A5
TRADING POST CT	CO	11	B1
TRAFFIC WY	CO	61	A2
TRAIL END WY	SAC	31	E7

SACRAMENTO CO.

INDEX

220
TRAIL END WY
1988 SACRAMENTO COUNTY STREET INDEX
VERNACCIA CIR

STREET	CITY	PG. NO.	SEE
TRAIL END WY	SAC	32	A7
TRAIL END WY	SAC	33	E1
TRAIL END WY	SAC	34	A1
TRAILS CT	CO	41	C5
TRAILS END RD	EDCO	26B	E6
TRAILSIDE DR	CO	40	A5
TRAIL WOODS DR	CO	76	D7
TRAJAN DR	CO	18	D6
TRALEE WY	CO	97	B7
TRALEE WY	CO	99	B1
TRANQUILITY DR	SAC	73	C4
TRANQUILTY DR N	SAC	73	C3
TRAPPER CT	CO	10	A6
TRAVER CT	CO	78	E3
TRAVERS ST	AUB	13D	D2
TRAVERSE CK RD	EDCO	M	E1
TRAVERTINE CIR	CO	36	D3
TRAVIS LN	CO	37	C7
TRAWLER WY	CO	17	B2
TREASURE LN	ROS	16A	C1
TREASURE WY	SAC	72	A3
TREASURE HLL CT	CO	42	C1
TREE CT	CO	40	C5
TREEBINE AV	CO	16A	C7
TREECREST AV	CO	40	C1
TREEHOUSE LN	CO	56	C3
TREELEAF WY	CO	16A	C7
TREELARK WY	CO	16A	C7
TREELARK WY	CO	17	C1
TREE LINE CT	CO	21	C7
TREEN CT	CO	59	E1
TREESE CT	ROS	15A	E7
TREESE WY	ROS	15A	E7
TREE SHADOW PL	CO	43	B3
TREE SIDE DR	CO	38	E7
TREE TOP LN	PLCO	13B	E4
TREE VIEW RD	CO	62	A7
TREEVIEW RD	CO	81	A1
TREFOIL CT	CO	16A	C7
TRELEAVEN CT	CO	12	A1
TREMAIN DR	CO	17	C6
TREMONT CT	CO	43	D2
TREMWELL CT	CO	18	A7
TRENT CT	GALT	148	C6
TRENT DR	GALT	148	C6
TRENTON CT	ROS	16B	C6
TRENTON WY	CO	17	B5
TRENTWOOD WY	SAC	73	C6
TRESLER AV	CO	36	B2
TRESTLE GLEN WY	SAC	72	C2
TRIBUTE RD	SAC	34	E7
TRICIA WY	CO	36	B3
TRILBY CT	CO	17	E5
TRILBY CT	CO	18	A5
TRILLIUM CT	CO	43	C1
TRIMBLE WY	CO	37	E6
TRIMBLE WY	ROS	16B	A4
TRIMMER WY	CO	78	E4
TRINIDAD CT	CO	88	D3
TRINIDAD DR	CO	88	C3
TRINITY CT	CO	54	D5
TRINITY WY	ROCK	15B	A4
TRINITY RIV DR	CO	42	B3
TRIPLE CROWN CT	CO	43	A6
TRIPLETT CT	CO	36	E7
TRIPLETT CT	CO	39	A6
TRISTAN CIR	SAC	73	E7
TRISTAN CIR	SAC	76	A7
TRITON CT	SAC	73	D5
TROLEAN CT	ROS	16B	C5
TRONA WY	CO	39	E3
TRONERO WY	CO	41	D7
TROPICANA CT	CO	56	D7
TROON WY	SAC	73	B5
TROTTER CT	SAC	72	A7
TROUTDALE WY	SAC	75	E5
TROUTDALE WY	SAC	78	A5
TROVILLION ST	CO	17	C7
TROVITA WY	CO	18	B4
TROY CT	CO	41	E4
TROY WY	PLCO	16C	C5
TRUAX CT	CO	37	C2
TRUCKEE WY	SAC	52	C6
TRUCKEE RIV DR	CO	42	A3
TRUDY WY	GALT	148	C6

STREET	CITY	PG. NO.	SEE
TRUDY WY	SAC	71	E3
TRUE CT	CO	59	D2
TRUJILLO WY	CO	56	B7
TRUMAN ST	CO	97	B6
TRUMBRIDGE WY	CO	38	E6
TRUMBRIDGE WY	CO	41	A6
TRUSCOTT CT	ROS	16B	A3
TRUSSEL WY	CO	37	E7
TRUXEL RD	SAC	31	D6
TRUXEL RD	SAC	33	E5
TRYON CT	CO	55	E5
TSIMINGO	CO	17	B6
TUCKER WY	CO	79	A3
TUCSON CIR	CO	43	A2
TUCUMCARI WY	CO	56	D4
TUDOR CT	CO	41	A6
TUDOR ST	GALT	150	C2
TUDOR WY	LMS	14A	D7
TUDSBURY RD	PLCO	14B	C7
TUDSBURY RD	PLCO	15D	A1
TUFTS ST	CO	36	E3
TUGGLE WY	SAC	72	D3
TULA CT	CO	40	D3
TULANE CT	CO	36	D4
TULARE CT	CO	97	A4
TULE CT	CO	96	A4
TULE LN	ROCK	15B	A5
TULE LAKE RD	WSAC	30	D6
TULE LAKE RD	YCO	30	D6
TULIP CIR	PLCO	13B	C1
TULIP WY	CO	37	C2
TULLY RD	SJCO	155	E6
TUMBLEWEED CT	ROCK	15B	B1
TUMBLEWEED WY	SAC	33	E1
TUMBLEWEED WY	SAC	34	A1
TUMBLEWOOD CT	CO	18	E6
TUNDRA WY	SAC	34	A1
TUNIS RD	SAC	32	B2
TUNNEL WY	SAC	78	C4
TUNNEL HILL WY	CO	42	C1
TUOLUMNE DR	CO	56	C6
TUPELO DR	CO	12	E3
TUPELO DR	CO	17	A3
TURBO CT	CO	78	E1
TURLOCK WY	CO	78	E4
TURNBRIDGE DR	CO	73	D3
TURNBRIDGE DR	SAC	73	C3
TURNBULL CIR	CO	40	E1
TURNBURY DR	CO	78	D2
TURNER CIR	EDCO	26A	C4
TURNER CT	EDCO	26A	C4
TURNER DR	CO	12	A3
TURNER DR	PLCO	15C	D7
TURNER RD	CO	77	C1
TURNESA AV	SAC	73	A2
TURNSBERRY CT	CO	93	D6
TURNSTONE DR	SAC	32	B7
TURNSWORTH CT	CO	36	C1
TURRET CT	CO	12	E2
TURTLE CREEK LN	CO	43	B3
TURTLE DOVE CT	CO	99	C1
TUSCANO CT	CO	41	E5
TUSCANY CT	CO	8	D5
TUSKET RIVER DR	CO	42	B2
TUSTIN CT	SAC	76	B7
TUSTIN CT	SAC	78	B1
TUTTLE AV	AUB	13D	D1
TUTTLE DR	ROCK	15B	D2
TWAIN CT	CO	78	D1
TWEDE WY	CO	9	C5
TWEED CT	CO	12	E1
TWEEDSMUIR DR	ROCK	15B	B4
TWELVE OAKS DR	PLCO	14B	B2
TWIG CT	PLCO	16C	D2
TWILIGHT DR	SAC	73	B7
TWILLEY DR	CO	59	B3
TWIN CT	CO	42	A5
TWIN CITIES RD	ACO	111	A6
TWIN CITIES RD	CO	111	A6
TWIN CITIES RD	CO	119	D7
TWIN CITIES RD	CO	122	B7
TWIN CITIES RD	CO	123	B6
TWIN CITIES RD	CO	126	A7
TWIN CITIES RD	CO	127	B6
TWIN CITIES RD	CO	129	A6

STREET	CITY	PG. NO.	SEE
TWIN CITIES RD	CO	130	A5
TWIN CITIES RD	CO	132	B2
TWIN CITIES RD	CO	140	C4
TWIN CITIES RD	CO	141	A2
TWIN CREEKS CT	CO	17	C7
TWIN FALLS DR	CO	56	B5
TWIN GARDENS DR	CO	41	A5
TWINING WY	CO	16A	B6
TWIN LAKES AV	CO	43	C1
TWIN LAKES DR	PLCO	14B	D4
TWIN LEAF CT	SAC	32	D3
TWIN OAKS AV	CO	16A	D6
TWIN OAKS AV	CO	16B	A6
TWIN OAKS RD	EDCO	26A	D7
TWIN OAKS RD	EDCO	26B	D1
TWIN PALMS LN	LMS	14A	E7
TWIN PARK DR	CO	17	C3
TWIN RIVER WY	SAC	72	A4
TWIN ROCKS RD	PLCO	15C	D6
TWIN WOOD WY	CO	17	C3
TWITCHELL IS RD	CO	169	C4
TWITCHL IS F RD	CO	169	E7
TWO EAGLE LN	EDCO	24	B5
TWO PARK	CO	88	E2
TWYLA LN	PLCO	14B	D1
TYEE AV	CO	17	A6
TYLER ST	CO	36	C1
TYLER ST	CO	143	C5
TYLER WY	WSAC	53A	E2
TYLER ISLAND RD	CO	161	C6
TYLER ISLAND RD	CO	163	B4
TYLER ISLAND RD	CO	164	A3
TYLER ISLAND RD	CO	166	A5
TYLER ISLAND RD	CO	173	B1
TYLER IS BRG RD	CO	163	A3
TYLER RIVER CT	CO	42	A3
TYNDALL CT	SAC	75	E4
TYOSA ST	CO	40	E2
TYROLEAN CT	ROS	16B	C5
TYROLEAN WY	CO	37	C3
TYRON CT	CO	55	E5
TYRONE WY	CO	36	E6
TYWOOD CT	CO	59	A5
U			
U ST	CO	8	B1
U ST	CO	11	A1
U ST	SAC	51	D5
U ST	SAC	52	A5
U ST	SAC	54	E1
U ST	SAC	55	A7
U ST	SAC	57	A1
ULANI WY	CO	78	E2
ULRICH WY	SAC	53	D4
ULTRA CT	CO	21	C7
ULYSSES DR	CO	38	C6
UNCLE JOES LN	PLCO	13C	B3
UNDERWOOD WY	CO	73	E3
UNION CT	ROS	16A	C2
UNION ST	AUB	13D	C1
UNION ST	ISLE	162	E3
UNION ST	ROCK	15B	B2
UNION ST	ROS	16A	C2
UNION ST	SAC	34	E1
UNION HOUSE WY	SAC	78	B4
UNION MILL WY	CO	42	D2
UNION SPRNGS WY	CO	59	A5
UNITED CT	CO	12	C3
UNITED DR	EDCO	26A	C3
UNIVERSITY AV	SAC	55	C5
UNSWORTH AV	SAC	58	A7
UP CT	CO	40	A1
UPHAM CT	CO	38	D4
UPHILL RD, THE	EDCO	M	C1
UPLAND ST	AUB	13D	D1
UPLANDS DR	EDCO	24	A7
UPLANDS WY	CO	40	A1
UPPER AUBRN HTS	PLCO	13B	E5
UPPER MEADOW DR	CO	42	C1
UPTON CT	CO	100	C2
URANUS PKWY	CO	73	D7
URBANA WY	SAC	33	D2
URSA PKWY	CO	73	E3
UTAH AV	SAC	73	B5
UTE WY	CO	10	A7
UTE RIVER CT	SAC	72	A4

STREET	CITY	PG. NO.	SEE
UTICA CT	CO	59	A5
UTOPIA RIVER CT	CO	42	B2
V			
V ST	SAC	51	D5
V ST	SAC	52	A6
V ST	SAC	54	E1
V ST	SAC	55	A7
V ST	SAC	57	A1
VADA RANCH RD	PLCO	13B	A7
VAGABOND WY	CO	37	C7
VAIL RD	SJCO	141	B1
VALE DR	CO	38	E5
VALENCIA AV	ROS	16A	D1
VALENCIA WY	CO	37	E5
VALENSIN RD	CO	125	C7
VALENSIN RD	CO	127	E1
VALENSIN RD	CO	130	A1
VALERIANA AV	CO	17	D2
VALERIE CT	CO	39	A1
VALERIO DR	EDCO	26A	E7
VALERIO DR	EDCO	26B	E1
VALEWOOD CT	CO	18	C5
VALHALLA DR	CO	36	E5
VALIANT WY	CO	39	C6
VALINE CT	SAC	72	C1
VALKO AV	SAC	73	A6
VALKYRIE WY	CO	38	A3
VALL CT	CO	39	A6
VALLARTA CIR	SAC	33	E1
VALLECITOS WY	SAC	76	C2
VALLEJO AV	ROS	16A	C1
VALLEJO DR	CO	21	C4
VALLEJO WY	SAC	51	D7
VALLEJO WY	SAC	53	E1
VALLEJO WY	SAC	54	A1
VALLERO WY	CO	88	B6
VALLETTA WY	SAC	57	A5
VALLE VISTA CT	PLCO	15C	E4
VALLE VISTA CT	PLCO	15D	A4
VALLE VISTA RD	CO	39	C7
VALLEWOOD CT	CO	18	C5
VALLEY RD	CO	37	D2
VALLEY ST	CO	40	B5
VALLEY BROOK AV	SAC	72	D6
VALLEY CREST CT	SAC	75	E1
VALLEY FORGE LN	CO	36	C3
VALLEY FORGE WY	ROS	16B	C5
VALLEY GLEN WY	SAC	78	A3
VALLEY GREEN DR	SAC	78	A3
VALLEY HI DR	SAC	75	D3
VALLEY HI DR	SAC	78	B2
VALLEY LARK DR	SAC	78	A5
VALLEY MDW WY	SAC	73	D7
VALLEY MDW WY	SAC	75	D1
VALLEY OAK CT	FOL	21	E4
VALLEY OAK CT	FOL	22	A4
VALLEY OAK DR	ROS	16A	D5
VALLEY OAK LN	CO	97	A7
VALLEY OAK LN	CO	99	A1
VALLEY PARK CT	CO	76	D6
VALLEY PINES DR	FOL	21	E2
VALLEY QUAIL CT	CO	9	E7
VALLEY QUAIL DR	PLCO	14B	C7
VALLEY RIDGE CT	PLCO	13D	B1
VALLEY SPGS RD	PLCO	14B	B1
VALLEY VALE WY	SAC	78	A3
VALLEY VIEW CT	CO	40	A7
VALLEY VIEW CT	ROS	16B	B6
VALLEY VIEW DR	AUB	13D	C4
VALLEY VIEW DR	CO	41	D4
VALLEY VIEW DR	PLCO	13C	D5
VALLEY VISTA LN	PLCO	13B	B6
VALLEY VISTA RD	EDCO	26B	D5
VLY WILLOW WY	CO	93	D7
VALLEY WIND WY	SAC	73	D7
VALLEYWOOD DR	CO	77	A7
VALLEY WOOD DR	CO	79	A1
VALMONTE DR	CO	38	C7
VALONIA ST	CO	40	E2
VALOR WY	CO	39	B5
VALPARAISO CIR	CO	12	E6
VAL VERDE RD	PLCO	14B	A7
VAL VERDE RD	PLCO	15C	D3
VALVERDE WY	SAC	75	E3
VALWOOD CT	CO	38	C1

STREET	CITY	PG. NO.	SEE
VAN ALSTINE AV	CO	41	A4
VAN ALSTNE AV E	CO	41	B4
VANBRO CT	CO	12	E2
VANCOUVER DR	CO	56	C6
VANDENBERG CIR	PLCO	10	C4
VANDENBERG DR	SAC	57	C5
VANDER WY	CO	36	C6
VANDERBILT WY	SAC	55	C6
VAN DYCE WY	CO	40	D4
VANE CT	PLCO	16C	D3
VAN ELGORT CT	FOL	21	E4
VAN ELGORT CT	FOL	22	A4
VANETTE LN	SAC	73	C4
VAN GOGH CIR	CO	43	A5
VANGUARD DR	CO	59	B5
VANIER CT	CO	58	D2
VANITA WY	CO	76	D4
VAN MAREN LN	CO	17	C4
VAN MOORE LN	CO	21	A7
VAN NESS DR	ROS	16B	B4
VAN NESS ST	SAC	37	A5
VAN NUYS WY	CO	41	E3
VAN OWEN ST	CO	12	A5
VANPARKER LN	CO	126	C7
VANPARKER LN	CO	148	C1
VAN RIPER LN	PLCO	14C	A1
VAN STRALEN WY	CO	41	E3
VAN UFFORD LN	CO	41	A5
VARDON AV	SAC	73	A3
VARGUS LN	PLCO	16C	C2
VARIO CT	SAC	76	C2
VARNEY ST	CO	76	E4
VARNEY ST	CO	77	A4
VARNUM WY	CO	12	A5
VARSITY CT	CO	36	C5
VASCONCELOS CT	SAC	34	A2
VASOS WY	CO	39	E5
VASQUEZ CIR	PLCO	14B	E6
VASQUEZ CIR	PLCO	14C	A6
VASSAR WY	CO	36	C5
VECINO DR	SAC	34	B3
VEGA CT	CO	39	A7
VEGA DEL RIO DR	CO	43	B5
VEHICLE DR	CO	42	B3
VELAGA CT	CO	76	C7
VELARDE CT	SAC	72	C6
VELIA LN	PLCO	14B	A2
VELMA WY	SAC	57	A6
VELOZ CT	SAC	75	D2
VENADO DR	CO	69	D7
VENADO DR	CO	88	D1
VENN CT	CO	76	D5
VENTANA DR	CO	88	D2
VENTANA PL	CO	40	B1
VENTRY CT	CO	96	B5
VENTURA ST	SAC	73	B2
VENTURE CT	CO	55	C2
VENTURE OAKS CT	SAC	33	C5
VENTURE OAKS WY	SAC	33	C4
VENUS DR	CO	38	C7
VENUTO WY	CO	36	D1
VERA CT	EDCO	23	E2
VERACRUZ CT	CO	17	C5
VERALEE LN	SAC	35	C5
VERANO CT	EDCO	26A	E5
VERANO ST	SAC	35	B7
VERANO WY	EDCO	26A	E5
VERANO WY	ROCK	15B	C2
VERBENA CT	CO	17	C2
VERDANT LN	CO	36	D6
VERDANT LN	PLCO	13D	A7
VERDE CRUZ WY	CO	39	A3
VERDELLO WY	CO	41	D7
VERDE OAK CT	CO	12	E3
VERDE OAK CT	CO	17	A3
VERDUGO WY	CO	12	E2
VERDURE WY	CO	96	B4
VERENA CT	PLCO	13A	D1
VERHOVEN CT	CO	18	A5
VERLA ST	CO	41	B1
VERMONT AV	CO	39	A3
VERMONT AV	WSAC	51	B6
VERN ST	SAC	32	D7
VERNA WY	CO	38	B3
VERNACCIA CIR	CO	41	D6

SACRAMENTO CO.
INDEX

STREET	CITY	PG. NO.	SEE
VERNACE WY	CO	73	E2
VERNACE WY	CO	76	A2
VERNAL WY	CO	39	B3
VERNA MAE AV	CO	76	C4
VERNER AV	CO	12	E7
VERNER AV	CO	17	A7
VERNER OAK CT	CO	17	A7
VERNETTA WY	CO	97	C6
VERNON ST	ROS	16A	D4
VERNON WY	CO	41	B3
VERSAILLES WY	CO	12	E2
VESTA WY	CO	38	C6
VETCH WY	SAC	32	A7
VETCH WY	SAC	34	A1
VETERAN LN	CO	17	E3
VETERAN LN	CO	18	A3
VIA CT	CO	97	B4
VIA ALTA WY	CO	97	B7
VIA ALTA WY	CO	99	B1
VIA CAMINO AV	CO	38	D5
VIA CASITAS	CO	17	B7
VIA CASITAS	CO	39	B1
VIA DEL CERRITO	CO	88	E1
VIA DE ROBLS DR	CO	88	D2
VIA GRANDE	CO	37	E7
VIA GWYNN WY	CO	40	D2
VIA LA LUNA	CO	76	C7
VIA LA LUNA	CO	78	C1
VIA LINDA CT	CO	38	E5
VIA MADRID	PLCO	15C	E5
VIA MADRID	PLCO	15D	A5
VIA MEDIA WY	CO	97	B7
VIA MEDIA WY	CO	99	B1
VIANI WY	CO	41	E5
VIA ROMA DR	CO	40	B4
VIA SERENO	CO	88	E2
VICEROY WY	CO	18	A7
VICHY CIR	CO	12	E1
VICK CT	AUB	13B	D6
VICKI DR	CO	39	D2
VICKSBURG LN	CO	36	B4
VICO WY	CO	38	C7
VICTOR WY	CO	97	C7
VICTOR WY	CO	99	C1
VICTORIA CT	ROS	15A	D7
VICTORIA CT	WSAC	53	A2
VICTORIA DR	CO	37	E1
VICTORIA LN	CO	40	A1
VICTORIA WY	WSAC	53A	E2
VICTORY AV	CO	78	C1
VICTORY HWY	CO	113	E6
VICTORY HWY	CO	116	A4
VICTORY HWY	CO	159	D1
VICTORY HWY	CO	161	B5
VICTORY HWY	CO	170	C5
VICTORY HWY	CO	180	A4
VICTORY HWY	CO	183	C5
VICTORY WY	CO	16A	E6
VICTORY WY	PLCO	16A	E6
VIDMAR CT	SAC	75	D3
VIENNA AV	CO	41	C2
VIENTO CT	FOL	22	C4
VIERNA	CO	17	C6
VIERRA CT	SAC	72	B5
VIEW CT	CO	40	A7
VIEW CT	ROS	16B	B5
VIEWOODS CT	CO	59	B4
VIKING DR	CO	59	A6
VIKING PL	PLCO	16A	B5
VILLA CT	CO	40	B6
VILLA DR	CO	12	D5
VILLA CAPRI CT	CO	39	B7
VILLA CAPRI CT	CO	41	B1
VILLA DL SOL LN	CO	17	E7
VILLAFONT WY	CO	55	C1
VILLAGE CIR	SAC	35	B5
VILLAGE CT	EDCO	26A	E2
VILLAGE LN	AUB	13B	C7
VILLAGE LN	AUB	13D	C1
VILLAGE LN	CO	38	A7
VILLAGE LN	CO	41	E7
VILLAGE WY	CO	40	A1
VLG CENTRE CIR	SAC	76	B7
VLG CENTRE CIR	SAC	78	B1
VILLAGE CK WY	SAC	78	A4

STREET	CITY	PG. NO.	SEE
VILLAGE ELM DR	SAC	75	E5
VILLAGE GLEN CT	SAC	78	A4
VILLAGE GRN DR	SAC	35	B5
VILLAGE GRN WY	CO	21	B4
VILLAGE OAK CT	CO	17	A3
VILLAGE OAKS DR	ROCK	15B	B3
VILLAGE RDG WY	SAC	78	A4
VILLAGE STAR DR	SAC	75	E5
VILLAGE WOOD DR	SAC	75	E4
VILLAGE WOOD DR	SAC	78	A4
VILLAJOY WY	SAC	73	D6
VLLA JUARES CIR	SAC	76	B2
VILLANOVA CIR	CO	55	C2
VILLA OAK DR	CO	18	C1
VILLAVIEW DR	CO	16A	B7
VILLA VISTA WY	CO	38	B3
VINCENT AV	CO	43	A2
VINCI ST	SAC	32	E1
VINCI ST	SAC	35	A1
VINE AV	ROS	16A	E4
VINE ST	SAC	34	B7
VINE ST	SAC	52	B1
VINE WY	ROS	16A	D4
VINECREST DR	CO	40	C1
VINE GROVE LN	CO	40	C1
VINEWOOD AV	ROS	16A	E3
VINEYARD LN	PLCO	10	D2
VINEYARD RD	CO	82	C4
VINEYARD RD	PLCO	10	D2
VINEYARD RD	PLCO	16A	A3
VINEYARD RD	ROS	16A	C3
VINEYARD HLL DR	PLCO	13A	A7
VINMAR CT	ROS	16B	A4
VIN ROSE CT	CO	40	B1
VINTAGE WY	CO	40	B3
VINTAGE PARK DR	CO	79	B3
VIOLA DR	CO	36	A4
VIOLET ST	CO	37	C6
VIRADA RD	EDCO	26A	D3
VIREO CT	PLCO	15C	E6
VIREO WY	PLCO	15C	E5
VIRGIL CT	SAC	34	A4
VIRGINIA AV	WSAC	51	C4
VIRGINIA ST	AUB	13D	D2
VIRGINIA WY	SAC	53	A5
VIRGINIA WY	SAC	54	A5
VIRGO ST	CO	59	A6
VIRGUSELL CIR	CO	36	E5
VIRLIN CT	CO	21	D7
VIR MAR ST	CO	39	E3
VISALIA WY	CO	78	D3
VISCOUNT WY	CO	16A	B7
VISTA AV	CO	54	E7
VISTA AV	CO	73	E1
VISTA CT	PLCO	14B	D7
VISTA DR	PLCO	14B	B7
VISTA DR	PLCO	15C	E1
VISTA ALEGRE CT	SAC	72	C6
VISTA BONITA CT	PLCO	14B	A2
VISTA COVE PL	PLCO	15D	A1
VISTA CREEK DR	ROS	16B	A5
VISTA CREEK WY	ROS	16B	B6
VIS DE LAGO CT	PLCO	15D	A5
VIS DE LAGO WY	CO	43	B5
VISTA DL ORO WY	CO	43	B2
VISTA DL RIO AV	CO	43	B4
VISTA DOME CT	CO	43	B1
VISTA GRANDE WY	CO	99	B1
VISTA MAR DR	EDCO	23	D6
VISTA OAK DR	FOL	21	E4
VISTA OAK WY	CO	17	A3
VISTA PARK CT	CO	32	A6
VISTA POINT LN	CO	10	A7
VISTA POINT LN	CO	12	A1
VISTA RAVINE CT	PLCO	15D	A2
VISTARIDGE DR	CO	18	A2
VISTA ROBLE LN	PLCO	13A	E5
VISTA VERDE WY	CO	78	C1
VISTAWOOD CT	SAC	72	C5
VITALE ST	ROS	16A	D4
VIVIAN CT	CO	76	D5
VIVIENDA LN	CO	17	D5
VOELKE CT	CO	41	B1
VOGELSANG DR	CO	12	D7
VOGEL VALLEY RD	PLCO	15C	E7

STREET	CITY	PG. NO.	SEE
VOGUE CT	CO	58	C1
VOLCANO CT	CO	42	C1
VOLCANOVILLE RD	EDCO	H	E5
VOLEYN ST	CO	39	D7
VOLGA WY	CO	56	D5
VOLLAN WY	SAC	73	A6
VOLTI WY	SAC	33	D2
VOLZ DR	SAC	53	D4
VON WY	CO	38	E3
VON BAUER WY	CO	38	B1
VONDA ST	CO	38	E5
VOOS CT	CO	97	C5
VORDEN RD	CO	140	A2
VOSBURG ST	CO	58	D3
VOULA RD	CO	104	E3
VOYAGER WY	CO	17	C2
VOYIATZES RD	PLCO	13D	A1
VULCAN DR	CO	38	C7
W			
W ST	SAC	51	D5
W ST	SAC	52	A6
WABASH AV	CO	54	D4
WABASH CT	ROS	16A	C2
WABASH WY	ROS	16A	C2
WABASH RIVER CT	CO	42	A2
WACHTEL WY	CO	16B	C7
WACKER WY	SAC	72	E6
WADE CT	CO	18	D5
WAGNER CT	CO	10	A7
WAGON WY	CO	43	A2
WAGON WY	GALT	148	C7
WAGON WY	GALT	150	C1
WAGON WY	PLCO	16C	B3
WAGON TRAIL WY	SAC	76	D3
WAGON TRAIN WY	SAC	76	C3
WAGON WHEEL WY	SAC	76	C3
WAH AV	SAC	73	B3
WAIKIKI DR	CO	40	C2
WAILEA PL	CO	33	B5
WAINWRIGHT CT	SAC	35	B6
WAINWRIGHT ST	SAC	35	B6
WAKE	SAC	57	E6
WAKEFIELD DR	ROS	15A	B7
WAKEFIELD WY	SAC	72	E4
WAKEFIELD WY	SAC	73	A4
WAKE FOREST LN	CO	17	B4
WALALI WY	CO	43	A5
WALBROOK CT	SAC	33	E2
WALDEN CT	CO	79	A2
WALDEN LN	PLCO	15D	A3
WALDEN WOODS RD	PLCO	15C	E5
WALDO RD	CO	127	A6
WALDORF CT	CO	76	B4
WALDRON ST	CO	40	E1
WALDRON ST	CO	43	A1
WALERGA RD	CO	10	C7
WALERGA RD	CO	12	C5
WALERGA RD	CO	36	D1
WALERGA RD	PLCO	10	C3
WALES DR	FOL	22	B6
WALES WY	CO	93	E5
WALKER DR	AUB	13B	D7
WALKER LNDNG RD	CO	161	A1
WALKERVILLE RD	CO	130	B5
WALKNG STICK CT	CO	17	A4
WALKYRIE WY	CO	38	A2
WALL ST	AUB	13B	C7
WALL ST	CO	36	D2
WALLABY WY	CO	36	B2
WALLACE AV	SAC	32	D3
WALLACE AV	SAC	57	C7
WALLWOOD CT	CO	16A	B7
WALMORT RD	CO	103	A4
WALMORT RD	CO	106	A4
WALNUT	ROS	16A	E2
WALNUT	YCO	92	C5
WALNUT AV	CO	21	C7
WALNUT AV	CO	36	D3
WALNUT AV	CO	38	D4
WALNUT AV	CO	43	C1
WALNUT AV	CO	97	C6
WALNUT AV	CO	142	C2
WALNUT AV	CO	143	C3
WALNUT AV	WSAC	51	A4
WALNUT CIR	WSAC	51	A3

STREET	CITY	PG. NO.	SEE
WALNUT CT	EDCO	26A	E1
WALNUT DR	CO	16A	E7
WALNUT DR	EDCO	26A	E1
WALNUT RD	CO	3	C4
WALNUT RD	CO	39	E5
WALNUT ST	CO	148	C2
WALNUT ST	GALT	148	E7
WALNUT ST	WSAC	51	A3
WALNUT ST S	LMS	14A	D6
WALNUT WY	CO	41	E5
WALNUT FAIR CIR	CO	18	C7
WALNUT FAIR CIR	CO	40	B1
WALNUT GLEN	CO	56	B3
WALNUT GROVE RD	SJCO	143	A5
WALNUT GROVE RD	SJCO	146	A5
WALNUT GROVE WY	CO	41	D5
WALNUT GR TH RD	CO	142	C4
WALNUT HILLS WY	CO	18	C7
WALNUT PLACE LN	CO	38	E1
WALNUT RIDGE WY	CO	77	A7
WALNUT VILLA WY	CO	18	C7
WALNUTWOOD WY	CO	41	E5
WALNUTWOOD WY	CO	42	A5
WALSH ST	AUB	13D	D1
WALSH WY	SAC	73	A7
WALTER AV	CO	76	B6
WALTON WY	CO	38	A3
WALTON WY	ROS	15A	E7
WANDA WY	SAC	55	B4
WANDA LEE CT	ROS	16A	E4
WAPITI PL	CO	18	B2
WARBLER WY	SAC	71	E4
WARD AV	CO	36	B3
WARD LN	CO	39	E4
WARD LN	ROCK	15B	D3
WARD CREEK BLVD	PLCO	J	D3
WARDELL WY	SAC	76	A7
WAREHOUSE CT	CO	35	E5
WAREHOUSE CT	CO	36	A4
WAREHOUSE WY	SAC	58	A5
WARHORSE CT	CO	18	C5
WARMUTH CT	CO	10	A6
WARNER ST	SAC	51	E6
WARREGO WY	CO	56	B6
WARREN AV	SAC	32	D3
WARREN AV	SAC	53	D4
WARREN CT	PLCO	16C	D1
WARREN LN	EDCO	25	E4
WARREN LN	EDCO	25	E6
WARREN WY	PLCO	13D	A2
WARRENTON DR	CO	41	D5
WARWICK AV	SAC	54	D5
WASATCH WY	CO	12	E6
WASHBURN WY	CO	12	D2
WASHINGTON AV	CO	113	C7
WASHINGTON AV	SAC	54	D4
WASHINGTON AV	WSAC	51	A2
WASHINGTON BLVD	ROS	15A	C4
WASHINGTON BLVD	ROS	16A	D1
WASHINGTON ST	AUB	13D	C2
WATCO CT	CO	36	C7
WATER ST	WSAC	33	A7
WATER ST	WSAC	51	A1
WATERASH WY	SAC	76	A7
WATERBURY DR	CO	39	D3
WATERFALL CT	CO	18	C5
WATERFORD RD	SAC	37	B6
WATERFRONT CT	SAC	72	A6
WATERGLEN CIR	SAC	56	A6
WATERMAN CT	EDCO	26	B4
WATERMAN RD	CO	79	D3
WATERMAN RD	CO	97	D2
WATERMAN RD	CO	99	D3
WATERTHRUSH CT	SAC	71	E4
WATERTON WY	CO	56	B5
WATER TREE WY	CO	56	B6
WATER VIEW WY	FOL	21	E5
WATERVIEW WY	SAC	72	A3
WATERWHEEL DR	SAC	33	E4
WATERWILLOW DR	CO	76	C7
WATERWIND WY	SAC	72	C6
WATKINS CT	CO	76	D5
WATKINS DR	CO	40	B5
WATKINSON RD	SJCO	155	E7
WATROUS AV	CO	36	C1

STREET	CITY	PG. NO.	SEE
WATSAM LN	CO	37	E3
WATSON ST	CO	38	C4
WATSON WY	CO	17	E1
WATSON WY	CO	18	A1
WATT AV	CO	9	E6
WATT AV	CO	12	A2
WATT AV	CO	36	A4
WATT AV	CO	38	A5
WATT AV	CO	56	A2
WATT AV	PLCO	9	E1
WAUKEEMA RD	YCO	113	B6
WAUNITA WY	SAC	32	C5
WAUSAU WY	CO	56	D5
WAVECREST WY	SAC	72	A3
WAVERLY CT	CO	17	A5
WAVERLY DR	EDCO	26A	C2
WAVERLY ST	CO	55	C2
WAWONA CIR	CO	43	B5
WAXWING WY	CO	12	D4
WAYLAND AV	CO	37	D7
WAYLAND AV	CO	55	D2
WAYLAND RD	PLCO	15C	C1
WAYMAR CT	CO	36	E5
WAYNART CT	CO	39	C7
WAYNE CT	SAC	77	C1
WAYNE DR	ROS	16A	E3
WAYNESBURG LN	CO	36	A3
WAYSIDE LN	CO	38	C7
WAYSIDE LN	CO	39	A7
WAYSIDE LN	ROS	16B	B6
WEATHERBY CT	PLCO	16C	C3
WEATHERBY WY	CO	12	D4
WEATHERFORD WY	SAC	78	B3
WEAVER WY	CO	38	C1
WEBB ST	CO	97	D7
WEBB ST	CO	99	D1
WEBB ST	LMS	14A	D5
WEBBER LN	PLCO	13D	A4
WEBER WY	SAC	53	D4
WEBSTER LN	CO	17	B6
WEBSTER ST	WSAC	51	B4
WEDDELL CT	CO	16B	B7
WEDDIGEN WY	CO	12	C4
WEDGE CIR	CO	40	A2
WEDGEFIELD WY	CO	18	D6
WEDGEWOOD AV	CO	41	A4
WEIKERT DR	CO	59	B3
WEIMAR CROSS RD	PLCO	H	C5
WEISEL CT	SAC	72	C5
WELCH CT	CO	38	C1
WELCH RD	CO	104	B6
WELCOME RD	PLCO	13C	A2
WELDON WY	CO	37	E5
WELLAND WY	WSAC	51	C1
WELLER WY	SAC	53	E1
WELLER WY	SAC	54	A2
WELLESLY WY	CO	36	C5
WELLINGTON DR	CO	56	A2
WELLINGTON DR	ROS	16B	C4
WELLS AV	CO	39	E1
WELLS AV	LMS	15C	B4
WELLS AV	PLCO	15C	C4
WELLSBORO WY	CO	17	C5
WELSH COB CT	CO	79	E3
WELTY LN	AUB	13D	B2
WELTY LN	PLCO	13D	B2
WELTY WY	CO	73	D1
WEMBERLEY DR	CO	55	E2
WEMBERLY DR	ROS	16A	C4
WENATCHEE CT	CO	40	A5
WENDAL LN	CO	17	A7
WENDI LEE CT	CO	41	B3
WENDOVER CT	CO	40	B5
WENDY CT	CO	36	D6
WENDY CT	ROS	16B	A4
WENDY DR	GALT	148	D6
WENTWORTH AV	SAC	53	E5
WENTWORTH RD	EDCO	26A	C7
WENTWORTH RD	EDCO	26B	C1
WEOTT CT	SAC	78	A3
WERBE LN	CO	38	D5
WERNER RD	PLCO	13D	A3
WES WY	CO	17	E3
WESCOTT CT	AUB	13D	D2
WESLEY AV	CO	73	D2

SACRAMENTO CO.

INDEX

222
WESLEY LN

1988 SACRAMENTO COUNTY STREET INDEX

WOODFAIR WY

SACRAMENTO CO.

STREET	CITY	PG. NO.	SEE
WESLEY LN	CO	18	B2
WESLEY LN	PLCO	13B	C4
WESLEY J LN	PLCO	15C	E7
WESMEAD CT	SAC	53	E4
WEST CT	PLCO	13C	A3
WEST LN	CO	127	D7
WEST LN	CO	149	D2
WEST LN	PLCO	15C	D7
WEST PKWY	CO	73	D5
WEST ST	WSAC	51	C2
WEST WY	CO	36	A7
WEST ACRE RD	WSAC	51	B3
WESTBORO WY	SAC	78	B2
WESTBREEZE AV	CO	77	A7
WESTBROOK DR	CO	17	B5
WESTCAMP RD	CO	40	B3
WEST CAPITOL AV	WSAC	51	A3
WEST CAPITOL AV	WSAC	51A	C4
WESTCHESTER WY	CO	17	C4
WESTCLIFF LN	CO	43	B3
WESTCOTT WY	CO	55	D6
WESTERBERG WY	CO	39	C3
WESTERIA WY	CO	21	B6
WESTERLY PL	CO	12	C1
WESTERN AV	CO	6	A3
WESTERN AV	SAC	34	C2
WESTERN DR	EDCO	26A	D4
WESTERN LN	PLCO	13B	E2
WESTERN PORT WY	CO	78	E6
WESTERN SUN WY	CO	79	A1
WESTFIELD ST	CO	17	A7
WESTGATE DR	CO	17	E7
WESTHAVEN DR	CO	18	E5
WESTHAVEN DR	CO	21	A6
WESTHOLME WY	SAC	78	B2
WESTLITE CIR	SAC	72	B3
WESTLITE CT	SAC	72	B3
WESTLYNN WY	SAC	72	C2
WESTMAN CT	SAC	32	D4
WESTMINSTER CT	CO	38	E6
WESTMONT WY	CO	38	D4
WESTMORE WY	CO	39	D5
WESTMORELAND WY	SAC	72	C4
WESTON LN	PLCO	14A	E3
WESTON WY	CO	59	D1
WESTOVER CT	CO	40	A4
WESTOVER CT	ROS	16B	C4
WESTPOINT LN	CO	36	B4
WESTPORT CIR	CO	79	A4
WESTPORT WY	ROS	16A	E6
WESTPORTER DR	CO	58	D3
WESTRIDGE DR	EDCO	26A	B6
WESTRIDGE LN	CO	36	B2
WEST SACTO FWY	WSAC	51	A4
WEST SACTO FWY	WSAC	51A	A5
WEST SACTO FWY	YCO	51A	A5
WEST SHORE DR	SAC	72	B7
WEST SHORE DR	SAC	74	B1
WEST VIEW DR	PLCO	13C	B3
WESTVIEW WY	SAC	72	B1
WESTWARD WY	SAC	34	A1
WEST WIND CT	SAC	78	B5
WESTWOOD CIR	WSAC	51	B5
WEST WOOD CT	CO	41	D5
WESTWOOD CT	EDCO	26	B3
WESTWOOD DR	ROCK	15B	B6
WESTWOOD LN	CO	38	D3
WETSEL-OVIAT RD	EDCO	50	C4
WETZEL CT	CO	18	C1
WEXFORD CIR	CO	17	C5
WEXFORD CT	ROS	16B	C4
WEYBRIDGE CT	ROS	16B	C4
WEYBURN CT	CO	78	D1
WEYLAND AV	CO	77	A3
WEYMOUTH LN	SAC	73	D7
WHALER CT	CO	17	B3
WHALEWOOD LN	CO	79	A2
WHEAT ST	CO	36	C6
WHEATFIELD WY	CO	76	D7
WHEATFIELD WY	CO	78	D1
WHEATLAND RD	PLCO	G	E5
WHEATLEY CIR	SAC	35	A6
WHEATON CT	CO	41	B2
WHIPPOORWILL LN	CO	37	C3
WHISKEY BAR RD	PLCO	14B	E6

STREET	CITY	PG. NO.	SEE
WHISKEY HILL RD	PLCO	14B	E5
WHISPER LN	CO	36	D2
WHISPER WY	PLCO	16B	E1
WHISPERNG OK LN	CO	18	D5
WHSPRG OAKS CIR	PLCO	16B	D2
WHSPRG PLMS DR	CO	76	B7
WHISPERNG PINES	CO	42	C5
WHSPRNG WTRS LN	PLCO	14A	E2
WHISPRWILLOW DR	CO	76	C6
WHISPER WNDS CT	CO	9	B6
WHISPER WOOD WY	SAC	75	E2
WHISTLER WY	CO	41	E4
WHITE CT	SAC	57	B5
WHITE LN	LMS	15C	C1
WHITE ST	AUB	13D	C1
WHITE BIRCH CT	CO	18	B4
WHITE CAP CT	SAC	33	E4
WHITE CAP CT	SAC	34	A4
WHITE CASTLE WY	CO	78	E3
WHITE CASTLE WY	CO	79	A3
WHITECLIFF WY	CO	12	C5
WHITE CLOUD CT	CO	17	B4
WHITE FIR WY	CO	36	E1
WHITE FIR WY	CO	39	A2
WHITEHALL WY	CO	56	D3
WHITE HOUSE RD	CO	78	C7
WHITE HOUSE RD	CO	96	C1
WHITE OAK CT	CO	56	A4
WHITE OAK CT	ROCK	15B	C2
WHITEPLAINS CT	CO	16A	C6
WHITERIVER LN	CO	17	A2
WHITE ROCK RD	CO	42	C7
WHITE ROCK RD	CO	45	C6
WHITE ROCK RD	CO	46	B4
WHITE ROCK RD	CO	49	B2
WHITE ROCK RD	CO	59	C2
WHITE ROCK RD	CO	60	A1
WHITE ROCK RD S	CO	59	D3
WHITE SANDS WY	CO	76	D6
WHITE STAG WY	SAC	75	D2
WHITE TAIL WY	SAC	75	D1
WHITEWATER WY	CO	56	C5
WHITEWILLOW DR	CO	76	C7
WHITEWOOD DR	CO	38	E3
WHITEWOOD DR	CO	41	A2
WHITFIELD WY	CO	38	E1
WHITHORN CT	CO	96	B5
WHITMAN WY	SAC	72	E5
WHITMAN WY	SAC	73	A5
WHITNEY AV	CO	38	A1
WHITNEY AV	CO	41	A1
WHITNEY AV	SAC	51	E4
WHITNEY AV	SAC	52	A4
WHITNEY BLVD	PLCO	M	A1
WHITNEY BLVD	ROCK	15B	B1
WHITNEY BLVD S	ROCK	15B	A4
WHITNOR CT	CO	38	B1
WHITSETT DR	CO	12	B4
WHITTIER DR	SAC	57	C5
WHIZNAN ST	CO	36	C7
WHYSE LN	CO	143	D6
WHYTE AV	CO	16A	C6
WHYTE AV	PLCO	16A	D6
WHYTE AV	ROS	16A	D6
WHYTE AV W	ROS	16A	C6
WHYTE CT	CO	54	D5
WICKLOW ST	CO	38	C1
WIDENER WY	CO	12	C2
WIDGEON CT	ROS	16B	A4
WIDGEON RD	YCO	112	C3
WIDGEON WY	CO	39	E4
WIEDMAN WY	CO	39	B3
WIESE WY	SAC	34	A3
WIGAN CT	CO	59	D2
WIGHTMAN AV	CO	40	C1
WIGWAM DR	CO	18	C6
WILBUR AV	CCCO	183	B3
WILBUR WY	CO	78	E1
WILCOX PL	PLCO	16C	C2
WILD WY	CO	36	E5
WILDBERRY LN	PLCO	13B	B3
WILD CREEK DR	PLCO	14B	C2
WILDERNESS RD	CO	42	B3
WILDR SPRNG LN	PLCO	13A	D5
WILDFIRE LN	CO	76	D6

STREET	CITY	PG. NO.	SEE
WILDFLOWER CIR	CO	36	E6
WILDFLOWER CT	PLCO	16C	B1
WILDFLOWER DR	CO	148	C5
WILD HORSE CT	CO	18	E4
WILD HORSE CT	CO	21	A4
WILDOAK DR	CO	17	B2
WILDOMAR WY	CO	39	B1
WILDRIDGE DR	CO	40	B2
WILD RIVER LN	FOL	21	D5
WILDROSE WY	CO	58	B3
WILDWOOD CT	PLCO	16C	C1
WILDWOOD DR	AUB	13D	C5
WILDWOOD PL	PLCO	16C	C1
WILDWOOD WY	CO	40	A1
WILDWOOD WY	ROS	16B	B5
WILHAGGIN DR	CO	56	B4
WILHAGGEN PK LN	CO	56	C2
WILHOFF LN	PLCO	15C	B7
WILKINS WY	CO	17	E6
WILKINS WY	CO	41	B2
WILKINSON RD	EDCO	26A	C3
WILKINSON ST	SAC	57	C7
WILKINSON ST	SAC	76	C1
WILLARA WY	CO	38	B2
WILLARD AV	SAC	32	D3
WILLETT CT	CO	38	A7
WILLEY CT	PLCO	16C	C6
WILLEY WY	CO	39	D4
WILLIAM LN	PLCO	G	E7
WILLIAM ST	WSAC	51	C1
WILLIAM WY	CO	36	A7
WILLIAM WY	CO	38	A1
WILLIAM WY	ROS	16A	C2
WILLIAMETT WY	CO	58	E2
WILLIAMS AV	SAC	32	D6
WILLIAMS LN	CO	18	C6
WILLIAMS WY	PLCO	13C	D1
WILLIAMSBURG LN	CO	36	C3
WILLIAMSBRGH DR	CO	73	D4
WILLIAMSON CT	CO	58	C3
WILLIAMSON DR	CO	97	B5
WILLINGS WY	CO	40	D6
WILLIS AV	CO	8	C6
WILLITS DR	CO	88	A3
WILLOW AV	ROS	16A	D3
WILLOW AV	WSAC	51	B3
WILLOW AV	YCO	92	B3
WILLOW LN	PLCO	16C	D1
WILLOW RD	SOL	157	B1
WILLOW ST	SAC	35	B7
WILLOW WY	CO	17	E3
WILLOW WY	CO	41	B4
WILLOW WY	ROCK	15B	C5
WILLOWBANK WY	CO	39	D7
WILLOWBRAE WY	SAC	72	C2
WILLOWBROOK DR	CO	12	D7
WILLOWBROOK LN	PLCO	14A	D1
WILLOWCREEK DR	CO	39	E1
WILLOW CREEK DR	FOL	22	D6
WILLOWCREST WY	CO	40	B2
WILLOWDALE DR	EDCO	25	E2
WILLOWDALE WY	CO	40	C3
WILLOW GLEN CT	CO	18	B4
WILLOWGLEN WY	ROCK	15B	C2
WILLOWICK WY	SAC	73	A5
WILLOW LAKE WY	SAC	72	D5
WILLOWLEAF DR	CO	17	C2
WILLOWMERE DR	FOL	22	C6
WILLOWMONT CIR	CO	12	C6
WILLOW OAK WY	CO	39	C1
WILLOWOOD WY	FOL	16C	B7
WILLOW POINT RD	YCO	92	A3
WILLOWRIDGE CT	CO	40	B2
WILLOWRIVER CT	CO	76	C7
WILLOW ROCK WY	CO	36	D1
WILLOWSIDE CIR	SAC	73	C7
WILLOWSIDE CIR	SAC	75	C1
WILLOWTREE CT	CO	39	A3
WILLOW TREE LN	CO	16A	C7
WILLOW VALE WY	CO	93	D7
WILLOW VLY PL	PLCO	15C	E3
WILLOWVIEW CT	CO	39	E6
WILLOWWARD CIR	CO	12	C6
WILLOW WATER PL	CO	42	C1
WILLOWWEST CT	CO	76	C7

STREET	CITY	PG. NO.	SEE
WILLOW WIND CT	CO	76	C6
WILLOWWOOD WY	SAC	72	B3
WILLOWYND CT	ROCK	15B	B5
WILLOWYND DR	ROCK	15B	B5
WILL ROGERS DR	CO	39	C3
WILL ROGERS WY	CO	39	C3
WILLS RD	ROS	16B	A1
WILLYS CT	CO	79	B3
WILMA CT	CO	40	E3
WILMER ST	CO	39	B4
WILMINGTON AV	SAC	54	B4
WILSEY WY	CO	39	B1
WILSHIRE AV	SAC	73	C5
WILSHIRE CIR	SAC	72	E4
WILSON AV	SAC	34	B4
WILSON BLVD	EDCO	47	E2
WILSON CT	FOL	22	D6
WILSON DR	PLCO	13B	A2
WILSON RD	CO	113	E7
WILSON RD	CO	116	A6
WILSON ST	SAC	32	E3
WILTON RD	CO	100	D3
WILTON RD	CO	101	A5
WILTON WY	CO	38	A7
WILTON SOUTH RD	CO	103	B3
WILTON OAKS CT	CO	100	B1
WIMBLEDON CT	CO	56	D3
WIMBLEDON DR	PLCO	13B	D3
WINAFRED ST	CO	37	C6
WINCHESTER CT	FOL	22	D6
WINCHESTER CT	ROS	16B	B3
WINCHESTER WY	CO	59	C2
WINCHESTER WY	ROS	16B	B3
WIND WY	CO	40	A1
WINDBRIDGE DR	SAC	72	B6
WINDCLOUD AV	SAC	32	D4
WINDEMERE LN	CO	38	C6
WINDERMERE AV	ROS	16A	D5
WINDERMERE DR	ROS	16A	D5
WINDFALL WY	CO	16A	C7
WINDHAVEN	CO	42	B3
WINDING WY	CO	36	C5
WINDING WY	CO	39	A4
WINDING WY	CO	40	D5
WINDING WY	CO	43	A5
WINDING WY	ROCK	15B	C4
WINDING WY N	CO	43	A4
WINDING CYN LN	FOL	21	D5
WINDING CK RD	CO	38	A6
WINDING HILL WY	CO	40	D5
WINDING OAK DR	CO	43	B2
WINDING OAK LN	EDCO	24	B4
WINDNG RIDGE CT	CO	36	D5
WINDING WOOD WY	CO	40	E5
WINDJAMMER WY	CO	17	B3
WINDLESS CT	CO	17	B2
WINDMILL WY	CO	39	A4
WINDMILL WY	PLCO	13B	D3
WIND RIVER CT	CO	42	B1
WINDSONG CT	CO	58	C3
WINDSOR DR	CO	55	E1
WINDSOR DR	ROS	16A	D4
WINDSOR LN	CO	40	A1
WINDSR LOCKS LN	CO	12	D1
WINDSTONE CT	SAC	72	B5
WINDUBEY CIR	SAC	71	E5
WINDUBEY CIR	SAC	72	A5
WINDWARD CIR	WSAC	51	A5
WINDWARD LN	CO	42	A3
WINDWARD WY	SAC	72	A3
WINDY WY	CO	58	C3
WINDY FEN CT	CO	96	A5
WINE WY	LMS	14A	C6
WINFIELD WY	CO	39	A2
WINFIN WY	CO	38	D1
WINGATE CT	PLCO	16C	C1
WINGATE DR	CO	36	D7
WINGFIELD WY	CO	41	A6
WINGS WY	CO	36	A1
WINKLEY ST	SAC	73	A6
WINLOCK AV	CO	17	D3
WINN DR	GALT	148	D3
WINNABO LN	PLCO	16C	D3
WINNERS CIR	ROCK	15B	D3
WINNETICA CT	CO	17	A3

STREET	CITY	PG. NO.	SEE
WINNETT WY	SAC	73	D5
WINNIE ST	CO	143	D4
WINNING	SAC	76	C3
WINNING WY	SAC	73	C4
WINNING WY S	SAC	73	C4
WINNIPEG ST	SAC	34	D5
WINOCO CT	SAC	78	A4
WINONA WY	CO	36	A4
WINSFORD LN	CO	41	A4
WINSLOW CT	CO	38	B2
WINSTED PL	CO	12	C1
WINSTON WY	CO	38	D1
WINTER LN	LMS	14A	B5
WINTERBROOK WY	CO	43	C2
WINTERGLEN CT	CO	93	C4
WINTERGREEN DR	CO	18	C1
WINTERHAVEN AV	SAC	34	B1
WINTERMIST CT	SAC	72	C5
WINTERS RD	PLCO	14B	A5
WINTERS ST	SAC	35	C6
WINTERSTEIN DR	FOL	22	E5
WINTERTREE CT	CO	39	A3
WINTERWILLOW CT	CO	76	C6
WINTERWIND LN	CO	42	B3
WINTERWOOD CT	PLCO	16C	C1
WINTERWOOD WY	CO	59	A5
WINTHROP CT	CO	12	A2
WINTON DR	CO	41	B1
WIRE DR	CO	76	A2
WISAM CT	CO	39	E6
WISCONSIN AV	SAC	34	B3
WISCONSIN DR	CO	17	E7
WISE RD	PLCO	13A	A5
WISE RD	PLCO	13C	D1
WISE RD	PLCO	13D	A2
WISHING WELL WY	LMS	15C	B1
WISSEMANN DR	SAC	56	A7
WISSEMANN DR	SAC	58	A1
WISTERIA LN	CO	39	D6
WISTERIA WY	PLCO	13D	C7
WITCHINGHOUR CT	CO	17	D3
WITHINGTON AV	CO	8	C5
WITHROW CT	CO	40	B3
WITTENHAM WY	CO	18	C5
WITTER WY	SAC	31	A7
WITTER WY	SAC	33	A1
WITTKOP WY	CO	37	D7
WITTKOP WY	CO	55	D1
WITTS WY	PLCO	15C	D3
WIXFORD WY	CO	56	C2
WOLFGRAM WY	CO	76	C5
WONDER ST	CO	16B	A7
WONDER ST	CO	18	B1
WOOD LN	EDCO	26A	D5
WOODACRE CT	CO	38	E7
WOODACRE CT	CO	41	A7
WOODACRE WY	ROS	16B	B5
WOODBERRY CT	ROS	16B	A5
WOODBERRY WY	CO	41	D7
WOODBINE AV	SAC	73	B4
WOODBOROUGH DR	PLCO	16C	D1
WOODBOROUGH WY	CO	40	C3
WOODBRIAR WY	CO	17	B1
WOODBRIDGE CT	ROCK	15B	B5
WOODBRIDGE RD	CO	166	E5
WOODBRIDGE RD	CO	167	D4
WOOD BRIDGE WY	CO	41	D5
WOODBRIDGE WY	ROCK	15B	B5
WOODBURN	SAC	73	D7
WOODBURN	SAC	75	D1
WOODBURY CT	LMS	14A	D4
WOOD CAMP RD	PLCO	J	D1
WOODCHUCK WY	CO	18	B1
WOODCLIFF WY	CO	41	D5
WOODCREEK DR	CO	17	B7
WOODCREST CT	ROCK	15B	B6
WOODCREST CT	ROS	16B	A4
WOODCREST DR	CO	17	A4
WOODCREST RD	CO	38	A2
WOODCREST WY	AUB	13D	D2
WOODDALE WY	CO	18	C2
WOODCHASE DR	PLCO	16C	B6
WOODDUCK LN	CO	17	B2
WOODESTATES CT	CO	39	D5
WOODFAIR WY	CO	39	C4

INDEX

1988 SACRAMENTO COUNTY STREET INDEX

STREET	CITY	PG. NO.	SEE
WOODFIELD AV	SAC	72	D5
WOODFORD WY	CO	38	B1
WOODFOREST DR	CO	12	E4
WOOD FOREST DR	CO	17	A4
WOOD GATE WY	CO	36	C3
WOODGLADE AV	CO	17	B1
WOODGLADE CT	ROCK	15B	C5
WOODGLEN CT	ROS	16B	A4
WOODGLEN DR	CO	39	E4
WOOD GLEN DR	ROCK	14A	A6
WOODGLEN DR	ROS	16B	A4
WOODGROVE LN	SAC	75	C1
WOODHAVEN AV	CO	39	B4
WOODHILLS WY	CO	17	B7
WOODHOLLOW WY	CO	59	A5
WOODHUE WY	CO	36	B3
WOODHURST CT	CO	17	C6
WOODKIRK CT	CO	42	B4
WOODKNOLL WY	CO	39	D5
WOODLAKE DR	SAC	34	D6
WOODLAKE LN	PLCO	13C	A4
WOODLAKE HILLS	CO	18	C5
WOODLAND LN	CO	39	E6
WOODLAND RD	PLCO	13B	E6
WOODLAND OAKS	SAC	33	E3
WOODLAWN DR	CO	41	E3
WOODLEIGH CT	EDCO	26A	B4
WOODLEAF DR	CO	40	C2
WOODLEIGH DR	CO	17	C5
WOODLEIGH DR	CO	39	B1
WOODLEIGH LN	EDCO	26A	C5
WOODLOCK WY	CO	17	C6
WOODMAN LN	PLCO	13C	B1
WOODMAN WY	CO	56	B5
WOODMAR DR	EDCO	23	D7
WOODMAR WY	EDCO	26	A3
WOODMARK CT	CO	38	B2
WOODMERE RD	FOL	43	E2
WOODMINSTER CIR	CO	21	D6
WOODMONT CT	CO	40	A5
WOODMORE DR	CO	18	D5
WOODMORE OAK DR	CO	18	C4
WOODMOSS CT	CO	58	D3
WOODOAKS CT	CO	17	B6
WOODPARK WY	CO	17	C7
WOODPOINTE CIR	CO	36	B6
WOODRICK WY	CO	17	A4
WOODRIDGE CT	CO	17	B7
WOODRIDGE WY	PLCO	16C	D2
WOODRIDGE OAK	SAC	33	E3
WOODRING WY	CO	62	B2
WOODRIVER CT	SAC	72	C4
WOODRUFF WY	CO	16A	D7
WOODS RD	CO	125	E1
WOODS RD	CO	128	A1
WOODSHIRE WY	SAC	53	C7
WOODSIDE DR	CO	17	A4
WOODSIDE DR	CO	17	E5
WOODSIDE DR	ROS	16B	C4
WOODSIDE DR	ROCK	15B	B5
WOODSIDE LN	CO	55	C3
WOODSIDE LN E	CO	55	C3
WOODSIDE GN	SAC	33	E3
WOODSIDE GN WY	SAC	34	A3
WOODSIDE OAKS	CO	55	C4
WOODSIDE SIERRA	CO	55	D3
WOODSON AV	CO	38	C1
WOODSON RD	SJCO	151	A7
WOODSTOCK WY	CO	37	C6
WOODSTREAM LN	ROCK	15B	B5
WOODVALE WY	CO	36	E5
WOODVIEW DR	FOL	21	E3
WOODVIEW ST	CO	39	D5
WOOD VIOLET WY	SAC	73	B6
WOODWARD WY	CO	21	A6
WOODWORTH AV	CO	39	B4
WOODWYNN CT	CO	43	A1
WOODY CT	SAC	72	B6
WOODYARD WY	CO	16A	B7
WOODY CREEK CT	EDCO	26A	B2
WOOL ST	FOL	21	E6
WOOL ST	FOL	22	A6
WOOLLEY WY	SAC	37	B4
WORCESTER WY	CO	93	D6
WORCESTER WY	CO	96	A5

STREET	CITY	PG. NO.	SEE
WORSHAM AV	SAC	73	A2
WORTHINGTON DR	CO	12	B2
WOSIQUA LN	PLCO	14A	D2
WRANGLER CT	ROS	16B	B4
WRANGLER DR	CO	100	C4
WREN CIR	CO	97	A3
WREN CT	ROS	16B	B4
WREN LN	CO	18	A7
WREN LN	CO	40	A1
WRENDALE WY	CO	38	C3
WRENFORD WY	CO	12	C2
WRENWOOD DR	SAC	73	D7
WREYFORD CT	CO	12	D2
WRIGHT ST	CO	37	D1
WRIGLEY CIR	CO	12	A2
WULFF LN	CO	37	D4
WURTH CT	CO	37	D6
WURTZ WY	CO	62	A3
WYALONG WY	CO	58	C3
WYANT WY	CO	55	E1
WYATT LN	CO	21	D4
WYCLIFFE WY	SAC	72	D1
WYCOMBE DR	CO	56	B4
WYDA WY	CO	37	C6
WYMAN DR	CO	38	C2
WYMORE WY	SAC	53	D7
WYNDBROOK ST	CO	77	B7
WYNDHAM DR	SAC	78	B2
WYNGATE RD	CO	56	B4
WYTHE CT	CO	54	D5
X			
X ST	SAC	51	D5
X ST	SAC	52	A6
X ST	SAC	54	D1
XAVIER CT	CO	36	D4
Y			
Y ST	SAC	52	C7
Y ST	SAC	54	C1
YACABUCCI CT	SAC	37	A3
YACHT CT	SAC	53	B5
YAGER DR	FOL	22	D5
YAHI CT	SAC	33	E1
YAKIMA RIVER CT	CO	42	A2
YALE ST	SAC	51	E6
YAMASAKI WY	PLCO	13B	B3
YAMPA CIR	SAC	32	D5
YANCEY DR	PLCO	13A	B2
YANCY CT	CO	12	D6
YANKEE HILL RD	ROCK	15B	D2
YANKEE JIMS RD	PLCO	H	D4
YARDGATE WY	CO	16A	B7
YARDIS CT	SAC	33	D2
YARDLEY WY	CO	16A	B6
YARROW CT	CO	43	C2
YARROW WY	CO	18	C3
YARWOOD WY	SAC	33	D2
YAWL WY	CO	17	B3
YDRA	CO	43	B1
YEFIM WY	ROS	16B	B5
YEGO ST	PLCO	14B	A1
YELLOW ASTER CT	CO	42	C1
YELLOW FLOWR PL	CO	43	B4
YELLOWHAMMER CT	CO	9	E7
YELLOW PINE WY	CO	39	A1
YELLOWSTONE CT	EDCO	47	E3
YELLOWSTONE LN	CO	37	D3
YELLOWSTONE LN	EDCO	47	E3
YEOMAN WY	CO	18	A7
YERBA CT	SAC	34	B3
YERMO WY	CO	78	E3
YGNACIO DR	CO	12	E4
YOLO ST	WSAC	33	A7
YOLO ST	WSAC	51	A1
YOLOY WY	CO	43	A4
YORA CT	CO	43	B1
YORK CT	ROS	16B	B4
YORK ST	SAC	34	D6
YORK COVE WY	CO	79	B3
YORK GLEN WY	CO	12	D7
YORKSHIRE RD	SAC	37	B5
YORKSHIRE WY	PLCO	16B	E2
YORKTOWN AV	CO	38	A4
YORKTOWN PL	CO	12	D1
YORKVILLE PL	CO	56	E2
YOSEMITE AV	CO	54	E4

STREET	CITY	PG. NO.	SEE
YOSEMITE LN	EDCO	47	E2
YOSEMITE ST	ROS	16A	E1
YOTON CT	ROS	16A	E6
YOTON CT	ROS	16B	A6
YOU BET PL	AUB	13D	C5
YOUNG ST	SAC	54	E6
YOUNG ST	SAC	57	A6
YOUNG WY	ROS	15A	E7
YOUNGER CK DR	SAC	77	A1
YOUNGS AV	SAC	35	A5
YOUNGS CT	EDCO	26	B4
YOUNGSTOWN LN	CO	37	D3
YOUNT CT	CO	97	C5
YOUTH CENTER CT	CO	58	E2
YREKA AV	SAC	73	B4
YUBA CT	CO	36	E3
YUBA CT	CO	39	A3
YUBA WY	ROS	16B	C6
YUBA RIVER CIR	SAC	72	A4
YUCATAN AV	CO	17	A6
YUCCA WY	CO	36	B3
YUKON CT	CO	8	D3
YUKON RIVER WY	CO	42	A3
YUMA CIR	CO	56	E4
YUMA CT	EDCO	26A	C2
YVETTE WY	SAC	78	A3
YVONNE WY	CO	40	C3
YVONNE WY	SAC	75	E3
YVONNE WY	SAC	78	A3
Z			
ZACHARY WY	CO	36	C1
ZACHMAN WY	CO	41	A4
ZAGOS CT	CO	41	E5
ZAMBRA WY	CO	56	D6
ZANCANARO CT	CO	18	D1
ZAPATA DR	EDCO	23	D3
ZEELAND DR	CO	17	D2
ZELDA WY	SAC	53	E7
ZELINDA DR	CO	39	D4
ZELLERBACH DR	CO	40	C7
ZELLERBACH DR	CO	42	C1
ZENITH DR	CO	16A	B7
ZENITH DR	CO	17	C1
ZENOBIA WY	SAC	34	A1
ZEPHYR CT	ROS	16A	C2
ZEPHYR WY	CO	36	B6
ZEPHYR COVE CIR	SAC	72	A5
ZEPHYR HILLS WY	CO	12	B1
ZEPHYR RANCH DR	SAC	71	E5
ZEPHYR RANCH DR	SAC	72	A5
ZET CT	SAC	76	C1
ZEUS CT	CO	59	B6
ZIBIBBA WY	CO	41	D5
ZIEBELL CT	CO	18	C1
ZIEGLER CT	CO	16B	B7
ZIEGLER CT	CO	18	D1
ZIEN CT	ROS	16B	A4
ZIMMERMAN CT	CO	18	D7
ZINFANDEL DR	CO	41	E6
ZINFANDEL DR	CO	42	A4
ZINFANDEL DR	CO	59	E1
ZINFANDEL DR	CO	60	A2
ZION CT	ROCK	15B	B4
ZION WY	CO	59	B5
ZIRCON CREST CT	CO	97	A4
ZLATA CT	CO	76	D7
ZLATA CT	CO	78	D1
Z LINE RD	YCO	112	B3
ZODIAC CT	CO	59	B5
ZOLA AV	ROS	16A	E2
ZORAM CT	CO	39	A3
ZORINA WY	CO	56	D7
ZORINA WY	CO	58	D1
ZUBE CT	CO	38	D1
ZUEGER CT	CO	41	E4
ZUIDER ZEE CIR	CO	9	C6
ZUMWALT AV	CO	18	E4
ZUMWALT AV	CO	21	A4
NUMERIC STREETS			
1ST AV	CO	56	B7
1ST AV	CO	142	C1
1ST AV	CO	143	C3
1ST AV	SAC	51	D6
1ST AV	SAC	52	A7
1ST AV	SAC	54	C1

STREET	CITY	PG. NO.	SEE
1ST AV	SAC	57	A1
1ST PKWY	CO	73	E3
1ST ST	GALT	148	C7
1ST ST	GALT	150	C1
1ST ST	ISLE	162	D3
1ST ST	PLCO	13B	A2
1ST ST	ROCK	15B	C4
1ST ST	WSAC	51A	B3
2ND AV	CO	97	B5
2ND AV	CO	142	C1
2ND AV	CO	143	C3
2ND AV	SAC	51	E7
2ND AV	SAC	52	B7
2ND AV	SAC	54	B1
2ND AV	SAC	57	A1
2ND PKWY	CO	73	E4
2ND ST	CO	8	C7
2ND ST	GALT	148	C7
2ND ST	GALT	150	D1
2ND ST	ISLE	162	D3
2ND ST	PLCO	13B	A3
2ND ST	ROCK	15B	C3
2ND ST	ROS	16A	D3
2ND ST	SAC	51	D4
2ND ST	WSAC	51	D2
2ND ST W	CO	8	C7
2 PARK	CO	89	B2
3RD AV	CO	97	C6
3RD AV	CO	142	C1
3RD AV	CO	143	C4
3RD AV	SAC	51	D7
3RD AV	SAC	52	A7
3RD AV	SAC	53	E1
3RD AV	SAC	54	A1
3RD AV	SAC	57	A2
3RD PKWY	CO	73	E3
3RD ST	CO	13B	A2
3RD ST	CO	94	C6
3RD ST	GALT	148	D7
3RD ST	ISLE	162	C3
3RD ST	ROCK	15B	C3
3RD ST	ROS	16A	D3
3RD ST	SAC	51	D4
3RD ST	WSAC	51	D2
3RD ST E	ISLE	162	E3
3RD ST N	SAC	33	E7
4TH AV	CO	8	D4
4TH AV	CO	143	C4
4TH AV	ISLE	162	D4
4TH AV	SAC	51	D7
4TH AV	SAC	52	A7
4TH AV	SAC	53	D1
4TH AV	SAC	54	A1
4TH AV	SAC	57	A2
4TH PKWY	CO	73	E4
4TH ST	CO	8	D7
4TH ST	CO	94	C6
4TH ST	GALT	148	D7
4TH ST	ROCK	15B	C3
4TH ST	ROS	16A	D3
4TH ST	SAC	51	D5
4TH ST	WSAC	51	D2
4TH ST W	CO	8	C7
5TH AV	CO	8	D4
5TH AV	SAC	53	D1
5TH AV	SAC	54	A1
5TH PKWY	CO	73	E4
5TH PKWY	CO	76	A4
5TH ST	CO	8	D4
5TH ST	CO	94	C6
5TH ST	GALT	148	D7
5TH ST	ISLE	162	D4
5TH ST	ROCK	15B	B3
5TH ST	ROCK	15B	C3
5TH ST	ROS	16A	D4
5TH ST	SAC	32	D3
5TH ST	SAC	33	E7
5TH ST	SAC	34	A7
5TH ST	SAC	51	D5
5TH ST	SAC	53	D1
5TH ST	WSAC	51	D2
6TH AV	CO	8	D4
6TH AV	SAC	53	D1
6TH AV	SAC	54	A2
6TH AV	SAC	57	A2

STREET	CITY	PG. NO.	SEE
6TH PKWY	CO	73	E3
6TH ST	CO	8	D5
6TH ST	CO	94	D6
6TH ST	GALT	148	D7
6TH ST	ISLE	162	D4
6TH ST	ROS	16A	D4
6TH ST	SAC	51	E5
6TH ST	SAC	53	D1
6TH ST	WSAC	51	C2
6TH ST W	CO	8	B7
7TH AV	CO	8	E3
7TH AV	SAC	53	D1
7TH AV	SAC	54	A2
7TH AV	SAC	57	A2
7TH ST	CO	8	D4
7TH ST	GALT	148	D7
7TH ST	SAC	51	E5
7TH ST	SAC	52	A2
7TH ST	WSAC	51	C2
7TH ST N	SAC	34	A7
7TH ST N	SAC	52	A1
8TH AV	CO	8	E4
8TH AV	SAC	53	D1
8TH AV	SAC	54	A2
8TH AV	SAC	57	A2
8TH ST	CO	6	E7
8TH ST	CO	8	E3
8TH ST	SAC	51	E4
8TH ST	SAC	52	A2
8TH ST	WSAC	51	C2
8TH ST N	SAC	33	E7
9TH AV	CO	8	E3
9TH AV	SAC	53	D2
9TH AV	SAC	54	A2
9TH AV	SAC	57	A2
9TH ST	CO	6	E7
9TH ST	CO	8	E4
9TH ST	SAC	51	E5
9TH ST	SAC	52	A3
10TH AV	SAC	53	D2
10TH AV	SAC	54	A2
10TH AV	SAC	57	A3
10TH ST	CO	8	E6
10TH ST	SAC	51	E7
10TH ST	SAC	52	A3
10TH ST	SAC	53	E1
10TH ST	WSAC	51	C4
10TH ST N	SAC	34	A7
10TH ST N	SAC	52	A1
11TH AV	SAC	53	D2
11TH AV	SAC	54	B2
11TH AV	SAC	57	A3
11TH ST	SAC	51	E5
11TH ST	SAC	52	A3
11TH ST	SAC	53	E2
11TH ST	WSAC	51	B4
11TH ST N	SAC	52	A1
12TH AV	SAC	53	E2
12TH AV	SAC	54	A3
12TH AV	SAC	57	A3
12TH AV BYPASS	SAC	54	C3
12TH ST	SAC	51	E7
12TH ST	SAC	52	A3
12TH ST	SAC	53	D3
12TH ST N	SAC	52	A1
13TH AV	SAC	53	D2
13TH AV	SAC	54	B3
13TH AV	SAC	57	A3
13TH ST	SAC	51	E7
13TH ST	SAC	52	A3
13TH ST	SAC	53	D7
13TH ST	SAC	53	E2
13TH ST	SAC	72	D2
13TH ST	WSAC	51	B5
14TH AV	SAC	53	D3
14TH AV	SAC	54	B3
14TH AV	SAC	57	A3
14TH AV N	SAC	54	A3
14TH ST	CO	11	A5
14TH ST	SAC	51	E7
14TH ST	SAC	52	A6
14TH ST	SAC	53	E1
14TH ST	SAC	72	D2
15TH AV	CO	54	D3
15TH AV	SAC	54	A4

1988 SACRAMENTO COUNTY STREET INDEX

STREET	CITY	PG. NO.	SEE	STREET	CITY	PG. NO.	SEE	STREET	CITY	PG. NO.	SEE	STREET	CITY	PG. NO.	SEE	STREET	CITY	PG. NO.	SEE
15TH AV	SAC	54	E3	23RD ST	SAC	73	B7	36TH ST	SAC	52	C5	46TH AV	CO	54	E4	55TH ST	SAC	57	A4
15TH AV	SAC	57	A3	24TH AV	SAC	54	A5	36TH ST	SAC	54	C5	46TH ST	CO	73	E2	56TH AV	SAC	72	D3
15TH ST	SAC	52	A5	24TH AV	SAC	57	E5	36TH WY	SAC	52	E3	46TH ST	SAC	52	A3	56TH AV	SAC	73	A3
15TH ST	SAC	72	E5	24TH AV	CO	11	C6	37TH AV	CO	54	D7	46TH ST	SAC	54	D3	56TH ST	SAC	52	E7
15TH ST	WSAC	51	B5	24TH ST	SAC	52	B7	37TH AV	SAC	54	B7	46TH ST	SAC	55	A3	56TH ST	SAC	54	E4
16TH AV	CO	54	D4	24TH ST	SAC	54	B7	37TH AV	SAC	57	A7	47TH AV	CO	73	B2	56TH ST	SAC	55	A6
16TH AV	SAC	53	E3	24TH ST	SAC	73	B6	37TH AV	SAC	58	B7	47TH AV	CO	76	A1	56TH ST	SAC	57	A1
16TH AV	SAC	54	A4	24TH ST	SAC	75	B1	37TH ST	SAC	73	C1	47TH AV	SAC	72	D2	57TH AV	SAC	73	A4
16TH AV	SAC	57	A4	24TH ST BY PASS	SAC	73	B5	37TH ST	SAC	52	D6	47TH AV	SAC	73	A1	57TH ST	SAC	55	A6
16TH ST	CO	9	A7	25TH AV	CO	54	D5	37TH ST	SAC	54	C3	47TH ST	CO	54	E4	57TH ST	SAC	57	A2
16TH ST	CO	11	B7	25TH AV	SAC	53	D5	38TH AV	CO	54	D7	47TH ST	CO	73	E2	58TH AV	SAC	72	D4
16TH ST	CO	35	B1	25TH AV	SAC	54	A5	38TH AV	SAC	57	E7	47TH ST	SAC	52	E5	58TH AV	SAC	55	A7
16TH ST	SAC	51	E7	25TH AV	SAC	57	A5	38TH AV	SAC	53	E7	47TH ST	SAC	54	E3	58TH ST	SAC	57	A2
16TH ST	SAC	52	A7	25TH ST	SAC	52	B7	38TH AV	SAC	54	B7	47TH ST	SAC	55	A5	59TH AV	SAC	72	E4
16TH ST	SAC	53	E2	25TH ST	SAC	54	B6	38TH AV	SAC	57	A7	48TH AV	CO	73	C2	59TH AV	SAC	55	A7
16TH ST	SAC	72	E4	25TH ST	SAC	73	B3	38TH ST	SAC	52	D6	48TH AV	CO	76	A2	59TH ST	SAC	57	A2
16TH ST	WSAC	51	B5	25TH ST	SAC	75	B1	38TH ST	SAC	54	C4	48TH AV	SAC	72	E2	60TH AV	SAC	72	E4
17TH AV	CO	54	D5	26TH AV	CO	54	D5	39TH AV	CO	54	D7	48TH AV	SAC	73	A2	60TH AV	SAC	73	A4
17TH AV	SAC	53	E4	26TH AV	SAC	53	D5	39TH AV	CO	73	D1	48TH AV	SAC	76	A2	60TH ST	SAC	55	B7
17TH AV	SAC	54	B4	26TH AV	SAC	54	A5	39TH AV	SAC	54	E5	48TH ST	CO	54	E5	60TH ST	SAC	57	A3
17TH AV	SAC	57	A4	26TH AV	SAC	57	A5	39TH AV	SAC	57	A7	48TH ST	SAC	52	E5	61ST ST	SAC	55	B7
17TH ST	SAC	51	E7	26TH ST	CO	11	D6	39TH ST	SAC	73	B1	48TH ST	SAC	54	E3	61ST ST	SAC	57	A2
17TH ST	SAC	52	A7	26TH ST	SAC	52	B7	39TH ST	SAC	52	D7	48TH ST	SAC	55	A5	62ND AV	SAC	73	A4
17TH ST	SAC	53	E2	26TH ST	SAC	54	B7	39TH ST	SAC	54	D1	49TH AV	CO	73	C2	62ND ST	SAC	55	B7
17TH ST	SAC	54	A1	26TH ST	SAC	73	B1	39TH ST	SAC	52	B2	49TH AV	SAC	73	A2	62ND ST	SAC	57	A3
17TH ST	SAC	72	E5	27TH AV	SAC	53	C5	39TH ST	SAC	54	C4	49TH ST	CO	54	E6	63RD AV	SAC	72	E5
17TH ST	WSAC	51	B5	27TH AV	SAC	54	B5	40TH AV	CO	73	D1	49TH ST	SAC	52	E6	63RD AV	SAC	73	A5
18TH AV	CO	54	D2	27TH AV	SAC	57	A5	40TH AV	SAC	53	D7	49TH ST	SAC	54	E5	63RD RD	SAC	57	B1
18TH AV	CO	57	D4	27TH AV	SAC	52	B2	40TH AV	SAC	54	B7	49TH ST	SAC	55	A6	63RD ST	SAC	55	B3
18TH AV	SAC	54	A4	27TH ST	SAC	54	B2	40TH AV	SAC	54	D7	50TH AV	CO	73	E2	63RD ST	SAC	57	B3
18TH AV	SAC	57	A4	27TH ST	SAC	73	B4	40TH AV	SAC	57	A7	50TH AV	CO	76	A2	63RD ST	SAC	76	B1
18TH ST	CO	11	B5	28TH AV	CO	54	D6	40TH ST	SAC	73	B1	50TH AV	SAC	73	A2	64TH AV	SAC	72	E5
18TH ST	SAC	52	A7	28TH AV	SAC	53	C5	40TH ST	CO	73	D1	50TH ST	CO	76	C2	64TH ST	SAC	55	B7
18TH ST	SAC	53	E2	28TH AV	SAC	54	B6	40TH ST	SAC	52	D6	50TH ST	CO	73	E2	64TH ST	SAC	57	B3
18TH ST	SAC	54	A2	28TH AV	SAC	57	D6	40TH ST	SAC	54	D4	50TH ST	SAC	52	E5	64TH ST	SAC	57	B6
18TH ST	SAC	72	E6	28TH AV	CO	9	D7	41ST AV	CO	54	C7	50TH ST	SAC	54	E4	65TH AV	SAC	72	E5
18TH ST	SAC	73	B6	28TH AV	CO	11	D3	41ST AV	CO	73	C3	50TH ST	SAC	55	A5	65TH AV	SAC	73	A5
18TH ST	SAC	74	E1	28TH AV	SAC	52	B7	41ST AV	SAC	53	D7	51ST AV	CO	73	A2	65TH ST	CO	76	B3
18TH ST	WSAC	51	B6	28TH ST	SAC	54	B7	41ST AV	SAC	72	D7	51ST AV	CO	76	C2	65TH ST	SAC	55	B7
18TH ST E	CO	183	A4	29TH AV	SAC	52	B6	41ST AV	SAC	54	D7	51ST AV	CO	73	E3	65TH ST	SAC	57	B3
19TH AV	SAC	54	A4	29TH AV	SAC	57	A5	41ST AV	SAC	73	B1	51ST AV	SAC	52	E5	65TH ST	SAC	76	B3
19TH AV	SAC	57	A6	29TH AV	CO	11	E6	41ST ST	SAC	52	D7	51ST AV	SAC	54	E4	65TH ST EXPWY	SAC	57	B4
19TH ST	SAC	52	A6	30TH AV	SAC	52	C5	41ST ST	SAC	54	A6	51ST ST	SAC	55	A5	66TH AV	CO	76	A5
19TH ST	SAC	53	E2	30TH AV	SAC	54	B3	42ND AV	CO	54	C7	52ND AV	CO	73	C3	66TH AV	SAC	72	E5
19TH ST	SAC	54	A2	30TH AV	SAC	73	B2	42ND AV	CO	73	C1	52ND AV	CO	76	A3	66TH AV	SAC	73	A5
19TH ST	SAC	72	E5	32ND AV	CO	54	D6	42ND AV	SAC	72	D1	52ND AV	SAC	73	A3	66TH ST	SAC	55	B7
19TH ST	SAC	72	E7	32ND AV	SAC	53	E6	42ND AV	SAC	54	C7	52ND AV	SAC	76	C3	66TH ST	SAC	57	B6
19TH ST	SAC	73	A5	32ND AV	SAC	54	B6	42ND AV	SAC	73	D3	52ND ST	SAC	52	E6	67TH AV	SAC	72	E5
19TH ST	SAC	74	E1	32ND AV	SAC	57	C6	42ND ST	SAC	52	E6	52ND ST	SAC	54	E4	67TH AV	SAC	73	A5
19TH ST	SAC	75	E1	32ND ST	CO	11	E6	42ND ST	SAC	54	D3	52ND ST	SAC	55	A6	67TH ST	SAC	57	B4
19TH ST	WSAC	51	B6	32ND ST	SAC	52	C7	42ND ST	SAC	54	D3	53RD AV	CO	73	C3	68TH AV	CO	76	D5
20TH AV	CO	54	D4	32ND ST	SAC	57	A4	43RD AV	CO	54	C1	53RD AV	CO	76	A3	68TH AV	SAC	72	E5
20TH AV	SAC	54	A4	32ND ST	SAC	73	C6	43RD AV	SAC	53	C7	53RD AV	CO	76	C3	68TH AV	SAC	73	A5
20TH AV	SAC	57	A4	33RD AV	CO	54	B6	43RD AV	SAC	76	D1	53RD AV	SAC	73	B1	68TH ST	SAC	57	B7
20TH ST	CO	11	B7	33RD AV	SAC	57	C1	43RD AV	SAC	77	B1	53RD AV	SAC	76	A3	69TH AV	SAC	72	E6
20TH ST	CO	35	B1	33RD AV	SAC	52	C7	43RD AV	SAC	54	C4	53RD ST	CO	76	A3	69TH AV	SAC	73	B6
20TH ST	SAC	52	A7	33RD AV	SAC	54	B6	43RD ST	SAC	54	D6	53RD ST	SAC	52	E7	69TH ST	SAC	57	B6
20TH ST	SAC	73	A4	33RD AV	SAC	57	C7	43RD ST	SAC	53	D7	53RD ST	SAC	54	E4	70TH ST	SAC	57	B4
21ST AV	SAC	54	B4	33RD ST	SAC	73	C4	43RD ST	SAC	54	A6	53RD ST	SAC	55	A6	71ST AV	SAC	72	E7
21ST AV	SAC	57	A5	34TH AV	CO	54	D6	44TH AV	CO	73	D1	53RD ST	SAC	57	A3	71ST AV	SAC	73	A7
21ST ST	SAC	52	A7	34TH AV	SAC	53	C6	44TH AV	SAC	52	D7	54TH AV	CO	73	A3	71ST ST	SAC	74	B4
21ST ST	SAC	54	A4	34TH AV	SAC	54	A6	44TH AV	SAC	54	D3	54TH AV	SAC	73	E4	71ST ST	SAC	57	B4
22ND AV	CO	54	D4	34TH ST	SAC	57	A6	44TH AV	SAC	57	C1	54TH AV	SAC	55	D3	73RD ST	SAC	57	C4
22ND AV	SAC	54	A4	34TH ST	CO	11	E6	44TH AV	SAC	54	D7	54TH ST	CO	73	E1	75TH ST	SAC	76	C2
22ND AV	SAC	57	A5	34TH ST	SAC	52	C7	44TH ST	SAC	52	D2	54TH ST	CO	76	A1	77TH ST	SAC	57	C5
22ND ST	CO	11	C6	35TH AV	CO	54	D7	44TH ST	SAC	54	D3	54TH ST	SAC	52	E7	77TH ST	SAC	57	C4
22ND ST	SAC	52	A7	35TH AV	SAC	53	C6	45TH AV	SAC	55	A3	54TH ST	SAC	54	E5	78TH ST	SAC	57	C4
22ND ST	SAC	54	A5	35TH AV	SAC	54	B7	45TH AV	SAC	73	C1	54TH ST	SAC	55	A5	79TH ST	SAC	57	C4
22ND ST	SAC	73	A7	35TH AV	SAC	57	B1	45TH AV	SAC	54	A6	55TH AV	SAC	73	A3	79TH ST	SAC	76	D2
22ND ST	SAC	75	A1	35TH AV	SAC	54	C7	45TH AV	SAC	54	D5	55TH AV	CO	73	E5	80TH ST	SAC	57	D6
23RD AV	SAC	54	A5	35TH ST	SAC	52	C7	45TH AV	SAC	52	E5	55TH ST	CO	76	A5	82ND ST	SAC	57	D4
23RD AV	SAC	58	A5	35TH ST	SAC	54	A7	45TH ST	SAC	54	E7	55TH ST	SAC	52	E7	83RD ST	SAC	57	E6
23RD ST	SAC	52	A7	36TH AV	CO	54	E7	45TH ST	SAC	54	B7	55TH ST	SAC	54	E4	84TH ST	SAC	57	E6
23RD ST	SAC	54	A6	36TH AV	SAC	57	A7	46TH AV	CO	73	C1	55TH ST	SAC	55	A5	88TH ST 16955	SAC	77	B1

1988 SACRAMENTO COUNTY POINTS OF INTEREST

PAGE & GRID	NAME	ADDRESS	CITY	PHONE
	AIRPORTS (SEE TRANSPORTATION)			
	BUILDINGS			
38 A1	ARCADE SQUARE	3333 WATT AV	SACRAMENTO	
51 E3	BANK OF AMERICA	900 8TH ST	SACRAMENTO	449 4567
51 E3	CAL-WESTERN LIFE	2020 L ST	SACRAMENTO	444 7100
51 E3	CAL CHAMBER OF COMMRCE	1011 K ST	SACRAMENTO	444 6670
51 E3	CALIFORNIA FRUIT	4TH ST & J ST	SACRAMENTO	442 1971
52 A4	CALTRANS	1120 N ST	SACRAMENTO	445 4616
51 E3	CAPITOL MALL BUILDING	111 CAPITOL MALL	SACRAMENTO	444 6775
52 A3	CITY HALL	915 I ST	SACRAMENTO	449 5188
52 A3	CITY MEMORIAL AUDITORM	1515 J ST	SACRAMENTO	449 5181
38 A5	COUNTRY CLUB MED CTR	2322 BUTANO DR	SACRAMENTO	482 4870
51 E2	COUNTY ADMINISTRATION	827 7TH ST	SACRAMENTO	440 5411
51 E2	COUNTY COURT HOUSE	720 9TH ST	SACRAMENTO	440 5476
51 E2	COUNTY COURT HOUSE-OLD	615 I ST	SACRAMENTO	
52 B7	DEPT OF MOTOR VEHICLES	2570 24TH ST	SACRAMENTO	456 7861
52 A4	ELEVENTH AND L	1127 11TH ST	SACRAMENTO	443 2496
52 A3	ELKS CLUB	921 11TH ST	SACRAMENTO	
51 E4	EMPLOYMENT DEVELOPMENT	800 CAPITOL MALL	SACRAMENTO	445 8008
51 E3	FEDERAL & COURTHOUSE	650 CAPITOL MALL	SACRAMENTO	440 3344
52 A3	FINANCIAL	927 10TH ST	SACRAMENTO	
21 E6	FOLSOM CHAMBER OF CMRC	WOOL & SUTTER	FOLSOM	985 2698
22 B5	FOLSOM CITY HALL	50 NATOMA ST	FOLSOM	355 7200
51 C4	FORT SUTTER	2705 K ST	SACRAMENTO	445 4209
51 E3	FORUM	1107 9TH ST	SACRAMENTO	443 2312
51 E3	FOUR FIFTY FIVE C M CX	455 CAPITOL MALL	SACRAMENTO	444 5475
51 E3	GREYHOUND BUS DEPOT	1107 L ST	SACRAMENTO	444 6800
51 B7	HIGHWAY PATROL HDQTRS	2555 1ST AV	SACRAMENTO	445 1564
51 B3	HOEFLING	1811 E ST	SACRAMENTO	
51 E3	IBM	520 CAPITOL MALL	SACRAMENTO	440 8200
52 B2	INTERNATIONAL CENTER	1701 C ST	SACRAMENTO	
38 A5	JAMAICA PLAZA COMPLEX	2233 WATT AV	SACRAMENTO	481 6775
54 D1	LABOR TEMPLE	2525 STOCKTON BLVD	SACRAMENTO	
51 E3	LLOYDS BANK	601 J ST	SACRAMENTO	441 7730
38 B3	MARCONI BUSNSS ART CTR	3815 MARCONI AV	SACRAMENTO	489 1118
52 A3	MASONIC TEMPLE	1123 J ST	SACRAMENTO	443 5058
52 C5	MCKINLEY	3113 O ST	SACRAMENTO	
52 C5	MEDICAL ARTS	2720 CAPITOL AV	SACRAMENTO	446 1716
52 B4	METROPOLITAN	2131 CAPITOL AV	SACRAMENTO	
51 E3	METRO STATION POST OFC	801 I ST, FEDERAL BLDG	SACRAMENTO	440 3129
55 B6	NATIONAL GUARD ARMORY	1013 58TH ST	SACRAMENTO	920 6510
52 A3	NINE TWENTY SIX J	926 J ST	SACRAMENTO	441 0731
51 E3	OCHSNER	719 K ST	SACRAMENTO	
51 E3	ODD FELLOWS	1025 9TH ST	SACRAMENTO	443 4483
51 E3	PACIFIC TELEPHONE	1414 K ST	SACRAMENTO	444 9000
51 E3	PARK EXECUTIVE	925 L ST	SACRAMENTO	444 0860
52 A3	PLAZA	921 10TH ST	SACRAMENTO	
51 E3	PLAZA TOWERS	555 CAPITOL MALL	SACRAMENTO	444 2000
52 C5	PROFESSIONAL	5301 F ST	SACRAMENTO	455 4827
52 A4	RAFF	1523 18TH ST	SACRAMENTO	
51 E3	REED	920 9TH ST	SACRAMENTO	
52 A5	SACRAMENTO BUILDERS EX	1331 T ST	SACRAMENTO	442 8991
51 D2	SACRAMENTO HISTORY CTR	1930 J ST	SACRAMENTO	447 2958
34 E6	SACTO MAIN POST OFFICE	2000 ROYAL OAKS DR	SACRAMENTO	484 4901
51 E3	SAC METRO CHAMBER CMRC	917 17TH ST	SACRAMENTO	443 3771
52 B4	ST LUKES MEDICAL	2600 CAPITOL AV	SACRAMENTO	
51 B5	SCOTTISH RITE TEMPLE	6151 H ST	SACRAMENTO	452 5881
37 B6	SEARS ROEBUCK	1601 ARDEN WY	SACRAMENTO	922 6211
52	STATE CAPITOL	10TH AT L ST & N ST	SACRAMENTO	445 4711
51 E4	STATE CONSERVATION DPT	1416 9TH ST	SACRAMENTO	445 5716
51 E4	STATE DPT CONSUMR AFRS	1020 N ST	SACRAMENTO	445 1254
51 E4	STATE DEPT OF FINANCE	1000 CAPITOL MALL	SACRAMENTO	445 3878
51 E3	STATE EDUCATION DEPT	721 CAPITOL MALL	SACRAMENTO	445 4688
51 A4	STATE FOOD&AGRICULTURE	1220 N ST	SACRAMENTO	445 9280
51 E4	STATE GARAGE	O ST AND 9TH ST	SACRAMENTO	
51 E4	STATE HEALTH DEPT	744 P ST	SACRAMENTO	445 4171
51 E4	STATE LIBRARY	9TH & CAPITOL MALL	SACRAMENTO	445 2585
51 E3	STATE PERSONNEL BOARD	801 CAPITOL MALL	SACRAMENTO	322 2530
51 E4	STATE OFFICE BLDG NO 1	915 CAPITOL MALL	SACRAMENTO	
51 E4	STATE OFFICE BLDG NO 8	714 P ST	SACRAMENTO	
34 A7	STATE PRINTING PLANT	344 N 7TH ST	SACRAMENTO	445 9484
52 A4	STATE RECLAMATN BOARD	714 P ST	SACRAMENTO	445 9454
51 E4	STATE RESOURCES	1416 9TH ST	SACRAMENTO	445 5656
52 C5	STRAINE	1435 ALHAMBRA BLVD	SACRAMENTO	452 0204
37 D3	TOWN & COUNTRY P O	2713 EL PASEO LN	TOWN&COUNTRY	483 9036
51 B3	W SACTO CHAMBR OF CMRC	1420 MERKLEY AV	W SACRAMENTO	371 7042
	CEMETERIES			
80 B1	ARLINGTON MEMORIAL	ELDER CREEK RD	SACRAMENTO	
80 B7	BELLVIEW	ELDER CREEK RD	SACRAMENTO	
71 B3	CALVARY	7101 VERNER AV	SACRAMENTO	969 6541
61 C6	CAMELLIA MEMORIAL LAWN	10221 JACKSON RD	WALSH STATION	363 9431
51 E6	CITY CEMETERY	10TH & BROADWAY	SACRAMENTO	
52 E6	EAST LAWN MEMORIAL	43RD & FOLSOM BLVD	SACRAMENTO	455 3033
71 A5	EAST LAWN SIERRA HILLS	6700 VERNER AV	SACRAMENTO	332 5398
76 C1	ELDER CREEK	ELDER CREEK RD	SACRAMENTO	
97 D4	ELK GROVE	BOND & WATERMAN RDS	ELK GROVE	
40 A4	FAIR OAKS	7780 OLIVE ST	FAIR OAKS	966 1613
95 D5	FRANKLIN	HOOD FRANKLIN RD	FRANKLIN	
76 A1	HOME OF PEACE	5700 EL PARAISO AV	SACRAMENTO	393 1535
21 E7	LAKESIDE MEMORIAL LAWN	507 SCOTT ST	FOLSOM	985 2295
51 E6	MASONIC LAWN	2700 RIVERSIDE BLVD	SACRAMENTO	443 7796
42 B6	MATHEW KILGORE	KILGORE RD	SACRAMENTO	
18 C6	MT VERNON MEMORIAL	8201 GREENBACK LN	FAIR OAKS	969 1251

PAGE & GRID	NAME	ADDRESS	CITY	PHONE
51 E7	ODD FELLOWS LAWN	2720 RIVERSIDE BLVD	SACRAMENTO	443 8598
15B C5	ROCKLIN	4090 KANNASTO ST	ROCKLIN	624 2760
57 B5	SACRAMENTO COUNTY	21ST AV	SACRAMENTO	
76 A1	SACRAMENTO MEM LAWN	6100 STOCKTON BLVD	SACRAMENTO	421 1171
52 A7	ST JOSEPHS	2615 21ST ST	SACRAMENTO	455 8324
57 B5	ST MARYS	6700 21ST AV	SACRAMENTO	452 4831
54 C7	ST ROSE CATHOLIC	FRANKLIN BLVD	SACRAMENTO	
78 D7	SAN JOAQUIN	9189 STOCKTON BLVD	ELK GROVE	422 4114
32 E4	SUNSET LAWN	4701 MARYSVILLE BLVD	SACRAMENTO	922 5833
17 E2	SYLVAN	RAMONA LN & AUBURN BL	CITRUS HTS	725 3406
	CHAMBERS OF COMMERCE & VISITORS BUREAU			
13D D1	AUBURN AREA	1101 HIGH ST	AUBURN	885 5616
41 A2	CARMICHAEL	6825 FAIR OAKS BLVD	CARMICHAEL	481 1002
17 E2	CITRUS HEIGHTS	7433H GREENBACK LN	CITRUS HTS	722 4545
40 B5	FAIR OAKS	10223 FAIR OAKS BLVD	FAIR OAKS	967 2903
21 E6	FOLSOM	200 WOOL ST	FOLSOM	985 2698
148 D7	GALT CHAMBR OF COMMRCE	660 WALNUT ST	GALT	745 2529
14A E6	LOOMIS BASIN	6140 HORSESHOE BAR RD	LOOMIS	652 7252
12 A6	NORTH HIGHLANDS	6149 WATT AV	N HIGHLANDS	334 2214
21 A6	ORANGEVALE	8836 GREENBACK LN	ORANGEVALE	988 0175
13C D5	PLACER CO VIS BUREAU	661 NEWCASTLE RD	NEWCASTLE	663 2061
8 E6	RIO LINDA	740 M ST	RIO LINDA	991 9344
8 E6	RIO LINDA (SACTO)	6110 MATEO CT	RIO LINDA	991 5505
15B D3	ROCKLIN AREA	4253 ROCKLIN RD	ROCKLIN	624 2548
16A E2	ROSEVILLE	700 VERNON ST	ROSEVILLE	783 8136
51 E3	SACRAMENTO METROPOLITN	917 7TH ST	SACRAMENTO	443 3771
52 A3	SACRAMENTO VIS BUREAU	1421 K ST	SACRAMENTO	442 5542
51 B3	WEST SACRAMENTO	834 JEFFERSON BLVD	W SACRAMENTO	371 7042
	CITY HALLS			
13D D1	AUBURN CITY HALL	1103 HIGH ST	AUBURN	823 4211
148 E7	GALT CITY HALL	380 CIVIC DR	GALT	745 2961
162 E4	ISLETON CITY HALL	100 2ND ST	ISLETON	777 6082
14A E6	LOOMIS CITY HALL	6140 HORSESHOE BAR RD	LOOMIS	652 9204
15B C4	ROCKLIN CITY HALL	3980 ROCKLIN RD	ROCKLIN	624 3351
16A E2	ROSEVILLE CITY HALL	316 VERNON ST	ROSEVILLE	781 0200
	COLLEGES & UNIVERSITIES			
38 D4	AMERICAN RIVER COLLEGE	4700 COLLEGE OAK DR	SACRAMENTO	484 8100
55 B6	CAL STATE U SACRAMENTO	6000 J ST	SACRAMENTO	454 6011
78 B5	COSUMNES RIVER COLLEGE	8401 CENTER PKWY	SACRAMENTO	686 7321
54 C2	McGEORGE SCHOOL OF LAW	3200 5TH AV	SACRAMENTO	739 7191
37 C6	MISSIONARY BAPTIST COL	2351 WYDA WY	SACRAMENTO	485 4461
54 A3	SACRAMENTO CITY COLLGE	3835 FREEPORT BLVD	SACRAMENTO	449 7531
15B E3	SIERRA COMM COLLEGE	5000 ROCKLIN RD	ROCKLIN	624 3333
	GOLF COURSES			
41 C4	ANCIL HOFFMAN PARK	6700 TARSHES DR	CARMICHAEL	482 5660
29 C6	CAMERON PK COUNTRY CLB	CAMBRIDGE RD	CAMERON PARK	933 1184
55 C3	CAMPUS COMMONS	2 CADILLAC DR	SACRAMENTO	922 5861
58 C3	CORDOVA	9425 JACKSON RD	RCHO CORDOVA	362 1196
37 E2	DEL PASO COUNTRY CLUB	3333 MARCONI AV	SACRAMENTO	489 3681
15A E6	DIAMOND OAKS MUNICIPAL	1000 DIAMOND OAKS RD	ROSEVILLE	783 4947
14B E7	DRY CREEK RANCH	809 CRYSTAL WY	GALT	745 2330
48 A2	EL DORADO HILLS	EL DORADO HILLS BLVD	EL DORADO HLS	933 6552
17 A7	FOOTHILL GOLF CENTER	7000 VERNER AV	ROSEVILLE	725 3355
37 C1	HAGGIN OAKS	3645 FULTON AV	SACRAMENTO	481 4505
53 E4	WILLIAM LAND PARK	1701 SUTTERVILLE RD	SACRAMENTO	455 5014
10 A7	LAWRENCE LINKS	7823 BLACKFOOT WY	N HIGHLANDS	643 3313
76 C3	LINDALE GOLF CENTER	7631 STOCKTON BLVD	SACRAMENTO	3822 3252
72 E3	BING MALONEY	6801 FREEPORT BLVD	SACRAMENTO	428 9401
62 C1	MATHER	EAGLES NEST RD	SACRAMENTO	364 3200
39 E2	NORTHRIDGE COUNTRY CLB	MADISON & MARIPOSA AVS	FAIR OAKS	967 5716
88 D4	RANCHO MURIETA	14813 JACKSON RD	SLOUGHHOUSE	351 0222
33 C7	RIVERBEND	300 DOUGLAS ST	BRODERICK	372 0880
16C A4	ROLLING GREENS	5572 EUREKA RD	ROSEVILLE	797 9986
15A D7	SIERRA VW COUNTRY CLUB	ALTA VISTA AV	ROSEVILLE	782 3741
15B B1	SUNSET WHITNEY	4005 MIDAS AV	ROCKLIN	988 6633
93 E6	VALLEY-HI COUNTRY CLUB	FRANKLIN & ELK GROVE	ELK GROVE	421 3649
	HOSPITALS			
	*EMERGENCY SERVICES AVAILABLE			
13B A1	*AUBURN FAITH COM HOSP	11815 EDUCATION	AUBURN	885 7201
34 D5	*COMMUNITY HOSP OF SAC	2251 HAWTHORNE ST	N SACRAMENTO	929 2333
36 D7	*ESKATON AMERICAN RIV	4747 ENGLE RD	CARMICHAEL	486 3211
37 E6	*KAISER FOUNDATION	2025 MORSE AV	SACRAMENTO	486 5891
78 B2	KAISER HOSPITAL SOUTH	6600 BRUCEVILLE RD	SACRAMENTO	686 2000
22 B5	*MERCY FOLSOM	223 FARGO WY	FOLSOM	985 4441
52 B5	*MERCY SACRAMENTO	4001 J ST	SACRAMENTO	453 4545
39 B1	*MERCY SAN JUAN	6501 COYLE AV	CARMICHAEL	965 2111
78 C3	*METHODIST HOSP OF SAC	7500 TIMBERLAKE WY	SACRAMENTO	423 3000
16B A3	*ROSEVILLE COMMUNITY	333 SUNRISE AV	ROSEVILLE	783 9111
52 C4	*SUTTER GENERAL	2820 L ST	SACRAMENTO	454 2222
55 A4	*SUTTER MEMORIAL	52ND & F STS	SACRAMENTO	454 3333
52 D7	*U C DAVIS MEDICAL CTR	2315 STOCKTON BLVD	SACRAMENTO	453 3096
	HOTELS			
34 E7	BEVERLY GARLAND	1780 TRIBUTE RD	SACRAMENTO	929 7900
51 E3	CLARION HOTEL	700 16TH ST	SACRAMENTO	444 8000
37 A5	HILTON INN	2200 HARVARD ST	SACRAMENTO	922 4700
51 E3	HOLIDAY INN-CAPITOL PZ	300 J ST	SACRAMENTO	446 0100
36 E7	HOLIDAY INN-HOLIDOME	5321 DATE AV	SACRAMENTO	338 5800

PAGE & GRID	NAME	ADDRESS	CITY	PHONE
42 B5	SHERATON HOTEL	11211 POINT EAST DR	RCHO CORDOVA	638 1100
34 D7	WOODLAKE RESORT	500 LEISURE LN	SACRAMENTO	922 6251
		LIBRARIES		
37 D3	ARCADE COMMUNITY	2443 MARCONI AV	SACRAMENTO	483 5061
56 A3	ARDEN BRANCH	891 WATT AV	ARDEN	483 6361
13B C7	AUBURN-PLACER COUNTY	350 NEVADA ST	AUBURN	823 4391
51 B1	BRODERICK BRANCH	904 SACRAMENTO AV	BRODERICK	372 0700
41 A3	CARMICHAEL REGIONAL	5605 MARCONI AV	CARMICHAEL	483 6055
51 E3	CENTRAL LIBRARY	828 I ST	SACRAMENTO	449 5203
16B A4	COLOMA WAY BRANCH	1299 COLOMA WY	ROSEVILLE	782 4090
53 E6	COOLEDGE BRANCH	5681 FREEPORT BLVD	SACRAMENTO	424 5027
113 D6	COURTLAND BRANCH	POST OFFICE BUILDING	COURTLAND	775 1113
32 E7	DEL PASO HTS BRANCH	920 GRAND AV	SACRAMENTO	927 1133
97 C6	ELK GROVE BRANCH	8962 ELK GROVE BLVD	ELK GROVE	685 4798
40 B2	FAIR OAKS-ORANGEVALE	11601 FAIR OAKS BLVD	FAIR OAKS	966 5740
22 B7	FOLSOM BRANCH	638 E BIDWELL	FOLSOM	985 2780
54 D4	FRUITRIDGE BRANCH	4608 44TH ST	SACRAMENTO	452 0763
148 E7	GALT BRANCH	380 CIVIC DR	GALT	745 2066
57 A3	GILLIS BRANCH	4001 60TH ST	SACRAMENTO	455 2985
162 E3	ISLETON BRANCH	101 C ST	ISLETON	777 6638
73 B5	KING REGIONAL	7340 24TH ST BYPASS	SACRAMENTO	421 3151
14A D6	LOOMIS BRANCH	6050 LIBRARY DR	LOOMIS	652 7061
52 B6	MCCLATCHY BRANCH	2112 22ND ST	SACRAMENTO	455 8153
52 C4	MCKINLEY BRANCH	601 ALHAMBRA BLVD	SACRAMENTO	442 0598
12 A3	NORTH HIGHLANDS BRANCH	3601 PLYMOUTH DR	N HIGHLANDS	331 0675
34 D5	N SACRAMNTO/HAGGINWOOD	2109 DEL PASO BLVD	SACRAMENTO	922 8455
54 C1	OAK PARK BRANCH	3301 5TH AV	SACRAMENTO	455 8522
21 A6	ORANGEVALE BRANCH	8903 GREENBACK LN	ORANGEVALE	989 2182
14B A1	PENRYN BRANCH	2215 RIPPEY RD	PENRYN	663 3621
59 A3	RANCHO CORDOVA COMM	9845 FOLSOM BLVD	RCHO CORDOVA	362 0641
8 D4	RIO LINDA BRANCH	902 OAK LN	RIO LINDA	991 4515
15B C3	ROCKLIN BRANCH	3935 ROCKLIN RD	ROCKLIN	624 3133
16A D1	ROSEVILLE LIBRARY	557 LINCOLN ST	ROSEVILLE	782 7909
76 A5	SOUTHGATE COMMUNITY	6132 66TH AV	SACRAMENTO	421 6327
17 C5	SYLVAN OAKS COMMUNITY	6700 AUBURN BLVD	CITRUS HTS	969 1752
142 C2	WALNUT GROVE BRANCH	14177 MARKET ST	WALNUT GROVE	776 1412
51 B3	WEST SACRAMENTO BRANCH	1212 MERKLEY AV	W SACRAMENTO	371 5612
		MOTELS		
37 D3	CORAL REEF LODGE	2700 FULTON AV	SACRAMENTO	483 6461
51 D1	DAYS INN	200 JIBBOOM ST	SACRAMENTO	448 8100
33 E7	DISCOVERY MOTOR INN	350 BERCUT DR	SACRAMENTO	442 6971
42 B5	HERITAGE INN	11249 POINT EAST DR	RCHO CORDOVA	635 4040
16 E3	HERITAGE INN	204 HARDING BLVD	ROSEVILLE	782 4466
37 A4	HOWARD JOHNSONS	2300 AUBURN BLVD	SACRAMENTO	484 1404
36 C2	LA QUINTA INN	4604 MADISON AV	SACRAMENTO	348 0900
34 D6	RAMADA INN	1900 CANTERBURY RD	SACRAMENTO	927 3492
37 A6	RED LION	2001 POINT WEST WY	SACRAMENTO	929 8855
55 D7	RESIDENCE INN	1530 HOWE AV	SACRAMENTO	920 9111
36 A5	RODEWAY INN	3425 ORANGE GROVE AV	SACRAMENTO	488 4100
16A E3	ROSEVILLE INN	220 HARDING BLVD	ROSEVILLE	782 4434
37 A5	SACRAMENTO INN	1401 ARDEN WY	SACRAMENTO	922 8041
51 D1	SANDMAN MOTEL	236 JIBBOOM ST	SACRAMENTO	443 6515
37 D1	SIERRA INN	2600 AUBURN BLVD	SACRAMENTO	482 4770
36 C2	SUPER 8 MOTEL	4317 MADISON AV	SACRAMENTO	344 7430
51 C3	TRAVELODGE	817 W CAPITOL AV	W SACRAMENTO	371 6983
51 D4	VAGABOND INN	909 3RD ST	SACRAMENTO	446 1481
		PARKS		
13D E1	AUBURN STATE REC AREA	HIGHWAY 49	PLACER CO	885 4527
57 C6	BAER, MAX MEMORIAL PK	WILKINSON ST & 35TH AV	SACRAMENTO	
39 E7	BANNISTER PARK	BANNISTER AV	FAIR OAKS	
16C D4	BEALS BEACH	AUBURN-FOLSOM RD	FOLSOM LAKE	
37 C5	BELLVIEW PARK	2100 HOWE ST	SACRAMENTO	
169 B4	BRANNAN ISL STATE REC	RIVER RD	BRANNAN ISL	777 6671
54 A2	BROCKWAY PARK	11TH AV & FREEPORT	SACRAMENTO	
34 D6	CAMP POLLACK	NORTHGATE BLVD	SACRAMENTO	
52 A4	CAPITOL PARK	CAPITOL MALL & 10TH ST	SACRAMENTO	
41 A1	CARMICHAEL PARK	7001 FAIR OAKS BLVD	CARMICHAEL	
54 E4	COLONIAL PARK	19TH AV & 53RD ST	SACRAMENTO	
54 B2	CURTIS, WILLIAM PARK	9TH AV & CURTIS DR	SACRAMENTO	
43 A4	DAVID, JIM PARK	KRUITHOFF WY	FAIR OAKS	
36 B5	DEL PASO PARK	AUBURN BLVD	SACRAMENTO	
33 E6	DISCOVERY PARK	GARDEN HWY & TRUXEL	SACRAMENTO	
55 A6	EAST PORTAL PARK	1112 RODEO WY	SACRAMENTO	
99 B2	ELK GROVE PARK	STOCKTON BL& FLORIN RD	ELK GROVE	685 3908
22 A5	FOLSOM CITY PARK	NATOMA & STAFFORD	FOLSOM	
16C C6	FOLSOM LAKE STATE REC	AUBURN-FOLSOM RD	FOLSOM	988 0205
52 A4	FREMONT PARK	1515 Q ST	SACRAMENTO	
9 D5	GIBSON RANCH CO PARK	ELVERTA RD	SACRAMENTO	366 2061
41 A6	GOETHE PARK	GOETHE PARK RD	SACRAMENTO	
52 B2	GRANT PLAYGROUND	21ST & C STS	SACRAMENTO	
14B B1	GRIFFITH QUARRY MUS&PK	7504 ROCK SPRINGS RD	PLACER CO	663 1837
37 A1	HAGGINWOOD PARK	3271 MARYSVILLE BLVD	HAGGINWOOD	925 3181
55 B3	HALL, GLEN PARK	CARLSON & SANDBURG DR	SACRAMENTO	
41 C4	HOFFMAN, ANCIL PARK	6700 TARSHES DR	CARMICHAEL	482 5660
21 E3	HOWARD, LEW	BALDWIN DAM RD&OAK AV	FOLSOM	
53 E3	LAND, WILLIAM PARK	1702 SUTTERVILLE RD	SACRAMENTO	
54 E5	LAWRENCE PARK	46TH & LAWRENCE DR	SACRAMENTO	
51 D5	LEIVA PARK	FRONT & W STS	SACRAMENTO	
14B A5	LOOMIS BASIN COM PARK	6954 KING RD	PLACER CO	
54 A7	MANGAN PARK	34TH AV & NORMAN WY	SACRAMENTO	
52 C4	MARSHALL PARK	27TH & J STS	SACRAMENTO	
54 C2	MCCLATCHY PARK	35TH ST & 5TH AV	SACRAMENTO	
52 D4	MCKINLEY PARK	601 ALHAMBRA BLVD	SACRAMENTO	

PAGE & GRID	NAME	ADDRESS	CITY	PHONE
40 D3	MILLER PARK	SUNSET & KENNETH AVS	FAIR OAKS	
51 C6	MILLER PARK	FRONT ST & BROADWAY	SACRAMENTO	
40 A5	MONTVIEW PARK	WINDING WY & MINN AV	FAIR OAKS	
32 C5	NORTH NORWOOD PARK	ENGLEWOOD ST	SACRAMENTO	
54 C1	OAK PARK	34TH ST & 5TH AV	SACRAMENTO	449 5413
51 D2	OLD SACRAMENTO ST HIST	FRONT ST	SACRAMENTO	445 4209
51 E3	PLAZA PARK	10TH & EYE STS	SACRAMENTO	
59 A2	POND, WILLIAM REC AREA	END OF ARDEN WY	MILLS	
34 C5	REDWOOD PARK	900 REDWOOD AV	SACRAMENTO	
36 A6	RENFREE BASEBALL PARK	AUBURN BL & BRIDGE RD	SACRAMENTO	449 5639
8 E6	RIO LINDA PARK	10TH & G STS	RIO LINDA	
51 E4	ROOSEVELT PARK	1615 9TH ST	SACRAMENTO	
17 E1	RUSCH PARK	7900 AUBURN BLVD	CITRUS HTS	
42 A1	SACRAMENTO BAR		RCHO CORDOVA	
72 B1	SEYMOUR PARK	6200 RIVERSIDE BLVD	SACRAMENTO	
51 E5	SOUTHSIDE PARK	6TH ST & W ST	SACRAMENTO	
14A D4	SUNRISE-LOOMIS PARK	ARCADIA AV	PLACER CO	
52 C4	SUTTERS FORT ST HIS PK	2701 L ST	SACRAMENTO	445 4209
57 A3	TAHOE PARK	61ST ST & 8TH AV	SACRAMENTO	
17 A3	TUPELO PARK	GLENEAGLE & TUPELO	COUNTY	
57 C5	WARREN, EARL PARK	STANDISH & VANDENBURG	SACRAMENTO	
52 B5	WINN PARK	P ST & 27TH ST	SACRAMENTO	
34 D5	WOODLAKE PARK	500 ARDEN WY	N SACRAMENTO	449 5403
		POINTS OF INTEREST		
14C D2	AMERICAN RIVER		PLACER COUNTY	
31 E5	ARCO ARENA	1515 SPORTS DR	SACRAMENTO	922 8904
13D C2	AUBURN FAIR GROUNDS	AUBURN-FOLSOM RD	AUBURN	
52 B2	CAL ALMOND GROWERS EXC	1701 C ST	SACRAMENTO	446 8409
55 A1	CALIFORNIA EXPO & FAIR	1600 EXPOSITION BLVD	SACRAMENTO	924 2000
51 E4	CALIF STATE ARCHIVES	1020 O ST	SACRAMENTO	445 4293
51 D2	CAL STATE RAILROAD MUS	125 I ST	OLD SACRAMNTO	445 7373
52 A3	CITY HALL	915 I ST	SACRAMENTO	449 5011
51 D3	CROCKER ART MUSEUM	216 O ST	SACRAMENTO	449 5423
51 D2	EAGLE THEATRE/MUSEUM	925 THE EMBARCADERO	OLD SACRAMNTO	446 6761
53 E3	FAIRYTALE TOWN	LAND PARK DR & 16TH ST	SACRAMENTO	449 5233
51 E4	FISH & GAME DEPARTMENT	1416 9TH ST	SACRAMENTO	445 3531
43 A7	FISH HATCHERY	2101 NIMBUS RD	NIMBUS DAM	355 0666
16C D7	FOLSOM DAM & LAKE	FOLSOM-AUBURN RD	FOLSOM	988 0205
22 B5	FOLSOM ZOO	NATOMA ST	FOLSOM	985 2698
76 E6	FRASINETTI WINERY	7395 FRASINETTI RD	SACRAMENTO	383 2444
52 A3	GOVERNORS MANSION-OLD	16TH & H STS	SACRAMENTO	445 4209
51 E2	HALL OF JUSTICE	720 9TH ST	SACRAMENTO	440 5446
51 E2	HASTINGS MUSEUM	2ND ST & J ST	OLD SACRAMNTO	445 4209
54 A3	HUGHES STADIUM	3835 FREEPORT BLVD	SACRAMENTO	442 0783
52 A3	MEMORIAL AUDITORIUM	1515 J ST	SACRAMENTO	
21 E6	OLD POWER HOUSE MUSEUM	GREENBACK LN	FOLSOM	988 0205
51 D3	OLD SACRAMENTO VIS CTR	2ND & K STS	OLD SACRAMNTO	446 4314
13D D1	PLACER COUNTY MUSEUM	1273 HIGH ST	AUBURN	885 9570
51 D3	PONY EXPRESS BUILDING	3RD ST & K ST	SACRAMENTO	
51 C5	SACRAMENTO BOAT HARBOR	MILLER PARK	SACRAMENTO	449 5712
51 D4	SACRAMENTO HISTORY CTR	FRONT ST	SACRAMENTO	447 2958
36 A6	SACRAMENTO JUNIOR MUS	3615 AUBURN BLVD	SACRAMENTO	485 4471
36 A6	SACRAMENTO SCIENCE CTR	3615 AUBURN BLVD	SACRAMENTO	485 4471
53 E3	SACRAMENTO ZOO	3630 W LAND PARK DR	SACRAMENTO	449 5885
52 D3	SHEPARD GARDEN ART CTR	3330 MCKINLEY BLVD	SACRAMENTO	447 1572
59 D5	SILVR WINGS AVIATN MUS	MATHER AIR FORCE BASE	RCHO CORDOVA	364 2908
51 E4	STANFORD HOME	8TH ST & N ST	SACRAMENTO	442 4959
52 A4	STATE CAPITOL	10TH, L & N STS	SACRAMENTO	445 4711
52 C4	STATE INDIAN MUSEUM	2612 K ST	SACRAMENTO	445 4209
52 A4	STATE LIBRARY	914 CAPITOL MALL	SACRAMENTO	322 4570
52 C4	SUTTER'S FORT	27TH ST & L ST	SACRAMENTO	445 4209
51 D5	TOWE FORD MUSEUM	2200 FRONT ST	SACRAMENTO	442 6802
34 E7	WATERWORLD USA	1600 EXPOSITION BLVD	SACRAMENTO	924 0555
21 E6	WELLS FARGO BUILDING	823 SUTTER ST	FOLSOM	
		SCHOOLS - PRIVATE ELEMENTARY		
57 A3	ALL HALLOWS	5700 15TH AV	SACRAMENTO	457 5621
16A E3	AMERICAN MONTESSORI	1050 DOUGLAS BLVD	ROSEVILLE	786 3636
53 D2	BROOKFIELD SCHOOL	3600 RIVERSIDE BLVD	SACRAMENTO	442 1255
73 E2	CALVARY CHRISTIAN	5051 47TH AV	COUNTY	393 3633
56 E6	CAPITAL CHRISTIAN	9470 MICRON AV	ROSEMONT	364 1626
37 E3	CARDEN SCHOOL-SACTO	3020 MARCONI AV	TOWN&COUNTRY	488 1313
52 B4	COURTYARD	2324 L ST	SACRAMENTO	442 5395
17 E5	CREATIVE FRONTIERS	6446 SYLVAN RD	COUNTY	723 2500
39 E6	FAITH LUTHERAN	9133 FAIR OAKS BLVD	CARMICHAEL	961 4252
16A D5	FOOTHILL CHRISTIAN	200 CIRBY WY	ROSEVILLE	786 8855
73 E1	GLORIA DEI LUTHERAN	4910 LEMON HILL AV	COUNTY	428 1127
33 B7	HOLY CROSS	800 TODHUNTER AV	W SACRAMENTO	371 1313
18 A2	HOLY FAMILY	7817 OLD AUBURN RD	CITRUS HTS	722 7788
53 D3	HOLY SPIRIT	3920 W LAND PARK DR	SACRAMENTO	448 5663
52 C7	IMMACULATE CONCEPTION	2549 32ND ST	SACRAMENTO	452 7308
12 E4	LIBERTY TOWERS CHRISTN	5132 ELKHORN BLVD	FOOTHILL FARM	332 4070
36 C7	MELVIN-SMITH PREP	4436 ENGLE RD	COUNTY	483 6419
38 C4	MERRYHILL COUNTRY	2730 EASTERN AV	CARMICHAEL	485 2177
16B A3	MERRYHILL COUNTRY	1622 SIERRA GARDENS DR	ROSEVILLE	783 3010
22 C5	NOTRE DAME	309 MONTROSE DR	FOLSOM	985 4129
34 D5	OUR LADY OF FATIMA	1718 EL MONTE AV	SACRAMENTO	925 1465
38 D5	OUR LADY OF ASSUMPTION	5055 COTTAGE WY	CARMICHAEL	489 8958
54 D6	OUR SAVIOR LUTHERAN	5461 44TH ST	FRUITRIDGE	451 2856
38 B2	PRESENTATION	3100 NORRIS AV	SACRAMENTO	482 0351
55 D5	SACRAMENTO COUNTY DAY	2636 LATHAM DR	COUNTY	481 8811
56 A4	SACRAMENTO STATE PREP	3600 FAIR OAKS BLVD	ARDEN	483 8575
39 E7	SACRAMENTO WALDORF	3750 BANNISTER RD	CARMICHAEL	961 3900
39 A4	SACRAMENTO UNION ACDMY	5601 WINDING WY	CARMICHAEL	481 2302
52 D4	SACRED HEART	3933 I ST	SACRAMENTO	456 1576
16A C6	ST ALBANS DAY SCHOOL	2312 VERNON ST	ROSEVILLE	782 3557

COPYRIGHT, © 1987 BY Thomas Bros Maps

PAGE & GRID	NAME	ADDRESS	CITY	PHONE
75 B1	ST ANNE	7720 24TH ST	SACRAMENTO	422 3142
73 E6	ST CHARLES BORROMEO	7580 CENTER PKWY	SACRAMENTO	421 6189
52 B4	ST FRANCIS	2500 K ST	SACRAMENTO	442 5494
37 E7	ST IGNATIUS	3249 ARDEN WY	SACRAMENTO	488 3907
39 A5	ST JOHN THE EVANGELIST	5701 LOCUST AV	CARMICHAEL	481 8845
41 D6	ST JOHN VIANNEY	10499 COLOMA RD	RCHO CORDOVA	363 4610
13B A3	ST JOSEPH	11610 ATWOOD RD	AUBURN	885 4490
12 C4	ST LAWRENCE	4325 DON JULIO BLVD	N HIGHLANDS	332 4777
40 B1	ST MARK'S LUTHERAN	7869 KINGSWOOD DR	FAIR OAKS	961 6894
55 A7	ST MARY	5815 N ST	SACRAMENTO	457 2395
40 A4	ST MEL	4745 PENNSYLVANIA AV	FAIR OAKS	967 2814
38 D5	ST MICHAELS EPISCOPAL	2140 MISSION AV	CARMICHAEL	485 3418
54 C7	ST PATRICK	5945 FRANKLIN BLVD	SACRAMENTO	421 4963
57 B7	ST PETER	6200 MCMAHON DR	SACRAMENTO	455 2915
37 C4	ST PHILOMENE	2320 EL CAMINO AV	SACRAMENTO	489 5466
54 A5	ST ROBERT	2251 IRVIN WY	SACRAMENTO	452 2111
16A E4	ST ROSE	633 VINE AV	ROSEVILLE	782 1161
38 B3	TOWN & COUNTRY LUTHERN	4049 MARCONI AV	TOWN&COUNTRY	481 2542
36 C2	TRINITY CHRISTIAN	5225 HILLSDALE BLVD	FOOTHILL FARM	331 7377
38 B3	VICTORY CHRISTIAN	3927 MARCONI AV	TOWN&COUNTRY	488 6740
	SCHOOLS - PRIVATE HIGH			
52 A7	BISHOP MANOGUE	2541 21ST ST	SACRAMENTO	452 4031
73 E2	CALVARY CHRISTIAN	5051 47TH AV	COUNTY	393 3633
56 E6	CAPITAL CHRISTIAN	9470 MICRON AV	ROSEMONT	364 1626
54 D4	CHRISTIAN BROTHERS	4315 SACRAMENTO BLVD	SACRAMENTO	452 2876
56 D2	JESUIT	1200 JACOB LN	CARMICHAEL	482 6060
12 E4	LIBERTY TOWERS CHRISTN	5132 ELKHORN BLVD	FOOTHILL FARM	332 4070
37 D4	LORETTO	2360 EL CAMINO AV	SACRAMENTO	482 7793
55 D5	SACRAMENTO COUNTRY DAY	2636 LATHAM DR	COUNTY	481 8811
56 A4	SACRAMENTO STATE PREP	3600 FAIR OAKS BLVD	ARDEN	483 8575
39 A4	SACRAMENTO UNION ACDMY	5601 WINDING WY	CARMICHAEL	481 2300
55 B7	ST FRANCIS GIRLS	6051 M ST	SACRAMENTO	452 3461
36 C2	TRINITY CHRISTIAN	5225 HILLSDALE BLVD	FOOTHILL FARM	331 7377
38 E2	VICTORY CHRISTIAN	3045 GARFIELD AV	CARMICHAEL	488 5601
	SCHOOLS - PUBLIC ELEMENTARY			
36 A1	AERO-HAVEN	5450 GEORGIA DR	N HIGHLANDS	331 6277
12 B4	ALLISON, WARREN A	4315 DON JULIO BLVD	N HIGHLANDS	332 6554
13B D7	ALTA VISTA	173 OAK ST	AUBURN	885 7066
33 E3	AMERICAN LAKES	2800 STONECREEK DR	SACRAMENTO	924 3565
54 E2	ANDERSON, MARIAN	2850 49TH ST	SACRAMENTO	454 8420
75 C1	ANTHONY, SUSAN B	7848 SHRADER CIR	SACRAMENTO	454 8170
127 E6	ARCOHE	IVIE RD & HWY 104	HERALD	685 6048
17 C5	ARLINGTON HEIGHTS	6401 TRENTON WY	CITRUS HTS	971 5234
37 B5	BABCOCK, D W	2400 CORMORANT WY	SACRAMENTO	925 1202
54 E7	BAKER, ETHEL I	5717 LAURINE WY	SACRAMENTO	454 8366
97 B6	BAKER, JESSE	8850 SOUTHSIDE AV	ELK GROVE	685 3434
56 A7	BANCROFT, HUBERT H	2929 BELMAR ST	SACRAMENTO	454 8426
113 D6	BATES	180 SEQUOIA AV	COURTLAND	775 1771
72 B2	BEAR FLAG	6620 GLORIA DR	SACRAMENTO	454 8765
35 B5	BELL AVENUE	1900 BELL AV	DEL PASO HTS	922 0202
72 E5	BIDWELL, JOHN	1730 65TH AV	SACRAMENTO	454 8761
72 D1	BIRNEY, ALICE	6251 13TH ST	SACRAMENTO	454 8630
57 C4	BONNHEIM, JOSEPH	7300 MARIN AV	SACRAMENTO	454 8474
73 D3	BOWLING GREEN	4211 TURNBRIDGE DR	SACRAMENTO	454 8541
13B E3	BOWMAN	13777 BOWMAN RD	AUBURN	885 1974
57 A7	BURNETT, PETER	6032 36TH AV	SACRAMENTO	454 8128
53 C6	CABRILLO, JOHN	1141 SEAMAS AV	SACRAMENTO	454 8177
13B C7	CAIN, EV	150 PALM AV	AUBURN	823 6106
39 D1	CAMBRIDGE HEIGHTS	5555 FLEETWOOD DR	CITRUS HTS	971 5594
76 B2	CAMELLIA	7400 ELDER CREEK RD	SACRAMENTO	454 8271
39 D5	CAMERON RANCH	4333 HACKBERRY LN	CARMICHAEL	971 7423
39 B7	CARMICHAEL	6141 SUTTER AV	CARMICHAEL	971 7667
17 D2	CARRIAGE	7519 CARRIAGE DR	COUNTY	971 5241
35 B7	CASTORI, MICHAEL	1801 SOUTH AV	SACRAMENTO	925 4368
16C C3	CAVITT, WILLMA E	7200 FULLER DR	ROSEVILLE	791 4152
9 E4	CENTER	8725 WATT AV	N HIGHLANDS	991 4673
16A E4	CIRBY	814 DARLING WY	ROSEVILLE	783 5274
17 E3	CITRUS HEIGHTS	7085 AUBURN BLVD	CITRUS HTS	971 5230
92 B5	CLARKSBURG	WILLOW & NETHERLANDS	CLARKSBURG	744 1104
16B B6	CRESTMONT	1501 SHERIDAN AV	ROSEVILLE	781 2664
56 B6	COHEN, ISADOR	9025 SALMON FALLS DR	SACRAMENTO	454 8179
18 E5	COLEMAN, THOMAS W	6545 BEECH AV	ORANGEVALE	971 5416
41 C7	CORDOVA GARDENS	2400 DAWES ST	RCHO CORDOVA	363 2601
41 E5	CORDOVA LANE	2460 CORDOVA LN	RCHO CORDOVA	635 4301
59 B1	CORDOVA MEADOWS	2550 LA LOMA DR	RCHO CORDOVA	363 9406
59 D3	CORDOVA VILLA	10359 S WHITE ROCK RD	RCHO CORDOVA	366 6181
85 C5	COSUMNES	13580 JACKSON RD	SLOUGHHOUSE	682 2653
37 E5	COTTAGE	2221 MORSE AV	SACRAMENTO	971 7330
38 B1	COWAN	3350 BECERRA WY	SACRAMENTO	971 7334
39 B1	COYLE AVENUE	6330 COYLE AV	CARMICHAEL	971 5585
37 E4	CREEKSIDE	2641 KENT DR	SACRAMENTO	971 7338
51 D7	CROCKER/RIVERSIDE	2970 RIVERSIDE BLVD	SACRAMENTO	454 8370
39 D5	DEERFIELD COMMONS	4331 PARADISE DR	CARMICHAEL	967 0115
56 E1	DEL DAYO	1301 MCCLAREN DR	CARMICHAEL	971 7427
32 D7	DEL PASO HEIGHTS	590 MOREY AV	SACRAMENTO	922 6542
38 B4	DEL PASO MANOR	2700 MARYAL DR	SACRAMENTO	971 7342
41 B2	DETERDING, MARY A	6000 STANLEY AV	CARMICHAEL	971 7347
39 D3	DEWEY, HARRY	7025 FALCON RD	FAIR OAKS	971 5567
71 E2	DIDION, GENEVIEVE	6490 HARMON DR	SACRAMENTO	454 8357
101 D7	DILLARD	9721 DILLARD RD	WILTON	687 6121
34 A7	DOS RIOS	700 DOS RIOS ST	SACRAMENTO	443 5330
11 A6	DRY CREEK	1230 G ST	RIO LINDA	991 3387
16A A5	DRY CREEK	2955 PFE RD	ROSEVILLE	771 0646
10 A7	DUDLEY, ARTHUR	8000 AZTEC WY	N HIGHLANDS	332 7540

PAGE & GRID	NAME	ADDRESS	CITY	PHONE
37 C2	DYER-KELLY	2236 EDISON AV	SACRAMENTO	971 7582
37 E7	EDISON, THOMAS A	1500 DOM WY	SACRAMENTO	971 7351
76 D1	ELDER CREEK	7934 LEMON HILL AV	SACRAMENTO	454 8191
97 B6	ELK GROVE	8828 ELK GROVE BLVD	ELK GROVE	686 7766
33 C7	ELKHORN VILLAGE	750 CUMMINS WY	BRODERICK	372 2800
6 C7	ELVERTA	7900 ELOISE AV	ELVERTA	991 2244
56 C5	ERLEWINE, O W	2441 STANSBERRY WY	SACRAMENTO	454 8236
16C A3	EUREKA	5477 EUREKA RD	ROSEVILLE	791 1115
51 B3	EVERGREEN	919 WEST ACRES RD	W SACRAMENTO	372 2800
34 D2	FAIRBANKS	227 FAIRBANKS AV	SACRAMENTO	929 4955
40 B5	FAIR OAKS	10700 FAIR OAKS BLVD	FAIR OAKS	971 5602
148 D7	FAIRSITE	902 CAROLINE ST	GALT	745 1546
97 A4	FEICKERT	9351 FEICKERT DR	ELK GROVE	685 7136
76 D5	FLORIN	7300 KARA DR	SACRAMENTO	383 0530
95 D5	FRANKLIN	4011 HOOD RD	ELK GROVE	685 4555
15C C3	FRANKLIN	7050 FRANKLIN SCH RD	LOOMIS	652 5811
73 A7	FREEPORT	2118 MEADOWVIEW RD	SACRAMENTO	454 8468
12 E5	FRONTIER	6691 SILVERTHORNE CIR	SACRAMENTO	332 3593
54 D4	FRUIT RIDGE	4625 44TH ST	SACRAMENTO	454 8431
32 B7	GARDEN VALLEY	3601 NORTHGATE	SACRAMENTO	922 4453
36 E7	GARFIELD	3700 GARFIELD AV	CARMICHAEL	971 7355
58 C3	GOLDEN EMPIRE	9045 CANBERRA DR	SACRAMENTO	454 8555
17 D1	GRAND OAKS	7901 ROSSWOOD DR	CITRUS HTS	971 5208
16B E2	GREENHILLS	8200 GREENHILLS WY	ROSEVILLE	791 4230
21 B3	GREEN OAKS	7145 FILBERT AV	ORANGEVALE	971 5433
55 B3	GREENWOOD, CALEB	5457 CARLSON DR	SACRAMENTO	454 8291
55 C1	GREER	2301 HURLEY WY	SACRAMENTO	971 7578
37 A2	HAGGINWOOD	1418 PALO VERDE AV	SACRAMENTO	925 2789
73 A3	HARKNESS, H W	2147 54TH AV	SACRAMENTO	454 8528
54 B2	HARTE, BRET	2751 NINTH AV	SACRAMENTO	454 8428
55 A7	HEARST, PHOEBE APPERSN	1410 60TH ST	SACRAMENTO	454 8367
12 C5	HILLSDALE	6469 GUTHRIE WY	N HIGHLANDS	331 1599
54 A5	HOLLYWOOD PARK	4915 HARTE WY	SACRAMENTO	454 8127
12 B2	HOLMES, OLIVER WENDELL	7201 ARUTAS DR	N HIGHLANDS	331 5352
39 E5	HOLST, JOHN	4501 BANNISTER AV	FAIR OAKS	971 5563
73 A6	HOPKINS, MARK	2221 MATSON DR	SACRAMENTO	454 8522
37 C5	HOWE AVENUE	2404 HOWE AV	SACRAMENTO	971 7572
54 B7	HUNTINGTON, COLLIS P	5921 26TH ST	SACRAMENTO	454 8230
162 E3	ISLETON	D ST & UNION ST	ISLETON	777 6515
78 E3	JACKSON, ISABELLE	8351 CUTLER WY	SACRAMENTO	689 2115
57 E1	JEFFERSON, THOMAS	2635 CHESTNUT HILL DR	SACRAMENTO	454 8646
34 C4	JOHNSON, HARMON	2591 EDGEWATER RD	SACRAMENTO	929 3778
12 A6	JOYCE, FREDERICK C	6050 WATT AV	N HIGHLANDS	332 2245
52 D3	JUDAH, THEODORE	3919 MCKINLEY BLVD	SACRAMENTO	454 8456
22 B6	JUDAH, THEODORE	101 DEAN WY	FOLSOM	985 4469
16A C2	KASEBERG	1030 MAIN ST	ROSEVILLE	782 2133
39 B3	KELLY, THOMAS	6301 MORAGA DR	CARMICHAEL	971 5577
73 C6	KEMBLE, EDWARD	7495 29TH ST	SACRAMENTO	454 8576
76 C4	KENNEDY, SAMUEL	7037 BRIGGS DR	SACRAMENTO	383 3311
40 A1	KINGSWOOD	5700 PRIMROSE DR	CITRUS HTS	971 5589
78 D2	KIRCHGATER, ANNA	8141 STEVENSON AV	SACRAMENTO	689 9150
61 E2	KITTY HAWK	DEAN TER	MATHER AFB	363 5019
12 C6	KOHLER	4004 BRUCE WY	N HIGHLANDS	332 3086
51 E5	LAND, WILLIAM	2120 12TH ST	SACRAMENTO	454 8286
12 B5	LARCHMONT	6560 MELROSE DR	N HIGHLANDS	332 0851
40 D4	LEGETTE, EARL	4623 KENNETH AV	FAIR OAKS	971 5606
78 B2	LEIMBACH, HERMAN	8101 GRANDSTAFF DR	SACRAMENTO	682 9034
16A C6	LICHEN	8319 LICHEN DR	CITRUS HTS	971 5237
59 C4	LINCOLN, ABRAHAM	3324 GLENMOOR DR	SACRAMENTO	454 8604
13D C1	LINCOLN WAY	1215 LINCOLN WY	AUBURN	885 7019
39 D1	LITTLEJOHN, LEIGHTON	6838 KERMIT LN	FAIR OAKS	971 5598
14A E5	LOOMIS	3505 TAYLOR RD	LOOMIS	652 7297
52 D5	LUBIN, DAVID	3535 M ST	SACRAMENTO	454 8434
73 E6	MACK, CHARLES E	4701 BROOKFIELD DR	SACRAMENTO	422 5524
36 B2	MADISON	5241 HARRISON ST	N HIGHLANDS	331 0154
35 A3	MAIN AVENUE	1400 MAIN AV	SACRAMENTO	929 9559
54 B7	MAPLE	3301 37TH AV	SACRAMENTO	454 8237
56 B1	MARIEMONT	1401 CORTA WY	SACRAMENTO	971 7372
16A E7	MARIPOSA AVENUE	7940 MARIPOSA AV	CITRUS HTS	971 5212
99 C1	MARKOFER, FLORENCE M	9759 TRALEE WY	ELK GROVE	685 6520
58 E1	MARSHALL, JAMES W	9525 GOETHE RD	SACRAMENTO	454 8678
38 E3	MARSHALL, MARVIN	5309 KENNETH AV	CARMICHAEL	971 7375
62 A2	MATHER HEIGHTS	SCHOOL ST	MATHER AFB	362 4153
35 B7	MCCLELLAN	1801 SOUTH AV	SACRAMENTO	925 4368
97 B4	MCKEE, JAMES A	8701 HALVERSON DR	ELK GROVE	685 3615
38 C3	MISSION AVENUE	2925 MISSION AV	CARMICHAEL	971 7384
38 C5	MITCHELL, BILLY	4425 LAURELWOOD WY	SACRAMENTO	971 7388
32 C7	MOREY AVENUE	155 MOREY AV	SACRAMENTO	925 3511
13C D5	NEWCASTLE	VALLEY VIEW DR	NEWCASTLE	663 3307
146 B4	NEW HOPE	26675 N SACRAMENTO BL	THORNTON	794 2393
73 E2	NICHOLAS	6601 STEINER DR	SACRAMENTO	454 8276
34 D3	NORALTO	477 LAS PALMAS AV	SACRAMENTO	925 7297
35 A6	NORTH AVENUE	1281 NORTH AV	SACRAMENTO	925 1330
40 C2	NORTHRIDGE	5150 COCOA PALM WY	FAIR OAKS	971 5610
37 A4	NORTHWOOD	2630 TAFT ST	SACRAMENTO	929 3669
11 A3	OAKDALE	1040 Q ST	RIO LINDA	991 5101
54 D4	OAK RIDGE	4501 SACRAMENTO BLVD	SACRAMENTO	454 8787
18 E3	OAKVIEW	7229 BEECH AV	ORANGEVALE	971 5429
13C D2	OPHIR	1373 LOZANOS RD	NEWCASTLE	885 3495
21 B5	ORANGEVALE	6550 FILBERT AV	ORANGEVALE	971 5412
21 C3	OTTOMAN WAY	9460 OTTOMAN WY	COUNTY	971 5441
73 D1	PACIFIC	6201 41ST ST	SACRAMENTO	454 8342
21 D6	PALISADES	9601 LAKE NATOMA DR	ORANGEVALE	971 5408
15B B3	PARKER, WHITNEY	5145 TOPAZ AV	ROCKLIN	624 2491
73 E3	PARKWAY	4720 G PKWY	SACRAMENTO	454 8728
36 C6	PASADENA AVENUE	4330 PASADENA AV	SACRAMENTO	971 7403
39 B2	PECK, CHARLES	6230 RUTLAND DR	CARMICHAEL	971 5581
14B A1	PENRYN	6885 ENGLISH COLONY WY	PENRYN	663 3993

1988 SACRAMENTO COUNTY POINTS OF INTEREST

PAGE & GRID	NAME	ADDRESS	CITY	PHONE
21 A7	PERSHING	9010 PERSHING AV	ORANGEVALE	971 5614
54 B4	PHILLIPS, ETHEL	2930 21ST AV	SACRAMENTO	454 8767
12 E7	PIONEER	5816 PIONEER WY	SACRAMENTO	332 0527
14B C7	PLACER	8650 HORSESHOE BAR	LOOMIS	652 7205
100 C2	PLEASANT GROVE	10160 PLEASANT GROVE RD	ELK GROVE	685 9630
72 D3	PONY EXPRESS	1250 56TH AV	SACRAMENTO	454 8109
78 A2	PRAIRIE	5251 VALLEY HI DR	SACRAMENTO	422 1843
41 D6	RANCHO CORDOVA	2562 CHASSELLA WY	RCHO CORDOVA	363 4874
76 C2	REESE, DAVID	7600 LINDALE DR	SACRAMENTO	422 2450
12 C2	RIDGEPOINT	4680 MONUMENT DR	SACRAMENTO	344 5821
8 D4	RIO LINDA	631 L ST	RIO LINDA	991 3182
41 E3	RIVERVIEW	10700 AMBASSADOR DR	RCHO CORDOVA	635 8402
40 E1	ROBERTS	5630 ILLINOIS AV	ORANGEVALE	971 5618
32 E2	ROBLA	5248 ROSE ST	DEL PASO HTS	991 1006
13B A2	ROCK CREEK	3050 BELL RD	AUBURN	885 5189
15B D3	ROCKLIN	5025 MEYERS ST	ROCKLIN	624 3311
34 D3	ROGERS, WILLIAM	477 LAS PALMAS	SACRAMENTO	925 7297
16B C5	SARGEANT	1200 RIDGECREST WY	ROSEVILLE	782 4961
39 D6	SCHWEITZER, ALBERT	4350 GLENRIDGE DR	CARMICHAEL	971 5559
58 C1	SEQUOIA	3333 ROSEMONT DR	SACRAMENTO	454 8110
41 D6	SHIELDS, PETER J	10434 GEORGETOWN DR	RCHO CORDOVA	635 5152
58 C6	SIERRA ENTERPRISE	5501 HEDGE AV	SACRAMENTO	381 2767
16B A4	SIERRA GARDENS	711 OAKRIDGE DR	ROSEVILLE	782 3104
55 E5	SIERRA OAKS	171 MILLS RD	SACRAMENTO	971 7407
12 A2	SIERRA VIEW	3638 BAINBRIDGE DR	N HIGHLANDS	332 7873
39 E1	SKYCREST	5641 MARIPOSA AV	CITRUS HTS	971 5630
72 C6	SLOAT, JOHN D	7525 CANDLEWOOD WY	SACRAMENTO	454 8100
56 D1	SMITH, JEDEDIAH	401 MCCLATCHY WY	SACRAMENTO	454 8197
34 B4	SMYTHE, ALETHEA B	2781 NORTHGATE BLVD	N SACRAMENTO	925 8566
11 E1	SPINELLI, CYRIL	3401 SCOTLAND DR	N HIGHLANDS	332 0905
22 C5	SPRENTZ, BLANCHE	249 FLOWER DR	FOLSOM	985 3626
15B C3	SPRING VIEW	5040 5TH ST	ROCKLIN	624 4575
38 D6	STARR KING	4848 COTTAGE WY	CARMICHAEL	971 7318
34 A2	STRAUCH, HAZEL	3141 NORTHSTEAD DR	SACRAMENTO	925 6703
18 B3	SUNRISE	7400 SUNRISE BLVD	CITRUS HTS	971 5220
53 E5	SUTTERVILLE	4967 MONTEREY WY	SACRAMENTO	454 8126
57 A2	TAHOE	3110 60TH ST	SACRAMENTO	454 8627
32 D5	TAYLOR STREET	4350 TAYLOR ST	SACRAMENTO	927 5340
18 D5	TRAJAN	6601 TRAJAN DR	ORANGEVALE	971 5200
57 A5	TWAIN, MARK	4914 58TH ST	SACRAMENTO	454 8444
43 C1	TWIN LAKES	9380 TWIN LAKES AV	ORANGEVALE	971 5645
148 C7	VALLEY OAKS	21 C ST	GALT	745 1564
12 B4	VILLAGE	6845 LARCHMONT DR	N HIGHLANDS	332 5707
142 E3	WALNUT GROVE	GROVE ST	WALNUT GROVE	776 1844
42 A5	WALNUTWOOD	10850 GADSTEN WY	RCHO CORDOVA	635 6810
34 C5	WARREN, EARL	5420 LOWELL ST	SACRAMENTO	454 8289
52 B3	WASHINGTON	520 18TH ST	SACRAMENTO	454 8563
72 C3	WENZEL, CAROLINE	6870 GREENHAVEN DR	SACRAMENTO	454 8364
51 A2	WESTFIELD	508 POPLAR ST	W SACRAMENTO	372 6150
51 B5	WESTMORE OAKS	1504 FALLBROOK ST	W SACRAMENTO	372 6053
59 B3	WHITE ROCK	10487 WHITE ROCK RD	RCHO CORDOVA	363 9441
38 C1	WHITNEY AVENUE	4248 WHITNEY AV	SACRAMENTO	971 7415
42 A4	WILLIAMSON	2275 BENITA DR	RCHO CORDOVA	635 5225
59 B5	WINN, A M	3351 EXPLORER DR	SACRAMENTO	454 8180
73 E1	WIRE, CLAYTON B	5100 EL PARAISO AV	SACRAMENTO	454 8189
73 B3	WOODBINE	2500 52ND AV	SACRAMENTO	454 8178
16A D1	WOODBRIDGE	515 NILES ST	ROSEVILLE	782 3757
34 D6	WOODLAKE	700 SOUTHGATE RD	N SACRAMENTO	929 3770
12 D7	WOODRIDGE	5761 BRETT DR	SACRAMENTO	331 7217
18 C1	WOODSIDE	8248 VILLA OAK DR	CITRUS HTS	971 5216

SCHOOLS - PUBLIC JUNIOR HIGH

PAGE & GRID	NAME	ADDRESS	CITY	PHONE
6 C3	ALPHA INTERMEDIATE	8920 ELWYN AV	ELVERTA	991 4726
36 A7	ARCADE INTERMEDIATE	3500 EDISON AV	SACRAMENTO	971 7300
38 A7	ARDEN INTERMEDIATE	1640 WATT AV	SACRAMENTO	971 7306
73 D3	BACON, FERN	4140 CUNY AV	SACRAMENTO	454 8281
39 D2	BARRETT INTERMEDIATE	4245 BARRETT RD	CARMICHAEL	971 5554
53 C5	BRANNAN, SAM	5301 ELMER WY	SACRAMENTO	454 8231
53 E1	CALIFORNIA MIDDLE	1600 VALLEJO WY	SACRAMENTO	454 8502
18 E7	CARNEGIE, ANDREW	5820 ILLINOIS AV	ORANGEVALE	971 5623
55 A6	CARSON, KIT	5301 N ST	SACRAMENTO	454 8371
9 E6	CENTER	8300 WATT AV	N HIGHLANDS	331 8300
38 D1	CHURCHILL INTERMEDIATE	4900 WHITNEY AV	CARMICHAEL	971 7324
12 C5	DON JULIO	6444 WALERGA RD	N HIGHLANDS	921 3690
16B A4	EICH INTERMEDIATE	1509 SIERRA GARDENS DR	ROSEVILLE	783 5245
58 D2	EINSTEIN, ALBERT	9325 MIRANDY DR	SACRAMENTO	454 8241
22 C6	FOLSOM	500 BLUE RAVINE RD	FOLSOM	985 4466
57 A2	FOOTHILL FARMS	5001 DIABLO DR	SACRAMENTO	921 3666
148 D7	GALT JUNIOR HIGH	1011 C ST	GALT	745 2641
73 A5	GOETHE, CHARLES	2250 68TH AV	SACRAMENTO	454 8381
33 B7	GOLDEN STATE JUNIOR	1100 CARRIE ST	BRODERICK	371 0173
97 B6	KERR, JOSEPH	8865 ELK GROVE BLVD	ELK GROVE	685 9549
54 A5	MILLER, JOAQUIN MIDDLE	4701 JOAQUIN WY	SACRAMENTO	454 8731
41 D6	MILLS	10439 COLOMA RD	RCHO CORDOVA	363 6544
42 A4	MITCHELL, W E	2100 ZINFANDEL DR	RCHO CORDOVA	635 8460
28 E4	NATOMAS UNION	3700 DEL PASO RD	SACRAMENTO	925 2702
34 D2	NORTE	3051 FAIRFIELD ST	SACRAMENTO	921 3735
21 A3	PASTEUR, LOUIS INT	8935 ELM AV	ORANGEVALE	971 5423
8 E6	RIO LINDA	1101 G ST	RIO LINDA	921 3720
34 B1	RIO TIERRA	3201 NORTHSTEAD DR	SACRAMENTO	921 3715
39 D3	ROGERS INTERMEDIATE	4924 DEWEY DR	FAIR OAKS	971 5571
76 C5	RUTTER, JAMES	7350 PALMER HOUSE DR	SACRAMENTO	422 7590
55 E2	SALK, JONAS INT	2950 HURLEY WY	SACRAMENTO	971 7312
51 E5	STANFORD, LELAND	810 V ST	SACRAMENTO	454 8251
75 B1	STILL, JOHN H	2250 JOHN STILL DR	SACRAMENTO	665 2271
52 C4	SUTTER MIDDLE	3150 I ST	SACRAMENTO	454 8681
17 C1	SYLVAN INTERMEDIATE	7137 AUBURN BLVD	CITRUS HTS	971 5224
57 B7	WOOD, WILL C	6201 LEMON HILL AV	SACRAMENTO	454 8331

SCHOOLS - PUBLIC HIGH

PAGE & GRID	NAME	ADDRESS	CITY	PHONE
16A E2	ADELANTE	350 ATLANTIC ST	ROSEVILLE	782 3155
12 A6	AERO HAVEN CONT	3701 STEPHENS DR	N HIGHLANDS	921 3651
54 C2	AMERICAN LEGION	3801 BROADWAY	SACRAMENTO	454 8261
53 E7	ARGONAUT CONTINUATION	1400 DICKSON ST	SACRAMENTO	454 8256
40 C1	BELLA VISTA	8301 MADISON AV	FAIR OAKS	971 5013
73 C4	BURBANK, LUTHER	3500 FLORIN RD	SACRAMENTO	454 8485
21 B2	CASA ROBLE	9151 OAK AV	ORANGEVALE	971 5452
21 B2	CASA VIVA CONTINUATION	9151 OAK AV	ORANGEVALE	988 3914
9 E6	CENTER	8306 WATT AV	N HIGHLANDS	344 4341
13B A1	CHANA	3775 RICHARDSON DR	AUBURN	885 8401
41 C6	CORDOVA SENIOR	2239 CHASE DR	RCHO CORDOVA	362 1104
76 A5	DAYLOR CONTINUATION	6131 ORANGE AV	SACRAMENTO	427 5428
39 C4	DEL CAMPO	4925 DEWEY DR	FAIR OAKS	971 5664
14A E4	DEL ORO H S	3301 TAYLOR RD	LOOMIS	652 7243
92 B4	DELTA	WILLOW & NETHERLANDS	CLARKSBURG	744 1714
38 C5	EL CAMINO	4300 EL CAMINO AV	SACRAMENTO	971 7430
97 B6	ELK GROVE	9800 ELK GROVE-FLORIN	ELK GROVE	685 9536
55 C1	ENCINA	1400 BELL ST	SACRAMENTO	971 7538
148 D5	ESTRELLITA CONT	117 CAMELLIA WY	GALT	745 2167
22 A6	FOLSOM	715 RILEY ST	FOLSOM	985 3644
12 D6	FOOTHILL	5000 MCCLOUD DR	SACRAMENTO	921 3670
148 D6	GALT	145 N LINCOLN WY	GALT	745 5081
55 A7	GRANT	1400 GRANT AV	SACRAMENTO	921 3757
12 C4	HIGHLANDS	6601 GUTHRIE WY	N HIGHLANDS	921 3688
57 B3	JOHNSON, HIRAM	6879 14TH AV	SACRAMENTO	454 8326
72 B3	KENNEDY, JOHN F	6715 GLORIA DR	SACRAMENTO	391 1840
42 A6	KINNEY	2710 KILGORE RD	RCHO CORDOVA	635 1292
36 E1	LA ENTRADA CONT	5320 HEMLOCK ST	SACRAMENTO	971 7590
18 D7	LA VISTA CONTINUATION	5843 ALMOND AV	ORANGEVALE	971 5400
36 B7	LOMA VISTA CONT	4000 EDISON AV	SACRAMENTO	971 7470
17 E6	LOS AMIGOS CONT	7551 GREENBACK LN	CITRUS HTS	971 5126
17 D2	MESA VERDE	7600 LAUPPE LN	CITRUS HTS	971 5251
54 A2	MCCLATCHY, C K	3066 FREEPORT BLVD	SACRAMENTO	454 8377
36 B7	MIRA LOMA	4000 EDISON AV	SACRAMENTO	971 7465
16B A5	OAKMONT	1710 CIRBY WY	ROSEVILLE	782 3781
26 A6	OAK RIDGE	1120 HARVARD WY	EL DORADO CO	622 4453
97 B6	OMOCHUMNES CONT	9500 ELK GROVE-FLORIN	ELK GROVE	685 5205
17 D2	PALOS VERDE CONT	7600 LAUPPE LN	CITRUS HTS	722 3707
99 D5	PIONEER CONTINUATION	9420 SURVEY RD	ELK GROVE	686 7760
13D D2	PLACER	275 ORANGE ST	AUBURN	885 4581
56 C3	RIO AMERICANO	4540 AMERICAN RIVER DR	SACRAMENTO	971 7494
78 B2	RIO CAZADERO	7825 GRANDSTAFF DR	SACRAMENTO	422 3058
56 D3	RIO DEL SOL CONT	4540 AMERICAN RIVER RD	SACRAMENTO	971 7505
11 A5	RIO LINDA	6309 DRY CREEK RD	RIO LINDA	921 3726
51 A4	RIVER CITY	1100 CLARENDON ST	W SACRAMENTO	371 0700
16A E1	ROSEVILLE	601 TAHOE AV	ROSEVILLE	782 3753
52 C7	SACRAMENTO	2315 34TH ST	SACRAMENTO	454 8526
17 E6	SAN JUAN	7551 GREENBACK LN	CITRUS HTS	971 5112
55 D1	SIERRA VISTA CONT	1400 BELL ST	SACRAMENTO	971 7541
78 B5	VALLEY	6300 EHRHARDT AV	SACRAMENTO	689 6500
39 C3	VIA DEL CAMPO	4925 DEWEY DR	FAIR OAKS	971 5666
40 C1	VISTA BONITA CONT	8301 MADISON AV	FAIR OAKS	971 5027
35 C6	VISTA NUEVA CONT	2035 NORTH AV	SACRAMENTO	921 3696
42 C2	WOOD, HOWARD C	11305 'D' SUNRISE GOLD	RCHO CORDOVA	635 2305

SHOPPING CENTERS

PAGE & GRID	NAME	ADDRESS	CITY	PHONE
37 B6	ARDEN FAIR	1653 ARDEN WY	SACRAMENTO	920 4808
38 A5	COUNTRY CLUB CENTER	3318 EL CAMINO AV	SACRAMENTO	481 4044
38 A5	COUNTRY CLUB PLAZA	2401 BUTANO DR	SACRAMENTO	481 6716
76 A1	FLORIN CENTER	6117 FLORIN RD	FLORIN	422 1450
78 B1	SOUTHPOINTE	6051 MACK RD	SACRAMENTO	423 3240
18 B7	SUNRISE MALL	6041 SUNRISE MALL	CITRUS HTS	961 7150
38 A7	ZODY'S DEPARTMENT	ARDEN WY & WATT AV	ARDEN OAKS	484 7571

TRANSPORTATION

PAGE & GRID	NAME	ADDRESS	CITY	PHONE
51 E2	AMTRAK	4TH ST & I ST	SACRAMENTO	444 9131
13B C1	AUBURN MUNI AIRPORT	NEW AIRPORT RD	PLACER CO	
122 B3	FRANKLIN FIELD	LAMBERT RD	BRUCEVILLE	428 8429
51 E3	LRT STATION	7TH ST	SACRAMENTO	
51 E3	LRT STATION	8TH ST	SACRAMENTO	
51 E3	LRT STATION	9TH ST	SACRAMENTO	
52 A3	LRT STATION	10TH ST	SACRAMENTO	
52 A3	LRT STATION	11TH ST	SACRAMENTO	
31 C6	NATOMAS AIR PARK	3801 AIRPORT RD		927 1623
51A E5	PORT OF SACRAMENTO		W SACRAMENTO	
8 E7	RIO LINDA	930 E ST	RIO LINDA	991 1725
15B B6	ROSEVILLE PARK & RIDE	ROUTE 65 & TAYLOR RD	ROSEVILLE	
73 A1	SACRAMENTO EXEC AIRPRT	6151 FREEPORT BLVD	SACRAMENTO	428 8429
4 A2	SACRAMNTO METRO AIRPRT	6968 AIRPORT BLVD	SACRAMENTO	929 5411
52 A3	TRAILWAYS BUS STATION	1129 I ST	SACRAMENTO	443 2044